名人传记

尤利西斯·辛普森·格兰特传

ULYSSES S. GRANT

【美】路易斯·A.柯立芝　著

庄天赐　译

辽宁人民出版社

图书在版编目（CIP）数据

尤利西斯·辛普森·格兰特传／（美） 路易斯·A. 柯立芝著；庄天赐译 .—沈阳：辽宁人民出版社，2018.8
ISBN 978-7-205-07597-2

Ⅰ . ①尤… Ⅱ . ①路… ②庄… Ⅲ . ①格兰特
（Grant, Ulysses Simpson 1822—1885）－传记 Ⅳ .
K837.127=4

中国版本图书馆 CIP 数据核字（2018）第 172823 号

出版发行：辽宁人民出版社
　　　　　地址：沈阳市和平区十一纬路 25 号　邮编：110003
　　　　　电话：024-23284321（邮　购）　024-23284324（发行部）
　　　　　传真：024-23284191（发行部）　024-23284304（办公室）
　　　　　http://www.lnpph.com.cn
印　　刷：朝阳铁路印务有限公司
幅面尺寸：145mm×210mm
印　　张：14.5
字　　数：300 千字
出版时间：2018 年 8 月第 1 版
印刷时间：2018 年 8 月第 1 次印刷
责任编辑：阎伟萍　顾　宸
装帧设计：留白文化
责任校对：刘宝华
书　　号：ISBN 978-7-205-07597-2
定　　价：45.00 元

目　录

第一章　命定的人 ……………………………………… 001

　第一节　早期影响 ………………………………… 003

　第二节　童年生活 ………………………………… 008

第二章　作为一名军人的锤炼 ………………………… 014

　第一节　西点军校的生涯 ………………………… 014

　第二节　军校毕业生格兰特 ……………………… 019

　第三节　墨西哥 …………………………………… 022

第三章　过渡时期 ……………………………………… 028

　第一节　荒废的时光 ……………………………… 028

　第二节　为生存苦苦挣扎 ………………………… 033

第四章　心灵被唤醒的格兰特 ………………………… 037

第五章　重返部队 ……………………………………… 040

第六章　指挥军队 ……………………………………… 045

第七章　升任准将 ……………………………………… 050

第八章　帕迪尤卡与贝尔蒙特 ………………………… 053

第九章　多纳尔森 …………………………………… 057

第十章　陷入阴影当中 ……………………………… 065

第十一章　夏洛伊战役 ……………………………… 071

第十二章　深感耻辱 ………………………………… 080

第十三章　密西西比战役 …………………………… 088

第十四章　麦克伦南德 ……………………………… 092

第十五章　维克斯堡 ………………………………… 097

第十六章　罗林斯与达纳 …………………………… 104

第十七章　查塔诺加与传教士山脉 ………………… 109

第十八章　升任中将 ………………………………… 118

第十九章　与李将军之间的作战 …………………… 127

第二十章　从冷港战役到彼得斯堡战役 …………… 140

第二十一章　谢里丹、谢尔曼与托马斯 …………… 147

第二十二章　和平 …………………………………… 156

第二十三章　没有军队的将军 ……………………… 169

第二十四章　重建 …………………………………… 174

第二十五章　从政治阴谋中得到的教训 …………… 187

第二十六章　约翰逊与国会的决裂 ………………… 191

第二十七章　与约翰逊不和 ………………………… 201

第二十八章　临时战争部长 ………………………… 211

第二十九章　诚实的问题——弹劾总统的程序——总统选举

………………………………………………… 217

第三十章　当选美国总统 ……………………… 227

第三十一章　个人的平衡 ………………………… 235

第三十二章　与大英帝国的仲裁 ………………… 243

第三十三章　圣多明哥的悲剧 …………………… 257

第三十四章　古巴问题——稳健的财政政策——"黑色星期五"

………………………………………………… 273

第三十五章　法定货币的决定 …………………… 285

第三十六章　更为棘手的问题——南方问题——黑人问题——

强制执行法案 …………………………… 290

第三十七章　党内不满的原因 …………………… 306

第三十八章　改革——关税问题；行政部门改革、印第安人问题

………………………………………………… 318

第三十九章　格里利事件 ………………………… 329

第四十章　信贷公司行贿事件——强索工资法案——桑伯恩

合同欺诈案 ……………………………… 345

第四十一章　否决《通货膨胀法案》——《恢复硬币支付法案》

………………………………………………… 356

第四十二章　稳固的南部正在慢慢形成 ………… 367

第四十三章　威士忌酒集团案——贝尔纳普部长受贿案——

格兰特始终如一的忠诚——首席大法官的问题

………………………………………………… 380

第四十四章　1876 年总统的各种争议 …………… 398

第四十五章　回顾格兰特执政时期 ·················· 419

第四十六章　周游世界——第三次谋求总统职位 ········· 428

第四十七章　结语 ································· 440

第一章
命定的人

　　在人类历史上所有获得过不朽名声的伟大人物当中，没有比格兰特的人生存在更多运气成分的了。而在人类历史上任何一个在军事上取得辉煌成就、在政治上得到回报的人当中，也没有比格兰特这样一个缺乏政治野心的人得到更多回报的人了。格兰特只是一个性情安静、过着简朴生活的人，一生的大部分时间都生活在落后的西部小镇上。他没有很强烈的想象力，对于人们一般爱好的东西也不是很感兴趣，他甚至没有足够的能力像附近的一些男人那样，为自己的家人提供温饱的生活。他之前的从军经历也没有给他带来多大的触动，似乎这段经历从未出现过一样。最后，命运的转机却给了他一个名扬世界的机会——成为他那个时代最伟大的军事将领。内战结束后，他从未想过要在这样一个陌生的领域内有所成就，他并不熟悉政治，也不懂得政府治理方面的事宜，却因为时势的影响，在长达 8 年的时间里成为这个国家最有权力的人。他的人生似乎拥有着数不清的机会，虽然他从未有意地追求这些机会，因为他似乎对这些机会的到来不是那么在乎，但他最终都能够凭借自己的能力冷静地把握。

在面对不得不要处理的纷争时，他选择相信自己的能力，勇敢地处理一些极为庞大复杂的问题。他见证了自己的国家重新团结起来，沿着一条清晰的康庄大道前进，最后他心甘情愿地退下来，过上平凡的生活。此时他拥有从未被玷污的名声，内心没有任何的遗憾与愧疚，不会因为一些悔恨的事情而睡不着。当他获得中将军衔的时候，曾给谢尔曼写过一封信。在信中，格兰特表示正是在许多将领的帮助下，他才能不断地前进。谢尔曼也同样谦虚地回复说："我认为你是一个勇敢的爱国者，简直与华盛顿一模一样。你是一个无私、心地善良且诚实的人。但你最大的一个优点就是，你对自己所做的事情有着一种必须要取得成功的简单信念，这样的信念就像一位基督徒对救世主的信念那样强烈。"内战时期，谢尔曼经常目睹格兰特的行为举止。因此当我们回头看的时候，可以发现格兰特在战后的一些行为都展现出一种对他人的孩童般的信任情感。

对格兰特这样一位生性羞涩、安静沉默的人来说，直到中年，他的人生依然是在混沌中度过的。在那个时候，他绝对不会想到自己接下来的人生会充满各种胜利以及各种悲剧，这一切就像一个难解的谜题。在格兰特的心灵世界里根本就没有让步的概念，也没有模棱两可或是圆滑等方面的概念。他的思维方式比较直接，不愿意去想任何诡计去欺骗别人——在战争时期以及许多紧急的行政决策上，这是一种非常罕见的品质，但在和平时期，政治策略、事关经济的各种问题以及面对谄媚者以及不诚实的随从等方面问题上，这可能就不是一种优点了。无论是作为总统还是作为普通民众，我们可以撕掉任何抹黑他取得的巨大成就的内容，如果可以的话。我很不想写这一章，虽然这个暗淡的序曲对于我们了解格兰特这个拥有纯洁灵魂的人来说是极为必要的。

第一节　早期影响

100 年前，在俄亥俄州的北岸沿线散落着一些移民居住点，这些移民是为内河船服务的。其中一个移民定居点在辛辛那提市东南 25 英里的地方，这里有一个被称为波因特普莱森的河湾。在 10 多户的人家里，绝大多数人都是从南方移民过来的。一些移民在方圆 25 英里的范围内居住。在靠近前面河流的地方，有一间只有两个房间的建筑，1822 年 4 月 27 日，格兰特就出生在这里。

格兰特的父亲名叫杰西·鲁特·格兰特，他是从这个州东北角搬过来的，现在正为另一个移民经营一间小型皮革厂。格兰特的母亲名叫汉娜·辛普森·格兰特，她的父亲是一位节俭的农民，最近也刚刚从宾夕法尼亚州来到这里，距离费城只有几里路而已。格兰特的名字是在一场家庭聚会上取的，时间是在他出生后的第六个星期。据说，当时一位年轻的阿姨从帽子上取出了一张纸条，纸条上写着"尤利西斯"的名字，这是格兰特的外婆辛普森的选择，因为她当时正在读费内隆所写的《忒勒马科斯》，非常喜欢里面这个人物的品格："他的智慧就像是贴在他嘴唇的封缄，只有在面对事情时才会开口说话。'海勒姆'这个名字之所以加入其中，则是因为要取悦别人。"在格兰特前往西点军校读书之前，他的名字都是"海勒姆·尤利西斯"。带他一起前往西点军校的众议员在帮他报名的时候，因为忘记了格兰特的名字，于是将他的名字改为"尤利西斯·辛普森·格兰特"。这就是格兰特名字的由来。在格兰特还是个孩子的时候，邻居都喜欢将他称为"没用的人"（因为 useless 这个词与 ulysses 一词发音比较像）。格兰特在西点军校读书时的绰号则是"山姆大叔"或是"山姆"。格兰特手下的士兵则将他称为"只接受无条件投降的人"（Unconditional Surrender，简写就是 U.S，这与格兰特的名字 U.S.Grant 比较像）。

在格兰特刚满 1 周岁的时候，他的父亲攒下了 1100 美金的存款，决心要去闯一番事业。他将全家都搬到了临近的一个县，这是一个边远的移民定居点，这个地方在他们原先居住的地方向东 20 英里，距离河流也有 10 英里的路程。虽然这个地方要比波因特普莱森的规模还要小，但在格兰特的父亲看来，这里是县政府所在地，很有可能会慢慢发展起来。这个县城在一片橡树森林里面，方便获取更多的树皮。这里有十几座房屋——其中一些是木制结构的，一些则是砖制结构的——这里的生活环境显得那么缺乏生气、原始以及粗犷。格兰特一家在一楼吃饭与生活，晚上则在一座小阁楼里睡觉，一个简易的厨房建在房子后面，是杰西·格兰特用砖砌成的。当手头宽裕一些，他就不时地添砖加瓦，直到这座房子比附近的房子都更加宽敞、整洁。当然，要是按照现在的卫生标准，他们当时居住的环境肯定会被列入黑名单的。格兰特就是在这样的环境下成长的，直到他到了上学的年龄。

对格兰特一家来说，生活条件是非常艰难的，命运似乎并没有垂青他们一家。他们家几乎没有什么家具，墙壁上也没有什么可以悬挂的东西，他们可以阅读的也仅限于一些布道演说、赞歌诗篇以及温姆所著的《华盛顿人生传记》。除非他们跑去邻居那里借书，否则根本没有其他书可以看。格兰特的母亲与村里其他家庭主妇一样，每天勤勤恳恳地做好家务，在一个开放的壁炉里煮饭烧菜，孩子们则唱着歌。他们所听到的唯一一种与音乐相像的东西就是在一座规模很小的卫理公会教堂里听到的赞美诗发出的哀号，或是听到一些简陋的酒馆在旅人打开大门时发出的吱吱声。很多男人都会喝棕榈酒，这可以说是他们唯一的室内消遣活动了。在格兰特的一生里，他几乎都分辨不出《老百首》（这是根据 100 首诗编成的赞美诗或其乐曲）与《渔夫的舞歌》。在他看来，这两者没有什么区别。

这个落后的小地方除了是格兰特成长的地方之外，还有一个为世人所知的地方。在内战爆发的时候，这里居住的人口将近 1000 人，绝大多数人都是支持南方联盟的。到教会参加礼拜的时候，格兰特曾经说过，相比于相信《圣经》的真实性，很多人更加热衷于战争以及反对废除黑奴制度。在内战爆发前夕，要是生活在这里的人们有投票权的话，那么他们肯定会投票给杰弗逊·戴维斯，而不会投票给林肯。格兰特后来写道："这个偏远的西部村庄要是将老人与孩子的总人数算在一起，一共才只有1000人——这足以成立一个单独的军团了，当然前提是每个人都有能力去使用武器——这个地方有4个人在政府军里成了将军，有1个人成了上校，有许多西点军校的毕业生，还有9名志愿军的将军以及陆军校级军官。"

　　杰西·格兰特为人正直，但他却有自己的一些癖好，因此他不是很受大家欢迎。他是一位节俭、勤奋且独立的人，对政治问题以及其他议题有着自己坚定的看法，他的立场与观点并不总能得到邻居的赞同，当然他在阐述这些观念的时间以及方式上都不太讲究。杰西·格兰特并没有想过要因此顺应自己所处的环境。根据格兰特的说法，他的父亲很擅长辩论，平时会认真阅读他所能借到的每一本书，并能记住自己读过的内容——这几乎就是他接受到的全部教育了。杰西·格兰特是一位身强体壮的人，身高6英尺，具有强烈的道德勇气，但他同时又是一个容易轻信别人、坦率、爱管闲事且爱争辩的人。他喜欢作打油诗，其中的一些诗歌还出现在当地的周报上，至今仍能看到。除此之外，杰西·格兰特还能用非常简洁的文字进行写作，知道如何充分表达自己的思想。他与酒馆里那些游手好闲的人关系不是很好，这些人经常嘲笑他的举止以及他所戴的那一副金色镶边的眼镜。很多人都对杰西·格兰特对年幼的格兰特表现出来的自豪神色感到难以理解，因为他们认为年幼的格兰特是一个很笨的人，与村里面其他孩子相比，既不聪明也不善谈。

　　杰西·格兰特对自己的祖先充满了骄傲感，耗费了很多心血将自己的家族追溯到新英格兰时期的祖先。他发现马修·格兰特在公元 1630 年从英格兰移民到马萨诸塞州的多切斯特，没过多久就搬到了康涅狄格州的温莎地区，他的后代一直在这里居住，一直到杰西·格兰特的父亲这一辈。杰西的祖父在英国军队里服役，后来在参加与法国和印第安人的战争中牺牲。杰西的父亲是诺亚·格兰特上尉，曾经参加过邦克山战役，后来在大陆军服役，参加了美国独立战争。在这之后，他首先搬到了宾夕法尼亚州的威斯特摩兰县，接着又搬到了俄亥俄州的迪尔菲尔德。杰西有一个同父异母的兄弟彼得，彼得去了肯塔基州的梅斯维尔，并且发了财。当时的诺亚并不很富有，后来就搬过去与彼得一起生活，并将自己的孩子带到了迪尔菲尔德附近的家。杰西与贾奇·托德一起经营生意，托德的儿子是现在的州长托德。在了解了这门生意之后，他利用一个偶然的机会去为在奥萨沃托米的约翰·布朗的父亲工作，与当时还是孩子的约翰·布朗生活在一起。没过多久，杰西就下定决心，准备从事制革方面的工作，这样的想法让他回到了波因特普莱森，这里离梅斯维尔不是很远。这样一件看似不走运的事最终对他却变成了一件好事。虽然杰西为人有不少癖好，但他在紧急关头却显得非常从容淡定——他也将这样一种优点遗传给了自己的儿子。

格兰特从他的母亲那里遗传了沉默寡言与自我克制的品质。一些人说他从母亲那里学到了生活常识。他从未见过母亲流眼泪，母亲也很少放声大笑。母亲从未试过有意识地引导他，只是在潜移默化中给他带来积极的影响。他的母亲是一位虔诚的人，但却从未强迫格兰特向自己那样去相信宗教。

　　即便是在格兰特日后名声大噪的时候，她也很少谈论自己的儿子或是夸耀他所取得的成就，只是淡淡地说自己为儿子取得的一切心存感激。当格兰特第一次长时间离开家，前往西点军校读书的时候，她为格兰特准备好一切行李，然后淡淡地道别，连嘴唇都没有颤抖一下。之后，她只能偶尔见一次自己的儿子。当格兰特成为美国总统的时候，她从未去过华盛顿。但是，很多之前没有多少往来的亲戚却纷纷前往华盛顿。她还是像之前那样在家里工作。据说，她每天都在为格兰特祈祷，直到她去世的那一天。"在我的记忆里，母亲从来没有用言语责骂我，也没有用棍子惩罚我。"格兰特后来回忆说。格兰特的父母也从来没有对他说过一次斥责的话，他也知道父母这一辈子都没有过任何不正义的行为。无论是在西点军校还是后来的墨西哥，格兰特在给他们所写的信里都是说一些小事以及表达自己的情感，格兰特就像一个自然纯真的男孩。

第二节　童年生活

　　在格兰特童年时期，他在驾驭马匹方面的本领是最突出的——这样一种本领日后能够很好地为他所用。格兰特做事有一个特点，就是他始终会想尽一切办法坚持到最后，虽然他在这个过程中会想出很多古怪的方法去支持自己这样做——这样一种性格特点让他能够很好地把控自己的人生。在格兰特闻名世界之后，出现了很多关于他童年时期的有趣故事，当然这些故事几乎都是阐述格兰特这两个性格特点的。村里面那些家庭环境稍微好一些的人都是非常努力的。"只有那些比较贫穷的人，"格兰特说，"才会变得懒惰。"在格兰特的人生起步阶段，他依然还只是一个小孩子而已。他的父亲拥有一座农场以及一间制革厂，还有50亩树林，树林距离村子有1英里的路程。在他8岁的时候，就经常到树林里搬动木材以及用于建造房子和工厂的制造原料。年幼的格兰特没有足够的力气将沉重的木材搬到马车上，也没有力气将木材卸下来，但他却有驾驶马车的能力。

在他11岁的时候，他的身体已经强壮得足以牢牢地抓住锄头去耕种。"从11岁开始直到17岁，"格兰特说，"我都在利用马匹去做各种农活，比方说犁地、种植玉米与马铃薯，在丰收季节搬运粮食，搬运木材。除此之外，我还要照料两到三匹马，还要照看一两只羊，锯木头来烧火。"至于娱乐方面的活动，格兰特可以在夏天的时候钓鱼或是游泳——他非常擅长游泳与潜水——冬天的时候滑雪与乘坐雪橇出门。当然，这一切都没有什么值得大书特书的。村里的其他男孩都喜欢出去打猎，但是格兰特一辈子都不喜欢打猎这样的活动，也从来没有将火枪当成取乐的一种方式。在他看来，杀死任何动物的念头都让他非常反感。格兰特非常喜欢马匹——经常通过将村里人送到乔治城来赚钱。在他9岁的时候，拥有了一匹属于自己的马匹。在他10岁的时候，他就经常驾驶着马匹独自一人前往40英里之外的辛辛那提，然后将一些乘客送回村里面。他在骑马的时候还会做一些特技表演，指导如何教马匹走马步，指导如何让马匹停下脚步。"只要我骑在马背上，我就能驾驭这匹马。"他经常会这样说。格兰特之所以能够如此轻易地驾驭马匹，就是因为他喜欢马。在他的一生里，他从没有试过要进行赛马比赛，他认为这样的做法是非常残忍的。

在他 11 岁的时候，他的父亲通过多种方式赚到了一笔钱，获得了要为县城建造监狱的合同。这样一份工作需要他们搬运许多沉重的木材。于是，他为格兰特买了一匹名叫戴维的马匹，让格兰特去帮忙搬运木材。树林距离建造监狱的地点有 2 英里路，这里的木材有 1 平方英尺的直径，有 14 英尺长。11 个伐木工人负责砍伐与装上马车，格兰特则负责驾驶马车。某天，天气比较阴暗，伐木工人不在树林里，只剩下格兰特一个人。但是，格兰特还是充分发挥自己的才能，顺利地完成了几个强壮男人才能做到的工作。一棵被砍伐下来的枫树斜着挂在另一棵树上。格兰特巧妙地利用这个斜面，用绳子将树木连接着马车，接着将树木完全拉上马车，直到树木在马车上处于一种平衡状态，接着再慢慢地迂回前进。

格兰特是整个村子里最喜欢旅行的男孩。他在一次游玩的过程中来到了肯塔基州的平岩地区，用自己的一匹马换了一匹带有马鞍的马，这件事让他印象深刻。后来，格兰特自己也绘声绘色地讲过这个故事："当时，我离家差不多有 70 英里，准备驾驶着马车回家。佩恩先生说他不知道自己的马匹之前是否套过颈圈。我对他说，最好将这匹马拴在一辆农场马车上，我们就可以看看这匹马之前是否拴过颈圈了。很快，我们就发现这匹马之前从来没有拴过颈圈，但这匹马却没有表现出任何恶意。我对佩恩说，我有信心能够驾驭这匹马。我们立即达成了交易。最后，我赚到了 10 美元。"第二天，格兰特与在乔治城的一位邻居交换了马匹，就开始回家。这匹马一开始感到非常恐惧，两次想要逃跑。"我们在前进的道路上看到了半英里之外的地方有一个收费站，于是我们就开始绕路走。附近的地方有一个河堤，河堤下面是 20 多英尺深的河水。我让马匹停在了河堤边上。我的这匹新马感到非常恐惧，就像山杨树的叶子那样颤抖着。但是它并不像在面对我的朋友佩恩那样感到恐惧。说到佩恩，自从上次见面之后，他就不管我了，独自乘坐货车前往梅斯维尔了。每当我想要骑上这匹新马的时候，这匹马都会奋力地踢着。在某段时间，我都几乎陷入两难的境地，不知道该怎么办才好。当我来到梅斯维尔的时候，我跟一位住在这里的叔叔借了一匹马。因为此时我出去游玩已经超过一天了，最后我从裤袋里掏出印花大手帕……用手帕蒙住这匹马的眼睛。我就是用这样的方式在第二天安全到达梅斯维尔的。"

格兰特赚的第一笔钱，就是通过将一马车的破布运到辛辛那提去售卖赚到的，他赚到了 15 美元。当时他还不满 12 岁，就开始从事这样的销售活动了。后来，格兰特在维克斯堡对托马斯·基尔比·史密斯透露说："在我上西点军校之前，这是我接受过的最好训练。"

还有另外一个故事也是格兰特的传记作家经常会阐述的，用来表明格兰特这个人是多么朴实无华。这是关于格兰特要出去购买一匹马的故事。他的父亲之前已经出价 20 美元，想要购买这匹马，但卖家拉尔斯顿想要25美元。"我的父亲说，这匹马就值20美元，并且告诉我只能出这个价。如果对方认为无法接受的话，我要准备出价22.5美元。听父亲这么说，我立即骑上马，前去拉尔斯顿那里购买马匹了。当我来到拉尔斯顿的家，我对他说：'父亲说，我只能出20美元去购买你这匹马，但是如果你不接受这个报价，我还准备出22.5美元。如果你还不接受的话，我将会出25美元！'对拉尔斯顿这位精明的康涅狄格人来说，最后这匹马成交的价格是不言自明的。"

这个故事后来被村里的很多男孩知道了，过了很久才最终消停了。但我们必须要明白一点，那就是格兰特那个时候才只有8岁而已。如果我们必须要找一件事情说明格兰特对他人过分纯真的信任的话，我们可以找到一件之后发生的事情。格兰特在1859年10月24日给在圣路易斯的弟弟辛普森的信里这样写道：

我之所以迟迟没有给你写信，就是希望能够将马匹还给你——但我到现在依然还不知道那匹马的下落。大约两周前，一个人跟我谈到了这匹马的事情，说他想在第二天试试这匹马，如果他认为合适的话，就愿意出100美元购买这匹马。我之前从未见过这个人。但在一个星期前，也就是上个星期六，他来到了马棚，牵走了那匹马，还拿走了马鞍与缰绳。从那之后，我就再也没有看到那个人与那匹马了。我只能假设这个人真的很喜欢这匹马。我知道这个人住在弗洛里桑特，距离这个县城大约有 12 英里路……

　　附注：那个牵走了你的马匹的人在那个县城里有一间三层高的砖房。他的本意可能是想在拿到第一个月的租金之后再将这匹马的钱还给我。无论怎样，我认为这匹马现在还是非常安全的。

第二章
作为一名军人的锤炼

❧

第一节 西点军校的生涯

格兰特早年在村里所能接受到的最好教育，不过就是在梅斯维尔与利普雷这两个地方的学校读了两个学期而已，他所学到的知识也仅限于读写算等基本的技能。直到他上了西点军校之后，才第一次知道有代数这门学科。因为条件所限，格兰特读的书不多，但是他的成绩却还是可以的。他对学习的热爱让他不愿意像父亲那样继续从事制革行业。多年后，他所掌握的最有用的知识都是他从社会这所"常识学校"里学到的。在日后的岁月里，每当他面对更为严峻的考验时，他使用的那种看似幼稚的解决方法却是非常奏效的。

格兰特曾说过，在他还是个孩子的时候，他就不是很喜欢工作。"但是，在我青年时期，我其实还是做了一个年轻人该做的一切。我一边上学一边工作。"在那个时候，格兰特并不需要在紧急情况下做出任何决定，他每天都显得懒洋洋的。"随着我的年龄越来越大，我感觉自己变得越来越懒惰了，这是困扰我一生的不良习惯。"1873 年，成为总统的他在给亚当·巴多的信件里这样写道。不过，在面对紧急状况时，他却能表现出雷厉风行的一面。格兰特身上的这种懒惰与雷厉风行并存的两面性格似乎在他的人生中形成了鲜明的矛盾。其他拥有如此矛盾性格的人在历史上也不少见，但是过往的那些历史人物很难展现出像格兰特这样强烈的反差。

绝大多数村民在回想起格兰特的时候，都认为他是一个迟钝的人。尽管格兰特的一些行为看上去比较迟钝，但他们也非常喜欢这个家伙。格兰特天性善良，从来不说脏话，他从来不会咒骂别人。下面是村民对他的一些评价："一个没有什么不良习惯的好男孩。""一个有点笨拙、充满乡土气息的人。""安静却又行动迟缓的人。""有什么不懂问他就可以了。""他很少说话，但如果你给他足够的时间去思考，他必然能够回答得出来。""他总是带着一根木棍，整天在那里削着，却始终做不出什么来。""矮胖的身材，脸上长满痘痘，头脑大大的。""为人稳健，充满男人气息。""为人安静，一双灰蓝色的眼睛、挺拔的鼻梁、棕色的头发，身材结实。""为人不好斗。""喜欢森林。""为人谦虚、低调、有决心、具有克制力、行事果断。"上面这些评价是村里当年从小认识格兰特的人给出的。还有一个人给出的评价似乎对格兰特日后能成为什么样的人给出了暗示："村里面的小孩子都喜欢跟他玩，他们都将格兰特视为他们的保护者。"

格兰特厌倦了制革的工作，不愿意像父亲那样继续从事这样的行业。某天，当他在放假的时候从雷普利回到家时，他不得不到制革房间里帮忙，房间里面的兽皮散发出让他难以忍受的臭气。他对父亲说，他根本不喜欢这样的工作，现在迫于无奈地做也只不过是当一天和尚撞一天钟而已，等他到 21 岁的时候，他肯定不会再做的了。他宁愿成为一名农民或是一位不走运的商人，或是出去接受一点教育。当时，杰西·格兰特就希望格兰特前往西点军校就读。

村里面 5 个男孩都已经进入了西点军校就读，学费是政府出的。最近一个刚去西点军校就读的人就是他家邻居的儿子，此人刚刚因为考试不及格被西点军校劝退了，但他还是满脸骄傲地回到村里，不让其他人知道他是如此狼狈，也只有格兰特一家人才知道这个事情。为什么不让格兰特填补他这个空缺呢？当时的众议员托马斯·哈马尔就属于乔治城选区的，在之前很长一段时间里都是杰西最亲密的朋友，但他们几个月前发生了争论，现在已经有点疏远了。哈马尔是一位民主党人，而杰西则是一位辉格党人。于是，杰西就给俄亥俄州的参议员托马斯·莫里斯写信，但莫里斯将这封信转交给了众议员哈马尔。哈马尔也希望利用这个机会与之前的朋友重归于好，就同意立即去办这件事。这件事发生在 1838 年年末至 1839 年年初。根据格兰特人生自传的内容，当杰西收到了莫里斯寄来的信件，得知这件事已经交给哈马尔去办的时候，"父亲对我说：'尤利西斯，我相信你很快就会填补空缺的。''什么空缺？'我问。'到西点军校读书。我已经为你申请了。''但我不想去。'我说。父亲说他认为我肯定会去的。要是父亲真的这样想的话，那我最后肯定也必须要去的。我其实也没有反对去西点军校读书，只是我有点担心自己能否通过考试而已。我认为自己没有足够的能力通过考试，我无法忍受失败带来的痛苦。"

因此，虽然格兰特很不情愿，但他还是开始了自己伟大人生旅程的第一步。他对自己说，他之所以同意父亲为自己安排的计划，主要是因为他想要实现旅行的愿望。"在这个时候，我去过最东的地方是弗吉尼亚州的威灵，最北的地方是俄亥俄州的西部森林地区，最西的地方是路易斯维尔，最南的地方是肯塔基州的波旁县。除此之外，我还曾经驾驶马车或是骑马来到距离家50英里的地方。前往西点军校的旅程让我有机会游览美洲大陆两座最著名的城市——费城与纽约。单单是这一点就已经足够了。当我游览了这些地方之后，我希望自己在乘坐蒸汽船或是火车的时候遭遇事故，或是任何其他类型的事故，让我受一些轻伤，从而无法进入西点军校就读。但是，我所幻想的这些事情没有发生，我必须要面对最后的结果……对我来说，军事生活没有任何让人着迷的地方，即便在我从西点军校毕业之后，我也从未想过要继续留在军队里。后来发生的事情是我根本无法预期的。"

对格兰特来说，军营里的号角或是鼓声根本无法激起他的兴奋感。当时美国众议院正准备提交一个议案，说要撤销这所军校。格兰特不耐烦地观察着这件事的进展，希望这个议案能够通过。最后，他不得不努力调整自己，适应军校里的课程。他当时的想法就是勉强通过考试，之后在这里担任数学方面的助教，有了一定的基础之后，再到某所稍微出名的院校里谋取一份永久教职——"但是，时势的变化实实在在影响到了我，让我偏离了原先的计划。"在这个时候，格兰特也表现出了自己的一些小情绪。在写给表弟的信件里，他说："我真喜欢这个地方，要是我的朋友都在这边的话，我肯定愿意一辈子都住在这里。"可见，格兰特并没有完全学会母亲的含蓄，偶尔还是会表露自己的一些情感。

格兰特对自己的学习没什么兴趣。他在军校读书期间，几乎不会重新看第二遍学过的课程。因为他在课堂上学不到什么知识，于是就经常到图书馆看书。他疯狂地阅读了布尔维尔、库珀、玛利亚特、斯科特、欧文以及勒维等人的著作。他经常说，数学就是一门讲求"直觉"的学科。但对诸如法语这样比较难的学科，他的成绩就比较低。"事实上，要是将课程掉转过来的话，我肯定能排在班里较前的位置。在 4 年的学习生涯里，我从未试过排在前列，也从未排在倒数几位。最后，我在法语、火炮、步兵以及骑兵战略以及操守等方面的成绩都是刚好及格。"格兰特很擅长绘图，他绘制的几幅粗略的图画依然留存了下来。

在军校第二年学习结束的时候，他有 10 周的放假时间，他非常享受人生的这段时光。"我的父亲已经将位于乔治城的工厂卖掉了——我曾在这里度过了自己的青春岁月。我经常会做一些白日梦，想着要是以后能够顺利毕业，我就会当一名老师。父亲搬到了贝塞尔这个地方，这里距离隔壁的克拉蒙特县只有 12 英里，他买下了一匹年幼的尚未被驯服的马匹，希望我在放假期间能够驯服这匹马。我假期的大部分时间都花在与老朋友玩耍上——对我来说，这 10 个星期要比西点军校的 1

个星期还要短暂。"由此，我们可知格兰特当时是什么心态。

第二节　军校毕业生格兰特

在当时非常注重血统来历的南方年轻人当中，他们都会想办法去掌握社交的技能，想办法到军校接受训练，从而为子孙后代赢得一个好名声。但是，懒散的格兰特似乎根本不这样想——他只是一个看不到人生出路的普通年轻人，普通得那么不起眼。格兰特的低调，也许连他自己都没有察觉到。他就是在这个过程中吸取了很多历史上伟人的品质，这为他后来的人生带来诸多帮助。

格兰特在西点军校的同期同学，有不少日后成为内战时期南北双方著名军事将领，其中包括谢尔曼、托马斯、朗斯特里特、哈迪、麦克莱伦、尤厄尔、布埃尔、罗斯克兰斯与布克纳。在格兰特所在的班里，出了富兰克林、昆比、加德纳、汉密尔顿以及鲁夫斯·英戈尔斯，其中英戈尔斯曾经短暂地与格兰特是舍友。而著名的将领查尔斯·史密斯则是当时这个班的指挥官。从这些人当中，我们可以很快勾勒出一幅铅笔画。谢尔曼要比格兰特高三届，表示自己曾在公告牌上看到过"U.S.Grant"这个名字，因为当时刚入学的学生名字都会出现在公告牌上。其中一个人说，这个人的名字是"United States Grant"，另一个人则说是"Uncle Sam Grant"，第三个人大声说是"Sam Grant"。这个名字给谢尔曼留下了深刻的印象。格兰特的名字后来也为军校里的其他学生所熟知。

维勒说："格兰特是一个心地善良的人，我从未听他说过一句不敬或是庸俗的话。"朗斯特里特说："格兰特是一个充满荣誉感的人。"哈迪说："他对追求事实真相非常严谨。"英戈尔斯说："格兰特知道如何运用常识去解决一些问题。"其他人则说："格兰特是一位思维清晰的人，做起事来也很勤勉。""他对任何事情似乎都缺乏足够的热情。""他在军团里算不上一个非常出色的人，但却受到每个人的爱戴。""他是一个很受大家喜爱的年轻人。""他几乎没有什么不良习惯。""他不大擅长与女士交流，行为举止缺乏优雅。""他不懂得如何跳舞，从来没有参加过聚会派对，也没有进入过私人的房子。""他对自己所说的话看得很重，从不说假话，即便是开玩笑，也从不说假话。"

　　在格兰特单调沉闷的军校生涯里，唯一的亮色是，他是军校里最勇敢的骑马师。"格兰特勇敢地跳上约克马"这样的情景依然在西点军校的年册里有清晰的记载。在温菲尔德·斯科特以及其他过来参观的人面前，格兰特骑着这匹马跨越了有一个士兵那么高的障碍墙。詹姆斯·弗莱将军在讲起这件事的时候更加有趣。在挑选进入军校读书的人时，"当所有常规的考核完成之后，很多学员都要骑上马排成一条线。接着，骑马师就搭起一个比一个人还高的障碍墙，然后大声说：'格兰特学员！'一个面容瘦削、身材矮小、一双蓝眼睛的年轻人，他的体重是120磅左右。他骑着那匹栗色的马转动了一下，然后朝着与墙壁相反的方向奔去。接着，他迅速掉转马头，加速奔跑的马一个跨越就横跨了障碍墙。整个动作一气呵成，似乎人与马都合二为一了。在场观看的人都惊呆了。'干得漂亮！'赫什博格大声喊道。接着，骑马师与其他学员都解散了，但格兰特当时的表现依然留在我的记忆里。"

还有一个故事是说格兰特曾与高几届的学生一起训练的事情。在训练的时候，格兰特在第二次与第三次都失利的情况下，终于在第四次取得了最后的胜利。

至于这个时期发生了什么事可以预测格兰特未来的辉煌成就的话，我们并不需要就此多说什么。因为这样一种随机的预测其实只有在当事人日后真的取得了这样的成绩之后，才会被人们谈起。但是，哈迪曾经说过，在他们两人都在西点军校就读的时候，他说："要是这个国家日后处于紧要关头，格兰特是解决这个问题的人选。"格兰特的老师也曾说："这个班最聪明的人就是格兰特！"在内战爆发的第一天，当时的南方同盟军的军官就说："我希望政府军不会在西点军校的毕业生中找到这个人，我是指格兰特……相比于与其他将领作战，我最害怕与格兰特对抗。他不是那种天才的军事家，但他是一个头脑冷静的人，做事雷厉风行、无所畏惧。"

格兰特后来谈到了当时见到温菲尔德时内心的震撼。温菲尔德在他上西点军校读书第一年就过来巡视他们这些新生。"他有着伟岸的身躯，体型庞大，穿着光亮的制服。当时我就觉得他是我眼中所见到的人类的典范。我有一种预感，以后我会处在他的位置去检阅军队——虽然我当时根本就没有想过毕业后继续留在军队里。10年前我在卖马时的表现让我被很多人嘲笑，这样的苦涩印象依然在我的脑海里记忆犹新。因此，即便是对我当时最亲密的室友，我也没有透露内心这样的想法。"格兰特认为斯科特与史密斯上尉是"整个国家最让人羡慕的两个人"。

1843 年，格兰特从西点军校毕业了，在全班 89 名学生里，他的成绩排在了 21 名。他想要加入当时依然被称为游骑兵的部队，但游骑兵部队已经没有名额了，因此他只能退而求其次，加入了第四步兵团。在他加入部队服役之前，他获得了休假，在贝塞尔度过了 3 个月。在此期间，当地的民兵军官要求他帮忙操练这些民兵。当时的格兰特生病了，患上了一种被称为"泰勒的控制"的疾病。有一个人回忆起当时见到格兰特的情景："他看上去非常年轻，很消瘦，脸色苍白。"他的声音"非常清晰、淡定，只有在训练的时候才发出洪亮的声音，以非常精确的方式指挥民兵队伍"。

格兰特后来谈到了两件发生在休假期间的小事，这些事情让他对军事生涯充满了反感，这样的反感情绪终其一生都无法抹去。当他随着民兵来到辛辛那提的时候，身后有一个男孩大声说："士兵，你工作吗？不，你没有工作！我还是先把这些衬衫卖掉吧！"再次回到贝塞尔之后，他痛苦地发现那位在酒馆里喝醉的马夫在大街上大摇大摆地走着，赤着双脚在街道上唱着不着边际的歌曲，身上穿着毛蓝色的裤子。"这与我当时的军服的颜色是完全一样的，只是在衣服的缝合线上加入了一些棉线而已"。

第三节　墨西哥

在接下来的 11 年里，格兰特都在军队里服役。当他离开西点军校的时候，常规军只有 7500 人——因此对于那些从西点军校毕业的学生来说，并没有那么多的军官职务可以安排。格兰特在他被分配到的部队里只是担任一个不起眼的军官，他得到的薪水与少尉的薪水一样多。后来，他奉命来到了靠近圣路易斯的杰弗逊军营，这在当时就是所谓的"荒凉的西部"。

格兰特急于退伍，想要以后可以在某所学院担任老师之类的工作。他给西点军校的管理委员会写过一封信，表示希望在学校担任数学助教。但在他还没来得及写这封信的时候，墨西哥的局势就开始出现变化了。在 1844 年 5 月，在军营里度过了 9 个月之后，他奉命与部队一起前往南方。在这个时候，他已经彻底爱上了茱莉亚——他同班同学弗雷德·邓特的姐姐，邓特的父亲是邓特"上校"，在怀特黑文这个地方有一个很大的种植园，这里距离军营只有 5 英里路，邓特有很多黑奴帮他们干活，因此他们过着比较舒适的生活。

格兰特像他做任何事情那样，坚持不懈地追求茱莉亚。当他所在的部队奉命要前往南方的时候，他当时正在请假。当他回到圣路易斯的时候，大部队已经离开了这里。在赶上大部队之前，他给马匹安上了马鞍，出发前往怀特黑文。在路上，他必须要跨越一条平时没有流水的小溪河道，但因为最近下了几场暴雨，小溪的水流非常迅猛。"我看了一下眼前这条小溪，思考着该怎么办。我这个人做事始终都有这样一个迷信，那就是当我想着要去某个地方或是去做某件事的时候，除非最终实现了目标，否则我是绝对不会回头或是半途而废的。我经常会去之前从未去过的地方，即便我不知道怎么去。在这种情况下，我也会一路打听，直到到达我想去的地方。如果我到达了某个不知道叫什么名字的地方，也不会想着回头，而是会继续朝着正确的方向前进。因此，当我骑马驻足在小溪旁边的时候，我相信自己能够骑马渡过这条小溪。最后，我骑着马匹成功地渡过了小溪，全身都湿透了。"格兰特从他未来的姐夫那里借了一套西装，继续前进，最后衣装得体地出现在他心爱的女人面前。

一年后，格兰特回到了圣路易斯。虽然邓特上校认为自己女儿的眼光应该更高一些，而不是满足于"这样一个只能佩戴较大肩章的少尉军官"，但他最后还是勉强同意了女儿嫁给格兰特。他们在 1848 年 8 月 22 日结婚。此时，墨西哥战争已经结束 6 个月了。

在墨西哥战争爆发之前，格兰特所在部队在萨鲁布里提这个地方驻扎了一年多的时间，这里靠近纳契托什的松树林，地理位置在红河与萨宾河之间。之后，他们的部队在新奥尔良驻扎了两个月，最后乘船来到了库帕斯克里斯蒂，来到了位于得克萨斯州的埃西斯河的河口。扎卡里·泰勒是这 3000 人部队的指挥官。

这个时候的军事行动其实是为了防止国会议员阻碍议案通过。在军队内部，很多人都知道，这样做的真正目的就是为了威胁墨西哥以及兼并得克萨斯。格兰特后来说："就我个人而言，我非常反对这样的做法。直到现在，我依然认为这场战争是非正义的，完全是一个强大的国家在欺凌一个弱小的国家。我们这个共和国的做法完全是在仿效欧洲那些君主制国家的不良做法，从来不考虑什么公平正义，只是想着要侵占邻国的领土，从而实现自身的扩张。从这场军事行动开始到最后结束，真正的目的都是为了分离墨西哥，兼并墨西哥的部分领土。这场旨在扩张领土的阴谋是当时南部势力对当时联邦政府强烈诉求妥协的最终结果。之后爆发的墨西哥战争也满足了南方这个要求。10多年后爆发的南方叛乱在很大程度上就是墨西哥战争的一种延续。无论对国家还是个人，最终都会因为这样一种僭越的做法而遭受惩罚。"

但是，格兰特是一名军人，他必须服从命令。他在墨西哥战争中的表现给他带来了一些嘉奖，却并没有给他带来什么名声。1846年5月，他以少尉军衔参加了帕洛阿尔托战役，进入了墨西哥城。16个月后，他的军衔依然是少尉——"在我参加的这么多战争当中，我们部队在那一次战争中失去的军官数量要比之前的任何战争都要多。"即便如此，格兰特的名字还是在递交给上级的报告中被提到，他被擢升为中尉，接着又因为作战勇敢被擢升为上尉。沃斯将军在报告中指出"格兰特中尉作战勇敢"。在查普特佩克战役里，弗朗西斯·李少校在报告中这样写道："格兰特中尉在13号与14号的作战中表现得极为勇敢。"加兰德上校在报告中指出："我必须要说一下这位格兰特中尉。在我的观察中，他始终勇敢无畏地作战。"

接下来，格兰特成了军团的军需官，但这样的职务无法让他袖手旁观。在蒙特利战役里，他骑上一匹马离开了军营，骑到了前线与战友一起作战——当时，他是唯一一个骑着马作战的人，因此成为对方特别瞄准的目标。当部队的武器弹药不足了，需要一位志愿者将送来全新武器补给的消息传递出去的时候，格兰特立即给马匹安装好马鞍，一只脚踏在马镫上，一只手紧紧地抓住马鬃，沿着空无一人的大街飞奔疾驰。在整个过程中，他都在四面八方埋伏的敌人的射程范围之内，但他最后驾驭着马匹越过了4英尺高的墙壁，成功地完成了这次任务。

在查普特佩克战役里，他发现了一个钟楼的位置非常好，对作战极为有利。在几名士兵的帮助下，他背着一袋榴弹炮爬上了钟楼的顶部，在敌人毫无防备的情况下，打了敌人一个措手不及。

朗斯特里特在谈到莫雷诺德雷战役时这样说："你无法让格兰特远离战场。即便他当时只是一名军需官，但谁也无法让他不去指挥作战……格兰特出现在战场的每一个角落里。他始终是那么冷静、机敏，那么从容不迫……当然他自己可能没有意识到这点。他似乎认为头顶呼啸而来的不是子弹，而是冰雹。我听到他的上校说：'这个人简直不怕死。'"

"你想知道我在战场上的感受吗？"格兰特在写给家人的信件里这样说道，"我不知道自己当时是否有什么特别的感受。相比于阅读战争小说的人，战争对于参与其中的人来说并不是那么可怕。"多年后，一名军官曾经问他是否在战场上感到过恐惧，格兰特简单地回答说："我没有时间。"

尽管如此，格兰特还是一名非常务实与高效的军需官。在塔库巴亚以及蒙特利等战役中，他租用了面包店，为军团提供补给。"在两个月内，我凑到的资金要比我在整个战争期间得到的薪水还多。"墨西哥战争中，作为军需官的格兰特明白了战争中自由时间的把握是多么重要，他还明白了军队的军饷以及衣服等必备品的极端重要性，这为他日后在内战中很好地指挥军队打下了牢固的基础。当然，格兰特还在墨西哥战争中学到了其他的经验。他目睹了斯科特的部队失去补给，最后只能驻扎在乡村。他看到了泰勒在敌人的炮火下依然保持冷静与淡定，穿着一身下士的宽松衣服从容不迫地指挥着军队。他从泰勒身上学到了治军要从简，知道了自己在炮火面前要抬头挺胸、无所畏惧。他对自己在内战期间要面对的军官所具有的优点与缺点都有了初步的了解，其中包括李、朗斯特里特、布克纳、杰克逊、彭伯顿、两位约翰斯顿，以及南方其他日后的高级将领。这些将领永远都想不到，他们真实的军事才能彻底暴露在格兰特的眼皮底下。

第三章
过渡时期

第一节　荒废的时光

墨西哥战争之后，格兰特的生活似乎又陷入一潭死水的状态。军校、部队以及战争等经历让他对这个世界有了一定的认知。他亲历过战争，回家后也得到了一些荣誉，虽然并没有得到很大的褒奖。不过，他现在不得不以中尉的身份继续留在边境的军营里，过着单调沉闷的生活。在他眼中，未来不过是一大段沉闷的岁月，除非他能幸运地被调到其他地方，或是有机会退伍并找到一份不错的文职工作——比如成为他一直想要当的数学教授。但在可预见的未来，这样的事情都不会出现。作为军需官，他一开始与部队驻扎在安大略湖的萨克特港口，并在这里度过了一个了无生趣的冬天。这一切都是因为另一位军官在华盛顿那边有人脉关系，从而被调到了底特律。当时的底特律是军团的总部所在地，这里虽然也属于边境地区，但有许多社交活动。之后的两年时间里，斯科特一直在努力纠正这种不公平的情况。最后，格兰特被调到了底特律，此时他依然是中尉军衔，但他却根本不擅长社交，不知道怎样与女人说话，也不知道如何与男人交往。他对这些华而不实的活动没有任何兴趣。很多参加这类社交活动的人都根本不知道有格兰特这个人存在。格兰特在萨克特港口又度过了一个沉闷无聊的冬天。此时，他的第一个儿子两年前已经在怀特黑文出生，第二个也即将出生。他离开自己在贝塞尔的小家庭，开始了前往边境驻扎的沉闷旅程。

在路上，他有了在面对紧急情况时展现自己人脉的机会，也是他自查普特佩克战役至1861年南北战争爆发前这段时间里唯一有价值的机遇。在他们面前穿越地峡的交通线已被洪水冲毁。对担任军需官的格兰特来说，这是一个意想不到的难题。但是他充分发挥自己的聪明才智，最终让800多名士兵安全到达地峡的另一边。此时，他发现很多士兵都感染了疟疾，这成为整个军营一个沉重的负担——他不得不整天照顾那些伤员，埋葬那些死去的士兵。这场伤病给整个军团带来巨大的损失。"格兰特就像一个铁人，他几乎都没有睡过觉，即便能睡觉，也只是偶尔睡上两三个小时。对我们来说，他就像一位天使。"一位当时与格兰特在一起的士兵后来这样写道。让人惊讶的是，格兰特在之后的传记里经常谈论自己在巴拿马的经历，谈论内战的战役情况则相对较少。

格兰特在海岸线上服役的地点是在哥伦布的温哥华以及洪博特等地方，这里距离旧金山将近200英里。一段时间后，他被擢升为上尉。对格兰特来说，这里的生活是痛苦的。他讨厌打猎，钓鱼又让他觉得十分无趣——而这是当时那些军官唯一的取乐方式。他们也没有什么书可以阅读。格兰特想念自己的妻子与孩子，他的第二个儿子到现在都没能见上一面。他曾将一封信拿给一位年长的中士看，信上是妻子画的小儿子小手的轮廓。当他沉默地将这封信收起来的时候，眼眶已经湿润了——这件事很可能是真实的。因为在格兰特的一生中，他对家庭的感情始终是最为深厚的。

与很多处于同样环境下的军官一样，格兰特也开始喝酒了。当然，对格兰特来说，他喝的酒可能是有点多了。不过，喝酒并没有让他失去判断力，也没有影响他正常的讲话，但这的确对他的移动能力有所伤害。在他的思维还完全清晰的情况下，脚步却几乎已经迈不动了。那些了解格兰特的人都一致表示，这是真实的。当然，在面对不是很重要的事情时，这样的情况也依然是无法忽视的。这也有助于解释格兰特在战争初期如何克服重重障碍，特别是罗林斯生前给格兰特带来的积极影响。要是没有这样的认知，我们可能无法对格兰特这个人有全面的评价。否则在夏洛伊战役之后，我们也不会听到林肯总统幽默地说："我不能撤掉格兰特，他始终在战斗。"甚至有一次，林肯总统表示他不知道格兰特喝的是哪一种牌子的威士忌酒，但他希望其他的将领也能尝尝格兰特所喝的那种威士忌酒，好让他们也知道该怎么率兵打仗。

格兰特离开军队的原因一直存在争议。格兰特后来在回忆录里给出了自己的解释。他看不到继续留在军队里的希望，因为他所得到的薪水让他无法养活妻子与孩子，所以他决定辞职。格兰特所说的这个原因无疑是真实的。这也与格兰特从西点军校毕业时的想法是一致的。当时是和平时期，没有什么战争。当他离开军队的时候，谁也不会认为在可预见的未来会爆发什么战争。至于格兰特是在什么时候下定决心做出退伍这个决定的，则不得而知。这可能是格兰特在心底一直盼望的吧。当然，他也希望自己在部队里的表现能够为他获得一个更好的职位，但在边境那几年的生活渐渐打消了他这个念头。一些不愉快的事让他明白了一个事实，那就是他无法以中尉的薪水去养活自己，因为他的月薪只有 30 美元，额外还有 80 美分的饮食补贴，还配有一名仆人，只有一个带窗的房间——所有的薪水加起来只有 73.5 美元。作为上尉的他在服役的最后一个月里薪水是 92.5 美元——对一个有妻儿的人来说，他所面对的未来是惨淡的，况且他现在距离自己的家有 8000 多英里路。当他成为上尉之后，内心当然想着自己以后会更上一步。但他很快就发现，文职工作更适合自己，因此他一直在部队待到 1854年 4 月。这一天，他在给其他士兵买单之后，喝得酩酊大醉，被他的顶头军官布坎南少校痛骂了一顿。布坎南一直都是一个严格要求纪律的人，他对格兰特说，如果他不辞职的话，就要面临军事法庭的审判。格兰特选择辞职。其实，他并不一定要选择辞职。其他与格兰特军衔相等的军官都表示，要是他接受审判的话，也绝对不会被判撤职。但是格兰特已经彻底厌倦了军营生活，他在部队里待了这么久，却依然还只是一名上尉。他急切地想要回到东部，回到自己亲爱的人身边，回到那些需要他赚钱养活的人身边。此时的他绝对不会想到，这件事日后会让他感到那么尴尬。在这一天，他写了一封辞职信，被立即批准了，生效日期是 1854 年 7 月 31 日。这让格兰特的军事生涯里没有留下接受军事法庭审判的记录，但他那个时候绝没有想到自己以后还会穿上军装，而这件事竟会发酵成一桩让他意想不到的丑闻，给他的内心带来刺痛。当时的战争部长杰弗逊·戴维斯接受了格兰特的辞职。杰西·格兰特在收到战争部的来信之后，感到非常吃惊。在现存的档案记录中，还能看到他在 6 月 1 日寄出去的信件。他在信里这样表示："我从未想到他会离开军队。我以为，格兰特在部队里待了这么长时间，应该已经很适应军队的生活了。他已经在军队里服役这么久，已经很难适应离开部队的生活了。要是就这样让格兰特离开部队回家，这是不是有点太过分了？是否可以让格兰特带着家人去驻守边境呢？我必须指出的是，格兰特已经有两年没有见过自己的家人了，他的小儿子已经快两岁了，但他现在都还没有见上一面。我觉得他只是急着想要回家见见家人，才会做出离开军队的选择。"

虽然格兰特不喜欢单调的军营生活，但是他在加州的生活却并没有给他带来什么不愉快的记忆。否则，他也不会这样写道："我在离开太平洋沿岸这个地方的时候，内心深感不舍，真希望这里以后能够成为我的新家。在国会于 1853 年通过《上尉军阶法案》之前，这样的念头一直深藏在我的心底。这个法案的通过以及我迟迟无法获得擢升，彻底摧毁了我想要成为这个地方的居民的梦想。"

第二节　为生存苦苦挣扎

"你们下次收到我的来信时，"格兰特在与战友们道别的时候说，"我将以密苏里州的一名农民的身份（给你们写信）。"成为一名农民，这就是格兰特的梦想。但是，他接下来面对的情况要比他心底里所想的情景要糟糕许多。旧金山这座军营拖欠他的薪水并没有如期兑现。一位好心的军需官为他买了一张前往纽约的火车票。到达纽约之后，他身无分文。一位答应在萨克特港口还他钱的人也没有还钱给他。要不是他的同学——时任招兵军官的布克纳——为他做了担保，让他在纽约一间旅店里睡上一晚，那么在他父亲寄给他的钱到来之前，他可能要睡在大街上了 。当他回到贝塞尔的时候，人们并没有表现多大的欢喜。他的弟弟在皮革行业做得不错，但格兰特在西点军校所接受的训练现在看上去却是毫无用处的。格兰特的父亲杰西一直以格兰特为荣，然而现在在谈到他的时候，却忍不住内心的一丝耻辱。格兰特回到了自己在怀特黑文的妻子与孩子身边，开始打理岳父邓特上校留给他妻子的 80 亩地，当时这些作为女儿的嫁妆给了格兰特。格兰特在农场里干得非常勤奋，每天都去伐木，准备建造小房子。即便在困难的生活状况下，格兰特依然保持着乐观幽默的心态，将自己这片土地称为"贫瘠之地"。为了一家人的生活，他非常努力地工作，经常到圣路易斯的集市上售卖粮食或木材，获得急需的金钱。除此之外，他还要努力找寻一些树桩，购买打折的猪肉，做一个农民应该做的一切工作。他一家的生活要比邻居节俭得多，同时也展现出更多的生活智慧。在别人用木头来取火的时候，他就将自己的木材卖给了木炭厂作为木支柱，赚了一笔钱。因为在当时，煤炭的价格要比木材高一些。冬天刺骨的寒风使他瑟瑟发抖，高烧让他无法继续工作。他放弃了农民的工作，将自己之前落脚的地方卖掉，在圣路易斯买了一座木屋，想要与妻子那位名叫博格斯的表弟从事房地产生意。在1857年的金融恐慌时期，现金流动的速度非常缓慢，而格兰特的心又太软了，不愿意向那些生活已经非常拮据的佃户收租。这个时候几乎没有什么生意可做。于是，他向郡治安官申请了一个县工程师的职位，年薪是1900美元。但是这个职位却被另一名申请者抢走了。当时的委员会一共有5名成员，其中两名是民主党人，另外3名是无党派人士。格兰特的岳父是一位蓄奴者，非常同情南方蓄奴者的立场，而格兰特则对这些政治派系不了解。"你可以从这些委员的行为看到最后的结果。"格兰特在9月23日写给父亲的信件里说，"我看上去非常认同民主党人的主张，但事实并不是这样的。在我的一生中，我从未投票给民主党。在上次总统竞选里，我投票给布坎南，希望他能击败弗雷蒙特。这并不是因为布坎南是我的第一选择。在其他的选举里，我总是选择那些最适合这些职位的候选人。我从未想过这些委员会根据我的政治倾向做出这样的决定。"[1]

格兰特在海关担任了一个月的职员，但一位收税员在此期

---

1 《尤利西斯·格兰特的信件》第20页。

间去世了，他不得不又去顶替。"我实在不想这样没头没脑地做了一件又一件事，我也不会这样做。"他在给父亲写的信件里这样说，"但是，我从一开始就不得不为了生计这样做，为了养活妻儿，我也只能硬着头皮这样做了。"此时，格兰特的父亲已经发了财。据说，格兰特的父亲身家已经高达 10 万美元，这在那个时候可是一笔巨款。杰西·格兰特在肯塔基州的卡文顿创办了一间制革厂，现在也定居在那里，有时还会到伊利诺伊州的格利纳做皮革批发生意，不过这里的业务是由他的两个小儿子辛普森与奥维尔负责。格兰特虽然很不情愿，但最后不得不承认作为农民或者房地产商的他都是失败的，因此他只能寻求父亲的建议与帮助。杰西让他去找辛普森，辛普森将格兰特派到了格利纳商店，让他"在找到更好的工作前，留在这里工作"。这间商店主要是购买皮革，还销售鞋匠全套工具、马具、花式条纹的布料以及摩洛哥皮革。格兰特在这里当了一名店员，因为他很擅长算数。他的其他兄弟则负责与客户讨价还价，因为这不是他所擅长的。格兰特在这里的年薪是 800 美元，还能从圣路易斯那边得到额外的 700 美元，当然这笔钱是之后才能拿到的。格兰特在这里有一间舒适的小房子，也会经常前往卫理公会教堂。他经常穿着那件自己在太平洋沿岸地区买的蓝色外套军服前往爱荷华州与威斯康星州购买兽皮，并且渐渐适应了这样的生活环境，但是几乎没有人能在见到他的时候认出他来。"在做这份全新的工作的过程中，我开始变得健谈起来。"1860 年 12 月，格兰特在给一位朋友的信里这样写道，"我对这样的生活状态感到非常满意。我希望尽快成为这间商店的合伙人。我认为自己有足够的能力帮助这间商店获得更大的利润，我对此充满信心。"

差不多就在这个时候，萨姆特来到了这里，发布了征兵公告。

第四章
心灵被唤醒的格兰特

当北方人民纷纷响应林肯保护联邦的号召时，格利纳地区的人们发现，在他们当中，有一位身穿破旧军服外套的上尉。因为格兰特之前在军队里服役过，人们就将他叫出来，让他在战争会议上担任负责人，在连队里担任上尉，但格兰特对此表示拒绝。于是，他们就让格兰特负责操练这些民兵，看看他们是否有足够的装备，观察一下他们来到车站后的表现。他站在人群当中，看着这些民兵经过。最后，格兰特背着老旧的旅行袋跟在他们后面，一直来到了斯普林菲尔德，尽自己最大的努力去服务。但这并不是整个故事的全部。在征兵公告出来前的几个月，格兰特的内心就处于一种慢慢"发酵"的状态。在整个冬天里，他经常听到人们谈论南方有可能出现分裂，于是他静静地观察着这场战争的到来。在12月的时候，他这样写道："很难想象，一个州或几个州联合起来做出这样自杀式的疯狂举动，竟然想要从联邦里脱离出来。根据之前我掌握的情况，至少有5个州会这样做。而现在的执政者又是婆婆妈妈的人，他们制定的一些愚蠢政策必然会导致相反的结果，让那些原本就想要脱离联邦控制的州有了更大的底气，让他们获得更多人的同情。"

2 月份的时候，罗利说："那些南方人做出了许多威胁性的举动，但我认为与他们不需要进行多久的战斗。"格兰特认真地回答说："你想错了……如果他们真的想要独立出去的话，那么他们肯定会拼死作战的……现在，南北双方都过分低估了对方的实力，却过分高估了自身的实力。"在萨姆来这里发布征兵公告 7 天后，格兰特写信给自己那位追随民主党的蓄奴岳父说："现在是时候证明一个人对这个国家的热爱程度了，特别是在边境的蓄奴州里。我知道人们觉得很难与共和党进行合作，但在整个联邦面前，我们不应该纠结于这样的党派区分，我们应该想尽一切办法去维护星条旗，守卫联邦宪法。任何一个公正的人都绝对不会在此时此刻选择逃避，也绝对不会允许南方一些州做出这种富于侵略性的行为。现在我们的联邦政府完全处于一种防御状态，但是联邦政府是处于正义的一方，必然能够取得最终的胜利……按照现在这个局势，我已经看到了奴隶制会退出历史舞台的必然性。北方不会允许蓄奴的，但他们本来也无心去干预这样的制度。但是，除非南方一些州重新表示对联邦政府的忠诚，否则联邦政府肯定会拒绝对南方各州提供必要的保护。"

两天后，格兰特在写给自己那位主张废奴的父亲的信件里，言语显得非常恳切，展现出自己对父亲的孝顺以及对父亲经济层面的依赖。"现在，我们正处于一个遭受考验的时刻，每个人都必须选择是支持这个政府还是反对这个政府，通过自身的每一个行动去展现出自己的立场。我之前在政府经费的帮助下在军校里接受了这样的训练，知道如何在国家处于紧要关头站出来。我觉得眼前的局势给我带来了许多责任，但这样的责任绝对不是出于任何自我利益的考量。我不想在这件事情上表现得过于急切甚至做出不明智的举动，现在已经有足够多的人第一时间向总统表达了自己的决心，我现在还没有这样做。我之前承诺过，要尽自己的能力去帮助操练连队。我更进一步表示，要与这支连队一起前往州首府。如果我能够帮助州长更好地组织这个州的军队的话，那么我肯定会义不容辞的。我现在想要的就是您的同意，希望您能在这件事上给我提供一些建议。现在我们国家只有两派，一派是叛徒，一派是爱国者，我肯定希望自己被归类为爱国者当中，我相信爱国者这一派具有的强大力量。"

格兰特在写给妹妹的信里这样说："东部的弗吉尼亚州在整个对抗中是让人憎恶的，要是这些事情尚未完全解决之前，这个州就遭受惩罚的话，那么这必然会让很多人失望。这就是我的感受，我相信这也是大家普遍的想法。我们应该为南部的卡罗莱纳州提供补贴，因为他们从上一代就接受这样的教育，即认为他们的政府是专制的，始终在压迫着他们，因此他们在自身力量尚未完全强大之前，只能默默地忍受。弗吉尼亚州以及其他的边境州都没有这样的借口。所以，那些发动叛乱的叛徒必然是发自内心地想要脱离联邦政府的。"

第五章
重返部队

　　格兰特非常清楚战争的残酷性。因此，在来到斯普林菲尔德之后，看着一群爱国者争先恐后地希望得到名利的时候，他并没有这样做。他并不希望获得什么引人注目的头衔，不愿意像那些政客一样站在讲台上慷慨陈词，谈论着他们所具有的军事指挥才能。他对金饰带以及所佩戴的肩章等级都不是很在乎——他只是一位退伍之后没有干出什么大成就的普通人，看到了一个能让自己重操旧业的机会而已。整个斯普林菲尔德都陷入了这样一种廉价的自我吹嘘当中。当时的州长理查德·叶芝非常具有政治头脑，但他在面对这样的紧急局势时也显得有点盲目。伊利诺伊州每一个有头面的人都想要为自己或者自己的朋友谋求一个职位。很多志愿者组成的连队不断涌入这座城市，这些志愿者之前都没有接受过任何正规的军事训练，根本不知道该怎样去作战，也没有军服，没有武器，平均 12 个人才只有一把滑膛枪。从克伦维尔斯村以及图伦内村招募的志愿兵里，有很多都是身形瘦削的少年，他们的行动比较笨拙——

在这些人当中，也有像洛根这样的士兵——这些老兵很快就成了队伍中的核心，让世人见识到他们的厉害。

在所有这些连队里，战斗力最强的一支队伍是来自格利纳的。这支队伍之前接受过军需官格兰特短时间的操练，行动比较统一。在人群当中，没有多少人会注意到格兰特的存在，但他通过自身的努力完成了职责。在格兰特正准备离开斯普林菲尔德的时候，叶芝在一间阴暗房子的一个角落里发现了他，发现他在军事操练方面具有一定的能力，于是希望他能够担任副官，让他负责填写命令的名册——这样的工作实在是太简单了，即便之前从未学习过的孩子在明白了是怎么回事之后都会做。

"我发现自己之前在军队的经历能够派上用场。"格兰特在20年后这样写道，"我不愿意担任什么职员，我也没有那样的能力……但我之前在战场上担任过军需官、军粮供应官以及副官，因此对我来说，军队的阵型是非常熟悉的。我能按照自己的想法去操练他们！"于是，格兰特就坚持去做这项他认为简单的工作——检查军火库里面的滑膛枪数量、写报告以及回答有关规章制度等方面的问题，这表现了他对军事方面的熟悉程度，因为他之前在边远的军营里担任过操练军士。最后，叶芝让他担任"操练军官与助手"，将他称为"上尉"，为他提供3美元的日薪。在格兰特的一生当中，他从未寻求过什么任命或者擢升，但在面对一项他必须要担任的工作时，他也从未选择过逃避。这可以说是他这个人最有趣的地方。

志愿兵的人数很多，他们都非常踊跃地报名参军。于是，伊利诺伊州议会通过了法案，提供了额外的兵团数额。格兰特就要负责其中这些志愿兵的操练。操练工作结束之后，他在林肯发出号召后3周给父亲写信说："我觉得自己的使命就要完成了。我可能会成为一个兵团里的上尉，但我已经对许多任命背后的政治操控彻底地厌倦了，因此我是绝对不会参与其中的。当然，无论在什么时候或什么地方，在他们还需要我的时候，我也绝对不会退缩。但我觉得自己已经做了超出我能力范围的工作了，因为我的上校是一位完全缺乏军事经验的人。如果继续放任这些情况出现的话，那么政府方面可能还要招募更多的士兵。我现在可以回到格利纳，继续操练那里的三四个连队，让他们在未来的作战中更有战斗力。我个人认为，这场战争不会在短时间内结束。"

在圣路易斯的几天时间里，格兰特依然在有条不紊地训练志愿兵。此时，弗朗西斯·P.布莱尔与纳桑尼尔·里昂正在清理杰克逊军营，这是想要脱离联邦政府的州长克莱本·杰克逊之前在城市的郊区建立的，目的就是要控制这座城市与联邦军队的军火库。格兰特看到南方盟军的旗帜从叛乱总部降落下来，他心想这是如何做到的。当他走在街上的时候，一位穿着整洁的年轻人从电车上走下来，对他说："当自由的人民无法选择他们自己的旗帜的时候，这实在让人难以容忍。在我从小成长的州那里，要是一个人敢说一句支持联邦政府的话，那么我们就要将他吊死在我们所能找到的第一棵树上。"格兰特回答说："毕竟，我们并不像圣路易斯那里的人那么缺乏容忍。我从未见过一名反叛士兵被吊死，也没有听说过这样的事情。当然，的确有很多背叛这个国家的人应该被吊死。"

格兰特负责操练志愿兵的工作很快就结束了。约翰·蒲坡准将是当地人，当时驻守在斯普林菲尔德担任联邦召集军官。无论是在西点军校或是之后的墨西哥战争，他都了解格兰特这个人，于是就推荐格兰特到联邦政府工作。但是格兰特是一个老实巴交的人，根本没有什么具有影响力的人可以帮助他，因此他不愿去那里工作。"当我为国家战斗的时候，我无法接受这还需要别人的批准。"

在回到格利纳一个星期之后，他的内心始终感到烦躁不安。"在这6天里，我每天都待在家里。"格兰特写道，"我一直有一种感觉，那就是自己正在逃避责任，而这个责任是我所承担过的最重要的责任。我完全有理由为自己已经做出的工作感到满意，但现在就这样袖手旁观是绝对不行的。"

在这次旅程中，他给当时的民兵指挥官写了一封信，讲述了自己之前的工作，就自己希望得到的军衔提出了个人的建议："在军队服役了15年时间，其中包括在西点军校的4年，我认为每一个通过政府经费接受教育的人都应该感激现在的联邦政府。我希望在这场战争结束之前，我能够有幸为这个国家做出自己微薄的贡献。就我现在的年龄以及服役的时间来看，我觉得自己有能力担任一个兵团的指挥官，当然如果总统也认为他可以相信我的话。自从总统发出第一个招兵公告，我就一直在州政府工作，尽自己最大的努力去帮助训练州民兵组织，现在我也依然在从事这样的工作。将回信寄到伊利诺伊州的斯普林菲尔德，我就能收到。"但是，格兰特没有收到回信。他的申请信件被掩埋在政府部门繁冗的信件当中。在内战结束很长一段时间之后，格兰特的这封信才重见天日。

但除此之外，格兰特还有其他的途径可以找寻释放自身能力的工作。他后来这样写道："当我表示自己希望要获得上校军衔的时候，我内心是比较忐忑的，因为我对自己是否有足够能力胜任这个军衔感到一些怀疑。但我见过了每一位来自伊利诺伊州以及印第安纳州的上校操练士兵的情况，心想要是他们都能以恰当的方式去指挥一个兵团的话，那么我也能做到。"

叶芝表示要推荐格兰特担任准将，但格兰特拒绝了，他表示自己并不想一下子就获得如此高的军衔，而是希望能靠自己的表现去获得。"格兰特上尉是什么样的人？"叶芝问一名来自格利纳商店的记账员。"虽然他很想要为国家服务，但他却不愿意担任较高的职务……他到底想做什么呢？""与他打交道的时候，"这位记账员回答说，"就是不要问他任何问题，只要命令他完成某项工作就可以了。他会立即照办的。"之后，叶芝立即给格兰特发去电报，此时的格兰特正在卡文顿看望自己的父亲。电报上说："从即日起，你被任命为伊利诺伊州第21志愿军团的上校，现在立即生效。"叶芝签发任命状的日期是1861年6月16日。

第六章
指挥军队

　　一个月前，格兰特就着手整合他现在指挥的这支由很多之前从未接受过任何军事训练、穿着破烂的乡村男孩组成的部队，他们驻扎在马顿附近。这支部队之前的指挥官是他们推举的，他是来自哥斯达黎加的海盗，身上展现出士兵的气质，经常携带着单刃长猎刀，蓄着浓密的胡子，每天对着手下那帮懵懂的志愿兵夸夸其谈，晚上则会与他们一起狂欢。在是否愿意接受他的指挥去参加战斗这个问题上，很多军官都表示反对。他们想起了之前那位操练他们的沉默教官，于是恳请州长让格兰特担任他们的指挥官。这就是格兰特来到第一兵团的原因。

　　新来的指挥官格兰特没有穿着制服，虽然他后来从一个朋友那里借来了 300 美元，购买了一套军服。他穿着破旧的衣服，下垂的双肩与一些民兵上校威武的军人姿态形成鲜明的对比。当格兰特前去指挥这支兵团的时候，他讲述了洛根与麦克伦南德这两位民主党众议员——日后他们都成为志愿兵的将领——如何与他一起用热情去激励这些之前从未接受过任何正规军事训练的士兵。他还谈到了洛根用自己的演说激励这帮士兵，让他们深刻地明白一点，即"只要有一个敌人依然拿着武器反抗这个国家，那么他们就要心甘情愿地继续留在军队里与之作战"。但是，在麦克伦南德第一次介绍他这位新来的上校时，洛根并没有在第一次演说里这样说。很多士兵都在找寻着另一个让他们敬佩的人，他们大声地说："格兰特！格兰特！"格兰特只是简洁地说："回你们的营地去吧！"他说话的声音是那么清晰洪亮，多年前在贝塞尔的时候，一位游手好闲的人就曾这样对他说，而格兰特的这句话很快就在接下来更加激烈的战场中得到了验证。格兰特没有过多地谈论他这支刚刚组建的军团，因此这是这支部队换帅以来的第一次公开声明。格兰特只是要求士兵们安静地回到各自的营房，而士兵们似乎也感受到了格兰特这种非凡的命令，乖乖地听命了。

在接下来的一个月里，格兰特每天都认真地操练着这帮士兵，要求他们遵守严明的纪律。之后，格兰特奉命前去密苏里州前线，当时的分离叛乱势力正在那里争夺边境几个州。格兰特率领部队经过乡村，教会他们如何快速行军，而不是等待火车将他们载走。

在密苏里的 6 周里，格兰特并没有表现的机会。但在给父亲的信件里，格兰特讲述了自己在军团里所做的工作。他说："这样的工作让我感到非常满意。我让这支纪律涣散、缺乏斗志的部队发生了彻底的改变，让这支部队的战斗力得到了全新的提升。我认为，这是所有军官与士兵共同努力的结果。听说我最近有可能会得到擢升，很多军官都一致表示愿意接受我的指挥。我不想将这个消息告诉其他人，因为我不是很愿意这样谈论自己。"——这让格兰特的父亲杰西感到很为难，因为格兰特再次让他内心的骄傲情感升腾起来了。

有一件事能够很好地展现出格兰特质朴的性格。按照格兰特的说法：在墨西哥州与密苏里州，他的部队在这里驻扎了几个星期。他最早有机会让士兵们接受正规的军营训练。"在我毕业之后，我没有阅读过任何一本有关战术方面的书籍……1846年以来，也没有进行过任何正规的军营训练。现在军队里的武器装备已经发生了改变，哈迪提出的战术思想已经得到了贯彻。我拿到了一本讲述相关战术的书籍，从中学到了一点，就想着将自己学到的知识运用到第一天的操练当中。我认为兵团里的军官都没发现我之前从未学习过我所应用的战术。"——这件事足以表明格兰特在运用常识能力这一方面可以说得上是一个天才。"我从来不会研究太多作战策略，"在荒原之战开始之前，格兰特对米德说，"我唯一的疑虑就是你是否掌握了正确的策略以及对有关科学与历史的书籍是否有正确了解。"谢尔曼在一封让人印象深刻的信里这样谈到格兰特："但我认为你的常识似乎能够弥补这些缺陷。"当格兰特在战场上扬名之后，他对一位跟他谈论若米尼的年轻军官说，他从来都没有过多地关注军事策略方面的权威人士。"战争的艺术其实非常简单。找到你的敌人，尽可能地赶上敌人，然后狠狠地打击敌人，接着继续前进。"

在格兰特所看的书籍当中，几乎找不到一本有关战争的书籍。他似乎根本就不在乎历史上那些伟大的将领在作战时使用什么策略。对他来说，内战中的每一次战役都是一个需要独立解决的问题。他指挥军队作战的唯一目标就是在已有的作战形势下取得战争的胜利，利用自己所能够获得的武器给敌人最大的打击。对他来说，战争的游戏没有任何吸引力。"你之前问我是否想要加入正规军，"在格兰特被擢升为上校之后，他在写给父亲的一封信里这样说，"我其实并不想。我想让自己的孩子长大之后能有一份好的工作。想要在军队里出人头地实在是太渺茫了。"

还有一个故事有助于读者朋友们了解一个伴随格兰特一生的性格特点。格兰特所在的军团要完成的第一个重要任务，就是要派遣一部分士兵去打击当时已经成为影响各州安全的游击队。"当我们来到山顶的时候，原本以为能够看到哈里斯在山下所搭设的帐篷，也许还会与他们的队伍迎面碰上。在此期间，我的心越提越高，高得好像已经到了嗓子眼。当时，我很想撤退，逃回伊利诺伊州，但我没有撤退的道德勇气，只能思考着接下来该怎么做。我命令部队继续前进。当我来到了山顶某个能够看清山谷一切情况的地方，我停下了脚步。哈里斯几天前在这里搭设的帐篷依然还在那里，地面上留有他们最近搭设帐篷的痕迹，但是他们的游击队却不见了踪影。我的心这才放下来。之前我从未想过这个问题，之后我却永远都不会忘记这个问题思考的结果。从这件事到最后战争结束，我在面对任何敌人的时候都没有感到过一丝恐惧，虽然我在此期间多少会感到有些不安。我始终记得当时的哈里斯害怕我的程度要甚于我害怕他的程度。这件事给我上了宝贵的一课。"

这是格兰特第一次独立指挥军队。按照格兰特对此的看法，他对这次行动的结果持怀疑态度。与格兰特学到的其他教训一样，这样的教训他只需要学习一次就够了。他从不担心自己会面对什么样的敌人，只是考虑自己应该要怎么去做。多年之后，谢尔曼这样说："当我上战场指挥的时候，我总是担心敌人会怎么做，但格兰特对此根本不在乎。"[1]

---

1 詹姆斯·H.威尔逊将军表示，在向大海行军之前，谢尔曼曾对他说："威尔逊，我要比格兰特聪明太多了。我知道许多与战争相关的知识，了解军事历史、军事策略以及战术方面的知识。我要比格兰特更加了解军队组织、补给以及管理方面的事情，甚至要比他知道所有与军事相关的事情。但是我要跟你说格兰特在哪一点上胜过我，这也是他胜过全世界的原因。他从来不会在乎他看不见的敌人在做什么，但这样的情况会把我吓死。"（出自《在古老的旗帜之下》，第2卷，第17页。）

第七章
升任准将

　　约翰·C.弗雷蒙特，这位被称为"探路者"的少将是以有趣的方式获得这个军衔的。他身材魁梧，却缺乏指挥能力。在战争初期，很多北方人都盲目崇拜他的作战能力。他当时负责西部战区，其中包括伊利诺伊州、肯塔基州、堪萨斯州以及密苏里州，总部设在圣路易斯——这个地方是遏制南方联盟军队前进的重要战略位置——在方圆100多英里的范围内，有多条河流在这里汇合，形成了庞大的密西西比河。这条河是运送武器及士兵唯一有效的航道。当时，麦克莱伦驻扎在辛辛那提，总指挥斯科特则在华盛顿，在他手下的是麦克道维尔、梅格思以及罗斯克兰斯。格兰特直接听命于弗雷蒙特，而后者对指挥的战略重要性却一无所知。格兰特接受了他的命令，从密苏里州的一个地方前往另一个地方，渐渐地提升了部队的战斗力。他们在艾恩顿、杰弗逊城以及墨西哥做着维持治安的警察工作。因为克莱本·杰克逊担任州长的州已经处于一种混乱状态了，州内有很多同情南方与北方的人。而格兰特是最新一批被擢升为上校的军官当中唯一一位接受过军事教育的人，因此他成为一支临时组建的旅的指挥官。在1861年8月上旬的一天，他的军队牧师递给他一封电报，电报上写着林肯已经任命他为准将。"这肯定是沃什伯恩的功劳。"格兰特说。

艾利胡·B.沃什伯恩是新英格兰人，很小的时候全家搬到了西部生活。从1852年开始，他就担任格利纳地区的众议员，成为最早获得公职的反对蓄奴者或者说共和党人。因此，当以林肯为首的政党获得大选胜利之后，他就成了有一定影响力的人。沃什伯恩是一个精明的人，乍一看就像那些没有接受过多少教育的政客，但他在国会任职多年，后来还担任过驻法大使。现在，人们之所以知道他的名字，是因为当林肯发布征兵令之后，他发现林肯竟然不认识自己的老乡。他看到格兰特在整顿格利纳地方连队的方式，与格兰特谈论有关战争的问题，意识到格兰特是一个理解判断力非常强的人。于是他就给当时伊利诺伊州州长叶芝写了一封信，在格兰特成为上校之后密切留意他的行为。这一份"天降"的友情可以说是格兰特所能获得的最大的"影响力"了，但这其实也是格兰特之前从未刻意去追求的。事实上，格兰特对自己被擢升为准将是沃什伯恩帮了大忙的猜想是对的。

当国会在8月份开会的时候，林肯必须为新招募的军队任命将领。他为自己之前所在的州指派了4名准将，同时要求华盛顿的那帮人想一下这些人选。沃什伯恩这个时候就将格兰特的名字放在伊利诺伊州4名准将候选人名单的首位，这获得了全票通过。其他被提名的将领有赫尔布特、普伦蒂斯、麦克伦南德。后面这 3 个人都没有在西点军校接受过正规的军事训练。8 月 7 日，林肯正式将任命这 4 名军官以及另外 33 名准将的命令发了下去。在这些人当中，格兰特排在第 17 位。与他同时在列的还有亨特、海因策尔曼、基耶斯、菲兹·约翰、波尔特、富兰克林、谢尔曼、斯通、布埃尔、里昂、卡尼以及胡克。正规军的少将的人选有斯科特、麦克莱伦、弗雷蒙特、麦克道威尔、哈勒克，志愿军的少将人选有迪克斯、班克斯与布特勒。

因此，在战争开始之前，格兰特就已经是准将了。他当时没有什么后台，也没有名声，却被安排在一个重要的作战位置上，让他有机会包围与摧毁南方的叛军，而这一切却并非格兰特的本意。

其他一些将领看到了控制俄亥俄州与密西西比河附近枢纽的重要战略意义，认为这是控制密西西比河到其出河口的第一步。但格兰特是当时唯一一个看到这一点，并且知道应该立即去做的将领。他没有空谈，而是真正地这样做了。他将战胜敌人的口号变成了一句响彻西部的话："敌军已经封闭密西西比河了，我们必须用利剑杀出一个港口。"

第八章
帕迪尤卡与贝尔蒙特

　　人称"战斗主教"的列奥尼达斯·波尔克将军此时正领导南方叛军。他制订了一个全面的军事作战计划，指挥着训练有素的南方军队，这是当时北方军队所缺乏的。他已经着手准备占领肯塔基州，这个边境州依然处在脱离联邦与维持联邦体制的分裂当中。他将目光瞄准了伊利诺伊州南端的开罗，因为这里是俄亥俄州与密西西比河交界的地方，这个重要的地方连接着三个边境州。出于这样的战略考量，他占领了20英里之外的哥伦布，这里是肯塔基州与田纳西州的交界处，处于密西西比河的东岸。在9月4日这一天，弗雷蒙特一派他到密苏里州，格兰特就将军队驻扎在了开罗。

　　当他得知波尔克正派军队占领距离田纳西与密西西比河河口45英里处的帕迪尤卡之后，他知道要是敌军占领了那个地方，就意味着他们将占领整个密西西比河，因为整条河都会被敌军封锁。格兰特立即给弗雷蒙特发去电报，表示要是他没有收到不准他去帕迪尤卡的命令，那么他将于当天晚上前去那里。格兰特让士兵们准备船只出发，在路上没有收到总部的任何消息，于是他就在 9 月 6 日，赶在波尔克的军队到来前几个小时占领了帕迪尤卡。为了安抚城里受惊的市民，他发布了一个简短的声明：

我并不是以敌人的身份来到这里，而是以你们的朋友与普通公民的身份。我不会伤害或打扰你们的正常生活，我们会充分尊重你们的权利，保卫每一个忠诚公民的一切权利。现在，反对政府的叛军已经出发了，他们已经架起了大炮，准备在肯塔基州发动战争，降下你们现在升起的旗帜。西克曼与哥伦布现在都已经落入了敌军手中。波尔克正率领大军朝着这座城市进发。我来这里是为保卫你们，对抗敌军，维护联邦政府的权威与主权的。我这样做没有任何私心，我只会与那些武装的叛军及其帮手以及教唆犯作战。你们只需要像平常那样过正常的生活，不用感到恐惧与任何的不便。强大的政府军队在这里保护着每一个支持政府的人，我们只会惩罚那些与政府为敌的人。无论什么时候，你们都可以拿起武器保卫自己，捍卫联邦政府的权威，保护所有忠诚民众的权利。到那个时候，我将会把军队从这座城市撤出去。

格兰特将军队留在帕迪尤卡，让查尔斯·史密斯负责指挥，史密斯是他在西点军校读书时的指挥官。他向肯塔基州立法机构发布了这份声明，接着在州政府扮演"中立"的角色。州立法机构很快就通过了法令，支持政府军保卫这个州。在格兰特回到开罗之后，他发现弗雷蒙特对自己的行为非常愤怒，责骂他与立法机构之间的通信，警告他下次不能这样做。

此时，格兰特可以去攻打哥伦布，并且也有这样的想法。

但是弗雷蒙特让他在开罗足足待了两个月。到了 11 月的时候，波尔克已经在哥伦布站稳了脚跟，有足够的军事能力去对抗政府军的包围，与此同时波尔克还给在密苏里州的叛军提供军事帮助，在厄尔·范·多恩与斯特林·普莱斯将军负责指挥的地方制造了许多麻烦。除此之外，弗雷蒙特命令格兰特指挥隶属于迪克·奥格尔斯比的 3000 名士兵去围剿在密苏里州的游击队，保护奥格尔斯比的大后方。

为了让波尔克无法分身，格兰特率领士兵在 11 月 7 日乘船沿着密西西比河往下游前进。他们侦察到了在哥伦布相反的位置有一个小型的木棚屋，上面写着"贝尔蒙特"这样一个自命不凡的名字。波尔克安排了 2500 名士兵在这里守卫。这些士兵在城墙的掩护下休息，准备接下来进行快速行军。格兰特并没有只是简单地进行侦察任务，他猜到波尔克接下来要采取的军事行动，于是就让士兵们上岸，对敌人发起攻击，占领了这个军营——这是格兰特在内战中第一次真正意义上的战斗。他要求战败的敌军投降，迫使敌军撤退。他的任务完成了。要不是他指挥的军队缺乏正规的军事训练，那么他们肯定能够获得更大的胜利。因为这些士兵觉得他们取得了一场重要的胜利，一下子变成了兴奋的"暴徒"，洗劫了这个军营，将很多东西据为己有。他们大声地说话、欢笑、唱歌，根本不受控制。直到具有天才般常识的格兰特过来了，局面才得以控制。格兰特命令禁止放火烧掉这些帐篷，因为从这里冒出来的火焰会让敌军看到，让敌军有机会重整旗鼓。之后，格兰特的军队被敌军包围与攻击，要不是格兰特指挥得当，手下的士兵可能已经投降了。格兰特坚定地说，敌人无法切断他们的后路，他们需要朝着船只停放的地方突围。穿着下士军服的格兰特不顾子弹从马背上呼啸而过，最后一个登上了船，差一点就被落下了。

麦克伦南德可以说是一位精通政治的军人，他当时就与格兰特在一起。在回到开罗的路上，他发表了一场自负的演说。但格兰特一句话都没说，只是在第二天写给父亲的信里这样说："考虑到这是一场远征，我们取得的胜利可以说是圆满的。这让我对手下的军官以及士兵充满了信心，让我在日后指挥他们作战的时候无所畏惧。"伊利诺伊州的报纸接下来都在报道麦克伦南德是如何拯救这个州的。格兰特默默地让麦克伦南德享受这样的赞美，他不愿陷入大家关注的焦点当中。这只不过是一场小规模的作战而已，在这个州之外的人没有谁会知道。有关贝尔蒙特的消息也没有让东部的人民感到兴奋。

北方的人们都在以忧愁的目光等待着波托马克与詹姆斯那边的战况，等待着布尔溪战役胜利的消息。麦克莱伦指挥的军队渐渐失去了耐心，且战且退。贝尔蒙特一战因为伤亡太惨重，多年来一直被人们所指责，说这是一场本来就不该打的战役。事实上，进行这场战役的目的不是为了击败敌人，而是将领为了展现自身的能力。多年后，格兰特说："要是贝尔蒙特战役没有开打的话，奥格尔斯比上校可能就会成为俘虏，他手下的 3000 名士兵就会被杀死，而我也将成为罪人。"

要真的没有贝尔蒙特一战的话，我们就会错过这个独特且有趣的插曲，也无法了解当时北方人民内心的真实感受。

第九章
多纳尔森

接下来 13 周的等待并没有完全被浪费掉，因为格兰特利用这段时间在开罗操练士兵，教导军官们作战的方法。

在格兰特麾下的士兵中，并没有多少正规军。南方叛军让很多毕业于西点军校的学生进入了军官队伍当中，因此他们那边的志愿兵能够接受到训练有素的军官的教导。北方军队中很多接受过正规军事教育的军官依然保持着之前的军衔，直到战争爆发几个月之后才得到擢升。在波托马克驻扎的军队里，只有一个正规旅，这个旅里面从将军到少尉，每一名军官都接受过正规的军事训练。在其他地方，还有不少师的士兵都是之前没有接受过什么军事训练的。格兰特就面临着这样的状况。当他还在开罗的时候，除了参谋官之外，正规军都应该解散，让每一名军官负责指挥训练民兵。只有这样，才能随着战事的深入不断提升士兵们的战斗力。

与弗雷蒙特产生矛盾的人并不只是格兰特，林肯同样对弗雷蒙特的一些做法感到头痛。弗雷蒙特越是展现自己的无能，林肯就越是难以控制他。弗雷蒙特竟然在公开场合表达自己反对蓄奴的情感，这让很多人都将他视为一名坚定的废奴主义者。若是联邦政府想要得到拯救的话，那么那些权力在弗雷蒙特之上的人就不得不认同弗雷蒙特的说法。在 8 月 30 日这天，林肯对弗雷蒙特的忍耐终于到达了极限。林肯阅读那天早上的报纸时，惊讶地看到弗雷蒙特发布了一个所谓的宣言，表示要没收密苏里州所有与政府为敌的人的财产，并且宣布要释放所有的奴隶——他的这一声明得到了北方的一致认同，但却让政府感到非常为难。林肯知道，如果在这个时候就做出这样的宣言，那么肯塔基州以及邻近边境的几个州是肯定不会支持联邦政府的，因为他们觉得联邦政府会让奴隶主释放奴隶。

在林肯看来，弗雷蒙特发表的宣言意味着违反了命令，是对行政权力的一种僭越。但林肯还是极有耐心地要求弗雷蒙特对此进行纠正。最后，弗雷蒙特不得不按照要求对宣言进行了修改，因为联邦政府威胁他要是不这样做的话，就要面临弹劾。"一些人想让弗雷蒙特成为独裁者。"詹姆斯·罗素·罗威尔说，"难道我们为了获得肯塔基州的支持而失去我们的尊严吗？"他的话代表很多人的一种想法。林肯在战争爆发前的几个月里就面临着这样的指责。鉴于政治因素会对战争行为产生重要的影响，顽固的弗雷蒙特最终在贝尔蒙特战役发生两天后被撤职了，哈勒克取代了他的位置。

对格兰特来说，顶头军官人选的更换并没有给他带来任何好处。哈勒克是一位接受过西点军校训练的士兵，他学识比较渊博，是战术方面的大师。很多人将他称为"老大脑"。在过去几年里，他一直在旧金山担任律师，之后到墨西哥服役。他之前担任过志愿军的少将，人们对他抱有很大的期望。事实上，哈勒克的确是一位博学之人，却不是一位斗士。他的大脑里有许多军事策略，但却不懂得如何灵活运用。在面对如此紧急的战争局势时，他根本没有能力去处理。他从来都不明白当一个世纪前的吉本在说"伟大战役的胜利是可以通过战役的研究来获得的，就像划时代的诗歌可以使用华丽的辞藻写成的一样"这句话的真正意思。在哈勒克看来，格兰特只是一个头脑相对简单、有着实用计划的人，因此并没有多么看重他。除此之外，他还依稀记得当年格兰特在加州服役期间选择退伍的事情。

格兰特在开罗过着单调沉闷的生活，他对这样按兵不动的做法感到厌烦，最后他找到了哈勒克。他提出了一个计划，就是打通前往南方的道路，将第一道防线向前推。格兰特在西点军校时的老师史密斯对此表示同意。格兰特的计划让他很满意，他认为这个计划应该上报给上级军官。当格兰特好不容易获得了与哈勒克见面的机会时，哈勒克却没有好脸色给他看。"我并没有得到礼貌的对待。也许是我在阐述作战计划的时候已经说得足够清楚了，在我还没有将计划完全说完的时候，我就被多次打断。哈勒克说我的计划是荒谬的。我垂头丧气地返回了开罗。"

格兰特这个"荒谬"计划是这样的：负责阿利根尼山脉西部军队的将领阿尔贝特·西德尼·约翰斯顿已经在肯塔基州南部建立了叛军的外部防线，这条防线从密西西比河流域的哥伦布一直延伸到田纳西州东部的坎伯兰岬口。在这条防线上，敌军分别在田纳西州与坎伯兰建立起了亨利堡垒与多纳尔森堡垒，而他们可以通过河流进入田纳西州，开始与肯塔基州以及俄亥俄州处于平行状态。这两个堡垒相隔只有12英里，另一个堡垒位于鲍灵格林，这里距离多纳尔森的东北部有90英里。而另一个堡垒则在密尔斯普林斯，这更是在东边更远的100英里之外的地方，守卫着通往坎伯兰高山的道路。布克纳是驻扎在鲍灵格林地区的南方联盟指挥官，佐利克福尔则驻扎在密尔斯普林斯。托马斯侦察到密尔斯普林斯的军队在政府军的左翼，而布埃尔在路易斯维尔则可以侦察鲍灵格林，这是在政府军的中路。格兰特负责政府军的右翼，波尔克当时在哥伦布，基地恩·皮洛则在多纳尔森。在墨西哥战争期间，格兰特就认识皮洛了，当时的皮洛在斯普林菲尔德是一个喜欢奉承别人的人。格兰特曾用鄙夷的口气说道："他会发现，在第一次射击的时候给敌人造成伤害是必要的，他不会成为一个可怕的对手。"

南方叛军防线薄弱的地方就在多纳尔森与亨利堡垒这里，但就是这两个堡垒让联邦海军无法通过水路前往坎伯兰与田纳西，更无法到达纳什维尔与萨凡纳地区。在帕迪尤卡战役里，查尔斯·史密斯将军在格兰特的指挥下，控制了这两条河的一个小地方。在与史密斯以及福特商量之后，他想以出其不意的方式乘船到达上游，占领亨利城堡，迫使南方的军事防线后退——让政府军的前线继续向南推进到阿拉巴马州。谢尔曼与布埃尔都认真思考过这个问题，并且与哈勒克谈论了这个问题。当时在华盛顿负责军务的麦克莱伦认为这只是纸上谈兵，他习惯性的优柔寡断让他觉得首先应该占领田纳西州的东部。

"至于到底是谁首先提出要让军队去占领田纳西河流作战计划的问题，我们已经有了诸多讨论，"威廉·普雷斯顿·约翰斯顿上校在他父亲的自传里这样写道，"是格兰特首先提出的，这也成就了格兰特。"格兰特在一个月后给沃什伯恩写了一封信，他在信上说："我看到了通过田纳西州与坎伯兰的方向去攻击敌人的诸多好处。对于任何一名稍有常识的将领来说，他们都会想到进行这样的作战。整个秋季与冬季，我们的炮舰都在往田纳西与坎伯兰河流的上游进发，眼睁睁地看着敌军在这些流域不断抢占城池。我可以肯定，哈勒克将军显然在很久之前就想到了这条作战路线。"但事实上，哈勒克认为自己需要 6 万士兵才能实现自己心中所想的那个迟缓的作战计划，这是格兰特所需军队的 3 倍之多。如果当时哈勒克手头上有这么多军队的话，那他可能就不会让格兰特继续留在那个职位上了。

1862 年 1 月中旬的时候，托马斯占领了密尔斯普林斯。在战争初期，这是一场为数不多的胜利，让北方军队充满了信心。为了能够取得真正意义上的军事胜利，格兰特急切地想要执行自己的军事计划。他给哈勒克发去电报，表示福特也会给予自己支援，声称如果得到允许的话，他就会率军占领亨利城堡。2 月 1 日，格兰特得到批准，他在第二天就率军出发。在 6 日的早上，亨利城堡的守军投降了，大部分撤退的叛军丢下了许多枪炮，他们都撤退到了多纳尔森。"亨利城堡现在是我们的了！"格兰特在给哈勒克发去的电报中这样说，"在敌人尚未站稳脚跟之前，我们的炮舰就攻克了敌军的堡垒。"接着，哈勒克没有给格兰特下达任何命令或给予任何批示，因为他觉得格兰特会留在亨利城堡，稳固这里的防守，因此从未向格兰特提及与多纳尔森相关的事情。格兰特立即率军前往坎伯兰，同时给哈勒克发去电报："我要在 8 日攻克多纳尔森堡垒，接着返回亨利城堡。"这一天，格兰特认为自己手下的 15000 名士兵必须立即发动进攻，否则等到敌人在多纳尔森站稳了脚跟，即便是 4 万多军队都很难攻下这里。

约翰·弗洛伊德是布坎南执政时期的战争部长，他在内战期间背叛了联邦政府。在前一年的冬季，他将北方军队军火库的武器全部运到了南方，用来增强叛军堡垒的防守。此时，弗洛伊德派了约翰斯顿去指挥多纳尔森的防守，而皮洛则在约翰斯顿手下负责作战工作。格兰特认识这两个人，他对他们没有任何恐惧心理。这是 2 月里残酷的一周，白天的天气很暖，到了半夜却经常会下雪与冰雹，温度计时常会指向零度。联邦军队一个帐篷也没有，也没有足够的御寒衣服。但是，格兰特趁着夜晚率领军队去攻击多纳尔森城堡，当时的城堡守军已经入睡了。在 15 号的时候，弗洛伊德与皮洛才率领士兵出来迎战。这是一场惨烈的战斗，政府军一度处于劣势，直到格兰特在与福特商量计划后，让炮舰上更多的士兵上岸作战。一些士兵回来之后显得非常沮丧，对格兰特说敌人带了许多干粮袋以及背包，表明敌人准备在这里进行多天的战斗。但此时的格兰特依然非常冷静。他认真查看了干粮袋，发现里面只装有 3 天的口粮以及逃跑的装备。他立即意识到敌军正在绝望中负隅顽抗，敌军为了避免投降，现在已经切断后路了。"他们根本不想留在这里继续与我们作战。"格兰特说，"现在无论我们从哪一侧发动进攻，都会取得胜利。"格兰特深信这一点。他命令士兵继续对城堡发动进攻，史密斯、沃拉斯以及麦克伦南德也勇敢地投入到战斗当中。

史密斯率军进攻山脊，占领了敌军的射击掩体。敌军被迫撤退到了城堡。夜幕下，敌军狼狈而逃的画面非常有趣。皮洛与弗洛伊德与布克纳在城堡内商议如何加强城堡的防守。他们在一次军事会议上决定，他们的军队必须要投降。弗洛伊德之前因为贪污公款而受到联邦政府的指控，担心一旦政府军捉到他之后，他就会因为叛国罪被判处绞刑。他们恳求布克纳——这位南方叛军中最勇敢的士兵——负责这里的军事指挥。在夜幕的掩护下，皮洛与弗洛伊德沿着坎伯兰逃到了纳什维尔，让布克纳尽最大的能力去抵抗政府军的进攻。

布克纳并没有选择抵抗，他竖起了停战的旗帜，要求与政府军就投降进行谈判，并要求达成停战协议。格兰特给布克纳发去的电报让整个北方都为之振奋："除了接受无条件投降以及立即投降之外，没有任何可以谈的。否则我立即对城堡发动进攻。"布克纳迅速给予回应："我所指挥的军队，因为之前的指挥官临时遇到了一些问题才把我推到这个位置上。南方军队在过去取得了辉煌的战绩，现在准备接受你们这个严苛且缺乏宽容的投降条款。"

8年前，当格兰特在纽约身无分文的时候，是布克纳帮了他的忙。这是他们8年来的第一次见面。"布克纳对我说，如果他是指挥官的话，那么我不会这么轻易地占领多纳尔森城堡的。我对他说，如果他是真正意义上的指挥官的话，我也不会接受你们的投降。"格兰特并没有谈到两个人的其他事情。布克纳则用更有趣的口吻说："格兰特让自己手下的军官离开，用谦和的方式与我见面。在昏暗的角落里，他从口袋里拿出了钱包……他谦和的性格让他不愿意让别人知道他做出的慷慨举动，他不想让世人知道他做出的善意行为。"

在格兰特的回忆录里有这样一个段落，我们可以从中看到人性之美。"谢尔曼将军被派到位于坎伯兰河河口的史密斯兰德增援我。那时，他在军衔上比我高，按照军事制度来看，下级军官是不能命令上级军官这样做的，但谢尔曼将军还是率领很多船只过来给我们送来补给品与士兵，他的做法让我们备受鼓舞。他还说，只要他能帮到什么忙的话，都可以找他，并且表示只要能够对前线作战有帮助的话，我同样可以命令他，他愿意放弃目前的军衔。"

在多纳尔森作战的士兵人数要比之前发生在美国土地上的战争都要更多。在经历了 9 个月的拖延与失败之后，政府军取得了第一次实质性的胜利。就在一周前，在格兰特所管辖的地方之外，没有几个人认识他。但在 1862 年 2 月 17 日，胜利让他成为人民心目中的军事天才。在他所提出的"无条件投降"的有力话语当中，人们终于找到了内心的共鸣。但是，人们可能根本不知道，格兰特打通了坎伯兰与田纳西的通道真正具有的重要军事意义。

第十章
陷入阴影当中

随着格兰特控制了多纳尔森城堡与亨利城堡，南方叛军从阿帕拉契山脉到密西西比河流域的防线瞬间崩溃了。政府军的部队推进到了纳什维尔，此时的约翰斯顿已经放弃了鲍灵格林，因此他只能撤退。波尔克已经从哥伦布撤退到下游100英里外的第十号岛屿，密尔斯普林斯也失守了。南方叛军不得不退到第二道防线，从孟菲斯向东经过柯林斯与查特诺加撤退，接着从东北方向沿着诺克斯维尔经过坎伯兰高山，到达弗吉尼亚州。北方人们看到南方叛军占领的堡垒一个个沦陷，似乎他们被施了法术一样。他们在欢喜当中希望政府军能够迅速取得圆满的胜利。但是，这些人在对待维克斯堡的问题上采取了一种盲目乐观的态度，对其中涉及的军事问题也过分乐观了。他们对敌人在那里的部署知之甚少。

当时的人们都在赞扬哈勒克，而哈勒克也在赞扬每个人，格兰特除外。在多纳尔森战役3天后，他给斯坦顿发去电报说："史密斯凭借着他在多纳尔森战役当中表现出来的冷静与勇敢，扭转了战局，最后占领了敌人的堡垒。擢升他为少将吧。你无法找到比他更优秀的将领了。你们要好好地表扬他取得的这次胜利，整个国家都会为他的成功欢呼的。"他没有在电报中提到过格兰特。哈勒克给福特发去祝贺的电报，表扬他在战舰方面做出的成绩，还对只是从堪萨斯州及时赶过来救援的亨特给予了表扬。之后，当他感受到了北方人们的想法之后，他发去电报说："擢升布埃尔、格兰特与蒲柏为民兵少将。"在26日，他给麦克莱伦发去电报说："我必须要指挥西部方面军。犹豫不决与延迟的行动正在让我们失去黄金作战机会……请快速回答。"其实，在多纳尔森战役当中，虽然布埃尔与蒲柏都是优秀的士兵，但他们并没有参与，而哈勒克更是由始至终都没有参与这场战斗。

事实就摆在眼前。林肯总统知道了事实之后，单独将委任格兰特为少将的命令发出去，日期是2月16日。显然，格兰特得到擢升的原因是再明显不过的了。5个星期之后，麦克伦南德、史密斯、沃拉斯、布埃尔以及蒲柏才被擢升为少将。在这之后，要不是因为斯坦顿对托马斯因为个人成见而不信任他，他早就应该得到擢升了。现在，格兰特必须克服顶头上司的阻力，努力往上爬。

此时，格兰特的人生出现了让人痛苦的一段插曲。哈勒克似乎根本没有能力让格兰特乖乖听命。当格兰特还在多纳尔森前线的时候，他就奉命指挥田纳西州西部的一支新组建的军队，并且他的权限也没有"得到清晰的界定"。因此，格兰特管控的范围可能与布埃尔管控的范围存在着重合。2月28日，格兰特在给哈勒克发去电报之后，没有得到任何与他应该前往纳什维尔的命令相左的命令之后，他就前去纳什维尔与布埃尔进行了商讨，当时的纳什维尔正是军事作战的中心。第二天，格兰特回到了多纳尔森。3月3日，他奉命率领军队返回亨利城堡，准备对田纳西州进行远征，想要占领柯林斯——这个南方叛军防线上最重要的据点，从而让孟菲斯与维克斯堡能够得到保护，这是格兰特数周以来一直想做的事情。

第二天，让格兰特感到惊讶的是，哈勒克发来电报说："你让史密斯少将指挥军队负责远征，你继续留在亨利城堡。为什么你不服从我的命令，汇报你军队的人数及位置呢？"格兰特并没有不听从命令，每天都将部队的情况以及部队所在的地方给予了汇报。但在6日的时候，哈勒克发来了电报说："你一直以来都没有汇报你的部队的力量以及所在的位置，这让我感到非常不满，严重影响到了我们的军事计划。你在没有授权的情况下前往纳什维尔，而你的存在对你指挥的军队来说是极为重要的。现在华盛顿那边都在抱怨这个问题，很多人建议在你回来之后逮捕你。"

格兰特看到电报之后一脸茫然，他在回复的电报中这样说："我每天都将自己指挥部队的情况进行了汇报。每天，我采取的行动都向你的参谋官进行了汇报，他肯定是没有以恰当的方式对你进行汇报。我已经尽力遵守命令，执行了最符合部队利益的行动。要是我让那些人感到不满，请立即撤掉我。我不想以任何方式阻碍我们的军队取得胜利……我前往纳什维尔，完全是为了部队的考量，并不是为了满足个人的私欲。请你相信一点，那就是你与我之间肯定存在着一些敌人，这些敌人想要抹黑我的功劳。我谨此希望暂停自己的职务。"

之后，格兰特与哈勒克之间的日常通信频繁起来。格兰特要求哈勒克撤掉自己的职务，哈勒克的立场也渐渐软化了。最后，当林肯总统要求哈勒克提交一份完整的报告时，哈勒克很不情愿地做出了让步，表示会恢复格兰特的指挥权。"虽然他在前往纳什维尔的出发点是好的，但按照军法不应该这样做，他不该离开自己所在的部队。"哈勒克在 3 月 13 日给副官发去的电报中说，"我希望这件事以后就不要再继续追究了。"

哈勒克在给格兰特的电报里谈到，他决定将军事指挥失败的责任放在麦克莱伦的头上，格兰特对哈勒克为自己平反的行为表示感谢。内战结束后，麦克莱伦还原了哈勒克一开始做出的抱怨。[1]

"我与格兰特将军有一个星期都没有进行通信往来。"哈勒克在 3 月 2 日给麦克莱伦发去了电报，"他在没有我的授权下就擅自离开军队，前往纳什维尔。他的军队在多纳尔森战役胜利之后似乎有点士气低落，仿佛他们在波托马克战役中失利了一样。当一名将军取得战役胜利之后，我们很难立即去指责他，但我觉得格兰特的确应该受到指责。我一直都没有收到他那边发来的电报以及有关任何战斗方面的情况。战役的胜利让他陶醉其中，不去考虑未来的战斗。我对格兰特的这种擅作主张以及低效的军事指挥能力感到厌烦。在这个时候，C.F. 史密斯是

---

1 出自《麦克莱伦的故事》一书第216页。

唯一一位能够取代格兰特的军官。"

　　在收到哈勒克的电报之后，麦克莱伦是这样回答的："我们要想在这场战争中取得胜利，就必须要让类似于格兰特这样的行为得到控制。无论是将军还是下士，他们都应该遵守严明的军法。如果你认为逮捕格兰特是有助于提升军队士气的，请不要有任何的犹豫，让史密斯将军取代格兰特的位置。如果你认为这对你有帮助的话，你完全可以自由裁断，将之视为一个具有积极意义的命令。"在回复麦克莱伦的电报时，哈勒克也道出了他不喜欢格兰特的真正原因："有传言说，自从占领了多纳尔森城堡之后，格兰特以前的不良习惯就故态复萌了。如果真是这样的话，那么这应该是他之前一直忽视我下达的命令的原因。我认为现在逮捕格兰特是不明智的，但我会让史密斯将军成为远征军的指挥官，前往田纳西州负责指挥。我相信史密斯将军会重新恢复部队的军纪。"

　　后来，格兰特才知道自己发给哈勒克的报告一直停留在开罗，但这样的失误也无法为他在俘虏了叛军之后对他们进行即刻处决的行为找寻任何借口。

　　在格兰特后来所写的回忆录里，他对这件事的阐述进行了一定的改正，表明了自己当时没有什么错的想法。他这样写道："毋庸置疑，哈勒克将军认为史密斯将军是一位比我更加适合指挥这支部队的人，才会将部队的指挥权交给他。哈勒克将军肯定会认为史密斯将军会比我以及其他师团的师长更快地得到擢升。当时人们的一种普遍观点就是，史密斯在军队里服役很长时间了，他勇敢的作战记录让他成为最合适的指挥人选。

事实上，我当时也是比较认同这个想法的，愿意像史密斯将军之前在我麾下那么忠诚地接受他的指挥。但这并不能为哈勒克发去华盛顿的那封电报以及他之后故意向我隐瞒这个事实，并且试图向我上级军官解释的行为正名。"

格兰特在亨利城堡的作战中遭受了批评，他祝贺史密斯成为这支部队的指挥官，并给他写了一封信。信上说："要是你需要帮助，只需给我发来信息，只要是在我权限范围之内，我都会给予你帮助。"格兰特与史密斯两人之间并不存在什么嫉妒的情感。他对这位之前自己的指挥官充满了敬畏的情感。当史密斯刚开始成为他麾下的军官时，他发现自己很难给他下达命令。现在，史密斯终于成为指挥自己的人，这让格兰特免去了诸多的尴尬。格兰特曾委婉地说："现在，我是你的部下，我知道一名军人的职责。我希望你在处理我们全新的关系时不会感到尴尬。"几个星期后，史密斯就在多纳尔森城堡里去世了。当时的史密斯已经患上了重病，其实根本无力在夏洛伊指挥作战。谢尔曼曾经说："要是史密斯没有死的话，人们将不会听到格兰特这个人。"后来，谢尔曼收回了这句话，但在那个时候，估计格兰特也会对他的这句话表示同意。

第十一章
夏洛伊战役

　　"我之前与现在的观点都是，在攻克多纳尔森城堡之后，政府军必须有一条通往西南方向的道路，并且一路上不会遭遇什么猛烈的抵抗。要是当时任何一位将军敢于承担责任，率领驻扎在阿里格尼山脉西部的军队，那么他就能率军攻克查特诺加、柯林斯、孟菲斯以及维克斯堡。当时北方招募到的民兵数量越来越多，能够对他们在附近发现的任何敌人展开猛烈的攻击……但是，天不遂人愿。延误战机让敌人有足够的时间整合军队，加固据点的防守。"格兰特后来在回忆录里这样写道。要是当年格兰特或者史密斯单独负责的话，这可能就会变成现实，但在哈勒克的指挥下，这不可能实现。

　　在多纳尔森摧毁了南方叛军的防线之后，西线的军队将目标转向了柯林斯，这是密西西比北部一个具有重要战略意义的小镇，因为这里是两条铁路的枢纽，连接着密西西比的孟菲斯与海湾处的莫比尔，间接影响到查尔斯顿以及大西洋沿岸的一些南方州。一旦叛军控制了柯林斯，他们就占据了一个反攻据点，让密西西比河下游都处于敌军的控制下，从而让政府军无法继续进攻。叛军将军博勒加德之前因为作战勇猛，从弗吉尼亚州调过来参与指挥，其他将军也赶过来指挥——这些将领都在阿尔贝特·西德尼·约翰斯顿的指挥下作战。虽然约翰斯顿之前在多纳尔森遭遇失利，不得不进行撤退，但是里士满政府依然相信他的能力。当田纳西州的军队要求更换另一名将军的时候，戴维斯说："要是西德尼·约翰斯顿不是正确人选的话，那么南方同盟就没有适合的人选。"约翰斯顿在柯林斯集结了将近 5 万名士兵。

哈勒克此时制订了一项大胆的作战计划。他指挥着西部的所有军队，并且亲自指挥驻扎在田纳西州与俄亥俄州的军队，格兰特与布埃尔在他的手下接受指挥。要是华盛顿方面同意的话，他想让查尔斯·史密斯取代格兰特的位置。但史密斯当时在田纳西州的萨凡纳卧床不起，在多纳尔森战役中他身受重伤，没过多久就去世了。

约翰斯顿的军队在前往柯林斯途中遭到哈勒克指挥的军队的攻击，但战况的发展让战斗在格兰特与哈勒克都根本想不到的地方进行。虽然格兰特在哈勒克的手下没有得到重用，但史密斯选择匹兹堡登陆点的悬崖作为政府军集结的地点，这里距离田纳西河西岸东北方向的柯林斯 20 英里。史密斯宁愿选择这里作为集结地点，也没有选择哈勒克一开始决定好的距离柯林斯北面 9 英里之外的萨凡纳。格兰特同样出于这样的考虑才选择了这个集结点。按照之前攻击与摧毁敌人的计划，河流的西面是对敌人发动进攻的最佳地点。政府军绝对不能让南方军队占领悬崖。格兰特想要等待布埃尔军队的到来，然后他们联军一起朝着柯林斯进发。此时，格兰特的军队已经在登陆点了，但他还是在萨凡纳搭建起了临时驻扎点，虽然布埃尔可能一个小时之后就到来了。

但博勒加德与约翰斯顿并没有等待政府军攻击他们防守坚固的柯林斯，而是沿着田纳西河来到了西面的河岸，准备赶在布埃尔与格兰特会合之前消灭格兰特的军队。1862 年 4 月 6 日星期六是一个大雾的早上，约翰斯顿率领 4 万军队在森林与昏暗的夜幕掩护下，悄悄地逼近政府军的前线，发动了一场内战期间最惨烈的战斗。麦克伦南德、谢尔曼、赫尔巴特、普伦蒂斯以及当时暂时指挥史密斯师团的威廉·沃拉斯都在匹兹堡登陆点附近驻扎。其他将领也在附近不远处驻扎——其中洛·华莱士就驻扎在河流下游 5 英里处的克伦普登陆点，布埃尔手下的纳尔逊将军在前一天就到达了，在河流东岸的萨凡纳附近驻扎。因此，当布埃尔率领更多军队赶过来之前，格兰特最多可以指挥的军队人数为 3 万。麦克伦南德与洛·华莱士当时都是少将，其余的将领都是准将。

在之前的两天，格兰特因为摔了一跤，一直都拄着拐杖。此时他正在萨凡纳等待着布埃尔率军队会合。在吃早饭的时候，格兰特听到前线出现了枪声，于是立即乘船来到匹兹堡登陆点，发现战斗已经打响了。联邦方面驻扎下来的军队还没有站稳脚跟，西部方面的军队也还没有适应这里的地形，而格兰特比任何人都相信一点，那就是约翰斯顿的大部队会驻守在柯林斯，因此认为他的一些士兵在挖战壕等方面并不如他们在操练与自律方面的表现。南方叛军蜂拥赶来，在距离匹兹堡3英里处一个名叫夏洛伊的木屋房子里作战。这里正是谢尔曼驻扎营房的地方，因此这里的战斗非常激烈，这场战役也被称为"夏洛伊战役"。

这是谢尔曼的部队第一次参加真正意义上的战斗，很多士兵都不知所措，与麦克伦南德的部队混在一起了。这些士兵都不加辨别地听从这两位指挥官的命令。这场战斗简直可以说完全不按战争的规则来。最后，战斗在战场的每一个角落进行。当格兰特来到战场时，他就发现了这一点。

在一片混乱的战斗场景当中，格兰特依然像在多纳尔森战役当中一样保持着冷静。"我只能回想起两个人，"贺拉斯·波尔特后来写道，"在滑膛枪发出枪声的情况下，还始终坐在马背上，身体的肌肉没有动一下，也没有眨一下眼睛。其中一个人是吹军号的人，另一个就是格兰特将军了。"格兰特骑着马冒着炮火从一个地方赶到另一个地方，不顾危险指挥着士兵们战斗。他用低沉、颤动却又具有穿透力的声音发布着命令，他的命令是那么的让人信服，却又显得那么低调。他没有疯狂地走来走去，也没有怒吼着要立即采取行动。格兰特可能会被打败，但他不会对此感到烦躁不安。战场上的运气都跑到了南方叛军一边。洛·华莱士以及他手下的7000名士兵走错了路，并没有在这天下午赶到战场。最后，疲倦不堪的政府军终于等到了夜幕降临。在"马蜂窝"的殊死战斗中，普伦蒂斯以及他临时组建的旅都成了俘虏，纳尔逊并没有跨过河流。从那以后，到底谁应该为这场战斗失利负责，一直存在着争议。

夜幕降临的时候，南方叛军占据了战场的主动权。他们占领了昨晚谢尔曼军队睡觉的营地。政府军遭到了无情的打击，不得不退守到河流沿岸。在沿岸边，还有数千名惊慌落伍的士兵正在赶过来。

没有哪一场著名的战役像这场战役这样缺乏计划。格兰特无法协调他所指挥的部队，无法将他们指引到一个有利的地方。他必须在那样的情形下做到最好，谢尔曼、麦克伦南德以及在"马蜂窝"战斗中的普伦蒂斯都是如此。他们必须重组部队、重新部署作战计划，接着一个旅一个旅地鼓舞士气，让他们拥有战无不胜的意志。

敌人在人数上占据优势，在战斗能力上也不落下风。要不是在下午作战的时候约翰斯顿被子弹射杀了，谁也不知道接下来会发生什么事。南方人后来说，约翰斯顿之死改变了整个战局。杰弗逊·戴维斯多年后这样写道："这个国家的命运取决于一个当年在夏洛伊战役中牺牲的人。"至于最终的结果是否如此，谁也不知道。

在傍晚时分，当博勒加德发布命令，直到第二天早上继续发动进攻。布拉克顿·布拉格则表示愿意冒一切风险在晚上发动大规模进攻。他对传递这一消息的参谋官说，要是这个命令没有传递给其他将领的话，那么他不会遵守的。他接着用不满的口气说："这场战斗失败了。"但博勒加德一直认为自己是正确的。直到今天，人们都一般认为博勒加德的做法是正确的。

布拉格想要继续发动进攻的理由是趁敌军现在疲惫不堪的时候，哪一方首先重整旗鼓继续发动全新的进攻，那么这一方必然能够取得胜利。格兰特在第二天早上就充分验证了这个道理。他想要将这里变成第二个多纳尔森战场，这就是格兰特的基本指挥策略。但是这样做必须有一个大前提，那就是敌军的坚持能力不能胜于己方，而夏洛伊战役并没有这样的前提。

第二天早上，政府军必须在他们所在的每一寸土地上进行战斗，虽然他们之前从没有想到敌军会发动如此猛烈的进攻，打了他们一个措手不及。洛·华莱士终于率领他那 7000 名毫发无损的士兵抵达了战场。纳尔逊在河岸的对面，布埃尔的军队已经登陆了，而博勒加德此时没有任何援军。他在"马蜂窝"这个地方遭到了普伦蒂斯与威廉·华莱士长达两个小时的阻击，之后华莱士中弹身亡，而普伦蒂斯则成了俘虏，将近 2000 名政府军士兵也成为俘虏。当夜幕降临的时候，博勒加德想通过发动攻击占领政府军阵地，切断格兰特与援军之间联系的时机已经消失了。当布拉格说这场战斗已经失败的时候，他是对的。但他认为对政府军发动最后致命一击就能反败为胜的想法显然也是错误的。

格兰特这个人天生就不知道什么是失败，他从未怀疑过自己能够取得最终的胜利。因为敌军抢占了他们的营地，他的部队晚上只能临时露营，用手臂做枕头睡觉时，格兰特就已经开始想办法重整旗鼓，指挥部队击退敌人了。

布埃尔周六下午率领部队提前赶到了匹兹堡登陆点，看到数千名落伍的士兵拥挤在河岸边，看上去失败是在所难免的了。"你有什么撤退计划呢？"他问格兰特。"我还没有绝望到要抽他们几鞭子。"格兰特说。"当然！但是如果你真的抽他们鞭子，你又以什么方式将这些士兵运过河呢？这些船只能够将1万名士兵运到河对岸。""如果我必须要撤退，那么我不会带1万名士兵过河的。"

格兰特似乎对士兵的生命有一种野蛮的漠视。当政府军失利的消息传来——12000名士兵死伤——北方的媒体开始将格兰特称为"屠夫格兰特"。但在那天晚上，格兰特拖着疼痛的双腿，无法忍受看到士兵们的惨状、听到他们的呻吟。很多受伤的士兵都被带到一间小木屋。格兰特走到泥泞的土地上，在下着雨的情况下靠着一棵树睡觉。格兰特曾经说过斗牛的场景让他"感到恶心"，他不愿看到士兵们流血，也不愿看到他们忍受伤痛。在夏洛伊战斗的第二天，他就说明了其中的原因。他不会继续追赶敌人，因为他不想让已经疲惫不堪的士兵继续作战。当约翰·菲斯克问谢尔曼为什么不去追赶敌军的时候，谢尔曼心血来潮地说："我亲爱的朋友，我向你保证一点，我们已经连续被敌军追赶了两天，只要能够摆脱敌军的追赶，我们就感到非常高兴了。"[1] 布埃尔也苦涩地说："当我说在格兰特将军指挥的军队里，即便是军衔最低的下士到格兰特将军本人都在英勇作战，他们在重整军营的时候，是有足够能力去追赶敌人的。我这样说绝不是为自己开脱，也不是指责别人。在那天，很多人对此表达了反对意见，让继续追赶敌人变得不现实。"

毋庸置疑，南方叛军在第二天遭受到了重大打击。博勒加德在重新投入战场的时候，肯定已经知道自己失败了，因为他

---

1 《内战的密西西比山谷》一书第99页。

知道自己那些疲惫的士兵注定无法与得到华莱士援军帮助的部队相抗衡，而且布埃尔那边的援军每个小时都在赶到战场。在下午 4 点的时候，博勒加德的参与部队遭受重创，不得不撤退到柯林斯。博勒加德方面，失踪、死亡与受伤的士兵人数超过12000 人。政府军的伤亡也跟这差不多，当然博勒加德还俘虏了普伦蒂斯以及他的军队。但格兰特与布埃尔在作战人数方面占有优势。

"第二天，我发现在我们所占领的一片开阔的土地，"格兰特后来这样写道，"南方叛军前一天在这里发动了数次攻击，上面都堆满了战死士兵的尸体。无论你从哪一个方向往那一块空地走过去，都必须要踏过尸体才能过去。在这个过程中，你的双脚几乎不会触碰到地面……在一边……灌木丛长得很高，其中一些树木有 8 到 10 英尺，每一棵树上都被子弹击中过。"

这个场景充分展现了当时无比惨烈的战斗情景。博勒加德在柯林斯给格兰特写的一封信里谈到允许他搬走战死士兵的尸体时，用炫耀的笔调说："在昨天那场战斗结束的时候，我的部队在与你的部队作战中已经筋疲力尽了……我觉得自己有责任让部队立即从战斗中撤离。"

此时，在圣路易斯的哈勒克才勉强支撑起笨重的身子从扶手椅上站起来，在夏洛伊战役结束 4 天之后才开始直接指挥。他发现自己麾下集结了超过 10 万人的部队，蒲柏在占领第十号岛之后，已经打开了从密西西比河通往孟菲斯的道路，接着与格兰特以及布埃尔的军队会合。哈勒克在经过长时间的准备之后，率领这支庞大的军队悄悄地逼近柯林斯。此时的博勒加德有 5 万名士兵驻守在此处。他们占领这里已经有一个月的时间了，每天都让加固防守，让士兵们用斧头、鹤嘴锄以及铁铲进行工作，努力让麾下的将军不要主动出击，想着迎接最后的胜利。但博勒加德占领的只是一座空城，他从未想过要真正守卫这座城，早就想从这里撤退了。于是，他们做了许多木枪对准那些毫无用处的土方工程，用来欺骗政府军的将领。博勒加德与每个人都知道，当他的部队在夏洛伊战败之后，柯林斯其实已经被政府军夺走了。

"看来，"哈勒克最后对格兰特承认，"你在匹兹堡登陆点打了一场柯林斯战役啊！"

第十二章
深感耻辱

当哈勒克优柔寡断的时候，格兰特却正忍受着一场关于忠诚与耐心的痛苦煎熬。在夏洛伊一战之后，一场指责格兰特的猛烈风暴刮了起来。要是格兰特被证明是真正背叛了国家，那么他的声誉就会遭受更大的损害。要是格兰特真的因为自己的失误而导致失败，那么目前所处的境遇就是他为此付出的痛苦代价。

有关夏洛伊战役的第一份报告传到北方各州的时候，引发了很多人猛烈的抨击，当然其中有一部分是那些嫉妒格兰特的政敌所发起的。布埃尔手下的人立即回应说，正是他们及时赶到战场才挽救了格兰特的军队，因此第二天的胜利要归功于他们。在多纳尔森与贝尔蒙特战役之后，麦克伦南德在写信回家的时候则吹嘘自己应该得到所有的功劳。麦克伦南德这位在周日本应该去作战却躲在河岸边的人说其他人都在逃跑。他对每个容易受骗上当的人说自己才是这场胜利的英雄。此时，北方的媒体也在不断地诽谤格兰特，他们指责格兰特在这场战役开始之前已经喝得酩酊大醉，之后就若无其事地走开了，让其他的将领去作战。在战斗开始的时候，普伦蒂斯以及他的部下正在帐篷里睡大觉，几乎所有士兵的枪支都放在他们的床边。他们指责格兰特说，在这场战斗中有数千名北方士兵随意地杀害叛军俘虏，这都应该追究格兰特的责任。

西部一些州也对媒体这样的报道有所耳闻，在这次战斗当中，他们的部队遭受了最严重的损失。当哈勒克到来的时候，大家都感到非常高兴。现在，他们可以重整部队，集合之后的部队人数超过10万，编为3个师，布埃尔、托马斯以及蒲柏分别担任这3个师的师长——格兰特则作为"副指挥官"，除了手下的一些随从之外，并没有任何指挥权。也就是在这个时候，哈勒克率军悄悄逼近了柯林斯，格兰特建议说："为什么不趁现在维克斯堡还没有加强防守之前发动进攻呢？"哈勒克对此嗤之以鼻地说："当我需要你的建议时，我自然会问。"在哈勒克看来，战争的目标就是不断地攻城略地，柯林斯就是一个应该攻占的地方。而格兰特在夏洛伊一战中明白了一个教训，除非南方叛军的有生力量遭到彻底的挫败，消耗其所有的战争资源，否则他们是不会投降的，而迅速占领维克斯堡则能够让政府军立即控制密西西比河流域，切断南方叛军从西南与墨西哥方面的补给线，从而迫使南方叛军不断收缩防线，使其不断失去转移的空间，最后给予其致命一击。在格兰特看来，一旦政府军占领了维克斯堡，那么整个战争形势也就明朗了，柯林斯只是一个铁路运输的中转站而已，除此之外，没有更大的战略意义。

虽然格兰特有这样的战略思考，但他现在唯一能做的就是静静地休息，静观事态的发展。要是继续向柯林斯发动进攻，会给叛军足够的时间在维克斯堡站稳脚跟，让他们可以借此加固防守，到时候就需要耗费大量的人力物力才有可能攻克。但是，哈勒克却始终坚持应该向柯林斯推进，放任维克斯堡那边的叛军有足够的时间等待增援部队前来加强防守。因此，要是此时哈勒克听从格兰特的建议，迅速向维克斯堡发动进攻，那么在夏洛伊一战之后的一个月时间里，就有可能攻克维克斯堡，而不需要像后来那样要与敌军进行长达一年的拉锯战。"我认为敌军会继续后撤，这就是我想要的。"当博勒加德不断向南面撤退的时候，哈勒克这样说。因此，哈勒克没有想到敌军在重整旗鼓之后会迅速发动进攻。

当哈勒克优柔寡断、批评者对格兰特大声斥责的时候，格兰特没有感到生气或心怀怨恨，他只是在自己的军营里无奈地等待着。当然，他的内心肯定会觉得很受伤，为部队错失这样一个战争良机感到无奈。更让他感到无奈的是，要是他能指挥军队的话，这场战斗几乎可以说是必然会取得胜利。格兰特的许多下属在没有经过格兰特同意的情况下，将有关夏洛伊战役的一些报告发送到了华盛顿，并且表示哈勒克想要擢升谢尔曼军衔的想法，但没有谈到这是格兰特的想法。

"总统现在想知道，"斯坦顿在电报中这样说道，"格兰特将军是否存在什么不当或者错误的行为，还是说其他军官也同样存在这样一种失误的行为，而导致我们在周日的战斗中失利？"哈勒克在回复这封电报的时候，郑重其事地说："这场战斗之所以造成如此严重的伤亡，部分原因是某些将领完全不适合他们所担任的职位……我不想就某一位具体将领的行为表达自己的看法，只有在收到各位师长的报告之后，事情的真相才会逐渐浮现出来。"显然，哈勒克是在影射格兰特行为不当。

格兰特请求恢复自己之前的指挥权，明确自己所指挥的部队。对此，哈勒克回复说："你现在所处的位置与你的军衔完全相符……在过去3个月里，我一直努力帮你抵挡所有对你的攻击。"谢尔曼从哈勒克那边听到格兰特想要离开部队的说法——在夏洛伊战役之前，谢尔曼都没有什么名气，只是很多人听说他这个人作战很疯狂，因为在战争一开始的时候，一些媒体引用了他所说的要占领肯塔基州需要20万名士兵。谢尔曼渐渐欣赏起了天性沉默的格兰特，虽然格兰特的性格与他相去甚远。谢尔曼立即骑马赶到了格兰特部队的总部，问他为什么要离开部队。"谢尔曼，你知道的，"格兰特说，"我知道我现在挡着别人的去路。我已经在这个位置待的时间够长了。""那你想去哪儿呢？""圣路易斯。""你在那有什么生意吗？""没有。"此时，谢尔曼对此表示反对，说如果格兰特就此离开，这场战争仍会继续下去，而他将会成为被遗忘的人，要是他留下来的话，他就有机会让自己处在正确的位置上。

格兰特对此表示同意，决定留下来，但他发现这样的生活实在是太枯燥了。军营里的那些谄媚者总是忽视他的存在，北方的媒体依旧在攻击他，国会也在讨论着格兰特失职的问题。只有约翰·谢尔曼一人敢在国会上为格兰特进行辩护，这引起了爱荷华州议员哈兰的愤怒抗议，说谢尔曼这样是想要"挽救格兰特的名声"。哈兰接着说："爱荷华的军队对格兰特的能力没有任何信心，认为他根本不适合现在所处的位置。他们将格兰特视为屠杀了数千名俘虏的冷血无情的动物。格兰特之前的履历中没有任何内容证明他有很强的军事能力。在贝尔蒙特战役里，他犯下了一个臭名昭著、无法原谅的军事失误……在多纳尔森城堡战役里，他指挥的右翼军队被击败，不得不撤退。最后要不是史密斯将军及时赶到，这场战斗必然会遭遇一场惨败。在夏洛伊战役里，格兰特的军队完全被敌军打了一个措手不及。后来只是因为援军及时赶到，才让他的整个部队免于遭受彻底毁灭的结果。后来反败为胜的指挥是由布埃尔将军以及其他将军完成的，这与格兰特没有什么关系。既然格兰特指挥作战的结果如此之差，在我看来，那些继续支持格兰特指挥部队的人对不住那数千名被屠杀的士兵。"

　　媒体与国会制造的各种舆论传到了战争部与白宫。面对很多人强烈要求解除格兰特军职的呼声，林肯总统斩钉截铁地说了一句："我不能撤掉他，他敢于战斗！"

　　两个月后，哈勒克让格兰特独立指挥一支部队。格兰特专心攻打孟菲斯，在成功占领了第十号岛屿柯林斯之后，终于占领了孟菲斯。格兰特在这里设立了战斗总部，就一直驻扎在此处，再也不需要遭受哈勒克麾下军队将领的轻视了。接着，出现了战争开始以来最戏剧性的变化。

　　弗吉尼亚州的战况变得很糟糕——麦克莱伦的部队在李将军的攻击下，不得不撤退到詹姆斯这个地方，这一战的失败让林肯总统对麦克莱伦失去了信心，他之前还对麦克莱伦的军事指挥能力抱有一定的信心。于是，林肯总统命令哈勒克立即从西面赶回华盛顿，在 7 月 11 日任命哈勒克为美国联邦军队总司令，因为在林肯看来，虽然哈勒克只是名义上指挥着西方面军，但在他指挥期间，西方面军获得了唯一的一次胜利。

"在我离开目前这个职位时，"哈勒克在给斯坦顿发去的电报里说道，"我是否应该将目前的职位让给下一级军官，还是总统要专门指派某个人来接替呢？"斯坦顿在电报中回复说，他应该将这个职位让给下一级的军官——于是，哈勒克就命令格兰特回到柯林斯。

"我可以带上我的随从吗？"格兰特问道。"你带上什么都可以。"哈勒克在电报中回复说，"柯林斯就是你现在的总部。"

于是，格兰特就在柯林斯驻扎下来了，麾下有 5 万名士兵控制着柯林斯与开罗之间的地带。哈勒克指挥的大部队在接下来的夏天遭受了重创，但格兰特依然保住了职位。要不是哈勒克在夏洛伊战役的争议中得到一些政客以及中西部州一些媒体的支持，仅凭格兰特那微不足道的战争功劳，必然早已经被世人所遗忘了。此时的格兰特遭受了严重的质疑，但他沉默地忍耐着。格兰特麾下的谢尔曼渐渐赢得了他的信任，负责孟菲斯那边的指挥。沃什伯恩是格兰特在华盛顿那边的朋友，格兰特觉得自己应该对沃什伯恩进行一番解释。而父亲在写给格兰特的信件中，则表达了自己对其他人反对格兰特的愤怒之情，说自己在家乡与老朋友说话时都会因为辩护儿子而与对方争吵得面红耳赤。

在 5 月初的时候，格兰特在写给沃什伯恩的一封信里说道：

"要是我为自己所受的这些攻击进行辩护，那我肯定会遭到别人耻笑的。但一些报告中有关我行为的指责完全是虚构的……当然，要是说我完全没有受此影响，这是不真实的。因为我有父亲、母亲、妻子与孩子，他们都会受到这些报道与指责的影响，他们会因此受到极大的困扰。我很有必要对他们说明这一切。至于所有人对我指挥能力的指责，这是有人在想要弱化大众对我的信任，想要剥夺我有效指挥部队的权力……如果我现在无法获得足够的权力去消灭叛军，我就无法证明给别人看。当我回顾之前的人生时，我发现没有比现在这件事更加重要的了。"

在给父亲的信里，格兰特这样写道："我不期望也不想辛辛那提市的媒体能够站在我这边。从战争一开始到现在，他们就非常支持我。因此，我很担心公众会误解我的爱国之心。我可以肯定一点，那就是在这场战争里，我只有一个想法，就是消灭叛军。我对这场战争是否会让黑奴处于自由或者继续束缚他们的问题没有任何考虑……我甚至根本不能相信军队下达的一些命令是否具有合法性。现在大敌当前，我们应该将精力专注于敌人。在消灭敌人之后，我们可以坐下来慢慢解决这些私人问题。"

在9月份动身前往柯林斯之前，他在给父亲写的一封信里表露了自己烦躁不安的情绪。"我……除了取得战争最后的胜利，我没有别的任何情感或者想法。我在给你的信件中谈到了许多具体问题，但你有时候不是很谨慎，因此我不能说得太具体。还是让我谈谈现在很多人讨论的这个问题吧。这个世界上的任何敌人给我造成的伤害，都比不上你为我辩护给我带来的伤害更大。我希望你不要再为我辩护，让我继续保持沉默吧。我从多方消息，包括一些刚刚返回部队的士兵口中得知，除了我家乡的人民对我保持着一贯以来的友好态度之外，其他地方的人都对我抱有怀疑的态度。你总是在外面不停地指责其他将领，别人很容易会认为你这是受我的唆使而这样做的。你以后不需要为我做任何辩护，未来发生的事情自然会为我正名。"

　　格兰特在信件里几乎直言不讳地批评了父亲的做法。性情沉默的格兰特说出这样的话，说明这样的想法在他的内心已经压抑了许久。但是，格兰特这样的情感表达相比于谢尔曼的激情来说则显得比较温和了。谢尔曼用他那双受伤的手给家里人写信时说："那些懦弱的报纸只会发表一些玷污战死沙场士兵的文章，这实在令人发指。"谢尔曼对媒体的胡乱报道非常愤怒，想要与那些代表媒体势力的人进行争辩，并且警告说："当我有权力之后，那些人就等死吧。"查尔斯·埃利奥特·诺顿与柯蒂斯在谈到谢尔曼时说："谢尔曼的愤怒之情是多么的强烈，他所写的文字就像他作战时那么具有杀伤力。"

第十三章
密西西比战役

❧

　　格兰特在前往维克斯堡的路上，终于感觉到自己得到了长久以来想要的机会。当时分散的政府军各自为战以及使用糟糕的战略带来了不良的后果，让敌人有足够的时间建立起更加坚固的防守，但格兰特并没有感到灰心。他接下来的战略就是要沿着密西西比河沿岸进行作战，逐个逼迫敌人撤退，通过控制密西西比河进而为联军的战舰打开水路，直通开罗。此时，联军已经攻占了帕迪尤卡、多纳尔森以及夏洛伊，这让联军逼近到了田纳西州南面的纳什维尔以及柯林斯等地，同时，联军还控制了哥伦布、孟菲斯、皮洛堡以及第十号岛，虽然此时第十号岛在夏洛伊战役开始时已经被联军占领。要是格兰特能够多等几天的话，那么第十号岛自然会落入联军手中。

　　在夏洛伊战役3周之后，弗拉古特已经占领了新奥尔良，布特勒将军赢得了"野兽"的绰号。弗拉古特的战舰沿着河流一直到达了防守坚固的哈德逊堡，而联军的补给线可以通过河流一直传送到最南的维克斯堡。因此，叛军现在控制的两个重要据点必须攻下。攻下这两个据点，不仅可以切断叛军的海军，而且还能控制叛军通往粮仓的通道。因为阿肯色州、得克萨斯州与路易斯安那州的土壤非常肥沃，是著名的大粮仓，这足以为叛军招募的 10 万士兵提供口粮。红河流经得克萨斯州与路易斯安那州，在维克斯堡下游与哈德逊上游之间流向密西西比河。只要封闭了密西西比河通向开罗的入河口，就能切断叛军的粮食补给线。格兰特并不是第一个有这样战略眼光的将领，但很多将领并没有看到立即发动进攻抢占此地的重要性。

此时的格兰特正走在通向成功的道路上，他不愿意等待。在哈勒克优柔寡断，想着要夺回之前被敌军占领的土地时，敌军已经在维克斯堡建起了坚固的防御工事。卢卡与柯林斯这两个地方在遭受斯特林·普莱斯与厄尔·范·多恩的进攻之后差点沦陷，幸好奥德与罗斯克兰斯率军及时赶到才解围。在 4 月的时候，叛军在维克斯堡的防守还比较薄弱，但之后的每一天都在加强防御工事，直到现在变得坚不可摧。维克斯堡有很好的天然屏障，其北面是沼泽地、河口以及浅水湖，政府军很难从北面发动进攻；而西面则是 200 多英尺高的陡峭悬崖，要想通过海军在水路发送进攻，这也是不切实际的；而南面则是哈德逊港口的海角，敌军此时已经在这里建立起了稳固的防守。唯一的进攻方向只能从西面开展，叛军也肯定会在这里加强防守的。范·多恩为他在柯林斯的失利承担责任——虽然他并不是造成失利的最大责任人——他的位置让给了出生在宾夕法尼亚州的彭伯顿，后者在西点军校接受过训练，因为与南方同盟的总统是朋友，因此戴维斯直接将彭伯顿擢升为总司令，虽然彭伯顿的战功与表现根本不配这样的职位。

格兰特一开始制订的计划是将部队驻扎在密西西比河沿岸，但不向对岸的敌军发动进攻，正如他之前攻克帕迪尤卡与匹兹堡等地那样，通过围困的方式逼迫敌军撤退。他之前就是沿着田纳西州抢占了有利的地形，逼迫敌军从这几个据点撤退。格兰特之前之所以放弃柯林斯，是因为没有必要固守在那里。现在，柯林斯的铁路枢纽都在他的控制范围内，因此必须围困死守在维克斯堡里的敌军。

格兰特一直坚守着比较古老的作战纪律，那就是在与敌军作战时应该建立一个营地，以便在需要的时候能够撤退。他将哥伦布作为作战总部，放弃了柯林斯，率军沿着密西西比中央铁路经过中转站，到达格林纳达。而以孟菲斯作为营地的谢尔曼的部队通过铁路前往维克斯堡背面的悬崖附近，准备与格兰特的军队会合。格兰特希望在拖住敌军的时候，谢尔曼能够对维克斯堡发动进攻。他出发之后，就在牛津这个地方与谢尔曼谈论了这个计划，然后决定让部队前往密西西比州的首府杰克逊，以孟菲斯作为据点。但是，连接杰克逊与孟菲斯之间的中央铁路已经被毁坏了，要是等铁路修好之后再出发，必然会损耗太多宝贵的作战时间，而之前没有及时发动进攻已经浪费了许多时间。在此期间，格兰特总是收到从华盛顿那边传来的神秘信息，之所以说神秘，是因为这些信息总是在格兰特部署行动结束后才传递过来。此时，弗雷斯特率领骑兵在默弗里斯伯勒阻挡了罗斯克兰斯的进攻，并且迅速奔赴到田纳西州，想要毁掉 60 英里长的铁路与捣毁电报传送系统来切断格兰特与哥伦布之间的通信联系，让格兰特处于信息封闭状态，甚至让谢尔曼都无法将自己面临的困境告知格兰特。弗雷斯特知道，捣毁铁路的举动会让格兰特的部队在撤退的时候不得不要步行80英里路。在霍利斯普林斯，很多商店都已经存储起了食物，以备紧急情况。那时，霍利斯普林斯被范·多恩占领了，他很快就从后面发现一个懦夫在指挥着军队。3周之后，格兰特在1月8日再次来到孟菲斯，得知谢尔曼在10天前在维克斯堡附近发动进攻时被击退了，而在林肯总统的命令下，麦克伦南德负责的密西西比河流域的远征军不得不去支援谢尔曼的部队。

此时已经是隆冬时节，从年初到现在，除了收获一些人生经验，什么都没有得到。但格兰特的进攻至少让弗雷斯特的骑兵部队无法与布拉格的部队会合，而布拉格只能率兵去支援彭伯顿，分散了自身的兵力，这无疑是罗斯克兰斯在1月1日发生的石河战役中获胜的重要原因。这场战斗的胜利打通了传教士山脉与查特诺加，控制了诺克斯维尔与亚特兰大，谢尔曼的部队可以由此借道乔治亚州。

第十四章
麦克伦南德

　　麦克伦南德的计划与野心，乃至他对格兰特的敌意与嫉妒，形成了有趣的一章。这也许说明在格兰特的人生当中，一切冥冥中自有天意。要是格兰特没有坚定的意志以及不容置疑的忠诚，那么他很难克服当时所面临的各种困难，特别是在内战爆发初期阶段，他的名声尚未完全顽固之前，他受到的攻击是最多的。自从林肯任命来自伊利诺伊州的格兰特担任准将之后，格兰特就要面对很多复杂的事情。虽然格兰特当时的军衔在很多将领之上，但是这些将领都将自己视为格兰特的上级。为什么会这样呢？因为格兰特当时只是刚刚服役，就在 4 个月前，他还在格利纳卖皮革呢！而他们则是在军队里服役了很长时间，并且有一定的名声。在战争初期，一个部队就像一个民兵会议。某些人要是在政治方面有一定的靠山，就能获得一定的指挥权。当来自密苏里州的普伦蒂斯发现自己竟然要服从格兰特的指挥时，他愤怒地表示要辞掉军职，不满地说："我绝对不会听从一个酒鬼的指挥！"但在这之后，他还是在格兰特麾下参与了多纳尔森与夏洛伊战役，并在其他战役中表现勇敢。赫尔伯特也曾对格兰特指挥他的事实感到不满，为此经常发牢骚。麦克伦南德当时在国会代表着伊利诺伊州，属于道格拉斯的民主党。在内战爆发的时候，他与洛根表示支持联邦政府的决定是很重要的，而林肯也是一位有政治头脑的人，马上表示要给予他们一些褒奖。要不是麦克伦南德的虚荣心太强的话，他完全可以在历史上留下与洛根齐名的声誉，但他的野心却最终断送了自己的前程。他总是想办法将军功揽在自己身上，声称自己在贝尔蒙特、多纳尔森以及夏洛伊等战役中战功显赫，让当地的报纸称颂他作战勇敢、指挥镇定。与此同时，麦克伦南德还故意揭发格兰特的一些不良行为。他仗着自己与林肯都是来自伊利诺伊州的，就直接向林肯发去这样的报告，表示自己想要独立指挥一支部队。当联军准备攻打维克斯堡的时候，他直接向华盛顿方面提出了一个自我夸耀的专横计划。他想要组织一支独立的远征军消灭从密西西比到新奥尔良的叛军，沿途顺路攻下维克斯堡。为此，林肯还授权他在印第安纳、爱荷华以及伊利诺伊等州征兵。当然，在爱国热情方面，的确是没有人能比他更高。他很快就招募到了 4 万名志愿军。此时，格兰特与谢尔曼正准备率军向南发动反攻。"我现在有了比格兰特与谢尔曼更好的将军了。"林肯曾这样对波尔特说。不过，林肯在给麦克伦南德下达命令的时候，还是谨慎地没给麦克伦南德太多的权力，表示："当格兰特将军指挥的军队人数不够的时候，才能继续招募士兵。远征军接受麦克伦南德将军的指挥，前往攻打维克斯堡，消灭驻守在密西西比河沿岸的敌军，打开通往新奥尔良的河道。"林肯的这一条命令，让格兰特收到了哈勒克那边发来的让他感到不安的消息。麦克伦南德认为林肯的这道命令给了他与格兰特一样的地位。在取代谢尔曼之后，他在阿肯色州建立据点，准备率领3万多名士兵去消灭这个州的叛军，这让他犯下了一个很大的错误，但他却始终没有察觉到。格兰特立即将他找回来，对他分散这么多兵力的做法表达不满。格兰特给哈勒克发去电报表示，麦克伦南德的做法是徒劳无功的行为。虽然麦克伦南德满脸怒容地表示接受，却暗地里给林肯写了一封信。他在信里说："我在这里取得的成功遭到了一帮来自西点军校派系的人的怨恨与打压，这些人已经迫害我好几个月了。"谢尔曼在半年前就已经全力支持格兰特了，他在写信给弟弟约翰时表示："林肯总统让麦克伦南德取代我的位置，这是对我的一种侮辱。我真想沉默地将自己所有的行李都打包好，然后回到圣路易斯。但我们现在面对的情形需要我们即便在忍受侮辱与不满的时候，也要继续坚持下去。"在这3名将军里，格兰特是始终保持冷静的那位。

麦克伦南德的做法最后收获了让他感到尴尬的结果。格兰特最终亲自指挥攻克维克斯堡的战役，而不是谢尔曼负责指挥。要是没有格兰特的亲自指点，谢尔曼可能会选择成为攻克维克斯堡的指挥官。但是，除非谢尔曼能够改变自己的本性，否则麦克伦南德就不应该指挥这场战役，因为这会让他与上级之间发生冲突。只要麦克伦南德继续听从格兰特的命令，他就会对格兰特的命令表现出不屑一顾的态度。当格兰特要求他前进的时候，他却停滞不前；当格兰特要求他立即参加战斗的时候，他却在一旁袖手旁观；当格兰特命令他将辎重放在一边，他却依然带着许多辎重前进，影响作战时间；当格兰特命令他要节约子弹，他却继续让士兵开炮。麦克伦南德对传递格兰特命令的军官威尔逊破口大骂："要是我还听从格兰特的命令的话，我就是孬种。我厌倦了听从他的命令。"

最后，麦克伦南德擅自做主对他的部队发布命令，祝贺他们在进攻维克斯堡战斗中的英勇表现，虽然他们的战斗并没有取得成功，但他们却将失败的责任归结为其他部队没有配合他们。他在事先没有通告格兰特的情况下，擅自将这个消息告诉伊利诺伊州的媒体。他的这种越权的行为让谢尔曼、麦克皮尔森以及他们的部下都感到无比愤怒。格兰特要求麦克伦南德立即从前线回到斯普林菲尔德，解除他的指挥权。3个月后，麦克伦南德在斯普林菲尔德向华盛顿方面寄去了一封恶意攻击格兰特的信件，要求就此进行审判。"格兰特将军现在还能在那个位置上待那么久，难道不应该感谢他的部下对他的惊人克制力吗？"他接着写道，"除非格兰特愿意与我面对面对质，否则我不会接受这样的结果。没有比我更加了解他的为人了，每个人在他的面前都必须要保持惊人的克制力。我还要说，格兰特在之前取得一系列战役的成功都要归功于他部下的良好行为，而不是因为格兰特本人作为指挥官的能力。"当麦克伦南德这样的指控送到了华盛顿，已经无法给格兰特造成任何伤害了。林肯总统是无论如何都不会同意这样的对质的，他表示："现在要是让那么多军官从前线回来，这会对我们即将要取得的成功造成无法修复的伤害，因为这些军官对于我们取得战争的胜利是无比的重要。"

　　"是麦克伦南德把自己玩出局的。"谢尔曼在攻克维克斯堡几天后写给家里的信件里这样说，"几乎每一名士兵都因为他遭到解职而感到高兴。他这个人是那么的自私，那么的想要追求名声，他无法让自己的心智跨越视野的局限。因此，虽然他在其他方面都比较优秀，但是这点品质还是让他无法继续前进。我为人处世的方式与他刚好相反，我对发生在我眼前的一些事情会看不清楚，但却对未来可能会发生的事情有着比较好的认知。格兰特则拥有一种介乎麦克伦南德与我之间的品质。正因为如此，我非常欣赏他。在对事物的认知方面，我比格兰特的能力更强，但他能够很好地平衡当下与未来发生的事情，寻求最自然的解决方法。"

第十五章
维克斯堡

　　谢尔曼在维克斯堡附近的战斗中失利的消息又激起了北方媒体批评的风暴，继而引发了他们对格兰特的全新攻击，当然攻击的目标还包括联军在东线与西线的其他将领。发生在弗吉尼亚州的战役之所以失利，就是因为行军拖沓造成的，而联军在密西西比州胜利的曙光似乎也消失了。此时，麦克伦南德的支持者也在报纸上大声为他疾呼。但对于身在前线的格兰特来说，这一切都不重要。冬季河水暴涨让溪流与河口的水位很高，让他无法率军继续前进，只能让部队驻扎在河流西岸的米利肯本德进行休整，静静地等待春天的到来。那个时候，他有足够的战舰与补给，能让军队包围维克斯堡，继而在河流下游作战，封锁河流，改变河流的水道，炸毁防洪堤，将各个湖都连接起来，然后找寻必要的河道。除此之外，格兰特还要负责处理各种有关军队管理的烦琐事情。来自北方的一些不诚实与不忠于联邦政府的商人在部队里有很多代言人，他们都是受到了棉花投机买卖的诱惑而来。格兰特最后迫于无奈命令将这些

"犹太阶级"全部赶走——他的这一极端的做法立即引发国会与媒体的抗议，最后林肯不得不宣布取消格兰特的命令。林肯知道格兰特在战争时期对这些商人采取的做法是对的，他有一位来自斯普林菲尔德的老朋友莱昂纳德·斯威特之前就曾被命令离开开罗，因为他想让格兰特帮他完成一桩不合法的干草生意。当斯威特到白宫找林肯抗议的时候，林肯说："斯威特，如果我是你的话，我会尽量远离尤利西斯·格兰特管制的范围，因为就我所知，如果格兰特在开罗捉到你的话，他会兑现之前跟你说过的惩罚。"

就是在这样一片质疑声中，格兰特开始了他包围维克斯堡的勇敢计划。当时的他正在被华盛顿里许多人所讨论。不满的情绪传遍了整个北方地区，很多人都对长达数个月的等待感到不满。这是联军作战以来的一段黑暗时光。斯坦顿想尽一切办法催促联军将领勇敢前进，并且给格兰特、罗斯克兰斯与胡克等人发去电报，承诺谁要是赢得了第一场重要战役的胜利，就能被擢升为少将。当时，罗斯克兰斯正负责指挥在田纳西州坎伯兰地区的军队，他在回复的电报中表达了自己的抱怨。胡克则是迅速率领波托马克地区的军队进攻敌人，却在塞勒维尔吃了败仗。格兰特并没有理会斯坦顿发来的电报，他不想让任何外界的事情催促或影响他制订的计划。

1863 年 4 月 16 日晚上，当一切都准备就绪的时候，波尔特勇敢地率领一部分战舰向维克斯堡的据点发起进攻，之后其他战舰也发动了进攻。他们在整个进攻过程中没有一艘战舰受到损害，虽然谢尔曼与格兰特麾下的其他将领都认为这样做实在是太冒险了。陆军则采取迂回前进的方式到达河流的西岸，并在路易斯安那的迦太基地区扎下军营，准备乘战舰渡过密西西比河。在 4 月 30 日，他们在维克斯堡南面的布鲁因斯堡东边登陆了。

接下来的战斗持续了两个月，最终以彭伯顿率领的叛军投降而结束。"当那次登陆完成之后，"格兰特说，"我大大地松了一口气。没错，当时的维克斯堡是还没有被攻下，当时的守军也没有因我们之前的任何进攻而士气低落。但是，我们现在在敌军的领地上，并且靠着一条宽阔的河流，而维克斯堡就在我与我的补给线的中间。我们的军队是在河流干燥的一边作战。冬季以来所有的战斗、准备以及艰苦的情形我们都熬过来了，现在是我们取得胜利的时候了。"

格兰特迅速率军占领了吉布森港口，接着在没有通知哈勒克、面对谢尔曼质疑的情况下，决定只带 3 天的干粮，率军从营地出发，进攻维克斯堡。格兰特在各条战线上来回往返，指挥战斗。之后，当哈勒克知道了格兰特的做法之后，命令他立即撤军帮助在哈德逊港口的班克斯，但格兰特并没有理会。在这段时间里，格兰特率军在杰克逊俘虏了乔·约翰斯顿，将约翰斯顿的军队与彭伯顿的军队分割开来了，占领了密西西比州的首府与铁路中心，切断了维克斯堡与外界的粮食补给线。在 18 天的时间里，格兰特率军行进了 200 英里，取得了 5 场重要战役的胜利，俘虏了 8000 名叛军士兵，缴获 8 门大炮，迫使更多数量的敌军不得不撤退，最终将敌人围困在维克斯堡。我们单凭这样简单的陈述就知道这可以写入战争史册了。5 月

18 日，当谢尔曼与格兰特一起出去骑马来到 5 个月前他被叛军击溃的悬崖时，感慨地说："在此刻之前，我从不认为你的部署是正确的，但现在我知道你的部署必然会带来胜利，即便我们现在还没有占领维克斯堡。"

这个时候却遭遇了一场失利。5 月 22 日，在得到了约翰斯顿的军队正在集合、准备发起突围的消息时，格兰特冒险发动了进攻，但是因为麦克伦南德当时没有贯彻格兰特的意图，认为自己的首要任务是进攻维克斯堡，于是就下令发动第二次进攻，最终遭遇了失败。但格兰特很快就重新发动了围攻，新招募的 7 万名士兵大大增强了他的兵力。在 7 月 4 日早上，随着联军在葛底斯堡战役取得胜利，格兰特攻陷了维克斯堡，彭伯顿很不情愿地率领 3 万名士兵以及 172 门火炮投降。"格兰特……"达纳在给斯坦顿发去的电报里这样说，"彭伯顿显然不情愿向格兰特投降……但格兰特像一名哲学家那样接受了这一切。"

在维克斯堡战役之后，格兰特将谢尔曼之前写给他的那封建议不要实施这个计划的信件还给了谢尔曼。格兰特当时就说，在这场战役结束前，谁也不准说这件事。当然，格兰特也说："谢尔曼也有足够的能力与精力去取得这场战役的胜利，要是他亲自负责指挥这场战役的话，同样也会取得成功。"

"维克斯堡的这场战役，"谢尔曼后来写道，"从构思到执行，完全是属于格兰特将军一个人的功劳。这不仅体现在格兰特对大的战争计划部署上，更在于他对每一个细节的重视。我还保留着他之前写给我的许多信件与便条，这都是他本人写的，其中的内容包括每个师每个分队的行军部署，甚至连所带食物以及作战枪支等具体的事情都要一一指明。很多人都认为这应该归功于格兰特的副官罗林斯，但这是错误的。因为历史上没有哪一位将领会像他一样关注这么多细节，或是亲手写那么多部署指示、报告以及信件。"[1]

即便格兰特的事业在此时终结，他的名声也是没人可以玷污的，因为接下来的失败也无法抹杀他在战场上取得的辉煌成就。无论在维克斯堡战役之前或之后发生过什么事情，他现在终于对自己的前程充满了信心。他感觉自己就是那个最后结束战争的人。自从帕迪尤卡战役以来，他就一直在思考着要攻下维克斯堡，他最终也实现了这个目标。在战争早期许多获得更大名声的将领当中，格兰特是少数几个没有自我膨胀的人。在面对那么多人身攻击的时候，一般人肯定会打退堂鼓。

"每个人都有自己所迷信的一样东西，"多年后，格兰特在谈到自己忍受批评时保持沉默的原因时写道，"我个人的一个迷信就是，身负重任的人应该履行好自己的职责，尽最大的能力将自己本该做好的事情做好。我从未想过依靠别人的关系或者自身的影响力去改变这点。"

"在开罗的时候，我非常认真地检阅着波托马克军队的操练，将他们视为日后战场上的主力军。当时我绝对不会想到自己日后能够拥有那么大的指挥权。我也从未想过自己的能力配得上那样的职位。但我说过，要是让我在波托马克指挥一支骑

---

1 《W.T.谢尔曼的回忆录》第362页。

兵旅的话，我也会尽自己最大的能力，我相信自己能够做得比较好。希利尔上校曾建议我说，我应该提出申请，调到那里担任骑兵的指挥。我当时就对他说，要是那样的话，我宁愿立即砍掉自己的右手。"

此时，格兰特不仅赢得了林肯的信任，而且还让哈勒克放下了对他的成见。"计划果敢，执行迅速，战果丰硕，"哈勒克在电报中这样写道，"这些部署堪比拿破仑在乌尔姆战役中的表现。"多年后，谢尔曼在回忆录里写道，在这场战役里，格兰特的表现可以与拿破仑 1796 年在意大利时的表现相媲美，并且指出格兰特在维克斯堡面对的战况要比拿破仑三世在塞瓦斯托波尔面对的情况更加艰难。

"要是我指挥的话，我肯定不会冒险经过维克斯堡的防线，然后在大海湾与杰克逊等地部署兵力，从而完成对维克斯堡关键点的包围。"谢尔曼在这场围困战结束之后说，"但我会从格林纳达到达相同的关键点。我与格兰特的目标都是一样的，虽然我们都对当时的实际地形不是很了解。士兵们最终实现了我们事先的部署，这让我感到惊讶。在去年 12 月的时候，当我们还在牛津的时候，我们就看到了未来所能实现的目标就是现在所能实现的目标。格兰特就像一位建筑师，能在脑海里规划出对未来的愿景。我们的军事部署能够一一实现，这给我们带来了极大的满足感。我要感谢上帝，幸好林肯总统没有干预我们的作战计划，而那些短视的公众人物也没有给我们带来太大的干扰，从而让这个作战计划最终能够圆满实现。"

不过，谢尔曼一直认为，要是格兰特在占领了霍利斯普林斯之后继续留在牛津的话，他就能腾出 6 个月的时间前往布鲁因斯堡，实现相同的战略目标。要是当时格兰特指挥的军队有后来的部队那么训练有素的话，他可能早已经这样做了。

没有比林肯总统在维克斯堡战役胜利后的一周写给格兰特的信件内容，更加适合本章的结语了。

"我不记得你与我是否见过面。我写这封信给你，是为了表达我对你为这个国家做出的难以估量的贡献的感激之情。我还想说一句话，当你第一次到达维克斯堡附近地方的时候，我认为你应该做自己最该做的事情——利用战舰将部队运到下游，然后发动进攻。我当时没有任何的想法，只是认为你作为将领肯定要比我懂得更多，希望亚祖河的远征军与你都能够取得胜利。当你到达下游之后占领了吉布森港口、大海湾以及附近等地的时候，我以为你会继续沿着下游出发，与班克斯将军会合。当你突然率军向北进发，到达了大布莱克时，我担心你可能会犯错。现在，我要亲自向你表达一点，那就是你是对的，我是错的。"

林肯随即任命格兰特为联军少将。格兰特并不需要斯坦顿的"贿赂"。

第十六章
罗林斯与达纳

"一个简单的事实就是，在格兰特这个伟大的名字进入历史的时候，其实在这个过程中，罗林斯的作用不亚于格兰特。但前者成为国家的英雄，流芳百世；至于后者，除了当年认识他的人以及那些曾为联邦军队服役过的士兵之外，几乎没有人听说过他的名字。"这段文字是格兰特身边的参谋与亲密的朋友所写的。[1] 有人甚至说，罗林斯甚至知道格兰特想要说的话，能从格兰特的眼神中知道他在想些什么。这样的说法虽然有点夸张，但是当我们说罗林斯代表着格兰特的良知时，这是没有丝毫夸张的，虽然他在格兰特取得自身成功的一些特质上无法与之相比。

在格兰特被擢升为准将的时候，罗林斯成为他的副官，这的确是格兰特非常幸运的地方。当时的罗林斯还是一位缺乏经验的年轻律师，之前一直在木炭坑里工作。格兰特是在格利纳

---

1 詹姆斯·H.威尔逊将军所著的《查尔斯·A.达纳的一生》第241页。

举行的第一次军事会议上见到罗林斯的，当时罗林斯在面对志愿兵发表演说时所表现出来的激情让他印象深刻。除了罗林斯之外，他一开始选择的那几位副官都是为了取悦家人，但这几位副官却成为格兰特日后军事生涯的累赘，在他不断承担更大的职位之后，必须选择放弃。之后，格兰特选择了威尔逊、波尔特、康斯托克、巴多、利特以及巴布科克等人，这几个人都有各自擅长的能力。罗林斯与博尔思之后一直都追随着格兰特，直到他们去世。但是，罗林斯对格兰特来说是不可或缺的。现在，我们除了知道罗林斯作为副官给予了格兰特忠诚无私的服务之外，没有他为格兰特在军事方面的成功做出任何贡献的证据。罗林斯之前对军事了解得并不多，也没有接受过什么军事训练，但他在军营里从格兰特身上学到了许多。罗林斯是一位精力充沛、诚实的人，行为比较粗鲁，喜欢跟人说话，有时在愤怒的时候甚至会说一些粗口，但他的内心深处却是一位清教徒。他无数次给予格兰特各种保护，当外界说格兰特这个人头脑简单的时候，他就会站出来反驳。当格兰特的一些行为不正的时候，他就会直接指出来，帮助格兰特加以改正。也许，罗林斯为格兰特提供的最重要的帮助就是让他远离了酒，因为他认为酒才是格兰特最大的敌人。他经常告诫格兰特必须将酒戒掉，否则他将无法给自己带来好名声，也会给联邦政府带来巨大的损害。当然，喝酒是当时格兰特的一种生活习惯，有一段时间格兰特可以说是经常酗酒，但是罗林斯总是苦口婆心地对格兰特进行告诫。当然，如果格兰特没有取得那么大的成功，他喝不喝酒都没有人会理会。谁会在乎联邦军队的一位将军是否酗酒呢？但是，真正能够戒酒的只是很少一部分将领。对这些人来说，这是他们获得好名声的唯一途径。林肯曾经对有关节制的问题发表过有趣的看法，他说："在这场艰难的斗争里，唯一让我感到欣慰的是，别人无法像我这样节制。"

查尔斯·A.达纳当时受斯坦顿指派前去了解西部方面军的情况，了解有关这些军队将领是否发生冲突的事情，特别是要多了解格兰特的行为，尤其要对格兰特的情况进行汇报。维克斯堡战役之后，达纳在一次汇报中专门提到了罗林斯："罗林斯中校除了咒骂与指责别人之外，可以说从未失态，也从未有什么不良的习惯……他与格兰特是老乡，对格兰特的影响很大，因为他每天都会监督格兰特的行为。每当格兰特想要喝酒的时候，罗林斯就会提醒格兰特，在战争爆发初期他已经保证过，在战争结束前他都不能喝酒。格兰特认为罗林斯是一位非常优秀的副官。不过，罗林斯的行动比较迟缓，如果不经过深思熟虑，都无法写出符合语法的英文。不过，文化程度不高的确是格兰特手下人员的一个普遍情况。可以说，在格兰特麾下的其他将领以及军团的指挥官都有这个问题。"

30年后，当达纳反思那一场战争的时候，他给出了自己的结论，那就是罗林斯是当时整个联邦军队里最有能力的人。"他的心智能力很强、思维清晰、身体强壮，不会动不动就让自己处于歇斯底里的状态。他经常会在格兰特的总部指挥事情。他对其他人不是很友好，说话的时候粗声粗气的。我曾经听过他骂格兰特，因为按照他的想法，格兰特做了一些他认为最好不要去做的事。但是，罗林斯完全忠于自己的职责，对事情有着最为冷静的判断，并且在危难情况时表现得无所畏惧。要是没有他的帮助，格兰特绝不会有那么大的成就。罗林斯归根到底是一个好人，虽然他是我认识的人当中最喜欢说粗口的。但是，他这个人很诚实，为人正直，是我见过的最为诚实的人。"[1]

达纳本人虽然没有担任过什么军职，却是让格兰特获得巨大声望的一个重要因素。在维克斯堡战役的过程中，林肯与斯坦顿的信息都是从达纳那里发过来的，因为格兰特在回复战况的电报中总是写得比较谨慎，经常只是发去非常简短的电报，没有谈及任何关于作战计划的内容，只是悄悄地部署军队作战，最终实现自己的目标，完全不对任何外界的诽谤话语进行回应。因此，达纳需要有聪明的头脑、敏锐的双眼以及良好的笔杆才能消除华盛顿那帮人对格兰特的顾虑。在围困维克斯堡战役的过程中，正是达纳的汇报让林肯总统坚持使用格兰特，虽然当时林肯也面临很多人要求撤换格兰特的呼声。林肯说："我还是愿意用格兰特这个人，我认为我们应该给他更多的时间去证明自己。"

正是达纳的汇报让斯坦顿认清了麦克伦南德的真实面目，对整个事情有了更加清晰的认知。达纳将麦克伦南德在格兰特面前的行为举止，格兰特需要克服的各种困难，还有格兰特在西部作战计划的大体内容都进行了汇报。

格兰特相信达纳。在围困维克斯堡的过程中，达纳一直住在总部里，每天都与斯坦顿通过电报进行交流，将自己的精力

---

1 《内战回忆录》第62页。

专注于更加重要的事情上。达纳、罗林斯和威尔逊在这段时间都与格兰特在一起。他发现，格兰特从来都不会召开军事会议，而是将自己的想法放在心里，只是向部下下达命令——他会在总部里不停地下达命令。"我听着总部的人们的讨论，但是我都是自己做决定。我的手下只有在接到我的书面命令时才会知道要做什么。只有当我脑海里所想的计划成熟之后，我才会告诉别人。在这之前，谁也不知道我到底在想些什么。"[1] "格兰特是一个不简单的人物，"达纳这样写道，"他是一个极为谦虚、极度无私与诚实的人，他的性情非常温和，任何事都无法将他激怒，他的判断是那么准确，充满了智慧。在其他方面，他可能不是一个伟大的人物，但在道德方面，他是一位伟人；他可能不是一个具有创造力或者杰出能力的人，但他却是一位真诚、心思缜密且深沉的人，具有谁也无法比拟的勇气。当需要面对风险的时候，他会怀着一颗简单的心，不受外界任何影响，不会想着自己要成为英雄，而是勇往直前，直到取得最终的胜利。他也是一位喜欢社交的人，特别喜欢跟人开玩笑，经常在帐篷里迎着冷风与别人通宵聊天。他不是一个多愁善感的人，在交友方面也相当低调，但他总是会帮助自己的朋友，即便是对那些他所憎恨的人，也是如此。"[2]

维克斯堡战役之后，达纳在发给斯坦顿的电报里建议擢升格兰特为西部方面军的指挥官。

---

1 《杨格》第2卷306页。

2 《内战回忆录》第61页。

第十七章
查塔诺加与传教士山脉

　　要是华盛顿方面没有给他下达暂停进攻的命令，格兰特绝对会抓紧时机将密西西比州的叛军全部清剿干净。在麾下的部队士气正旺的时候，他原本可以很轻易地占领莫比尔，并以此作为大本营，指挥军队攻击布拉格的后方，使其无法往田纳西州南部撤离，因为他在那里也正遭受着罗斯克兰斯指挥的军队的攻击。但是，华盛顿方面有其他的作战计划，正如在柯林斯战役之后，他们将格兰特的军队派往密苏里州的斯科菲尔德，将班克斯的军队派往路易斯安那州，将伯恩赛德的军队派往田纳西州东部。林肯想要派兵攻打得克萨斯州，从而威胁墨西哥的马克斯米利安，让田纳西州东部居住的山地人不会与政府军作对。格兰特的军队就这样被分散了，华盛顿方面给他下达的停止进攻的命令让乔·约翰斯顿有了撤离并继续重整部队的机会。华盛顿方面的"大度"让他的军队可以从维克斯堡中逃脱，恢复了元气。9月19日到20日，罗斯克兰斯的部队在奇克莫加溪附近遭遇失利，不得不撤退到查特诺加，与麦克库克以及克里滕登的部队会合。此时托马斯率领的军队正在单独与叛军进行作战，拖住了敌人继续进攻的时机，避免了全军覆灭的惨败。这一仗也为他赢得了"奇克莫加河的岩石"的绰号。

如果驻扎在坎伯兰的军队的指挥官听从格兰特的建议与哈勒克的命令，就能避免遭受这次打击。在联军围困维克斯堡的时候，将部队转移去进攻布拉格，那么约翰斯顿就不得不支援被围困的彭伯顿。但是，罗斯克兰斯拒绝了这样的建议与命令，原因是他说自己的行为符合这样一句军事格言，那就是"绝对不要在同一时间打两场关键性的战役"。如果这句军事格言是对的，格兰特认为它不适用于这个场合。"在同一天遭遇两场关键性的失利，这是非常糟糕的，但同时赢得这两场战役不也是很好的事情吗？"——罗斯克兰斯与格兰特对那句军事格言的看法直接体现出两人军事思想的差异。罗斯克兰斯接受过传统意义上的军事训练，是一位学院派的军事将领，喜欢讨好上级，决断不够果敢，不愿意主动出击。虽然他受到麾下士兵的爱戴，却经常为自己想要实现的军事目标受到阻挠而感到沮丧。格兰特认为罗斯克兰斯为人不真诚并且虚伪，而罗斯克兰斯同样认为格兰特是一个傻瓜，只是碰上了好运气而已。

在这段时间，很多人都在谈论格兰特要被调到东部指挥军队，因为西部其他一些将领之前已经到达了东部。麦克莱伦、蒲柏、伯恩赛德与胡克都相继被派到东部作战。而之前在葛底斯堡战役里取得胜利的米德在波托马克战役里让李将军轻易撤退，却没有发动后续进攻，让林肯失去了对他的信任。但格兰特对很多人这样的说法不以为然。"他们都是非常有能力的军官，他们能够成为高级将领，必然有其自身的能力，他们知道怎样做才是对军队最有利的。虽然我不会故意违抗命令，但我强烈反对别人对此说三道四，只有当事人才能对此进行解释。对我来说，指挥军队作战，并且取得胜利，这是我唯一需要考虑的事情。我没有时间去跟别人就此进行任何解释。我相信麾下的每一名将领都有很强的军事指挥能力。"

但是，一个更好的机会就在眼前。在奇克莫加大败后，达纳尚未知道托马斯坚持作战的消息前，就给斯坦顿发去电报说："我今天的电报是极其重要的。奇克莫加这个名字在我国的历史中与牛奔战役一样重要。"华盛顿方面笼罩在一片阴云当中，坎伯兰地区的部队一再失利的消息让华盛顿方面忧心忡忡——罗斯克兰斯的部队困守在防御坚固的查特诺加里，但却被布拉格的部队切断了补给线，而且他的军队已经占领了城镇上方的山丘。罗斯克兰斯可能要坚持到谢尔曼与胡克的部队前来救援，但他现在所剩的食物与燃料已经越来越少了，他们的马匹正在挨饿，而且冬天就要到了。罗斯克兰斯的军队现在士气很低落，而他似乎也不知道该怎么办。虽然他的部下很尊敬他，但为了避免日后更大的灾难，他必须被解除军职。

斯坦顿想让托马斯去接替罗斯克兰斯的职位，但托马斯从半年前接替布埃尔的职位开始，一直非常忠诚地履行着职责。托马斯表示他不愿意去接替这个职位，他欢迎其他人去接替。他不会就有关阴谋论的任何说法做出回答与解释。

斯坦顿迅速行动，创建了一个全新的师团，这个师团活动的范围在阿利根尼山脉与密西西比州之间，不过这不包括班克斯在新奥尔良指挥的军队。他想让格兰特负责指挥，于是就命令格兰特前往路易斯维尔，而他则乘坐火车前往西部。在前往路易斯维尔的火车上，他第一次见到了格兰特，跟他说了心中的计划。达纳所说的罗斯克兰斯准备撤退的消息传到了路易斯维尔——这是灾难性的做法，会让叛军完全控制战争中的三个主要据点之中的一个。格兰特迅速对斯坦顿强烈的催促做出回应，立即给托马斯发去电报，任命他为坎伯兰地区军队的指挥官，告诉他必须"不惜一切代价守住查特诺加"。托马斯在电报里回复说："我们会坚持到饿死为止。"

当天晚上，格兰特前往剧院，这让罗林斯感到非常不安，因为他认为格兰特是去赎罪或是祈祷。第二天一大早，格兰特乘坐火车、搭乘马车经过崎岖的道路前往查特诺加，在10月23日抵达。正如达纳在发给斯坦顿的电报里所说的："一路上很多水坑，但平安抵达。"达纳还在电报上说，格兰特依然挂着拐杖，因为他的腿还没有康复，忍受着剧烈的疼痛。

那些与托马斯一起出席格兰特战争会议的将领都同意一点，那就是托马斯在对待格兰特的时候缺乏应有的礼节，完全忘记了自己是"客人"，并且忘记了格兰特是在场所有将领中军衔最高的。至于托马斯为什么会有这样的举动，谁也不知道。但可以肯定的是，在战争期间，这两人对各自的看法都有很大的保留，因为两人都从未试过真正去了解对方。托马斯表现出来的无礼行为让谢里丹与谢尔曼感到非常惊讶。当然，谁也没有看出托马斯对格兰特有什么嫉妒的意思，但他的冷静状态很快就引发了一场激烈的争论，因为他对坎伯兰地区的军队显得过于忠诚了。

格兰特到来之后，情况迅速发生了改变。据当时第一次看到格兰特的贺拉斯·波尔特描述，在沉默地聆听了其他将领们的发言以及他们对军队的部署计划之后，格兰特在椅子上挺直了腰，开始对他那些新部下提了许多问题，他的话语透露出果敢与对作战计划的熟悉，说明他不仅知道要立即打通补给线，而且知道必须迅速向敌人发起进攻。他总是想着不断对敌人发动进攻。接着，他的目光转向跟前的桌子，连续写了一个小时的急件——第一封急件是给哈勒克的，他在信上写道："我们刚刚抵达，明天会继续给你报告的。请批准我任命谢尔曼为田纳西方面军的司令，总部就设在战场。"第二天，他与托马斯以及"秃头"史密斯一起察看了联军的防线，命令史密斯立即开展打通补给线的任务。

那天晚上，格兰特又亲手写了许多封急件。"他在做这些工作的时候是那么迅速，没有丝毫停顿，似乎根本不用怎么想。"波尔特这样写道，"他的想法就像他手中的笔墨那样流淌出来。他在表达自己想法的时候是那么的自然从容，很少会插入一个单词或进行修正。他微微弓着身子，靠着桌子。当他思考的时候……他会迅速环视一下房间，但整个过程没有挺直身子，接着继续在桌子前用相同的身姿去写急件……当我看到格兰特所写的急件，我知道了他命令谢尔曼率军从柯林斯进入能够支持其他军队的范围，并且告知哈勒克一些军队部署，说明这样做是为了打通补给线。除此之外，格兰特还在急件中写道，为了能够帮助被困在田纳西州东部的伯恩赛德解困，必须尝试任何一种方法……在格兰特的全新指挥下，每个部队的作战方向与部署都得到了明确的指引……我无法过分沉浸于格兰特给我留下的深刻印象中……他展现出来的心灵能量以及罕见的军事天才实在是……我从未见过任何一位将领能够像他这样迅速抓住战场的主要问题，那么果敢地做出决定。在他成为这支庞大部队的指挥官之后，他在解决复杂问题时展现出来的领导能力，让我印象深刻。"[1]

当格兰特来到查特诺加的时候，这座城市陷入了与敌军在维克斯堡被围困时同样的绝境。布拉格率领优势兵力驻扎在距离查特诺加3英里之外的路考特山与传教士山脉，能够将被困的饥饿守军的情况看得一清二楚。伯恩赛德率领的2.5万名士兵在诺克斯维尔同样遭到围困，处境极其狼狈，不断地请求援助，但援军迟迟未到。在接下来的5天里，在格兰特的不断催促下，"秃头"史密斯与其他将领迅速大胆地行动起来，终于打通了补给线，守军终于不再有饥饿、投降或撤退的危险了，格兰特与托马斯的看法就是必须在整个冬天都守住城市或等待援军的到来。没过多久，谢尔曼与胡克就分别率军从密西西比州与东部赶过来支援了。

接下来就是格兰特军事生涯中最辉煌的片段了。他从未想过就这样直接居高临下地对敌军发动进攻，他想等待麾下其他部队都集合起来，集中优势兵力才发动攻击。早在10月28日，格兰特就给哈勒克发去电报说："补给的问题现在说应该

---

1 《与格兰特一起作战》第7页。

解决了。如果叛军再给我们一个星期的时间，那么我认为我们失去已经占领土地的危险就会消失，我们也可以积极准备反攻了。"谢尔曼率军穿过了300多里崎岖不平的乡间小道，在11月15日赶到了查特诺加。一个星期之后，也就是11月23日，格兰特发动对查特诺加的3天攻势，这场战役完全按照他的预期发展，最终取得的战功是完美的，可以说在战争史上都是堪称经典的。

格兰特做了周密的作战部署，当他与托马斯登上了诺克部山峰，看到壮丽的风景出现在眼前，看到士兵们正在勇敢杀敌，迈向不可阻挡的胜利。他看到了胡克率领军队在穿过"云霄"的高山上与敌人进行战斗，谢里丹与伍德勇敢地指挥着两万名士兵在传教士山脊上与敌人开展肉搏战，像割草一样消灭敌人。布拉格的部队如惊弓之鸟一样逃窜。格兰特率领的联军取得了辉煌的胜利。格兰特从山上下来的时候，与士兵们一起欢庆胜利的场面真是太美好了。

这3天的战斗被称为"查特诺加战役"，而第三天的战斗则被称为"传教士山脊战役"。很多人将这场完胜称为"人类军事史上最伟大的奇迹"。达纳当时与格兰特以及托马斯在一起，见证了他们是如何指挥部队的。他在第二天这样写道："任何一个人要是登上这么高的山峰时，都绝对不会想到上面竟然有1.8万名士兵在那里等候着，随时准备对敌军发动进攻。能够看到这么壮观的场景真的是三生有幸，这一切似乎都是天意。格兰特与托马斯都没有想到会出现这样的情况。他们只是命令士兵们要沿着山脊的射击掩体进行设防，然后占领敌军的阵地。但在这一步完成之后，联军的士气变得非常高涨，他们勇敢地登上看似不可能攀登上去的山峰，在那里架设了 30 门大炮，对着每一个岩沟进行纵向射击。发动潮水般进攻的命令似乎是谢里丹与伍德这两位将军下达的，因为他们的士兵绝对不准后退半步。"

这是内战期间唯一有 4 名联军将领同时指挥的战役，格兰特、托马斯、谢尔曼与谢里丹一起参与了这场战役。查特诺加战役之后，诺克斯维尔的困局被解除了，正如在夏洛伊战役之后，柯林斯的困局被解除了一样。伯恩赛德终于从被围困的状态中挣脱出来了，田纳西州东部的敌军也被消灭了。在 12 月 8 日，林肯总统给格兰特发去这样一封电报："我知道你的部队在查特诺加与诺克斯维尔都很安全，我希望表达对你的由衷感谢。这都是你指挥有方的功劳。我要向你致以最崇高的敬意，感谢你与士兵们表现出的军事才华、勇敢以及坚韧不拔的斗志。你们克服了重重困难，最终实现了这一重要的战略目标。愿上帝保佑你们！"

格兰特从帕迪尤卡战役开始，就一直在不断地前进，虽然一开始前进的步伐比较慢，但在前进过程中却渐渐地积累能量，不断将叛军逼向他们的"首都"里士满。此时，北方的人民都感觉联军必然会取得最终的胜利。即便是国外的人，也有这样的同感。"感谢上帝！我们终于找到了属于我们的'英雄'，这位英雄终于出现了。"莫特利在维也纳这样说，"……尤利西斯·格兰特将军至少能与世界上任何一位伟大的将军相媲美。到目前为止，他是南北双方将领当中最为杰出的。"一个德国作家在谈到查特诺加战役时这样说:"这场战役是科学调度与勇敢执行的典范,这场战役可以堪比从腓特烈大帝到现在的任何一场伟大战役。"

在 11 月的最后一个星期四,北方人民听到了传教士山脊战役胜利的消息——这一天正是感恩节——正如上次维克斯堡战役的消息传来是 7 月 14 日一样,当时正是林肯在葛底斯堡发表演说一个星期后的事情。在短短的 14 天时间里,国会通过了一个法案,重新恢复中将军衔——只有华盛顿当年才获得过这个军衔。在冬天结束前,国会以绝大多数的票数通过了这个法案,林肯总统立即授予格兰特中将军衔——这让格兰特成为联军的最高司令官。

第十八章
升任中将

　　沃什伯恩是格兰特早期在政坛上最有影响力的朋友，在某段时间里，他是格兰特唯一的维护者。在传教士山脊战役之后，沃什伯恩在国会议员还没有集合在一起的时候，就已经提出了要擢升格兰特为中将的提案。当格兰特知道了沃什伯恩的举动后，他在查特诺加立即给沃什伯恩写了一封信。

　　"你一直以来这么照顾我，这实在让我感到非常感动与愧疚。但是，我已经得到了政府如此高的优待与荣誉，我并不寻求更高的职位，也不觉得自己应该处在这么高的位置上。战胜敌人，迫使敌人投降，这是我目前最应该做的事情。我希望能对麾下的士兵产生积极的影响，做出正确的军事指挥，让联军取得最终的胜利。"[1]

　　当时，林肯也比较忧虑，担心"坐在马背上的那个人"可能会马上回到华盛顿，仗着他手中的军队抢走权力。因为在那

1《给朋友的信》第32页。

时，格兰特取得的辉煌战绩让他成了人民的英雄，而林肯因为其他将领的糟糕表现而名声很差，而大选马上就要来了，因此这一切都存在着许多变数。但林肯并没有担心很久。"我不会竞选任何公职的，"格兰特在写给父亲的信件里这样说，"我想要的只是继续留在部队里，率军取得战争的胜利。"在某位写信跟格兰特说他有机会成为下任总统的时候，格兰特回复说："在这个世界上，成为总统是我最不愿意做的事情。我将自己竞选总统的事情视为对自己以及国家的一种不幸。我能够有现在的地位，这已经是上天的恩赐了。我只想在军队里服役，继续留在这个职位上，这足以让我感到非常满足了。"当格兰特从纳什维尔来到圣路易斯的时候，他就将此处变成部队度过冬天的总部。他与他之前那些低调的朋友如博格斯夫妇在一起，与他们一起乘坐有轨电车前往戏院看戏。

林肯一直都想竞选连任，这不仅是基于他自己的想法，更是因为他感到现在若是总统的人选发生变化，那么这对联军取得最终的胜利会造成灾难性的后果。因此，当他听到格兰特无意与他竞争总统的消息，他很高兴。许多媒体的报道打消了他内心的不安。

格兰特想着将部队从查特诺加调到莫比尔，继续沿着传教士山脊去追击敌人，消灭藏匿在乔治亚州的叛军，切断叛军撤回南方的道路，占领叛军进行补给的航线，不断给李将军造成更大的军事压力。但是，华盛顿方面没有同意格兰特这样的想法，因此格兰特就让士兵在纳什维尔度过一个冬天，让士兵好好休整，准备在来年春天继续发动攻势。此时，他并不知道自己已经被擢升为中将，需要到华盛顿去接受任命。当时，格兰特还准备亲自指挥弗吉尼亚州的军队，然后让麾下其他将领去与李将军作战。但在他动身前往华盛顿之前，他做了一件非常大度的事情。他给谢尔曼写了一封信，这封信的内容让谢尔曼终生难忘。

信上是这样说的：

虽然我在这场战争里取得了一些胜利，至少赢得了民众的信任。但是，我觉得这些功劳是属于每一位在我麾下的将领，他们具有充沛的能力、才华，知道如何发挥自身的军事才华，要是没有他们，也就没有我。很多将领的建议在某种程度上都是很有道理的，这与他们的能力是相关的。但是我想对你与麦克弗森表达个人的感谢。我觉得自己取得的成功要感谢你们的帮助。你们的建议与帮助对我来说是极为重要的，这点你们都应该知道。你们在执行我下达的任何命令时是那么的果断，这足以让你们获得与我现在一样的军衔。

人们也不会忘记谢尔曼在回信中所说的话：

你这样说实在是太抬举我与麦克弗森了。在贝尔蒙特战役里，你就展现出了你的军事能力，我与麦克弗森都望尘莫及。在多纳尔森战役里，你将个人的品格充分展现出来了。我当时根本不在你身旁，而麦克弗森当时的军衔太低，也根本无法给你带来什么积极的影响……我认为你是一位勇敢的爱国者，是一位像华盛顿那样的伟大人物，是一位无私、善良与诚实的人。但你最主要的性格特点就是怀着自己必然取得成功的简单信念，这是你一直以来展现出来的性格品质，就像基督徒相信救世主迟早会到来一样。这样的信念帮助你在夏洛伊战役与维克斯堡战役里取得胜利。当你完成了你所设想的军事准备之后，就会毫不犹豫地投入到战斗当中，正如在查特诺加战役里一样——你毫无保留，显得无比坚定——我要对你说，正是因为你的行动与话语让我们的士兵充满了斗志。我知道无论我在哪里作战，你都会挂念着我。如果我深陷敌人的包围圈，只要你还活着，你肯定会率领援军过来帮我解困的。我对你的唯一疑虑就是你对宏大战略的了解以及对科学与历史等方面的知识比较缺乏。但我必须要向你坦白一点，你展现出来的常识能力足以弥补这些缺陷。

"千万不要留在华盛顿。"谢尔曼大声说，"率军前往西部作战，占领整个密西西比河流域，确保获得最终的胜利……这里能够诞生一个全新的国家！当我们在西部完成了这些作战任务之后，就能向查尔斯顿与里士满进发了，最终将那些在大西洋沿岸负隅顽抗的敌人全部消灭掉。"

但谢尔曼的请求并没有得到批准。格兰特更想与自己一手组织的老部队在一起。但他来到华盛顿之后，很快就知道必须直接与李将军进行决战。格兰特在战争过程中不断自学，已经知道如何运用战略去战胜李将军了。

格兰特来到了他之前从未到过的华盛顿——几乎没有几个人认识他，因为他实在是太低调与普通了。在酒店登记入住的时候，一位店员问他是做什么的，格兰特没有说，因此店员只是为他安排了一间很一般的房间。而当他知道了格兰特的名字之后，才知道原来眼前这个人就是中将格兰特。格兰特与卡梅伦在没有事先通报的情况下来到白宫，发现林肯当时正在举办一次招待会。要不是斯沃德拉住格兰特，格兰特可能早就离开了这里。他在第二天接受林肯的任命，在林肯讲话之后发表了一篇很短的演说，说话的声音很小，像个男孩那样不断抖动着手中的文稿。显然，格兰特没有注意到林肯在向他暗示，必须要讲一些迎合他的话，从而平息东方面军的一些怒火。

这个时候，很多见到格兰特的人都对格兰特产生了属于自己的印象，虽然他们对格兰特的印象是有所差异的。理查德·亨利·达纳是当时波士顿的一位研究婆罗门阶层的学者，他当时碰巧在维拉德旅馆大厅遇到格兰特。他后来这样写道："格兰特是一个身材不高、肩膀很宽的人，他穿着一身失去了光泽的少将军服……他没有任何架子，也没有展现任何与他地位相称的形象，他的举止比较随和。他稍微留着一点胡须，一双蓝色的眼睛，但从另一方面去看的话，他穿得比较寒酸。当时有一大群人围在他身边，大家都看着他，似乎他们都在认真审视着这位将军，接着另外两位将军被介绍给其他人。当时，我还不知道他就是格兰特。但是，眼前的这个人不是胡克将军，那他是谁呢？我询问了当时的记账员，记账员说：'那位就是格兰特将军。'我就与其他围在格兰特身边的人一起看着他。我看到的是一个相貌普通、面容略微粗犷的男人，眼神显得有点无精打采，似乎他现在刚刚离职，只拿着半份薪水，除了在门口闲逛没什么别的事可做，嘴里叼着雪茄。但是，他的那双蓝色的眼睛显得非常清澈，脸上露着果敢的神色，似乎他根本不愿意去计较一些无聊的小事，他似乎对身边的这些人不是很在乎。他有着挺直的鼻子，在那个时候看到这位联军总司令在抽着雪茄，而正是这个人现在正把控着整个联邦政府的命运……他有点尴尬地离开了人群。他并没有像军人那样正步走开，也没有慢慢地走开，而是缓慢地走着，似乎他的下一步会让他撞到鼻子一样。但是他的脸色是那么淡定与果敢。当然，对他来说，他的这些行为肯定是自然的，完全没有任何一丝自我意识的流露。"

除此之外，我们还能从贺拉斯·波尔特与亚当·巴多的描述中得到有关格兰特的形象。巴多是后来才成为格兰特副官的。波尔特将格兰特描述成为一个有点驼背的人，身高大约 5 英尺 8 英寸，体重大约 135 磅，他的举止比较随和，脸庞不是很对称，他的左眼要稍微比右眼低一些，眉毛较高，显得很宽广，但他的额头上有一道水平的皱纹，表明他这段时间都在思考事情，虽然这并没有显现出他活泼的性情。"他的声音有点像音乐，非常清晰。他的声音是我听过的最清晰的话语了。他的声音有一种很强的穿透力，他用平常口气所说的话语能够让身边的人都听得非常清楚，这实在是让人感到意外。"他走路的步伐并不像职业军人，他走路的时候几乎从来都没有挺直腰板，也似乎根本不享受乐队的演奏，他的举动显得比较缓慢。"但是，当他进入到工作状态之后，他的每一个动作都显得那么迅速，与之前的沉闷状态形成非常鲜明的对比。"

巴多后来描述说，格兰特的确有一双非常清澈的眼睛，但眼神并没有什么穿透力，他的下巴看上去很低，他的嘴巴比较小，"他所说的话让人觉得比较随和，却又充满了力量。有时，他说出来的话就像命运一样让人觉得是无法更改的。"他脸上习惯性的表情是那么祥和，让别人根本猜不透他到底在想些什么。他的举止比较随和，甚至可以说是温顺的。"在一些重要的时刻，他同样会表现出这样温和的性格。"他说话的时候语速比较慢，有时甚至会显得比较尴尬，对自己所说的话是否表达了自己的真实想法有所保留。"他这个人是那么简朴，却又具有强大的品质，这一切都在他看似随和的行为之上。他在谈论一些大家都熟悉的话题时显得比较有兴趣，说话的语调一直都比较平和，几乎没有任何声调的变化。但是，他的每一个决定，都会决定我们的军队、他个人的名声或者整个国家的命运……"但让人意想不到的是，他会用最为随意以及最简单的词语表达自己的想法。"他的一些判断显然是当场做出来的，他一直以来都是这样做的——他会用最简单的话语就一些最为重要的话题发表自己的观点，在他看来大事小事似乎都是一样的。对他来说，无论是率军打仗还是与众人聊天，都是同样重要的，没有说哪一件事是更加重要的。但是，一旦上了战场，格兰特就像被唤醒的'狮身人面像'……他的话语会更加迅速，他的思维会更加敏捷，他的判断会更加清晰，他的话语更加具有威严。他整个人似乎立即处于一种白热化的状态。"

从上面这些人的描述，我们对这位指挥着 50 万军队的联军总司令的个人形象有了大概的了解。他率领军队摧毁叛军的阵地，正准备结束这场旷日持久的内战。在他离开华盛顿时，林肯送别他的时候这样说：

"我想要对你目前所做的工作表达我百分之百的满意。你的具体作战计划我不知道，我也不想知道。你是一位勇敢与独立的将军，我为你感到高兴。我希望自己不会给你的作战指挥带来任何限制或束缚。虽然我对联军的任何失利或者我方的任何士兵被俘虏的情况都感到非常焦虑，虽然这些情况在很多时候都是可以避免的。但我知道，你肯定也知道这些情况的存在，因此我不需要刻意地说明。要是你还需要什么，只要是我能够给予你帮助的，请尽管开口，千万不要有任何拘束。希望你率领这支勇敢的军队，为了正义的事业取得最终的胜利！愿上帝保佑你！"

"我会尽我最大的努力，使你和整个国家都不会感到失望。"格兰特回答说，"……要是我没有取得你对我预想中的成功，我要说这肯定是我个人的错误，而与你无关。"

在林肯与格兰特第一次会面时，林肯就已经对格兰特说，他想要找寻的将领必须是一位敢于承担责任与勇敢行动的人，并且要在有需要的时候继续找他寻求帮助。格兰特表示他会尽自己最大的努力利用好现在已有的资源，不去打扰总统或者战争部门。

整个内战期间，格兰特从来没有向林肯抱怨过什么，也没有向华盛顿方面提出过什么要求。甚至在多纳尔森战役与夏洛伊战役之后，哈勒克都经常会给其他将领写信，表示格兰特要求其他人让他独立指挥军队，但林肯都用温和的话语告诫他们不要过分干预格兰特。麦克莱伦、布埃尔与胡克也都曾抱怨过，但格兰特从来没有向林肯抱怨过什么。林肯对布埃尔说，他不明白"为什么我们的军队就不能像敌军那样前进，像敌军那样在艰苦的环境下生存，像敌军那样去作战，难道我们不得不承认自己的军队以及将领比敌人的要差吗？"林肯的这句话让胡克在成为波特马克方面军司令之后的乐趣一下子就消失了。林肯还指责他不应该解除伯恩赛德的军职，跟他说："你在某些方面的工作，我的确不是太满意。"当麦克莱伦发电报说，自己军队里的马匹全部处于疲惫不堪的状态时，林肯回复说："我想问你，自从安蒂特姆河战役之后，你的战马到底都打了什么仗？"

这是林肯用温和的口气指责将领的一个例子。但是，我们从来没有看到林肯向格兰特发去这样的电报。

第十九章
与李将军之间的作战

　　在格兰特成为联军总司令的时候，叛军却在重振旗鼓，伺机反扑。虽然格兰特率军在西面取得了成功以及海军的勇敢作战收复了一些失地，但现在有 10 个州参加了叛乱——超过 900 万人生活在超过 8000 英里长的土地上——叛军所占有的土地很辽阔，人口众多，这块土地上有着丰富的资源。当时的欧洲仍然认为南方会最终战胜北方，而当时的南方人也认为他们能够取得最终的胜利，依然认为南方的军队是不可战胜的。在经过 3 年的战争之后，他们只是觉得除了在阿利根尼山脉与沿海的一些地方之外，北方军队并不存在什么军事方面的优势。

　　北方联军占领了密西西比州，从圣路易斯到其入河口都布置有强大的防线。圣路易斯以西的土地到阿肯色州除了新奥尔良、路易斯安那州的一些地方以及靠近格兰德河的得克萨斯州的一个小据点之外，其他地方都被叛军所占领。西面的军队已经扫荡了田纳西州、肯塔基州以及密苏里州等边境州的叛军，重新占领了从孟菲斯往东经过查特诺加一直到田纳西州的铁路，并且可以沿着霍尔斯顿河前往阿利根尼山脉。弗吉尼亚州西部已经归顺了政府，北方联军占领了弗吉尼亚州东部的一个狭小地段，将北部边境的包围范围扩大到了拉皮丹河。联军在诺尔福克与门罗设立了军事据点，他们在这里控制着前往詹姆斯的通道。沿海的几个点都有联军设置的军事据点。联军使用的一些木制船只依然能够很好地封锁住河流运输线路——这足以遏制南方将棉花运送出去，从而让兰开夏地区的磨坊工厂与劳工处于失业状态。

虽然南方这几年饱经战乱，但南方人依然充满斗志。南方人都非常相信他们的媒体所报道的消息，将格兰特在西部取得的战功归结为北方军队取得的一些零星胜利。在他们看来，东边战场才是整个战场的主战场，他们在东面战场看到的是南方军队取得了辉煌的胜利。他们占领了马纳萨斯、弗雷德里克斯堡、塞勒维尔，这些都是他们炫耀的资本——当然，他们的确是取得了这些胜利，这一点谁也无法否认——在他们看来，葛底斯堡战役与安蒂特姆河战役的失利只是偶然的失利，目的只是为了保护里士满，防止北方军队继续向南方进军。他们认为，在葛底斯堡战役里，他们的军队只是被打退了，但并没有失败。而在安蒂特姆河战役里则是一场平手，因为联军将领米德与麦克莱伦都安于当时取得的战功，让驻扎在波托马克的部队享受胜利的喜悦，没有进一步去消灭李将军率领的军队，也没有将李将军的部队赶到他的总部去。南方人将这两场战斗称为平手，他们依然认为李将军是不可战胜的。

在南方人一直抵抗北方的时候，北方却出现了一些同情叛军的声音，一些人做出了不忠诚于政府的行为，想办法组织起来对抗政府，反对林肯总统处理战争的方式。很多见风使舵的政客以及挑剔成性的作家都在报纸上发表一些不负责任的言论，表示现在政府的做法是不够民主的。当格兰特前往东部之后，他根本没有时间去理会这些东西。

他立即任命谢尔曼担任密西西比军团的司令。3 月 17 日，他宣布作战总部将设在乡村的田野上，而当时波托马克地区的军队是由米德指挥的。米德很大度地表示，自己愿意将自己在葛底斯堡战役之后一直占领的土地交由格兰特控制，因为他认为格兰特需要的是像谢尔曼这样的朋友，并且表示无论格兰特给他下达任何命令，他都会无条件地遵守，任何人都不该以个人情感或者愿望去干预格兰特任命正确的人选。格兰特并没有要求米德做出什么牺牲。他说："这件事让我对米德有了较好的印象，这要比他在去年 7 月份取得葛底斯堡时给我留下的印象更好。只有在那些等待着被任命，而不是时刻寻求着任命的将领当中，我们才能找到最适合的将领。"

因此，米德留在他一直驻守的地方。但是，无论谁想要成为这里的驻军司令，都不会是一件容易的事情。米德在过去几个月一直独立地指挥着军队，在葛底斯堡战役里击败了李将军的军队，想要寻求自己应得的荣耀，但现在却被人们所遗忘。无论他的作战计划多么好，即便他的部下都知道，米德现在也不过是别人的部下。至于格兰特，他发现自己现在接触的这支部队是这么的陌生，很多军官与士兵在过去多年的战斗里已经习惯了听命于他们原先的将领。格兰特发布的命令都是比较笼统的，在经过米德的传达之后，肯定会失去格兰特想要表达的真正意思。有时在比较紧急的情况下，格兰特必须向这些将领直接下达命令，这让米德大为不满。米德与格兰特都是独立思考的人，但两人并没有什么共同点。格兰特说："塞奇威克与米德都是非常职业的军人，要是我要求他们辞掉军职，重新当一名下士的话，他们也会毫无怨言地听从指挥。"当然，格兰特与托马斯都会这样做，但要想让谢尔曼做到这一点，则是比较困难的。谢尔曼最终肯定也会听从这样的命令，但他肯定会发很多牢骚。米德是一位很有头脑与敏感的人，平时都保持着高昂的斗志，他只对妻子说出让自己感到失望的事情。米德在给妻子的信件里写道："你可以看到波托马克军队将胜利的功劳让给了其他部队。"当格兰特最后任命谢里丹而不是他担任中将的时候，米德在给妻子的信件里写道："我们必须从这样的想法里找到一些安慰，即这是最残酷与最卑鄙的一种不公行为。"但在公众看来，服役期间的米德总是隐藏着自己所受到的伤害，格兰特也证明一点，即米德会听从上级所提出的计划，即便他并不同意这个计划，但他都会像这个计划就是他自己想出来的那样充满热情地去执行。但是，米德却不愿意承担最高指挥官的职位。一旦他成为最高指挥官，他在决策的时候就会显得犹豫不决。在葛底斯堡战役之后，林肯写信给米德说，如果他能够在战场上勇敢地进攻李将军的部队，如果他取得了战斗的胜利，战功就是属于他的，而如果他失利了，这次失利的责任则由林肯本人来负。米德在回信中说，让他担任最高指挥官，这是不可想象的。但格兰特则会这样回复："彻底地击败敌人，这是我一直以来的目标。如果我在战场找到敌人的身影，当我们的兵力比敌人少的时候，我们会延迟进攻，这样做只是为了精确地找到敌人的落脚点，做好后勤补给的工作，然后全力对敌人发动最猛烈的进攻。"

在内战最后一年的进程里，米德的其他品质还是展现出来了。他容易暴怒的本性让他的部下都感到很不满，甚至达到了让部下不信任他指挥的程度。达纳在信件中写道，无论米德做什么事或者部署什么行动，每一个接触他的人都必然会被他臭骂一顿。他的参谋都不敢主动提出建议，都要等待他说话之后再说。在战场上，每一名将领都处于高度紧张的状态，担心一旦战斗失利，就要面对米德近乎疯狂的愤怒。

有人说，对北方军队而言，真正的战斗是从葛底斯堡与维克斯堡这两场战役开始的。直到这个时候，双方都有足够的时间去训练将领与军队，从而选择最适合的人选去指挥各自的军队。在这之前，双方的战斗可以说是零星的，打一个夏天的仗，休息一个冬天，双方在胜利或者失败之后都有足够的时间重整旗鼓。因此，在这段时间里，双方都没有一个全面的作战计划，也没有固定或者确定的作战目标。格兰特表示，波托马克的军队在作战时从未想过要作战到底，再加上华盛顿方面总是不断地干预，导致战果并不明显。当然，格兰特的说法也同样适用于驻扎在其他地方的联军部队。即便他指挥军队在查特诺加与维克斯堡等战役的时候，都会受到外在的一些干预，但他的内心始终有一个明确的作战目标，那就是如果不彻底摧毁叛军的军事力量，那就永远都没有和平的那一天。在内战的最后一年里，他在报告里阐述了在他成为联军总司令之后所面临的一些问题。

"在这场内战爆发的早期，"格兰特在报告里写道，"我一直认为，只有持续在战场上给予叛军强大的攻势压力，无论什么季节或是什么天气都应该主动出击，只有这样才能迅速结束这场战争。敌军所控制的资源，他们的军队人数在那个时候相比于我们是占有优势的，但是我们这一方拥有广阔的土地，而且很多人都是支持政府的，我们有河流与铁路作为运送物资的工具，这让我们能够持续给作战部队提供粮草与武器。"

"东面与西面的军队都在各自为战，缺乏协调与合作，各自就像一支倔强的部队——这两个方面军一直都没有合作起来——这样的情况让敌人能够在内部防线上占有很大的优势，因为他们能够将部队从东面运送到西面，加强他们部队的防御工事，让许多士兵得到休整的时间。当我们的军队没有主动进攻的时候，叛军的士兵就会回家从事生产，为他们的部队提供充足的粮草与武器。我们在士兵人数与资源方面是否占有优势这个问题其实并不是很重要，更重要的是我们在行动战略上出现了问题，让敌军处在了一个有利的作战形势。"

因此，格兰特决定："首先，要集中优势兵力去对抗敌军，防止敌军在不同的形势下以相同人数的部队与我方作战，然后逐个击破敌军。在胜利之后，利用休整的时间去进行补给，为下一次战斗进行准备。第二，要持续对敌军发动进攻，消耗敌军的人员与资源，通过不断地消耗敌军，让敌军最终不得不选择投降，选择忠诚于联邦政府与联邦法律。"

格兰特为自己制定的目标就是摧毁李将军指挥的军队。要是完成了这个目标，那么其余的叛军自然会投降。要是李将军投降了，那么南方同盟也自然会投降。之后，联军就不会遇到真正可怕的对手了，有的只是一些偶尔存在的游击队而已。占领里士满是极其重要的，因为这是李将军的总部。占领南方同盟的首都，这具有很重要的象征意义，但在格兰特心中，这还是次要的战略目标，而不是主要的目标。在格兰特到达之后，北方的舆论都在大声疾呼："进军里士满！"格兰特的目标就是不断追着李将军的部队发动进攻。"李将军的部队将会成为你的首要进攻目标。"格兰特这样命令米德，"无论李将军的部队到哪里，你的部队就要到哪里去消灭他们。"一旦李将军的部队投降了，那么里士满自然就会投降。因为李将军的部队是整个南方联盟得以存在的真正核心。

　　布特勒将军在门罗堡率领着詹姆斯地区的军队控制着里士满通向大西洋的主要通道。格兰特向他吩咐了详细的作战计划——占领南方同盟"首都"，切断李将军的补给线。与布特勒作战的是博勒加德。联军将 1.2 万名士兵布置在波托马克沿岸，保护华盛顿，防止南方军队对北方的进攻。西格尔负责指挥这支军队，与他作战的敌军将领是布雷克里奇。谢尔曼指挥格兰特之前指挥的那支军队，而托马斯、斯科菲尔德、胡克、霍华德与斯洛克姆等将领都要听命于他，谢尔曼准备在查特诺加迎战当时驻军在达尔顿的约翰斯顿，当时的约翰斯顿正穿过乔治亚州的防线，有 10 万军队守卫着距离亚特兰大 100 英里外的铁路枢纽。班克斯控制着新奥尔良，指挥着海湾附近的军队。剩下的联军分布在各个军营里。

　　总而言之，格兰特的战略目标就是摧毁李将军与约翰斯顿的军队，继而摧毁所谓的南方同盟，这就需要他们占领里士满以及亚特兰大，封锁沿岸的几个港口——莫比尔、萨凡纳、查尔斯顿与威灵顿，这些地方都是福特·费希尔把守。格兰特在给谢尔曼的命令中指出："要进攻约翰斯顿的军队，将其军队分割开来，然后尽可能深入敌军的领地，尽可能给敌军的战争资源造成更多的破坏。"班克斯的任务是要占领莫比尔，但班克斯当时却因为受到华盛顿方面的指示前往阿肯色州与路易斯安那州进行远征，从而错过了这次进攻的良机。格兰特要求谢尔曼在攻打约翰斯顿的军队后，将乔治亚州与亚特兰大分割出来，然后与班克斯在莫比尔的军队会合，但这一计划后来因为形势的变化以及谢尔曼的军事天才而没有执行。谢尔曼率军势不可挡地占领了萨凡纳，接着向北经过了卡罗莱纳州，这让他可以从南面向李将军的部队发动进攻，而格兰特则可以率军从其他方向对李将军的部队发动进攻。格兰特在写给谢尔曼的信件里说道："我并没有告诉你具体的作战计划，而只是告诉应该达到什么样的战略目的，你完全可以按照自己的想法去执行。"

　　从萨姆特刚开始成为北方所有军队的总指挥到现在的战局，北方军队已经做好了一切准备，等待着格兰特一声令下与敌军作战。格兰特将部队驻扎在卡尔佩珀，命令麾下所有的将领在 5 月 4 日发动进攻，具体的进攻部署如下：米德指挥军队与李将军的部队作战，谢尔曼指挥军队与约翰斯顿的部队作战，布特勒挥师里士满，西格尔沿着谢南多厄河扫荡敌军。从这个时候开始到战争的最后结束，格兰特始终都牢牢控制着联军的指挥权。在他不断对李将军的部队以及里士满发动进攻的时候，他每天都会给麾下的每一名将领发去命令。在这场战争爆发以来，还从没有哪一位将领像他这样，即便在战场上亲自指挥军队的时候，也要同时给分布在如此广阔的战线上的其他部队发布命令，要求这些将领为了同一个战略目标而奋斗。当时的李将军只需要为自己指挥的军队负责。戴维斯则负责里士满方面的军队。戴维斯也是西点军校的毕业生，之前参加过墨西哥战争，他负责调动战场上的其他军队。

现在真正到了毅力品质比拼的时候了，这样的情况在之前的战斗中从没有出现过。格兰特麾下的部队已经身经百战了，不仅部队人数众多，而且他们有足够的战斗力去应对任何紧急情况——无论是补给、武器装备还是各种军需品，这些问题都已经得到了很好的解决。现在，格兰特身边的军需官是鲁弗斯·英戈尔斯，他将部队的后勤工作做得非常好。格兰特从最近几场战斗的研究中得到了许多战争的经验，再加上他对地形学有着本能的了解，他的这种第六感有时甚至可以堪比天才。几乎格兰特麾下的每一名将领都认同一点，那就是格兰特稍微看一眼陌生的地图，就能迅速知道地形图上的核心问题，知道应该将军队部署在哪个位置上。虽然格兰特有这么强大的军事预见性，但他却没有料到李将军同样是一位具有杰出军事天才的人。正是李将军勇敢地指挥士兵作战才打退了格兰特发动的第一次进攻。

5月4日，格兰特迅速率军渡过了拉皮丹河，他想要一雪在塞勒维尔战役中的前耻。在格兰特对敌军发动进攻之前，之前在这片荒原上以劣势兵力战胜胡克军队的李将军抓住了有利的地形与格兰特的优势兵力进行作战，充分表明了胜利并不一定是属于兵力多的一方。

两天的荒原之战造成了双方重大的伤亡。5月5日，格兰特才明白自己面对的这位对手是多么的可怕。在某个时刻，格兰特的军队似乎就要失败了，全军覆没的灾难性后果从未像那个时刻那么接近降临到他头上。但是，格兰特没有选择放弃。

罗林斯与波瓦斯都表示，当关于战况的第一条消息传到他的耳朵，得知联军的进攻被打退，很多军官都在战斗中牺牲了，他意识到格兰特面临着他人生中最大的一场危机，但是格兰特依然冷静地下达命令，从未表现出任何一丝紧张的情绪。但是，当他采取了所有恰当的进攻手段之后，除了等待之外依然没有好的办法时，格兰特"走进了自己的军营，一头扎向了那张简易床，释放出内心所有的情感"，但他始终都没有说一句话。格兰特的灵魂深处受到了触动。直到敌军没有继续发动后续进攻，格兰特才完全恢复了平常的镇定。

接着，我们能了解格兰特人生中一个富有戏剧性的画面。李将军率领他那身经百战的军队第三次驻扎在拉皮丹河岸，坐靠着南面与格兰特将军对峙。李将军之前已经与波托马克的军队交手过两次，第一次是与蒲柏指挥的军队，第二次则是与胡克指挥的军队，但他都将这两位将军的进攻给打退了，粉碎了他们想要进军里士满的企图。但是，李将军现在面对的这位敌人，却是不愿意再等到明年春天才继续发动进攻的人。格兰特在弗吉尼亚战役的第一场作战的结果虽然是惨败，但却让军队继续保持进攻的势头。他损失的士兵人数将近 1.8 万人，考虑到李将军当时指挥的军队人数本来就占劣势，因此他的损失要更大一些。第二天晚上，格兰特就率军向南发动进攻，朝着里士满进发。据说，在黄昏时分，当格兰特骑着马经过那些狼狈不堪的士兵时，看到的是满脸疲惫与受伤的士兵，但是他们看到的是格兰特一脸坚毅，都纷纷在地上欢呼起来。格兰特就是用这种沉默的方式命令立即进军，不再像之前那样拖沓与一味地后退。格兰特的这种做法激发了士兵们对他的信任，让他们知道取得最终胜利的信念是绝对不可以动摇的。至于格兰特，这是展现出他灵魂的时刻。这位缄默、害羞与心善的人，这位不愿意看到其他人受伤呻吟、不愿意看到别人流血的人，却勇敢地率领着士兵们走上了一条充满杀戮血腥的道路。他觉得，除了战争，没有其他的方式能够让南方同盟投降。因此，战争才是最终实现仁慈的途径。

"我绝对不会后退一步。"格兰特在写给哈勒克的信件里这样写道。在接下来的 30 天里，格兰特一直对敌军发动进攻，不断对李将军的部队发动猛烈的进攻，命令士兵不断地对李将军防线薄弱的地方发起猛攻，每天都要发动小规模的进攻，完全无视以往战争的规律与法则，率领主力部队对敌人坚固的防线发动正面进攻，这让双方都伤亡惨重。之前，人们从未见过这样的进攻方式。李将军不得不一步步地朝着里士满的方向撤退。格兰特在持续地进攻，李将军则边撤退边还击。从荒原到斯波特瑟尔维尼亚法院的路上都堆满了尸体，这 5 天的战斗就是 5 天 "血腥的屠杀"。格兰特率军渡过北安娜河，来到了冷港，此时里士满的城墙差不多已经能够在远方看到了，他们终于来到了敌人最终的堡垒。在这个过程中，虽然格兰特要求发动的正面进攻造成了双方重大的损失，他后来也承认不应该下达那样的命令。但是，格兰特的命令就像一座灯塔，将北方军队的勇敢展现出来了，正如在葛底斯堡战役里，皮克特在李将军的命令下绝望地与联军进行作战，虽然最终失败，但也充分展现了南方军队的勇敢。波特尔回忆起当时的情况说，在进攻发起的前一天晚上，当他在军营里散步的时候，看到很多士兵都在宽松的上衣上系上一张纸片，每名士兵在纸片上写着自己的名字与家庭住址，以便他们在第二天的作战中牺牲后别人能够知道他们是谁。

"即便这场战役要耗上整个夏天，我都坚持要继续打下去。"格兰特在斯波特瑟尔维尼亚写信给哈勒克时说。但在冷港战役里，格兰特麾下勇敢的军队得到了补充。在荒原之战后，李将军不得不要在开阔地带与联军作战，但他已经建构好了坚固的防御工事来抵抗格兰特军队的进攻。对李将军来说，与格兰特作战，这是一次全新与陌生的体验。李将军是一位有深厚军事素养的将领，精通兵法，他的对手是一位不懂得什么战术，但却始终坚持进攻并且极具耐力的将领。无论他的指挥多么得当，无论他所制定的战略多么完美，但格兰特就像命中的宿敌那样出现在他前面。

最后，李将军与格兰特的部队都面临着极其严重的伤亡，他们不得不改变作战方式。在冷港战役之后，他们从未正面作战。格兰特没有像预期的那样击败李将军的军队，进入里士满，但占领里士满只不过是他作战计划中的一环，而不是全部。接下来，他派军队到詹姆斯的南面，占领彼得斯堡，继而控制通向里士满20英里之外的地方，将李将军的部队围困在里士满，或者在他撤退的时候，继续沿着南方进行追击。因此，在6月5日，当冷港战役的死伤士兵仍然躺在战场的时候，格兰特在写给哈勒克的信件里表示，他会尽快率军来到詹姆斯，切断叛军所有的补给线，从另一个方向去压迫敌军。格兰特不动声色地迅速将兵力调到了距离李将军部队侧翼东南方向50英里处，这完全出乎李将军的意料。在6月15日，当李将军还在猜测敌军到底部署在哪里的时候，格兰特给华盛顿方面发去电报说，波托马克的军队将会在第二天通过浮桥来到詹姆斯，抢在李将军率军赶到之前占领彼得斯堡。林肯在电报中回复说："我明白你的意图了，你必定能够取得成功。愿上帝保佑你！"

第二十章
从冷港战役到彼得斯堡战役

　　从荒原之战到冷港之战，格兰特对李将军的部队持续发动进攻，迫使李将军撤退了 70 英里，但格兰特方面有 4 万多名士兵伤亡，其中有 1 万名士兵在战斗中牺牲。在双方的每次交战中，格兰特的损失与李将军的损失都是大抵相当的，除了冷港之战，格兰特军队的伤亡人数要比李将军的部队少。波托马克的军队在战斗中同样遭受重创，但李将军的军队也遭受了重创。现在，李将军手头上可用的士兵已经越来越少了。但是，这几场战役让格兰特在华盛顿那边备受质疑。在斯波特瑟尔维尼亚战役还在进行的时候，林肯就对一大群质疑格兰特的人说："我知道格兰特将军绝对不会打没有必要的战役，他已经将自己的战略目标说得很清楚了。今天，他正在前线按照自己预定的计划对敌军发动进攻。"林肯对弗兰克·卡朋特说："格兰特有着公牛般的毅力。一旦他下定决心做好某件事，任何事情都无法动摇他。"两周之后，林肯表示认同格兰特发布的这条声明："我们在当前的战局中占有明显的优势。"在冷港战役之后，林肯在写给格兰特的信件里写道："我开始明白了，你一定能够取得成功。"但是，其他人却没有像林肯那样对格兰特充满信任。"整个联邦政府的存亡都系于格兰特一人身上，"查斯这样写道，"到目前为止，他所取得的战功非常小，但他为此付出的伤亡代价却太高了。"来自爱荷华州的格莱姆基这样写道："在格兰特的指挥下，损失了那么多士兵，他必须放弃从北面占领里士满的计划，而要想办法穿过詹姆斯河。我们想要提出的问题是，为什么他没有立即指挥军队前往詹姆斯河南面，从而拯救 7.5 万名士兵的生命呢？"

格莱姆基并没有想到格兰特的作战计划的重要性。而那些批评格兰特的人说，麦克莱伦在没有遇到多少战斗与多大伤亡的情况下就接近了里士满，但这些人没有明白，麦克莱伦的战略目标就是要牵制敌军的首都，而格兰特的首要目标则是追击李将军的部队，而不是为了占领里士满。当格兰特不断前进的时候，麦克莱伦却放弃了已经占领的地区。麦克莱伦在没有遇到敌人多大抵抗的情况下差点要实现战略目标的时候却选择了后退，但格兰特却是艰难地向前推进，不断给李将军的防线带来重创。要是格兰特首先率军渡过詹姆斯河，进军里士满的话，那么等待他的将是李将军在里士满布置的铜墙铁壁的防线，让李将军有足够的时间占领有利地形，抵抗联军的进攻，而其他的叛军则能够自由地向北方各州发动进攻，甚至可能威胁到华盛顿。包围的计划进行了数个月，其间不断发生一些战斗。那些看上去比较轻松的方法到最后其实是最难的。[1]

在格兰特率军渡过河之后，要不是詹姆斯地区的军队出现了失利，格兰特就能在彼得斯堡等待布特勒欢迎他到来的军队，从而可以结束长达 10 个月围困里士满的作战，而李将军以及里士满也会迅速被攻破。因为彼得斯堡在里士满东南 20 英里的地方，这里是阿波马托克斯的铁路中心，也是控制里士满的重要战略点。在 5 月的第一个星期里，格兰特已经派布特勒前往詹姆斯，按照作战计划，他应该迅速占领彼得斯堡，然后对里士满发动进攻，而格兰特则继续追击李将军的部队，或者迫使李将军的部队无法与格兰特的正面部队进行作战。但是，布特勒没有首先发动进攻去占领彼得斯堡，而是想在里士满守军的眼皮底下占领德鲁里悬崖，被敌军打退，损失惨重，最后不得不撤退到詹姆斯地区，这就是所谓的百慕大韩垂战

---

1 我记得在询问格兰特将军为什么不直接进军里士满的原因，因为他当时已经占领了维克斯堡，可以直接切断李将军的补给线，让他的军队挨饿。格兰特将军回答说："这样的话，我的军队将要渡过拉皮丹河进入林奇堡。在发动荒原之战之前，我对这个计划进行了详细的思考。我认为，将波托马克的军队集合起来，给每一名士兵12天的口粮，切断李将军的补给线。如果我成功地做到这一点——如果我像之前对付彭伯顿与乔·约翰斯顿那样幸运地做到了这一点——那么这场战争一年前就已经结束了。我不知道这样做是否是最好的方法，但这却是我更愿意选择的作战计划。但是，如果我失败了，这将会对国家造成严重的伤害，我不敢轻易冒这样的风险……如果这样的战斗发生了半年之后，当我的手头上有足够的军队，了解士兵们的战斗能力，知道军官们的指挥能力，那么我会命令谢尔曼与谢里丹去执行这样的话。我不会有片刻的犹豫。"（出自《杨格》第2卷第307页。

役。之后，布特勒就一直待在这里，再也不敢发动进攻了，但他的指挥对格兰特的部署已经毫无价值了。

布特勒原本可以轻易地占领彼得斯堡，等待格兰特率军赶来，因为这个地方当时的守军非常薄弱。但是，布特勒将这个任务交给了"秃头"史密斯，史密斯在6月15日发动进攻，在敌人撤退之后却没有继续发动进攻，至于其中的原因则始终都没有透露。当他在第二天想要再次发动进攻的时候，博勒加德已经在彼得斯堡布防了强大的守军。

当格兰特来到彼得斯堡的时候，发现这里的防守已经非常牢固了。要是布特勒之前完成了自己的作战任务，那么这座城市就应该是欢迎他到来了。格兰特连续发动了3天的进攻都被打退，损失了1万名士兵。格兰特的军队士气有点低落，因为他们无法按照预期在15日攻占这座城市。在冷港战役与渡过詹姆斯河之后，他们认为自己应该有一段休息的时间，但是他们发现自己必须立即投入这场绝望的战斗当中。此时的李将军终于知道格兰特到底在哪里，于是就率军前往彼得斯堡。6月18日，格兰特下令停止发动进攻。

从这一天开始直到1865年春天，米德的军队就驻守在彼得斯堡城外，将彼得斯堡团团围住，同时派远征军支援其他部队，让遭受重创的部队能够休息，加大招兵力度，当然很多人都是受到金钱的诱惑前来的。这样做目的就是将李将军的部队团团围住。格兰特在希特波因特设立了总部，这里是阿伯托马克与詹姆斯之间的中心地带。

接下来的两个月对北方军队来说是不妙的。他们将这段时间称为内战期间最黑暗的日子。总统大选即将到来，林肯在6月6日重新获得总统提名，安德鲁·约翰斯是他的竞选搭档，弗雷蒙特则获得了一小部分激进的共和党人的提名，因为这些人认为林肯的作战行动太缓慢了。而麦克莱伦则获得了民主党人的提名。在这段时间，联军在各条战线上似乎都受到遏制。而在7月初的时候，李将军派厄尔利迅速经过马里兰州，进攻靠近华盛顿的地方，让整个首都的人民都陷入恐慌当中。直到收到斯坦顿请求迅速救援的电报之后，格兰特才知道李将军的意图。

当时格兰特正在彼得斯堡作战，西线的谢尔曼正在一步步迫使约翰斯顿的军队退到亚特兰大，使其逐个放弃原先固守的堡垒。在约翰斯顿像李将军面对格兰特时有条不紊地撤退时，戴维斯愚蠢地用胡德换掉了约翰斯顿，因为他认为约翰斯顿无法有效地遏制敌军的进攻。谢尔曼接着不断对胡德的军队发动猛攻，在7月的最后一周摧毁了他的军队，在亚特兰大驻扎了一个月。

在国会的要求下，林肯公布了耻辱与祈祷日的日期。但在7月18日，林肯总统发布了招募50万士兵的公告，证明了他必须取得最终胜利的信念，这一数目要比格兰特提出的数目多出20万人。在8月17日，在面对很多人要求用麦克莱伦替换格兰特的呼声时，林肯总统给格兰特发去电报，表示他不愿意违背自己的诺言："我不愿意违背自己的诺言，我希望你也能继续像斗牛犬那样坚持住，尽可能地消灭、遏制敌人。"

8月23日，林肯总统签署了一份内阁所有成员签署的备忘录，这份备忘录在 11 月 11 日才公布。

"今天早上，回想起过去几天发生的事情，看来本届政府可能不会获得连任。因此，我有责任与当选总统进行合作，在选举结束到新总统就职期间能够确保联邦政府的安全。我本人将会确保大选的顺利举行，就像希望联邦政府能够得到拯救一样。"

在这段黑暗的日子里，格兰特也有自己的烦恼。他麾下的多名少将经常发生争执。米德不受其他将领的喜欢，他经常责备沃伦，指责威尔逊，因为里士满的一份报纸指责他的部队在抢劫黑奴、马匹与银盘。很多人都在讨论是否要解除米德的职位。但最让人感到苦恼的争论发生在驻扎于詹姆斯地区的军队。史密斯一直都与吉尔摩尔发生争执，而布特勒则一直与这两个人不和。吉尔摩尔很快就被解除军职，但是史密斯与布特勒经常会发生口角。史密斯是西点军校的毕业生，有着辉煌的战功记录，在过往的战场上已经充分证明了自己的军事才华，也许他过分沉湎于使用作战计谋，为人容易动怒，喜欢吹毛求疵，而且固执己见，在彼得斯堡战役里犯下了大错。布特勒则是一个穿着军服、爱争论的政客，强烈反对西点军校出来的将领，经常为自己所制订的作战计划扬扬得意，经常陷入争议的旋涡里，战争期间经常骂人，而一旦他指挥部队的时候却又经常犯错。因为史密斯与布特勒两人都不听格兰特的指挥，他们两人也无法进行合作，因此其中一人必须被解职。格兰特选择解除布特勒的职位。但在布特勒拜访了格兰特的总部之后，格兰特在第二天就撤回了自己的命令。布特勒留任，史密斯被解除军职。这就是为什么这件事之后会引发强烈争议的原因。

史密斯在给林肯的信件当中指责布特勒，说布特勒看到过格兰特又喝酒了，借此来要挟他。史密斯给出的这个理由在历史上一直存在争议。但是，格兰特之前在面对类似的指责时都是不加争辩的，因为他那个时候的朋友本来就不多，但格兰特现在根本不需要担心这样的指责。我们不能将格兰特最后做出的决定归结为布特勒发出的要挟，除非我们像某些人所假定的那样，认为这些过去一直在讨论的争论是虚伪的，认为格兰特本身就是一个声名狼藉的人，甚至有些人会认为，布特勒成为格兰特的朋友，还在自己所写的书里以友善的姿态讲述格兰特的事情。事实上，格兰特绝对不是一个心胸狭隘的人。史密斯所受到的惩罚可以从其他原因进行解释。要是布特勒留下来的话，他的脾气会让他遭到放逐。除此之外，他曾经在格兰特面前批评米德错误的军事指挥，说他需要为冷港战役的失败负责。但史密斯肯定知道，需要为此负责的就是格兰特本人。

　　更有可能的一种情况是，布特勒是被林肯挽留的。因为当时临近大选，林肯需要做出一系列平衡的举措，他担心让这样一位有着辉煌战争记录的道格拉斯派民主党人离职的话，会让很多北方人对他失去信心，让反对派有攻击他的理由。之后，布特勒被派到纽约，镇压选举期间发生的暴乱。他后来在费歇尔堡战役惨败之后，被遣散回老家罗威尔，"说这样有助于大局"。格兰特在 1865 年 1 月 4 日写给斯坦顿的信件里就说："我对布特勒将军的指挥能力缺乏信心，他的部下对他的能力也持怀疑的态度，这让他不适合担任一支庞大军队的指挥官。他对一般性事务的处理方式也同样让人反感。"

第二十一章
谢里丹、谢尔曼与托马斯

在林肯于 8 月 23 日写下让人感到沮丧的备忘录之后，北方联军所面对的战局已经越来越明朗了。弗拉古特在莫比尔的战斗进行了数周，终于取得了胜利，虽然这个消息当时还没有传到北方。9 月 2 日，当民主党人在芝加哥召开党代会，讨论林肯总统指挥下的战争已经失败的时候，谢尔曼正率军进入亚特兰大，就在前一天，他已经迫使胡德的军队撤退。谢尔曼的军队几乎在没有什么伤亡的情况下攻下了叛军的据点。4 个月前，他就是率军从查特诺加出发，对敌军持续地发动进攻，现在已经攻占了南方联盟主要的工业制造中心以及粮草补给仓库。9 月 3 日，林肯总统发布公告，号召所有北方人都向上帝表达感谢，因为联军在亚特兰大与莫比尔取得了战役的胜利。

此时，格兰特率军来到了东面战线。当时在联军当中，骑兵部队受到波托马克部队指挥官的轻视，认为这些骑兵部队只能做一些警戒任务或者其他非战斗性任务。"有谁见过一名战死的骑兵呢？"这句玩笑话当时在部队里广为流传。但是，格兰特任命谢里丹将米德之前统领的骑兵部队改编成一支具有战斗力的部队。当时的谢里丹除了参加传教士山脊战役之外，可以说还是驻扎在阿利根尼山脉部队中一名不起眼的军官。当他对米德说，应该将这些骑兵部队集合起来，对抗叛军的骑兵，而不是让骑兵为步兵部队担任警戒任务的时候，米德大吃一惊。当米德问他到时候谁来保护运输物资的火车，谁来对步兵方阵进行掩护以及如何确保步兵两翼免遭敌人的突袭时，米德从这位好战的爱尔兰后裔口中得到了让他震惊的回答。虽然谢里丹当时只有 33 岁，身高大约 5 英尺 5 英寸，体重不会超过 115磅——但他说，当他集合了 1 万名骑兵之后，那么叛军的骑兵部队就不会攻击波托马克的两翼或是后方，因此也就不需要进行什么防守。除此之外，谢里丹还表示，行进中的步兵方阵应该凭借自身的力量去进行警戒与防御。谢里丹希望在一场大战中击败敌军，然后按照自己的想法去与敌人作战，摧毁李将军与总部之间的通信以及摧毁李将军的战争资源。

后来，米德与谢里丹就此发生了一场激烈的争论。谢里丹对米德说，他能够打败叛军的骑兵指挥官 J.E .B. 斯图亚特，前提是米德允许他这样去做。当米德将这件事上报给格兰特，格兰特只是回复说："他真的这么说吗？既然这样，就让他放手去做吧！"于是，谢里丹就率军出发了。5 月 11 日，谢里丹率军来到了黄色客站，这里距离里士满只有 6 英里。谢里丹的骑兵部队在这里打败了斯图亚特的骑兵部队，并且杀死了斯图亚特，给叛军的骑兵部队带来最严重的惨败。接着，谢里丹独立发动了一场进攻，摧毁了李将军与里士满之间的铁路，让南方同盟的"首都"处于极度危险当中，不断地对里士满的外围防线发动进攻，虽然这样做并不是他主要的战略目标。

厄尔利在对马里兰州发动进攻之后返回来控制了温彻斯特，这个地方是谢南多厄河流域肥沃的山谷地带，秋天的时候，叛军想从这里收获粮食。格兰特就命令谢里丹对厄尔利发动进攻，虽然斯坦顿反对让谢里丹指挥这次战斗，因为他觉得谢里丹还是太年轻了。"我看到过你是如何面对困难问题的，"林肯在电报中这样对格兰特说，"你选择了谢里丹指挥军队去打这场仗。""我希望让谢里丹负责这次战役的所有军队，我告诉他要彻底消灭敌人，将每一个敌人都消灭干净。"格兰特在发给斯坦顿的电报里这样写道，"无论敌人逃到哪里，我们的军队都要去到那里消灭他们。"林肯在看到格兰特发来的这封电报之后回复说："我认为这就是我们的军队应该采取的作战方法，但是请认真看一下你从华盛顿方面收到的每一封电报，我建议你不要使用'彻底消灭'与'消灭干净'等字眼。我再次向你重申，我们的部队不应该这样做，除非你每时每刻都关注着整个战场的动态与发展。"

格兰特要比华盛顿那帮人更加了解谢里丹。在8月5日，格兰特要求谢里丹率军前往谢南多厄河山谷，表示不能给敌人留下任何能够被他们带走的东西。"将所有的粮草、牲畜以及其他东西都带走，那些无法带走的东西全部都要毁掉。"在9月的时候，格兰特让谢里丹担任了一个全新师团的指挥官，并且过去检阅了他的军队部署，他给谢里丹下达了"前进"的命令，要求必须立即前往温彻斯特。与此同时，谢里丹给格兰特发去电报，表示"厄尔利的部队已经来到了山谷，并在这里盘桓"。一个月后，谢里丹的部队来到锡达河，最终将措手不及的敌人打得惨败，赢得了辉煌的胜利。就是在这个夏天，谢里丹，这位不起眼的骑兵指挥官所建立的战功足以写入历史，成为人类战争史上最伟大的将领之一，并且彻底改变了之后战争中人们对骑兵部队的看法。

"作为一名士兵，一位指挥官，无论给他多少军队，他都有能力去做到最好。"多年后，格兰特这样说，"没有比谢里丹更加伟大的将领了。他属于最优秀的士兵行列，他不仅是我们国家最优秀的将领，也是全世界范围内最优秀的将领。我认为谢里丹可以与拿破仑、腓特烈大帝或者历史上任何伟大将领相媲美。没有哪一位将领能像谢里丹这样具有如此强大的作战能力，这么懂得如何了解敌人的能力。谢里丹不仅知道如何指挥军队，而且知道敌人的下一步动向。他具有鼓舞士兵的强大力量，这样的能力是我一直所渴盼的——这是作为将领的一种罕见能力。"

谢尔曼很快就来到了亚特兰大，这要比他原先所想的时间短许多。格兰特建议谢尔曼将乔治亚州与海湾地区分割开来，但谢尔曼却想着要朝着海湾地区进军。"如果你能够打败李将军的军队，"格兰特这样写道，"我也会向亚特兰大进军的。我认为林肯总统会给我们放 20 天假去看看那些年轻的士兵。"胡德当时的军事活动非常活跃，谢尔曼已经派托马斯前往纳什维尔去守卫田纳西州。谢尔曼想让托马斯防守田纳西州，他则率军摧毁驻守在亚特兰大的叛军，接着率军攻打查尔斯顿或者萨凡纳。"我能率军前往那里，并让整个乔治亚州人民都咆哮起来。"谢尔曼这样写道。他认为胡德的军队无论如何也只能追随自己的军队。"我将会主动发起进攻，而不是猜测胡德下一步会有什么行动。相反，胡德才需要猜测我的作战计划到底是什么。"林肯与斯坦顿都热切地等待着谢尔曼传来好消息，在给谢尔曼的电报里写道："要是谢尔曼将军出现了一个失误，都可能给他的军队带来致命的打击。"虽然格兰特一开始对谢尔曼的作战计划表示质疑，但他最后还是同意了这个计划。托马斯对谢尔曼的作战计划表示反对，谢尔曼就与其争论。谢尔曼知道自己必须取得战役的胜利，因为如果他失败了，"这次战役就会被后人说成是一个疯狂的傻瓜进行的愚蠢冒险"。谢尔曼想通过战斗让世人知道南方军队现在所处的无助境地，让南方人民深刻地明白一点，那就是战争与个人的毁灭其实是同义词。胡德率军渡河进入田纳西州，格兰特认为胡德的军队在行军开始之前就能被摧毁，但是谢尔曼认为应该采取计划将胡德的军队引诱出乔治亚州。格兰特说："就按照你的计划去做吧。"谢尔曼深信托马斯能够打败胡德的军队，并且还派了斯科菲尔德的军队前来驰援，摧毁了亚特兰大地区的工厂与粮食供应仓库。从 11 月 12日开始，就切断与北方之间的联系，在接下来的一个月里，谢尔曼率领 6 万名士兵进入了南方的领地。

　　胡德不得不需要在追击谢尔曼军队还是进攻田纳西州之间做出选择，于是他率领超过 4 万人的军队前往纳什维尔，发现斯科菲尔德率领 3 万人的部队正在等候着他。双方展开了一场惨烈的战斗，胡德的进攻被击退了，并且伤亡惨重。胡德只能追随斯科菲尔德的军队进入纳什维尔，在进城之前驻扎下来。此时，胡德的士兵人数锐减为 2.6 万人，而托马斯的守军人数将近他的两倍。托马斯之前对谢尔曼说过，不要担心胡德的军队。"如果胡德没有选择追击你的部队，那么我会调动手头上所有的部队与之作战。我相信我有足够的士兵与之作战，除非他迅速离开了这里。"托马斯利用胡德没有发动进攻的这段时间进行组织协调，等待着威尔逊与他的骑兵将武器装备运过来。托马斯的这种举动让格兰特与林肯都备受煎熬。在他们看来，既然托马斯的军队人数都在敌人之上，为什么不趁现在发动进攻呢？"这看上去像麦克莱伦与罗斯克兰斯使用的策略，什么都不做，就是等待敌人来进攻。"斯坦顿在发给格兰特的电报里这样说，"总统希望你能够重新考虑这个问题。"

格兰特一直以来都不是很看重托马斯的能力，他知道要是自己处在胡德的位置，会立即率军去进攻北方，躲避托马斯的军队，进入俄亥俄州。要是胡德这样做，那么对北方军队将是一次沉重的打击。到时候，所有人都会指责格兰特不应该让谢尔曼消失这么长时间。要是现在从弗吉尼亚州调来军队，这就意味着在数月内无法与李将军的部队进行作战。格兰特的想法后来得到了证明。胡德本人表示，在那个时候，他想过要发动进攻，击败托马斯的守军，占领纳什维尔作为据点，接着进攻肯塔基州，进而威胁辛辛那提市，率领胜利之师穿过坎伯兰高山的细缝，与李将军的部队会合，接着就相继攻打格兰特与谢尔曼的部队，最后将南方军队全部集合起来，攻打华盛顿。此时，命运之神似乎将胡德送到了托马斯的手上，但托马斯似乎也在玩弄着命运。格兰特在12月2日给托马斯发去急件，要求他立即对胡德的军队发动进攻。托马斯回复说，他还需要两三天的时间才能准备完毕。4天过去了，格兰特给托马斯发去了一份强制性的命令："立即攻击胡德的部队，不要等你的骑兵部队了！要是继续等待的话，就会存在诸多风险，最终会让战场转移到俄亥俄河。"托马斯回复说他会遵命，虽然"我认为以我现在较少的兵力发动进攻会比较危险"。

结果，托马斯什么事都没做，格兰特终于彻底失去了耐心。格兰特似乎失去了往日的淡定与沉稳。"如果托马斯还没有发动进攻，"他在12月8日给哈勒克发去的电报中说，"他应该立即将指挥权交给斯科菲尔德。事实上，没有比托马斯更加适合这场战斗的人选了，但我担心他在指挥的时候过于谨慎。"第二天，格兰特就命令哈勒克解除托马斯的军职，让斯科菲尔德负责指挥。托马斯努力隐藏自己的不满情绪，充满自尊地回复说："很遗憾，格兰特将军对我延迟进攻敌人的行为感到不满。我认为自己做了能力范围所能做到的一切去加以准备，因为我们的军队现在还没有做好作战的准备，当然我会毫无怨言地接受这个决定。前几天，下了一场猛烈的暴风雨，让整个地面都变得非常泥泞，在第二天天明之前发动进攻是不可能的事。"格兰特知道后暂停了那个命令，但在两天的等待之后，其间双方紧密地通过电报进行交流，格兰特最终命令洛根前往纳什维尔接替托马斯位置，负责指挥坎伯兰地区的军队。深感不安的格兰特动身前往西线。在12月15日，当他还在前往华盛顿的路上，他收到消息说托马斯发动了进攻，胡德的军队大败，托马斯则率军紧追不舍。发生在 12 月 15 日与 16 日的纳什维尔战役是联军在内战期间取得的一场最完美的胜利，即便是在战争专家的眼中，这也是一场完美的战斗胜利。胡德的部队遭受重创，仓皇逃窜期间不得不将很多武器辎重丢弃在田纳西州南部。此时，胡德的部队人数还不到 1.5 万人，除了少部分士兵与约翰斯顿在北卡罗莱纳州的部队会合之外，其他的都解散了。格兰特为托马斯的成功感到高兴，他提议将托马斯擢升为少将，并且向他表示祝贺。格兰特在报告中写道，胡德的军队遭遇了一场惨败，这充分说明了指挥官托马斯的指挥有方。

在 12 月 10 日，也就是谢尔曼在亚特兰大切断与北方的联系 30 天之后，他率军到达了萨凡纳。此时，他已经率军在敌军领地上穿行了 360 英里，这段旅程可以称得上是一段假期。21 日，他占领了萨凡纳，将这个消息作为献给林肯以及北方人民的一份圣诞礼物。自从格兰特前往东线以来，他完成了一半的任务。阿利根尼山脉有组织的叛军已经被摧毁了。整个西南面都被联军打通了，只要时机合适的时候，联军就能将其占领。

在那段时间，谢尔曼在受欢迎程度上要远远超过格兰特。他所取得的辉煌军事成就让世人瞩目。林肯在给他发去的祝贺信里表示："你所取得的成功完全归功于你，我相信每个人都会认同这一点。"一些人表示要将谢尔曼的军衔擢升为中将，让他取代格兰特的位置，当时的格兰特所率的军队驻扎在西特波因特，而他的部将却取得了辉煌的战绩。"相比于任何其他人，我更愿意成为你的部下。"谢尔曼在给格兰特的信件中说,"因为你是一位公平、诚实的人,总是想办法去实现心底的目标。我会严正拒绝会让你我之间处于对抗状态的任命。"格兰特收信后回答说:"没有谁比我更为你所取得的成功感到高兴的了。如果你处在我的位置上,我成为你的部将,这丝毫不会改变你与我之间的关系。我会尽自己最大的努力去支持你,就像你一直以来支持我一样。我会尽全力去完成我们共同的事业。"

第二十二章
和平

  在一段时间里，格兰特的光芒似乎暗淡下来了，但他正在等待着属于自己的时刻。战局的走向符合他事先制定好的策略，他知道最终的结果必定会证明他的策略是正确的。他的战线正在不断地压缩南方联盟的生存空间。谢尔曼正率军朝北占领萨凡纳，经过与敌军不断激战，终于穿过了卡罗来纳州，使用雪橇在冰面上穿行，经过了沼泽、湿地以及崎岖不平的道路，行进了400英里路，这与联军之前在乔治亚州的"嬉戏"行为形成了鲜明的对比。在1月上旬，经过多次激烈战斗之后，特里终于率军占领了费歇尔堡，南方联盟唯一剩下的威明顿市也最终落入了联军手中。至此，里士满南面与西面的所有防御堡垒都被联军攻克了。李将军的军队再也不能与西南方面的军队取得联系了，也无法利用谢南多厄河山谷地区的粮草了。随着格兰特率军不断压缩叛军的空间，留给叛军的余地已经不多了，李将军的军队要么因为缺乏粮草而挨饿，要么率领军队突破联军在西南方面布置的防线。此时，南方同盟已经无法招募到更多的士兵，处于完全被包围的状态，再也无力与联军作战了。联军在围困彼得斯堡与里士满的几个月里，已经招募了许多新兵入伍。但是，李将军却已经失去了所有的补给，格兰特的后方则有许多农场与工厂提供战争资源。此时的戴维斯已经接近众叛亲离的地步，但林肯依然还有充足的资源支撑下去。

但是，戴维斯并不认为自己所坚持的事业就这样完蛋。他努力激励手下那帮疲惫的士兵继续战斗，即便最后不得不从里士满撤退，他也宁愿到别的地方另外建立一个临时"首都"，继续让叛军在阿利根尼山脉与联军作战。戴维斯自私的爱国想法让他觉得手下的每一名士兵都应该与他一起为这个事业做出牺牲。

格兰特的驻军总部西特波因特此时仿佛成了联邦政府的第二首都。林肯与西沃德以及其他内阁成员来到这里，还有一些议员也前来这里参观，许多北方的民众也前来这里观看。在1月底的时候，里士满方面派来的"和平使团"成员史蒂文斯、坎贝尔以及亨特前来与格兰特谈判，但格兰特在这些方面并没有什么权力，就请求林肯与西沃德等人过来与他们谈判。

史蒂文斯当时是第一次见到格兰特，他表示格兰特的形象让他大感震惊。"他穿着朴素，坐在一张椅子上，在煤油灯下忙着写文件。他的个人形象或者周围的摆设都没有展现出他的任何军衔。他的身边也没有任何警卫或者助手。当巴布科克上校过来敲门的时候，他只是说：'进来吧。'"史蒂文斯自言自语地说："他的行为是简朴、自然的，没有任何矫揉造作的成分；他的话语是那么的坦诚与简洁；他的思想是那么的具有洞察力；他的行动是那么的迅速，那么专注于自己的目标，那么的果敢。"

这些"和平使团"成员在汉普顿港群的一艘船上与林肯见面。这些成员所谈论的和平计划并不包括解散南方联盟，这当然是林肯需要着重考虑的问题。但是，林肯告知他们，宪法第十三条修正案关于废除奴隶制的法案已经被国会通过了，恢复联邦政府的统治是实现和平的第一个条件。与此同时，林肯还对他们表示，实现和平的条件包括"南方联盟必须解散军队，允许联邦政府在南方正式履行政府功能"。

这场会议展现出了林肯当时的想法。林肯说："史蒂文斯，如果我在乔治亚，并且认同这些想法的话，我会立即回家，让州长召集立法机构的成员，解散所有战争爆发以来招募的士兵，选举参议员与众议员，批准联邦宪法修正案，使其正式成为法律——即便这在5年之内实现也是可以的。在我看来，这样的修正案会正式成为宪法的一部分……奴隶制已经彻底结束了，再也不能维系下去了。在我看来，像你们这些公众人物应该立即执行法律的要求，立即释放所有的奴隶，否则就要遭受法律的制裁。"林肯表示，他愿意让联邦政府向那些奴隶主支付一笔补偿费。他知道一些人表示这需要4亿美元的经费才能解决这个问题。这时已经是2月3日了，在两天后的华盛顿，林肯对内阁成员发出了这样一条信息，表示他将向国会发出一个提案，建议参众两院授权总统向南方16个州给予4亿美元的补偿，以占有 6% 的国债去补偿南方奴隶主的损失，当然前提是"南方联盟各州必须在 4 月 1 日全部放弃抵抗"。内阁成员都对林肯的这一建议表示强烈反对，林肯对他们做出如此强烈的反对似乎感到非常惊讶。"这场战争还要持续多久呢？"林肯问。在场没有人回答。林肯接着说："100 天？我们现在每天的战争经费高达 300 万美元，要是战争真的能够在 100 天结束的话，也就刚好是这笔补偿费，况且还能让那么多士兵免于伤亡。"最后，林肯叹着一口气说："既然你们都反对我的这项建议，我不会向国会提出这个议案。"

在 3 月的最后一周，谢尔曼率军来到了北卡罗来纳州的戈尔兹伯勒，发现了斯科菲尔德的军队正在那里等待着他，而约翰斯顿则率领残余部队驻扎在 50 英里之外的罗利地区。

格兰特一直等待着按照计划发动春季攻势，从而彻底结束战争，因此他允许谢尔曼与威尔逊率军对敌军发动零星的进攻，这两位将领率领骑兵切断了李将军与其他叛军的联系，不断袭击李将军的营地，不时地消灭零星的叛军，扰乱里士满守军的防守。联军在各条战线发动全面总攻的时刻终于到来了，李将军也意识到了这一点，他想着通过率军突破联军在彼得斯堡的防线进行突围，躲避格兰特的主力部队，与约翰斯顿的部队在卡罗来纳州会合，作为最后的据点。这是一场绝望的拼杀，但最后被联军挫败了。

3 月 22 日，格兰特率军离开了西特波因特，林肯发给他的电报上说"愿上帝保佑你"的话语依然在他的耳畔回荡。林肯在电报中所说的话语就像他的妻子在大门口对他道别一样，格兰特紧紧抱着妻子，与她多次亲吻道别一样。从这一天开始到战争最终结束，格兰特始终率军在前线战斗，与士兵们同甘共苦。

谢里丹发动了最后一次强有力的攻势。4月1日，他率军在五岔口战役里猛烈攻击敌军的防线，冒着敌军的枪林弹雨不断冲杀，命令骑兵部队奋勇作战。个子矮小的谢里丹挥舞着军旗，一边祈祷一边大声咒骂敌军，从战场的一个角落骑马飞奔到另一个角落进行指挥，直到梅里特率军攻破了敌军最后一个防御工事，发出了一阵欢呼声。没有哪一场战役像这场战役那样开展的，在亚特兰大战场上，谁也没有见过任何将领能像谢里丹这样敢于执行这么大胆的策略。波尔特说："在我看来，在这么重要的战役里，你今天所使用的战略是之前从未见过的。"谢里丹回答说："每次当我率军作战，除非能够取得胜利，否则我从未想过自己能够活着回来。"

格兰特在得知谢里丹作战胜利的消息之后，命令对彼得斯堡发动进攻。4月2日的早晨，李将军在知道五岔口战役失利之后，已经不能继续守在里士满了。那天晚上，在夜色的掩护下，李将军率军撤离了彼得斯堡，在第二天拂晓时分，格兰特就率军进入了。林肯赶过来，抓住格兰特的手，不断用感谢的口吻说："我一直有一种预感，那就是你会做出像今天这样的军事行动。"林肯接着说："前不久，我还以为你会让谢尔曼的军队前来驰援，从而与你一起作战。"格兰特在回答的时候也展现出了圆滑的一面，说："我认为，最好还是让李将军过去最大的敌人给他的军队最后一击，完成最后的工作。西方面军在过去的作战都取得了辉煌的战功，这是因为东方面军让他们凭借自身的力量独立解决这些问题。"

在同一天，戴维斯从里士满逃了出来，尤厄尔的军队也纷纷逃窜，联军终于进入了里士满。林肯从彼得斯堡进入了里士满，但格兰特并没有进入里士满，他当时正专注于李将军的残余部队，命令奥德、米德与谢里丹追击李将军的部队。李将军此时的部队武器装备不足、士兵都饥肠辘辘，正在努力想办法与约翰斯顿的部队会合。最终，在杰特斯维尔这个地方，谢里丹的军队终于找到了李将军的部队，当然李将军的部队已经残缺不全了。但是米德之前一直有占领里士满的想法，忘记了格兰特一开始给他的指示，竟然率军往里士满方向前进，在联军防线上留出了一个突围路线，让李将军的部队能够逃窜。谢里丹对此大为惊慌，但他却没有权力去改变米德的计划，于是秘密给格兰特发去电报，告诉他这件事，并且表示："希望格兰特能来这里。"

格兰特收到电报后立即动身前往谢里丹的所在地。当他来到凡斯维尔的时候，与李将军的战斗还在继续。此时传来了尤厄尔表示叛军已经失败的消息。4月7日下午5点，格兰特认为继续作战下去，让更多人流血是一件邪恶的事情，认为继续战斗已经没有太大的意义，就给李将军写信，要求他的部队立即投降。此时需要的是外交手腕。李将军在回信中并不承认自己的部队已经没有希望了，要求就投降的条件进行谈判。格兰特巧妙地回复说："和平一直是我的心愿，但我必须要坚持一个条件，所有投降的士兵都必须要放下武器，不能再拿起武器对抗联邦政府，直到所有的条件都落实之后。我可以亲自与你见面，或是我们指派手下官员在任何你认为合适的地方见面，详细讨论北弗吉尼亚州军队投降的事宜。"李将军对此并不认同，他依然认为现在还不是放弃自己所坚持的事业的时候。"因此，我不能就北弗吉尼亚州的军队投降事宜与你进行谈判。但是，你的提议可能会影响在我指挥下的同盟军，并有可能实现和平，我愿意在明天上午 10 点与你见面，地点在两军警戒线附近的那间老驿站。"

收到李将军的回信后，格兰特忍受着极度的痛苦，晚上无法入睡，在房间里来回踱步，双手摸着快要炸裂的头。他一开始对李将军的回信感到非常沮丧，但他第二天早上回复说："因为我在和平事宜的谈判上没有权力，今天上午 10 点钟的会谈也不会谈出什么结果来。但是，李将军，我必须指明一点，我同样急切希望与你的军队实现和平，北方的人民都有着与我一样的感受。实现和平的条件都是非常好理解的。当南方军队都放下武器的时候，就是做了一件大家都认同的事情，这将拯救数千人的生命，让上亿美元的财产不会遭受枪炮的毁灭。"在李将军得到这封信之前，他就与手下的军官召开会议，手下的军官一直坚持要发动新的攻势，希望能够突破联军的防线。戈登按照李将军的指示突围，但却遭受了重创。这次失利加上格兰特来信中展现出来的宽宏大量，让李将军身上背负着是否让更多人失去生命的责任，最后让他决定立即接受格兰特的建议。"现在，我要求立即进行会谈，就按照你昨天在信件里所谈到的条件进行。"李将军在回信中这样写道。当格兰特收到信件之后，他所感受到的痛苦立即消失了。"我将会来到前线与你见面。"格兰特回信说。接着，他率领几个副官以及谢里丹与奥德等人骑马来到前线，在中午时分来到了阿波马托克斯法院大楼，这里的联军与南方联盟军队都要放下武器。格兰特走进了一栋砖砌的建筑，里面的装修显得庸俗艳丽。李将军与历史性的时刻正在等待着他。

这个故事被后人说过很多次，但美国人始终对此津津乐道。李将军穿着一身威严的灰色军装，凸显出他作为军人的仪表与伟岸的身材，而格兰特则像我们之前所描述的一样，军服因为骑马而变得褶皱，只有军服上的肩章让士兵们知道他的军衔。李将军佩戴着一把军刀，但格兰特并没有佩戴军刀。

"李将军当时内心的想法，我不知道，"格兰特后来写道，"我无法从他的表情中知道他内心是什么想法。但我从一开始收到他的信件时的激动心情，变成有点悲伤与压抑。我只是为这样一位长时间英勇作战并且为一个事业遭受巨大损失的敌人的失败而感到可惜，虽然我认为他所拥护的事业是人类最不应该拥护的事业，而这样所谓的事业也不应该成为我们为此作战的借口。"

格兰特聊了一下平常的事情，没有谈到让他们两人来到这里的重要主题，而是让李将军首先谈论这个话题。在过去从军的岁月里，当他在墨西哥服役的时候，他是副官，李将军则是斯科特将军的参谋长——直到李将军提醒他今天需要讨论一些正事，说他想要知道投降的具体条件。格兰特跟他说了，他们继续就此进行交谈，最后李将军建议将这些讨论的内容写下来。接着，他们来到了一张桌子前，格兰特按照心中的想法写了下来，他书写的速度很快，几乎没有做任何修改。当他一开始拿起笔时不知道该写些什么，但他知道自己心中想要表达的内容，并且能够明白无误地写出来。格兰特说："当我在写的时候，我想到了南方同盟军队里的许多私人马匹对于他们是非常重要的，但对我们是没有什么价值的。还有一点就是，让他们交出武器，这对他们是一种毫无必要的差辱。当李将军读到了我所写的内容时，我想他说话的时候带上了一种情感，这些条件肯定会让他的部队愿意接受。"

格兰特所写的内容如下：

R.E. 李将军

南方同盟最高司令官：

按照我在 8 日给你的信件里所提到的内容，我建议北弗吉尼亚州的军队在下面的条件下宣布投降：

所有的军官与士兵的名册都要做两份，一份留给我指定的军官，另一份则留给你所指定的任何一名军官。这些军官需要向各自的部下发布命令，不准对抗联邦政府的军队，直到这些条件满足之后。每一个连队或者军团的指挥官都要进行签名。

南方军队的武器、大炮以及公共财产都要打包封存起来，交给由我指派的军官来接收。但是，这并不包括军官们随身携带的武器、私人马匹或者私人包裹。完成了这一步之后，每一名军官与士兵都允许回到自己的家乡，只要他们遵守他们签名的文件，遵守他们所在地方的法律，那么联邦政府就不能干扰他们的生活。

尊敬您的

U.S. 格兰特

中将

接着，李将军表示手下有不少骑兵，其中大多数人都拥有自己的马匹，问格兰特是否允许这些士兵拥有自己的马匹。这些内容没有写在文件当中，但格兰特表示他希望再也不出现任何战斗了。"我认为李将军的部队里，绝大多数士兵都是普通的农民，整个国家都因为内战爆发而遭受严重的损失。要是没有了他们现在所骑的马匹，他们很难让家人度过冬天，明年的春耕也很难继续了。"于是，格兰特表示，任何拥有马匹或者驴子的士兵都可以将马匹与驴子带回家。李将军表示这将会带来很好的效果，于是直接签名接受格兰特所写的建议。事情就这样结束了。当李将军准备动身离开的时候，再次谈到了手下的部队，说他们现在非常缺乏食物，在过去几天里，他们每天都是吃烤玉米度日，因此恳求格兰特能够为他的士兵提供口粮。格兰特表示会让军需处从阿波马托克斯车站运粮食过来，让李将军的军队能够从谢里丹切断的铁路获得粮食。

李将军动身离开的时候，他身边的助手都庄重地站了起来。李将军似乎没有注意到他们的存在，而只是望着远处绿色的山谷，那里正是他那些投降军队的所在地。他心不在焉地捶打着双手，直到他骑上了马。他用手拉住缰绳。格兰特走过来，拿起帽子向他道别，而李将军则沉默地敬礼，接着骑马回到他的部队去了。

那天下午，格兰特用三条不同的线路给斯坦顿发去电报，告诉他李将军投降的消息。当格兰特手下的士兵知道了李将军投降的消息后，准备庆祝胜利。但格兰特在听到了士兵们同时发射子弹庆祝的声音之后，立即制止了他们。他不希望士兵们的庆祝给被击败的南方士兵带来不安。因此，他禁止在多纳尔森与维克斯堡的部队庆祝胜利。

弗吉尼亚州阿波马托克斯法院总部

1865 年 4 月 9 日，下午 4 点半。

尊敬的战争部长 E.M. 斯坦顿，

华盛顿

今天下午，按照我所制定的条件，李将军宣布他的北弗吉尼亚州军队投降。接下来的通信将会详细讲述这个事实。

U.S. 格兰特中将

第二天早上，格兰特骑马来到了联军的前线，朝着李将军的总部这边前进。李将军知道来者是格兰特之后，也骑马出来迎接他。他们再次交谈，谈论的还是实现和平的问题。李将军希望接下来不要再有造成生命损失的战争了，但他也不能保证接下来会发生什么，说南方是幅员辽阔的地方，要想战争完全结束可能还需要一段时间，这个他真的不能预测。格兰特对他说，李将军对南方同盟的影响力要比所有人都更大，要是李将军能够劝其余南方军队投降，他的话肯定能收到良好的效果。但是，李将军表示他必须要在询问戴维斯的意见之后才能决定是否这样做。格兰特知道，强迫李将军去做他认为不正确的事情是没有用的。于是，李将军再次与其他人回到了军营，一回到军营，他就脱去了军服。戴维斯当时正在逃往得克萨斯州的路上，希望叛军能够重整旗鼓，但他却在乔治亚被捉住了。

格兰特立即动身前往华盛顿。华盛顿方面要对格兰特给予许多嘉奖，但他对此并不在意。他与林肯进行了交谈，但拒绝前往福特剧院的邀请，而是匆忙赶到新泽西州的伯灵顿，因为他的孩子在那里上学，他想过去看看。在费城的时候，他听到了林肯总统被谋杀的消息，于是迅速回到了被悲伤笼罩的华盛顿，稳定住了人心。

几天后，还在华盛顿的格兰特收到了谢尔曼那边传来消息，说约翰斯顿投降了，并且得知谢尔曼擅自主张设定的投降条件突破了联邦政府所能接受的底线，谢尔曼给予的这些条件会直接影响当前的政治结构与接下来的重建工作。当斯坦顿将谢尔曼制定的这份投降条件公布之后，北方民众表示强烈反对。斯坦顿发布公告，说谢尔曼已经被暂时停职，并且暗示这位战争英雄在乔治亚的时候，并没有禁止士兵在里士满银行抢劫的行为。这一下子让谢尔曼成为公众出气的对象。格兰特立即前往罗利，取消了谢尔曼制定的条件，宣布重新恢复之前的法制。格兰特并没有宣布撤掉谢尔曼的职位，没有在败军面前羞辱他，而是非常圆滑地允许他亲自改变之前的做法，按照格兰特给予李将军投降的条件那样给予约翰斯顿的军队。接着，格兰特迅速离开了罗利，不让除了谢尔曼之外的其他人知道他来过这里。

就这样，内战结束了。南北军队的士兵们之间弥漫着一股友善的气氛，这主要是因为格兰特将军所采取的宽仁措施。在庆祝胜利的大阅兵时，格兰特接受了全军的致敬，表达了整个国家对他所取得的功劳的感激之情。

第二十三章
没有军队的将军

　　在格兰特名声最为鼎盛的时候，他却发现自己在华盛顿成了有名无实的人，虽然他拥有很高的军衔，但却没有任何实际的权力。他从阿波马托克斯回到华盛顿的那一天，就立即取消了许多军需品以及物资的订单，从而减少战争开支。他还立即着手解散军队，因此没过多久，仿佛在昨天还指挥着50万军队的他，现在指挥的军队与战争爆发前斯科特指挥的军队人数相差无几了。1866年，国会恢复了格兰特的中将军衔，但却没有给他任何可以直接指挥的军团或者战斗旅。对他而言，除了继续铲除南方少数不愿意放下武器的叛军之外，他其实也没有什么事情好做。他就像是华盛顿这里的一位陌生人，他认识的公众人物也相当有限。

　　格兰特带着几位副官来到了华盛顿，但格兰特只认识不到6名国会议员，而且在这些人当中，他还只是听说过他们的名字而已。在内阁成员里，斯坦顿与西沃德是两位与他接触比较紧密的人。格兰特并不信任西沃德这个人，因为他认为西沃德做人太过圆滑，做任何事都不会采取直接的方式，而总是采用迂回的方式。

格兰特发自内心不喜欢斯坦顿这个人，特别在谢尔曼那件事之后，他对斯坦顿的反感程度加深了。斯坦顿是一位狂热的宗教信徒，经常在说话的时候引用《圣经》里的语句，这个人拥有着两种反差非常大的性格。一方面，他经常表现出盛气凌人、迷信、懦弱、缺乏宽容心等性格特点，缺乏对同事的忠诚，但是他又非常忠诚于联邦政府，始终坚持着对这个国家狂热的爱国之情，始终坚持不使用任何圆滑的做事方式。在工作层面上，格兰特必须与斯坦顿保持友好关系。同样，格兰特也必须与新任总统约翰逊保持友好关系，虽然他知道约翰逊是一个软弱与犹豫不决的人，虽然表面上做出好战的姿态，但在继任总统之后，面临着许多全新且繁重的任务时，他除了说一些歌颂自己过去功绩的话，就没有说过一句恰当的话。约翰逊经常会在结语的时候这样说："这些使命都是我需要去实现的，而出现的任何结果只有上帝才能决定。"

现在，格兰特必须要面对周围到处都是他不认识的政客的陌生环境，处理一些全新的问题。在他对李将军做出的大度表态之后，南方人民对格兰特充满了好感，这样的好感在格兰特反对约翰逊要以叛国罪审判李将军的过程中得到了进一步的加强。诺尔福克有一位大法官准备对一些之前参加过叛军的人进行审判。当李将军听到自己也将会遭到审判的消息之后，他立即给格兰特写信，告诉格兰特说自己当初在签订投降协定的时候已经得到了赦免与原谅的保证。其实，格兰特根本不需要李将军这样的提醒。他立即通过战争部长给约翰逊寄去信件，要求对所有的叛军分子进行赦免，强烈要求这样的行为得到总统的批准，并且将李将军的信件送到了战争部长那里，并在上面附上了自己同意李将军信件内容的话语：

"在我看来，在阿波马托克斯法院大楼签订的投降协定之后，所有叛军的将领与士兵都将会得到与李将军一样的待遇，那就是他们不能以叛国罪遭受审判。这就是我的理解。真正的信念与真正的政策要求我们必须要遵守当时的约定……诺尔福克的安德伍德法官的举动已经产生了严重的不良影响，我要求命令他立即撤销对所有叛军分子的战争行为所进行的指控，以后都不要对这些人进行任何的指控。"

格兰特并不满足于只是写出这样一些文字，他亲自前往白官，他才知道自己所说的话引发了争议。"将军就是要负责指挥军队的，"格兰特说，"那么他在战场上就有至高无上的权力……当时，我与李将军达成了一些协议，这是最好的协议。如果我当时对他说，他与他的军队在投降之后，可能无法获得自由，将会遭到逮捕、审判或者以叛国罪遭到处决的话，李将军以及他的军队是绝对不会投降的，那么我们就要牺牲许多士兵的性命才能消灭他们……只要李将军那帮人以后都遵守法律，那么我宁愿辞掉现在的军职，也不愿意参与逮捕他们的行为。"

约翰逊总统不愿意面临这样危急的情形，他不敢试图用自己的影响力去对抗当时声望极高的格兰特。最后，法院的指控被撤销了，虽然约翰逊一直拒绝给李将军赦免。[1]

在得克萨斯州，卡比·史密斯仍然在负隅顽抗，不愿意放下武器投降。格兰特命令谢里丹率军去平叛，这一命令让谢里丹深感不满，因为他一直想率领在大阅兵时期的那帮军队。但格兰特做出这样的决定，并不是单纯为了要镇压卡比·史密斯的叛乱。他一直认为马克西米利安的军队都与叛军的活动存在着紧密的联系，因为他们的活动一直受到南方同盟头目的怂恿，再加上欧洲战场上的煽动。当时林肯总统对此无能为力，华盛顿方面也无法进行有效的抗议。格兰特认为法国入侵墨西哥的行为是对美国宣战，认为我们应该在任何方便的时候对此进行反击。在西特波因特的时候，格兰特经常对林肯谈到这件事，要求在战争结束后，立即率军穿越边境，赶走侵略墨西哥的法军。

格兰特认为，要是让之前还处在敌对状态下的南方军队与北方军队联合起来，共同对抗法军这一共同的敌人，那么这对愈合整个国家的伤口是有帮助的。但是，格兰特并没有从林肯

---

1 1865年11月，格兰特寄给他在西点军校时候就是好朋友的朗斯特里特一封信，格兰特在信中恳求总统给予朗斯特里特赦免。朗斯特里特拿到这封信后，就前去找约翰逊。"总统看到信件之后有点紧张，显得很不安，甚至表现出有点怨恨的神色……最后，他在我俩见面结束的时候说：'在南方同盟里，有3个人是绝对不能被赦免的——他们制造了太多的麻烦，他们分别是杰弗逊·戴维斯、罗伯特·E.李与詹姆斯·朗斯特里特。'朗斯特里特将军回答说：'总统先生，那些能够真正给予宽容的人，才能得到更多的爱戴。'对此，约翰逊回答说：'将军，你的地位可以让你说出这句话，但你不能得到赦免。'"

总统那里得到明确的答复，他认为林肯总统在这方面是认同自己的想法。格兰特一直很反感拿破仑三世这个人，非常希望看到他的军队被打得狼狈而逃。格兰特还将拿破仑三世视为美国与自由的最大敌人。

虽然林肯当时无力处理法军的问题，但约翰逊现在却有这样做的能力。在格兰特看来，谢里丹是最适合的人选，急切地想让他去负责征战。6月中旬，格兰特在给约翰逊写的一封信里这样说："我们必须公开反对马克西米利安在墨西哥建立的政府。"认为如果这样的政府建立之后，那么"我们面对的只能是一场旷日持久且无比昂贵的血腥战争……马克西米利安政权的任何行为都将与美国为敌……我郑重地提出一个建议，反对墨西哥在外在军事力量干预的情况下建立这样的君主制政权。这样的情况一旦成为现实，最后必然会引发武装冲突。任何一个对此有所研究的人都比我更清楚这一点"。

但是，约翰逊对格兰特的提议并不是很感兴趣，他在国内有自己需要急切处理的事情，因此先将墨西哥的事情晾在一边。特别是约翰逊当时几乎对西沃德言听计从，而西沃德又是一个不愿意使用武力去解决问题的人，希望使用外交途径解决任何事情。

让谢里丹感到不满的是，他的骑兵部队只是在格兰德河流域打了一场规模很小的战役。而格兰特则度过了一段没有任何实权的日子——这段日子还没有结束，接下来就是对格兰特来说不是那么愉悦的重建时期。

第二十四章
重建

❧

在美国历史上，没有比内战之后的这段时间更加损害国家自豪感，也没有比此时更需要政治家却更显出政治家的无能了。现在，我们只能猜想林肯要是当初没有被刺杀，重建阶段会是什么样的情形。虽然我们知道林肯一定会想尽一切办法去愈合这个国家的伤口。林肯总统在第二次就职演说里充满了仁慈的色彩，这就是一份宝贵的遗产，是他希望在重建南方的时候所采用的大致政策，这也是他在汉普顿会面时对当时南方同盟的使者所说的话。在战争还在持续的时候，林肯总统在路易斯安那州所做的一系列行为让我们可以猜测一下，林肯总统在战争结束之后会采取什么样的措施。

毋庸置疑，林肯总统会在一段时间里找到支持自己的人，利用自己在共和党内的威信就重建工作进行合作，而不会像约翰逊这样那么狂热地坚持自己的观点。当然，最后的结果也许会更好一些，但这必然会对他的名声造成一定的损失。在和平时期，如果林肯总统与不配合的国会进行合作，无论最后的结果如何，那么我们对林肯总统的评价肯定要比与现在差异很大。

1863年12月，林肯总统就重建政策发表过演说，他的政策是在总统的授权下，在路易斯安那州与阿肯色州建立军事管制。但林肯的这一提议并没有得到国会的批准。1864年，国会通过了一个法案，批准在南方同盟的一些州任命临时州长负责管理，直到政府机构能够得到国会的批准。只有当任何州政府不会出现与联邦政府相对抗的情况，而且人民遵守联邦宪法与法律的时候，国会才会同意这些州正式成立。这一法案规定，总统在没有国会批准的情况下，不能擅自批准某几个州正式成立，同时这一法案要求解放黑奴。

林肯总统并没有签署这一法案。在国会休会期间，他在一份特别声明里给出了自己这样做的原因。他并没有放弃在路易斯安那州与阿肯色州采取的自由州宪法与政府，宣布国会可以在宪法层面上废除这些州的奴隶制度。

林肯总统没有想一下子解决所有这些问题，而是想着逐一解决。他允许那些忠于军事管制的州长的公民组成一个州政府，并且允许他们采用联邦宪法。路易斯安那州在1864年年初就已经这样做了。在路易斯安那州实施的宪法规定永久废除奴隶制，同时将选举权局限在白人男性手中，接着让立法机构按照林肯总统的规划，逐步让黑人拥有选举权。在需要重建的州里，选举权应该给予那些"具有智慧"的黑人以及那些"在内战期间作战勇敢的黑人"。

1865年2月，参议院就这个问题进行了激烈的讨论，最后达成了一个联合声明，认同现有的路易斯安那州政府为合法政府。这一声明得到了参议院所有共和党人的支持，当然以萨姆纳为首的5名激进派共和党人除外。要不是萨姆纳慷慨陈词"我认为这个法案的通过将会给整个国家带来灾难"的言论，让投票日子在3月4日的国会重启的时候进行的话，那么这个法案肯定已经通过了。

萨迪厄斯·史蒂文斯根本不同意林肯总统提出的方案。在他看来，内战结束后，南方应该被视为被联邦政府征服的一块土地。

萨姆纳认为，林肯总统不能通过军事管制的方式去开展重建工作，即便这样做，也应该得到国会授权。他希望国会能够给予那些叛乱州的所有黑奴选举权，甚至要求这必须要发生在重建工作之前。林肯总统认为，各州都面临着相当大的道德压力，需要给那些"有资格"的黑人选民选举权。

让人惊讶的是，林肯生前最后一次公开演说就是关于这个话题的。4月11日星期四的晚上，距离他被刺杀3天前，他在面对白宫的人群时，就叛乱州是否还属于联邦政府的宪法问题发表自己的评论。在接下来的3年里，这个问题一直成为行政机构与立法机构争论的焦点，虽然很多时候这个问题的严重性很大程度上被夸大了。

"在我看来，这个问题并不是一个实质性的问题，任何关于这样的讨论都是毫无意义的，都只会对我们的国家造成不良的影响，造成彼此之间的分裂。无论我们对此有怎样的看法，这场争议的基础都是对整个国家不好的，可以说有百害而无一利——这只是很多人臆想出来的一种有害的空想。我们都会认同一点，那就是那些所谓的叛乱州目前与联邦政府没有处于某种恰当的关系当中。联邦政府的唯一目标，无论是使用军事还是民治手段，都必须让这些叛乱州与联邦政府之前的关系恢复到一种正常的状态。我认为，这不仅是可以做到的，而且是很容易做到的。在这个过程中，我们并不需要去判断那些州是否应该脱离联邦政府。我们应该将这些州纳入联邦政府管制的范围，无论这些州之前是否愿意接受联邦政府的管制，这都不是我们应该考虑的问题。"

若是从历史的角度去看的话，林肯总统的这些话看上去是很合理的。但是，萨姆纳在写给朋友利尔波尔博士的一封信里这样说："总统的言论以及其他措施都预示着未来的混乱与不确定，必然会引发强烈的争议。哎！"在今天的我们看来，这的确是很奇怪的一件事，但在当时那个胜利即将到来与充满善意的阶段，萨姆纳并不是唯一一个有这样看法的人。

没过多久，林肯总统就遭到枪杀去世了。安德鲁·约翰逊在这一场悲剧中迅速继任为美国总统。正是命运的捉弄，让约翰逊这样一位与做事方式柔和、睿智与充满耐心的林肯总统完全不一样性格的人成为总统，让他承担起这么沉重的责任。在整个国家都陷入悲伤的时候，许多诚实的人都认为，也许是上天让约翰逊成为他们的总统，从而指引这个国家不断前进。

众议院的重量级人物、来自印第安纳州的乔治·W. 朱利安讲述了在林肯总统去世的那一天，他整个下午都在举行政治会议，考虑是否有必要组建一个新内阁，推行比林肯总统在世时更加强硬的政策。"虽然每个人对林肯遭到暗杀的事实感到无比震惊，但很多人还是觉得，约翰逊的继任是上天赐给这个国家的一份天大的礼物。至于林肯总统生前对叛军的仁慈对待手段，让很多叛军士兵都受益。但在一些激进的共和党人看来，林肯总统在重建议题上的立场则是让他们憎恨的。"

第二天，韦德、钱德勒、朱利安以及其他极为激进的共和党人前去拜会新总统。韦德说："约翰逊总统，我们相信你。感谢上天，我们在政府运转方面不会再遇到什么问题了。"约翰逊对他表示感谢，用他经常说的一些话进行回答："我认为抢劫是一种犯罪，强奸是一种犯罪，叛国是一种犯罪，而所有的犯罪都是需要受到惩罚的。叛国者应该臭名远扬与遭受惩罚，所有叛国者都应该被剥夺一切。"

继任没多久，约翰逊就强烈鼓动推行一些政策，甚至要求重新恢复那些叛乱州的领导继续留任，这要比林肯时期的柔和方法激烈许多。很多之前赞美约翰逊是救世主的激进主义者现在都纷纷谴责约翰逊背叛了自己的立场。几个月后，约翰·海伊在一次短途公务之后回到华盛顿，记录下了自己的老朋友哈利·维斯说的第一句话就是："所有事情都发生了改变，你会发现我们都是同情南方的北方人。"而当时的战地记者 U.H. 帕因特——林肯与斯坦顿的知己与密友——就这样说："你会发现原先的美德之家（指白宫）已经变成了罪恶之家。"

在这样充满阴谋与激情的政治环境下，再加上这样一位无知、顽固与多嘴的总统，整个内阁的成员都是各怀鬼胎，彼此不合，而国会则在不断的倾轧中艰难前进。内心诚实、受人尊敬与思维简单的格兰特在经过 40 年的默默无闻与 4 年的军营生涯之后，终于学到了自己在政治方面的第一次教训。

约翰逊认同林肯联邦是不容分割的这一主张，但他为此所采用的方法与林肯是截然不同的。1865 年 5 月 29 日，在他继任总统不到一个月的时间里，他发布了赦免令，赦免所有宣布遵守联邦法律与解放黑奴宣言的南方叛军士兵，但在赦免令当中，有十四类人除外。其中特别指出，那些在南方同盟里担任过政府或者军事职位的人不能获得赦免，那些财产估计在两万美元以上的人不能获得赦免。因此，约翰逊的赦免令在有意无意当中就消除了很多知识分子、地主以及权贵阶层的地位。约翰逊在这个问题上坚持到自己政治生命的终点。他想要创造出一个全新的统治阶层，这个阶层的人主要来自那些贫穷的白人，这些白人在内战爆发前就非常憎恨黑奴。当这两个阶层融合的时候，黑奴就是因为过去被奴役的事实，反而能够与贵族有更加紧密的联系，歧视那些贫穷的自由民。

约翰逊是这么的顽固，目光是这么的狭隘，这么的迷信与爱好争辩，可以说具备一个贫穷白人所具有的一切偏见。来自南方的约翰逊有着南方人非逻辑性的坚持，他完全按照宪法严格规定的意思去对此进行解读。他认为，民主党人或者党派的规定让他们很难与北方这边比如萨姆纳、钱德勒、史蒂文斯以及布特勒等人进行合作，这些人都是极为激进的，根本不愿意与他们提出的任何议案进行合作。在约翰逊继任总统之前，他所去过的北方从未到过梅森与迪克森防线。他对北方人或者北方人民的情感的了解也局限于他在华盛顿这段时间的经历，他与联邦政府官员的接触也仅仅限于田纳西州的军管州长。约翰逊对大城市的情况并不了解，也没有关于工业发展的第一手资料，更是对北方赖以发展壮大的根本原因一无所知。当然，北方人民反过来也不知道他身上到底有什么优点，只是知道他坚定地支持联邦政府，而在南方其他很多具有文化知识与道德责任的人则被他认为是不忠诚的。约翰逊还记得，当他成为副总统的时候，他发表的那篇演说过于冗长，流露出情感脆弱的一面。但在几天之后，他就以这样意外的方式成了总统，承担起了林肯总统应该承担起的责任。

有智慧的人在面对如此沉重的责任的时候，都会显得比较谦卑，怀着祈祷之心，都会想尽一切办法去赢得国会那些重量级人物的支持，因为他必须依靠这些人的合作。但是，约翰逊在命运鬼使神差地帮助下成为总统，却一心想要按照自己的想法去做事，甚至根本没有想过要与国会进行合作，不去找寻双方都能够支持的共识，就想着按照自己的意愿去解决这么庞大的问题。事实上，无论在任何情况下，他都不可能与史蒂文斯以及萨姆纳有什么合作。即便林肯此时还活着，他可能也很难与这两人在任何事情达成共识，但林肯至少会尝试去这样做。

成为总统之后，约翰逊第一个想结交的朋友就是格兰特。林肯遇刺身亡后，他意识到格兰特在北方具有强大的影响力，自从阿波马托克斯战役之后到战胜南方同盟期间，格兰特的个人声望达到了顶点，因此，精明的约翰逊想将格兰特拉到自己这一边，充分利用他的影响力。约翰逊知道自己缺乏北方民众的真正支持，因此就希望利用格兰特的影响力提升自己的声望。他几乎每天都会给格兰特送去字条，形成了有事无事到格兰特的家里或办公室看一下的习惯。他还经常参加格兰特夫人举办的宴会。他想抓住一切机会让格兰特与他出现在公共场合。

在这个过程中，约翰逊充分展现出了自身的精明，这与斯坦顿缺乏圆滑的行为形成了鲜明的对比。即便在格兰特来到华盛顿之后，斯坦顿为自己能够使唤格兰特而感到高兴，经常要求格兰特无论在任何天气情况下都要去他的办公室商量事情，虽然格兰特当时不得不经常穿过宾夕法尼亚泥泞的大街，吃力地走上战争部的楼梯。在那个没有柏油路、电话与电梯的时代，军队总部的办公室与战争部的办公室还是有一段距离的。

在约翰逊成为总统的前几个月里，格兰特公正地做好手头上的每件事，没有发表任何出格的言论，也没有对总统的每一项政策发表任何议论。事实上，从约翰逊政府在5月20日发布赦免令到国会在12月5日开会的时候，这段时间发生的很多事情都是值得议论的。

约翰逊虽然坚持选举权的问题应该由各州自行决定，但他还是倾向于认为应该给予黑奴选举权，虽然在那个时候，黑奴只在缅因州、新罕布什尔州、佛蒙特州、马萨诸塞州、罗德岛以及纽约州等6个州具有选举权，而在纽约州，黑奴需要具有一定的财产才能获得选举权，而白人则不需要。在这样的情况下，约翰逊在1865年8月15日给密西西比州州长夏基的电报里谈到宪法会议的问题时，就展现出了自己看问题的视野以及狡猾的手段：

"如果你将选举权扩大到每一个财产不低于 250 美元并且有纳税记录的黑人，那么你就能平息政治对手的攻击，为其他州立下了榜样。你这样做是非常安全的，你可以让南方那些州的自由民有着相同的选举权。我希望与相信你们举办的会议能够做到这一点。"

如果约翰逊拥有林肯那样圆滑的技能，或者利用林肯当时在人民心中的名望，谁能说约翰逊无法让国会与他在这个问题上达成一致，从而避免立即给予所有黑奴选举权这个问题所带来的各种悲剧呢？但是，国会显然会在重建的过程中扮演重要的角色，特别是参议院议长萨姆纳与众议院议长史蒂文斯，这两位重量级的理想主义者与激进的共和党人，他们决心让刚刚获得解放的黑奴全部获得选举权。"将重建的问题交给国会去处理，"萨姆纳在 8 月的时候就大声疾呼，"总统有什么权力去重新组织这些州呢？"——这是一个完全符合逻辑与无法反驳的立场，但这与萨姆纳早在 4 月份认同的观点——只要能够通过行政命令的方式给予黑奴选举权的话，那么行政命令的方法就是可行——形成了鲜明的对比。相比于担心行政权力的进一步扩张，萨姆纳更加担心是否给予所有黑奴选举权的这个问题。

正是在这段时间里，行政权力达到了顶峰，有 8 个州通过行政命令重建起来了，接着等待着众议院与参议院的批准。此时，约翰逊派格兰特前往南方各州考察，让他向国会报告南方叛乱各州现在的情况。1865 年 11 月 29 日，格兰特离开了华盛顿，前往罗利、查尔斯顿、萨凡纳、奥古斯塔与亚特兰大等地。他的考察时间很短暂，但每到一处，他"都与这些州的人民进行自由的讨论，还与当地驻军的将领进行了交流"。

在 12 月 18 日撰写的一份官方报告里，格兰特这样写道："绝大多数南方人都怀着善意接受现状，我对此感到满意。"

"这次考察让我得出了一个结论，那就是南方各州的人民都想尽快在联邦政府内实现自治。在重建过程中，他们想要得到联邦政府的保护。他们都想要急切地去做联邦政府要求他们去做的事情。当然，这并不是为了羞辱这些公民。如果联邦政府要求他们怎么做，他们都会怀着善意去做。遗憾的是，在这个时候，南北双方不能进行更大的融合，特别是那些手中握着立法权力的人没有很好地做到这一点。"

格兰特表示，"在南方各州，无论是那些之前在政府担任过职位或是普通民众"，他们都不认为现在从南方撤走军队是明智的做法。"白人与黑人都需要联邦政府的保护"，格兰特对此给出的理由是："在过去 4 年的战争里，在叛乱各州唯一的法律就是枪，因此现在若是撤走军队，那么这里的人不大可能像已经习惯了遵守法律的北方民众那样乐于遵守法律。"

詹姆斯·H. 威尔逊将军当时指挥驻扎在乔治亚州梅肯地区的军队，他之前曾是格兰特的部下。他就谈到了格兰特在这次考察过程中让他前往亚特兰大，与他彻夜讨论战争以及重建的问题。在交流过程中，格兰特"立即表达了他对安德鲁·约翰逊总统的判断力的质疑，也没有隐藏他对斯坦顿一些武断做法的反感。他并不信任与斯坦顿交往密切的参议员集团，并且表示自己的立场不仅是完全的保守派，而且还对南方叛军的将军以及政客都是持宽容的态度"。

此时，南方民众等待着联邦政府的严厉惩罚，特别是在约翰逊不断地重复表态要让那些犯下叛国罪的人受到严惩，让他们倾家荡产的情况下。要是联邦政府没收他们的财产，将这些财产分配给那些获得解放的黑奴，他们也不会感到意外。他们只能无可奈何地接受这样的惩罚，认为这样的惩罚是重新恢复他们在联邦政府地位所需要付出的惨痛代价。

在这个阶段，如果萨姆纳、史蒂文斯与韦德等人愿意与约翰逊进行合作，不要那么激进地坚持让所有黑奴获得选举权的话，那么重建过程可能会出现另外不同的结果。我们就有可能避免国会与总统之间出现的无谓的争斗，甚至闹到了弹劾的阶段。费森登与亨利·威尔逊等人都要比萨姆纳的立场更加宽容与更有远见，他们倾向于认为总统在除了选举权问题之外，其他方面的做法都是正确的。威尔逊这样写道："我们的总统虽然没有在正确的道路上走得太远，但他既然已经是我们的总统，而且我们又不能改变他的想法，那么我们最好还是支持这一届政府，让其继续走在正确的道路上。"

驻守在南方的将领当中，最为睿智的一名将领就是约翰·M. 斯科菲尔德，多年之后，在谢里丹将军去世之后，他被擢升为中将。他的身上拥有政治家的品质，要是在解决重建过程中许多难以解决的问题时多点听从他的意见，那么情况也许会好许多。查斯、萨姆纳与其他激进的共和党人提案认为，黑奴应该立即得到选举权，但斯科菲尔德认为这一做法是不符合宪法规定的。他在 1886 年 5 月 10 日这样写道：

"……我反对这一提案的第二个原因就是，黑奴这个阶层根本不适合拥有这样的权利。他们既不认识字，也不会写字。他们对法律或者政府治理等问题一概不懂。他们甚至不知道给予他们的自由是什么含义。当他们被告知自由意味着他们从此不需要为奴隶主工作，能够得到政府的供养之后……他们都感到非常震惊。在北卡罗来纳州，我甚至见到一个白人认为，应该立即给予黑奴与白人完全一样平等的权利。这些人几乎都认同永久地废除奴隶制。其中很多人为完成这样的壮举感到高兴。在他们看来，在当前的情况下，一下子让黑奴拥有与白人一样的政治权利，这其实是在奴役他们（指白人公民）。如果这些白人没有对此进行反抗，这是因为反抗根本没有胜利的可能性。这样的政府是绝对不会成为受民众爱戴的政府。"

如果重建的过程让诸如格兰特或者斯科菲尔德等这些在南方作战过的军人来主导的话，情况可能要比这些政客们之间的斗争倾轧来得更好一些，因为他们熟悉南方的情况，受到他们的尊敬。

如果说在美国历史上哪一个阶段更加需要军事管制的话，那么这个阶段就是最适合的了。任何军人来管理都不会比这些党派的政客在重建过程中闹出更大的乱子。可以说，当时联军中每一名将领都能做得比他们更好。在军事管制下，整个国家就不会出现像华盛顿方面整天出现的斗争，也不会出现约翰逊妄图直接将一些政策一刀切地执行到南方各州等笨拙的举动，因为这些举措是绝对不会得到南方各州人民拥护的。而国会中一些激进的共和党人则要求在南方各州给予所有黑奴选举权，任命临时的文职州长，放纵那些给人民带来巨大伤害的投资分子，同时禁止南方那些优秀的人才进入政府的管理职位，从而让那些有选举权的人只能将票投给投机分子，同时还让黑奴在政治与司法等方面拥有与白人一样的权利。

但是，假设格兰特、谢尔曼、托马斯或者斯科菲尔德等人真的拥有最高权力之后可能会出现的结局，这一切都是徒劳的。这些军事将领在内战中获得了很高的声望，但他们必须无条件地听从总统的命令，虽然总统要比他们缺乏对南方的认知。即便总统在绝大多数情况下对南方人民的情感一无所知，但还是认为应该实现个人的一些想法。其中最大的一个幻觉就是认为黑奴绝对不应该处在获得选举权或者遭受奴役地位之间的任何中间地位，认为要是不给予黑奴选举权的话，这样的自由就是毫无意义的。

第二十五章
从政治阴谋中得到的教训

　　如果格兰特能够远离华盛顿，他的处境会好很多，但是他没有别的选择。内战期间，他是联军的最高指挥官，但他现在手中却没有一个可以真正指挥的军团。当然，格兰特在这个过程中也学会了一些有关政治方面的经验，为他接下来应对各种紧急的政治形势做好了准备。但是，他所学到的政治经验让他付出了沉重的代价。"千万不要留在华盛顿。"当格兰特被擢升为中将的时候，谢尔曼在给格兰特的信件里曾这样委婉地劝诫他，"在面对政治阴谋与政策等方面，哈勒克要比你更有能力……看在上帝与这个国家的份儿上，离开华盛顿吧。"

　　4年后，当格兰特与约翰逊总统的关系恶化时，谢尔曼在给约翰逊总统的信件里也谈到了同样的话题，只不过这一次，谢尔曼并不是站在预言者的角度，而是年代记录者的角度。

　　"我与格兰特将军曾经在战场上出生入死，不惧死亡与杀戮——在夏洛伊战役之后，北方民众对他极度不满的消息传到他耳边的时候；在攻克维克斯堡之前，很多关于要撤换他的流言蜚语满天飞的时候；在查特诺加，当士兵们偷窃饥饿的驴子所吃的玉米来充饥的时候；在纳什维尔，当格兰特奉命去指挥经常被打败的波托马克军队的时候——但在我看来，他在华盛顿遇到的麻烦要比在战场上遇到的所有问题都要更加严重，他不得不要根据 4 名内阁成员的报告，将自己说成'鬼鬼祟祟的欺骗者'，你显然是知道这一点的。"

谢尔曼写这些信件的时候，正是发生很多事情的阶段。格兰特以胜利者的姿态结束了战争，林肯总统的去世让他感觉一个巨人不得不屈从于许多矮子，这样的形象让民众对他的看法变得越来越高大。但是，格兰特不得不听命于那位缺乏教养、因为偶然事件而成为总统的人，还要听命于那位盛气凌人的战争部长的指挥，最后却发现自己陷入了这两个人斗争的旋涡当中，这两人都对他的诚实提出了质疑。

如果在战争结束的时候，当时机适合南北双方实现真正融合的时候，格兰特能够处在最高的权力位置，那么重建的过程肯定能够取得圆满的结果。即便是对约翰逊来说，虽然他有着好战与本能的偏见，依然在某个阶段能够赢得民众的支持。约翰逊一开始的做法就是错误的，他言辞激烈地谴责南方同盟的领导，让南北之间的关系变得疏远；与此同时，他也以同样激烈的言辞要求国会批准他制定的政策，要是他能够对国会晓之以理、动之以情的话，那么这样的政策其实也是可以通过的。格兰特对约翰逊也不会产生任何敌意，只会对约翰逊的政策产生一种善意。但是，作为军队将领必须听命于总统与军队纪律，他无法利用自己的影响力去改变事情的走向，也只能静静地观察事情的发展。格兰特在黑奴问题上的看法也渐渐地发生了变化。在内战之前，他从来都不是一名废奴主义者，也从来不是一位反对奴隶制的人，但他现在明白了必须永久地废除奴隶制。

20年后，格兰特在回忆录里这样写道："我认为，在那个时候，绝大多数北方人都不会认同给予黑奴选举权的。他们认为给予黑奴选举权的举动应该在给予黑奴自由之后慢慢商量，他们认为在黑奴获得公民自由之后，应该让他们渐渐培养公民意识，待时机成熟之后再给他们与白人一样的选举权。但是约翰逊总统的想法则与此完全相反，他似乎不仅认为南方各州之前的做法是在压迫黑奴，而且认为一切公民，包括黑奴，都应该得到他们所享有的一切权利。约翰逊的想法与做法突破了当时很多北方民众的心理预期，因此他们在这个问题上的看法变得越来越激进。"

格兰特在回忆录里接着写道："要是林肯总统没有遭到枪杀，我认为绝大多数北方人以及联军士兵都会一致同意一点，那就是在不羞辱内战期间南方叛乱各州人民的前提下，以最快的速度进行重建。我深信，他们与我一样都同意这一点，这样的做法不仅是最为柔和的，也是最为明智的。那些之前反叛的人民必须重新回到联邦政府的怀抱，成为整个国家不可分割的一部分……要是他们总感觉自己的脖子上被人套上了一个项圈，那么他们就很难成为真正意义上的公民。"

在重建开始阶段，格兰特对南方就是怀着这样的态度，这是一种本能的骑士精神，对任何激进的人或者措施都没有任何怜悯之心。但是，后来发生的很多事情让他无可奈何，其中就包括约翰逊总统缺乏圆滑的做事方法，整个重建时机被浪费，让他最后只能与那些宣扬给予南方那些黑奴平等选举权的人站在一起，并且在必要的时候采用军事手段镇压任何反对这一做法的人。

第二十六章
约翰逊与国会的决裂

约翰逊的计划在 1865 年 12 月才遇到了有组织的抵抗。从 3 月 4 日之后，休假了 9 个月的新一届国会议员聚集起来了。事实上，北方人民对约翰逊的计划似乎是持赞成态度的。从 8 月份开始，南方各州都开始按照总统的行政命令执行，建立起了议会，废除了脱离联邦的法律，废除了奴隶制，绝大多数州也废除了在战争期间所欠下的债务。密西西比州、南卡罗来纳州、乔治亚州、阿拉巴马州、北卡罗来纳州都按照总统的行政命令做了，但他们反对总统在关于给予黑奴选举权问题上的立场。在全新法令要求下，成为宪法会议与立法机构成员的人都是具有高尚品格的人，他们愿意接受总统的命令。"误入歧途的姐妹"这种精神在催促着南方各州准备加入联邦政府。按照当时的形势，这个联合的国家似乎都在支持约翰逊总统。在北方各州举行的共和党大会与民主党大会都在争前恐后地表示支持约翰逊总统的政策，宣布对他的支持。只有史蒂文斯主导下的宾夕法尼亚州与萨姆纳主导下的马萨诸塞州表示反对。安德鲁与莫尔顿这两位当时最好的战时州长，都要求史蒂文斯与萨姆纳与总统进行合作，表达对南方的怜悯之情，反对给予黑人无条件的选举权。在 1866 年 5 月的时候，即便是斯坦顿也表达了对约翰逊总统提出的政策的支持，但这样的支持只是持续到国会重新开会之前。他与约翰逊之间政见不同是渐渐产生的。直到国会在 1866 年 7 月休会之后，他与约翰逊总统之间的矛盾才公开化。

随着国会参众议员聚集起来了，史蒂文斯担任众议长的众议院与萨姆纳担任参议长的参议院开始联手组织反对约翰逊总统的提案。直到这个时候，国会与总统之间的分歧还是可以通过商量来调解的，因为在接下来的 3 个月里，都没有发生什么大的矛盾。其实只要双方能够就此做出一些让步，情况会好许多。要是约翰逊倾向于与绝大多数议员进行商量，寻求妥协与共识，那么萨姆纳与史蒂文斯提出的激进议案是很难在参众两院获得通过的。因为萨姆纳与史蒂文斯的提案要比北方民众的想法更加激进与超前。虽然他们两个人讨厌约翰逊，但他们在现实情况下也发生争吵，经常对对方发动言语上的攻击。虽然史蒂文斯是一位党派性很强的狂热主义者，却也很务实；而萨姆纳则是一位非常浮夸的幻想主义者，虽然他的目标非常高尚，但却从来都不愿意真正去接触事实。

如果约翰逊真正聪明的话，就会懂得利用这两个人的性格特点。当然，要是林肯总统在世的话，他肯定会这样做。如果约翰逊总统不是那么固执地坚持自己的想法，那么他就能让自己所坚持的核心内容在国会通过，也避免了自己接下来任期出现的各种"狂风暴雨"。如果真是这样的话，重建过程将会让南北双方处于友好和谐的状态，南方各州在联邦政府的治理下，可以迅速恢复到战前的情况，并且在时机成熟的时候逐渐给予黑人与白人一样的选举权。

在当时，几乎没有多少北方民众真的认为应该立即给予黑人选举权。他们认为这样做需要时间，但至于是什么时候，他们也不是很清楚。总的来说，他们支持约翰逊的计划，即接纳南方各州的参议员进入国会，只要之前的黑人奴隶能够得到天然的保护权利，那么是否给予黑人选举权的问题就交由各州来决定。在这一年秋天的国会选举中，康涅狄格州、威斯康星州与明尼苏达州人民都用选票清楚地表明，他们反对立即给予黑人选举权。从某种程度上来看，这次选举似乎是对约翰逊政府的一种支持。当时的人民并不是很关心行政或者国会所具有的特权，他们所关心的只是结果，而约翰逊总统在这方面似乎做得很不错。在内战爆发之前，整个国家都没有多少让人印象深刻的废奴主义者，在内战结束的时候，也没有增加多少怜悯黑奴的人。很多民众都要比萨姆纳、加里森或者菲利普斯更加了解南方的问题。不会有很多人像格兰特在 1865 年 4 月前往查尔斯顿考察时受到 1.2 万名获得解放的黑奴表达感谢时流露出那么纯朴的看法。格兰特对着那帮获得解放的黑奴大声说："我的朋友，你们终于获得自由了。让我们为自由欢呼三声吧！"让他感到惊讶的是，在场的黑奴并没有任何反响。这些获得自由的黑奴根本不知道如何欢呼。他们的表情就像孩子一样，将给予他们的解放视为一份圣诞节礼物。但是，萨姆纳却想立即给予这些黑奴选举权。12月的时候，在一次与吉迪恩·威尔斯的愉快交谈中，格兰特谈到了从柏拉图到过去法国大革命小册子等事情，他将约翰逊总统的政策视为一个国家所能犯下的最严重与最邪恶的罪行，并且郑重表示，来自乔治亚州的一名军官在一周前跟他说，乔治亚州的黑奴要比白人更加适合建立与统治这个共和国。那些自称高尚的人是多么容易轻信别人的话啊！

国会议员是在一年前的总统大选时期当选的，他们之前从未认为这是一个很严重的问题。相反，绝大多数议员感兴趣的是，保持国会对行政权力的特权。在这方面，他们与史蒂文斯有着共同的立场。在一开始，他们拒绝通过约翰逊总统的提案，不允许南方各州的参议员与众议员进入国会，这让约翰逊大为恼火。在约翰逊总统看来，南方11个州的议员在国会都没有任何代表性，这样的国会不具有宪法所赋予的权力。

总统一开始发出的信息是乔治·班克罗夫特所撰写的，信息中内容是比较节制的，语气也比较平和，受到了民众的普遍欢迎，只是让国会里那些激进派感到不满。在国会议员聚集起来开会3天前，萨姆纳与约翰逊在白宫聊了两个半小时。萨姆纳后来说，在他看来，约翰逊总统"并不了解真正的事实，他所说的话都充满了偏见、无知与对事实的歪曲"。之后，萨姆纳就没有与约翰逊总统建立任何的私人关系。另一方面，约翰·谢尔曼在写给他弟弟的信件里说："约翰逊总统在面对任何重大的责任时，都显得那么友善与耐心。"可见，这取决于人们看问题的角度。

莱曼·特兰伯尔之前是一位民主党人，一直都不是激进的共和党人，他当时的职务是参议院司法委员会主席。在国会休假结束后，他在给国会的报告中提到了一个要扩大自由民局权力的法案，从而确保自由民的民事权利以及"他们在法律面前平等与公正的权利"。这个法案在参众两院都以超过三分之二的票数通过了。但在 2 月 19 日，约翰逊总统否决了这项法案。之后，参众两院再次以三分之二的票数通过了法案，使之成为法律，这在国会的历史上是第一次出现。第二天，也就是 2 月 20 日，参众两院同时通过了由史蒂文斯提出的重建委员会法案，法案规定来自南方各州的参议员与众议员在获得国会的授权之前，是不能进入国会的。

　　此时，约翰逊似乎得到了整个国家的支持。所有的内阁成员，包括斯坦顿都对他的行为表达了默许。但是，约翰逊接下来犯了一个致命的错误，他使用的激烈言辞让他前功尽弃。在 2 月 22 日，一群他的支持者从剧院来到白宫支持他，约翰逊在白宫会见了他们。很多内阁成员都要求他不要发表演说，约翰逊表示会听从他们的建议。但是，约翰逊最后的激情让他失去了对自己的控制。他发表了言辞极为激烈的演说，在人群的怂恿下，他这样大声说：

　　"我将国会的行为视为对本届政府坚持的基本原则的一种反对，我必须要努力地摧毁他们：宾夕法尼亚州的撒迪厄斯·史蒂文斯，马萨诸塞州的查尔斯·萨姆纳与温德尔·菲利普斯……就是想要摧毁我们政府，改变这个国家品格的人。难道他们对那么多人做出了牺牲还不感到满意吗？……难道他们没有足够的尊严与勇气去消除阻碍总统所面临的障碍，只能通过刺客的手段去做吗？我从来都不害怕刺客！"

在约翰逊短短 10 分钟的演说里，他就将自己在国民心目中的形象破坏到无法修复的地步，让国会获得了主动权。倘若不是约翰逊的这次演说，国会将会变得非常被动。从这一刻开始，约翰逊总统就失败了。之后，国会通过了民权法案。约翰逊否决了这一法案，而此时国会已经形成了惯例，他们再次表决通过了议案，驳回了总统的否决。在 6 月，在民权法案基础上展开的宪法第十四修正案也得到了国会的批准。在 7 月，一份全新的自由民局法案在约翰逊的反对下得到了国会的通过。此时，约翰逊总统的否决已经变得十分廉价了，无法赢得议员们的关注。

因此，国会开始为重建制定各种措施，当然这些措施都是比较温和与合理的。约翰逊发现自己在重建过程中已经没有任何用处了。直到 1866 年 6 月，斯坦顿让公众知道了他反对总统否决民权法案的行为。

若是撇开对政府的厌恶情绪的话，我们很难对约翰逊提出的计划进行真正意义上的反对。约翰逊在没有等国会集合起来就开展重建南方各州的计划，并且无法坚持给予黑人与白人一样的选举权，这让他的反对者有了足够的底气。约翰逊发表的那些毫无节制的谴责言论就完成了对他最后致命的一击。

出于同样的原因，在国会开会期间，国会通过的计划是非常透明的，我们也很难想象约翰逊会反对这样的法案。总的来说，国会通过的法案符合人民的预期，在不贬低南方的基础上，为南方各州重新回到联邦政府的怀抱打下了基础。宪法第十四条修正案并没有给予各州黑奴选举权，但让各州自行决定这个问题，只是要求缩减选举权给予人数的范围。自由民局法案与民权法案在形式上也并没有增加任何不良的影响。南方叛乱各州可以自行解决本州发生的事情。

如果约翰逊能够展现出让步妥协的精神，那么南方重建的问题就可以在1866年7月国会第一次休会的时候得到解决。在约翰逊的要求下，南方各州无疑会敬畏地遵循他的计划。但是，只要约翰逊一直与国会闹矛盾，继续对所有反对自己计划的人进行攻击，那么那些遭到约翰逊攻击的人要是不通过他们认为满意的法案，那么他们就是超人。原先行动缓慢的国会在约翰逊愚蠢行为的鼓动下，通过了一些让人遗憾的法案，这为后来持续多年的群体纷争埋下了祸根。

在国会第一次休假期间的秋季，新一届的国会选举开始了。对约翰逊来说，这次国会选举对他没有任何帮助。此时的他已经深陷争议当中，只能利用一些机会去强迫北方民众与他保持相同的想法。在8月下旬，他开展了一次"巡视之旅"，带上了格兰特、弗拉古特以及几位内阁成员乘坐火车出行。

格兰特并不想去。在过去几个月里，他一直想办法疏远约翰逊。但在约翰逊看来，格兰特对实现他的目标来说是必不可少的。在总统与国会陷入矛盾的时候，南北的民众都认为，格兰特是同情约翰逊的。当格兰特随着约翰逊离开了华盛顿，每天都与他出现在同一个讲台上的时候，人们这样的想法就不断强化了。但这只不过是约翰逊精明计划的一部分。据说，这个计划是西沃德想出来的。

约翰逊在华盛顿与芝加哥之间沿途每个重要城市都发表言辞激烈的演说。在克利夫兰，约翰逊甚至一边喝酒一边演说。约翰逊在没有真正开始这段旅程之前，整个国家就已经知道他失败了。即便是最值得人们称颂的事业，也无法承受拥有像约翰逊这样的领导人所带来的后果。格兰特很早就抓住机会请了病假，离开了约翰逊那帮人，回到了华盛顿。格兰特看到了约翰逊身上最糟糕的一面，约翰逊再也无法得到他的尊重了。

此时，约翰逊与斯坦顿之间的关系也已经非常紧张了。斯坦顿不愿意执行约翰逊要求干预南方地方指挥官的命令，而约翰逊很快就想着要找寻一位听命于自己的合适人选来替代斯坦顿。

此时，南方似乎有可能再次出现暴乱。7月28日，也就是国会休会两天后，新奥尔良就爆发了暴乱，格兰特开始解决这个问题。10月22日，格兰特给谢里丹写了一封密信，当时的谢里丹已经离开了得克萨斯州，在新奥尔良指挥军队。格兰特在信中说："遗憾的是，自从总统与国会产生了不可调和的矛盾之后，总统在面对任何反对声音的时候都变得非常暴烈。在内战期间那些忠于政府的将领当中，几乎没有谁能够对他施加影响了。除非这些将领愿意站在总统那一边，反对国会以及宣称国会通过的法案是不合法的。事实上，我很担心约翰逊总统会宣称整个国会是违宪与反叛的，要是那样的话，这样的日子就不远了。南方各州的指挥官必须认真对待，确保不会出现任何反抗联邦政府的武装叛乱。"

国会选举的结果加深了人们对约翰逊的不信任。在9月份进行议员选举的缅因州与佛蒙特州，10月进行议员选举的宾夕法尼亚州、俄亥俄州、印第安纳州与爱荷华州以及11月其他北方州的议员选举都让国会成为反对总统的最大阻力，只有马里兰州、特拉华州与肯塔基州选出的议员是民主党人。共和党人在参众两院都占据了绝大多数席位，超过了驳回总统关于任何重建法案的否决票数。

任何人要是处在约翰逊所处的位置都会接受这样的选举结果，默认这样的结果对政府在重建过程中所起到的作用正在不断减小，因为刚刚通过选举出来的议员任期要超过约翰逊剩余的总统任期。只有那些真正自大或者极度无知的人才会在这样的情况下继续与国会作对。在这样的情况下，只有对道德准则的追求才能为约翰逊找借口。但是，约翰逊竟然还愚蠢地认为自己能够挫败国会的意志，他最后收获的必然是自己以及想要实现的目标的双重失败。

要不是在约翰逊的影响下，南方各州的领袖都不愿意遵守宪法第十四修正案。但在约翰逊的怂恿下，南方11个州在1866年8月到1867年2月这段时间拒绝确认国会通过的宪法修正案。为了解决这个现实问题，国会不得不采取更为激进的手段，强迫那些不遵守命令的人服从。南方各州在内战爆发之前，在国会只占有奴隶人数五分之三的选举权，但在投降与失败之后，重新回到国会之后，要是根据南方黑人白人的总人口去计算，而且只有白人具有选举权的话，那么北方在做出了那么多牺牲、付出了那么多财富之后，竟然还让南方在国会与总统选举团中占有更大的比例，这让国会难以忍受。要是南方各州的领袖消停的话，那么这可能就会变成现实，但约翰逊不允许这样的情况发生。

第二十七章
与约翰逊不和

　　此时，格兰特已经完全失去了对约翰逊的认同，虽然作为军人，他必须要听从总统的命令，但他已经不愿意与约翰逊在公开场合有任何联系。在1866年秋天的时候，他的顶头上司斯坦顿已经投入到国会里激进派的行列当中，在长达几个月的时间里，他一直与那些激进派的共和党议员通信，这让格兰特处在一个备受煎熬的位置。我们已经知道了格兰特在写给谢里丹的信件里透露自己内心的烦恼，但他在表面上依然保持着缄默，约翰逊以及他的内阁成员都在猜想格兰特的真实感受。1867年7月18日，格兰特在接受参议员司法委员会的质询时，面对总统与国会之间日益严重的矛盾，格兰特是这样为自己的行为辩解的：

　　"我始终专注于自己的职责，尽量不去干预别人的事情。我时刻准备着就军队方面的事情进行改革，但我始终没有想过要参与联邦政府管理方面的事宜。当别人咨询我在一些方面的意见时，我很乐意给予回答。我不会为联邦政府的管理提出任何建议，也不会在这些方面擅自主张。只有当政府执行了这些政策之后，我才会给予自己的一些建议。我只是表达了自己对某些应该受到控制但却无法得到控制的事情的担忧。在战争结束后，南方依然没有建立起合法的州政府，我希望这个过程能够加速。当然，我不会假装说自己知道该怎么做或者该以什么样的形式建立起这样的州政府。"

在 1866 年 11 月的国会选举期间，巴尔的摩发生了暴乱。在此期间，警察专员之间发生了争议，其中一名警察专员是民主党州长斯旺任命的，另一名警察专员宣称自己拥有独立的权力。约翰逊希望派军队到巴尔的摩帮助州长恢复他的任命。内阁成员都支持约翰逊的这项提议，斯坦顿除外。格兰特也对约翰逊的这个提议表示强烈反对。当他发现约翰逊总统坚持这一做法的时候，他给当时的战争部长斯坦顿写了一封正式的信件，希望他能明白在什么情况下才能调动军队去这样做，并且说明只有在战争的情况下，联邦政府的军队才能去干预州政府的事务。最后，联邦军队并没有调派出去，格兰特通过与巴尔的摩地区人士的斡旋，说服了两个党派的成员，将这件事交由法庭裁决。如果约翰逊在这件事情上占据上风的话，那么联邦军队就会用于镇压那些原本对联邦政府忠诚的民主党人，反过来代表了之前南方同盟的利益。格兰特从这件事情看到了约翰逊不良的企图。但是不管约翰逊有着什么样的目的，他最终都挽救了这个可怕的局面。

马克西米利安依然占据着墨西哥。拿破仑三世最后屈服于持续的压力，终于明白了自己的军事入侵计划是不可行的，于是下令法国军队撤出墨西哥。两年前，格兰特就派斯科菲尔德前往得克萨斯州，给他下达了秘密命令，如果有必要的话，就要组建起一支美国志愿军，驱赶在墨西哥的入侵者。格兰特认为西沃德故意模糊这件事的重要性，如果他是有心偏袒的话，那么这会让美国取得成功。格兰特始终坚持门罗主义，让法国驻华盛顿大使明白他的感受。拿破仑三世知道格兰特在未来几个月之后肯定能当选总统，只不过现在还缺乏他应得的权力而已。最后，斯沃德派斯科菲尔德前往巴黎，告诫他"要了解拿破仑三世的想法，告诉他必须要从墨西哥撤军"。最后，法军撤退了，但马克西米利安堂吉诃德式的骑兵部队依然留在墨西哥，不过他建立起来的脆弱帝国已经崩溃了，我们组建起来的共和国正在形成。格兰特与其他军事将领都没有要前往墨西哥的特别原因，但在10月中旬的时候，当格兰特对约翰逊的政策极度不满的时候，约翰逊找了一个借口将他派到那里。

坎贝尔很久之前就被任命为部长，但他在这段重建时间里一直在混日子。最后，他终于得到了安排，约翰逊命令格兰特陪同坎贝尔，"执行国务卿的意向，给予坎贝尔一些建议"。与此同时，之前一直表示支持约翰逊政府各项政策的谢尔曼被召回了华盛顿，此举就是让谢尔曼承担格兰特之前负责的军事职务。

让约翰逊与斯沃德感到震惊的是，格兰特拒绝前往。格兰特对这次任命的目的表示质疑。过了一两天之后，约翰逊再次下达格兰特动身前往墨西哥的命令，格兰特再次表示拒绝，这一次格兰特用书面文字的方式表示拒绝。当国务卿向格兰特阅读此次使命的详细任务时很自然，似乎没有发生什么不愉快的事情。格兰特对此不置可否，他对约翰逊总统以及内阁成员表示，他不想前往墨西哥。约翰逊找来司法部长说："司法部长，格兰特将军有什么理由不遵守我的命令吗？难道他现在还适合担任目前这个职位吗？""总统先生，我可以回答你这个问题。"格兰特说，"不需要司法部长来回答。我是一名美国公民，适合担任其他美国人都担任的任何职位。我是一名军队将领，必须要遵守你在军事方面给我下达的命令。但是，你这次下达的命令是属于给予文官下达的命令范畴，你交给我的只是一个外交意义上的使命。我不能接受这样的任命。"在场没有人回答，格兰特走出了房间。

即便在这样的情况下，约翰逊还在坚持自己的看法。约翰逊要求斯坦顿命令格兰特动身前往墨西哥，而格兰特再次写了一封信，表示拒绝前往墨西哥。

当谢尔曼来到华盛顿的时候，他立即向格兰特汇报情况，讲述了约翰逊总统的想法。根据谢尔曼在回忆录中的说法，接下来的故事能让我们对格兰特与约翰逊这两个人的性格特点有所了解。约翰逊总统曲解了格兰特在这件事情上所流露出来的态度，更加深了他们两个人在一年后所引发的争议，让个人诚实的问题成为一个尖锐的话题。

"格兰特将军，"谢尔曼这样写道，"拒绝了约翰逊总统命令他去进行外交斡旋的工作，因为这样的使命并不符合自己的职责。格兰特认为这件事就这样过去了，表示自己不遵守总统的命令，也愿意承担一切后果。格兰特对这件事展现出了许多的个人情感，表示这是解除他职务的阴谋的一部分。接着，我前去找约翰逊总统……他说格兰特将军前往墨西哥是有重要的事情要处理，同时他表示希望我能在格兰特将军前往墨西哥这段时间，担任格兰特将军的职务。当时，我就对约翰逊总统表示，格兰特将军是不会动身前往墨西哥的，约翰逊总统似乎对我这样说感到吃惊，他说……坎贝尔已经动身前往墨西哥的华雷斯城了……事实上，有格兰特这样崇高威望的将领一同陪伴的话，这会大大强调美国的尊严。我只是简单地表示格兰特将军不会动身前往墨西哥，而约翰逊总统在那个时候无法承受与格兰特发生争执的后果。"谢尔曼表示，如果约翰逊总统这次安排的真正目的是让坎贝尔与华雷斯城那边建立起官方的联系，那么让汉科克或者谢里丹等人去做会更妥当一些，那么约翰逊也没有必要专门找格兰特去做这件事，因为格兰特正在按照1866年7月28日国会通过的法案，进行着重整军队的繁重工作。"当然了，"约翰逊总统回答说，"如果你肯去的话，那么问题就解决了。"

于是，谢尔曼就与坎贝尔一起前往墨西哥。在他从纽约港乘坐萨斯奎哈纳号汽船前往墨西哥的路上，他就对身边的上校说："我的使命已经完成了。我让自己代替格兰特将军去完成这次任务，避免了总统与格兰特将军之间的严重矛盾。"正如大家所预测的那样，谢尔曼在3个月后回来，这一趟旅程被证明简直是浪费时间。

当第39届国会在1866年12月5日第二次开会的时候，宪法修正案还没有得到批准。国会通过法案，要求在没有得到国会参众两院批准之前，南方叛乱的 11 个州的参议员与众议员都不能被接纳成为国会的一分子。这一法案是史蒂文斯提出来的，在距离国会休假前几天由重建委员会提出来，为南方叛乱各州重新进入到国会提供了宪法基础，但这个提案并没有成为法律。

国会立即转向重建时期的各种法律的制定上。史蒂文斯立即提出了一个议案，为南方那些依然没有进行重建的州提供一个合法的州政府，不过前提是要给予黑奴选举权，同时剥夺一部分白人的选举权。史蒂文斯之所以提出这样的议案，是出于对南方各州立法机构的拒不服从以及约翰逊总统的顽固的一种报复。就在半年前，所有人都还是持一种温和的立场，现在激进派的共和党议员都想利用中期选举的胜利去推行尽可能激进的议案。这一个后来被称为重建法的法案，否定了之前联邦政府通过行政命令建立起来运行了几个月的脆弱的州政府，将南方各州划分为 5 块军事地区，每个地区由军衔至少在准将以上的将领担任指挥官，而这些将领的任命则由军队的最高指挥官任命。这一议案让史蒂文斯党内的少数人感到不满，因为他们认为这一议案并没有提供明确的军事管制方法，因此在进入众议院讨论的时候，引发了许多嘲讽与争议。当这个议案被搁置在参议院的时候，格兰特不动声色地表示，他希望将任命地区指挥官的权力还给总统，而不是交给军队的最高指挥官——在这样的情况下，参众两院很快就以超过三分之二的票数通过了法案，让约翰逊总统的否决变得无效。

这一法案最终通过了，规定南方叛乱各州的众议员与参议员都可以被接纳进入国会，但是必须在各州宪法里规定，不能因为肤色的原因而歧视黑人，给予所有符合资格的黑人男性选举权，并且要执行宪法第十四条修正案。至于每个地区召集人员举行会议的事情，则由地区指挥官负责，为重建铺平道路。

当约翰逊总统与国会之间的争执还在持续的时候，约翰逊武断地撤除了几位共和党公职人员，让自己的亲信担任这些职务。为了应对约翰逊总统蛮横的行为，国会在 3 月 22 日以超过三分之二的票数通过了官员任期法，将总统撤除官员的权力抢了回来。该法案规定，没有参议院的批准，总统没有权力撤除之前经过参议院批准任命的任何官员。约翰逊在斯坦顿这个例子里没有理会这条法律，引发了一连串的事情，最终导致他遭到弹劾。让人倍感惊讶的是，虽然斯坦顿本人与约翰逊的关系并不好，但他竟然与西沃德联手帮助约翰逊总统否决国会通过的法案。

在内战结束前半年选举出来的第 39 届国会，在林肯去世后 9 个月第一次集合起来开会，就不顾总统的否决，以超过三分之二的票数通过了激进的重建方案，要是林肯还活着的话，他肯定也会否决这样的法案。关键是在国会一开始聚集起来开会的时候，即便是这样激进的议案提出来了，也不会有很多人支持的——因为法案里面提到的措施会引发一段时间的种族与族群的仇恨，引发各种暴力与流血事件，导致腐败以及国家退化的结果，这在我们国家的历史上是从来没有过的，甚至在内战期间那么紧张的情况下也是没有出现的。格兰特虽然是一等公民，但如果他知道军事将领那么盲目地服从任何命令，并且缺乏政治经验而使他对立法机构缺乏影响力的话，那么他肯定不会竞选总统的。他只能静观事态的发展。按照日后所有的记录显示，格兰特当时并不知道自己在成为总统之后，必然要面对哪怕是任何一位最精明最睿智的政治家都难以解决的问题。格兰特对约翰逊、史蒂文斯或者萨姆纳等人的争论没有任何怜悯之心。他在成为总统之后，也从未感激过他们给他留下来的这些烂摊子。

新一届的国会在 3 月 4 日聚集起来开会，依照法律限制约翰逊总统的权力，并且将约翰逊在重建法当中的任何重要的权力都剥夺了，这让约翰逊大为光火。斯坦顿同意国会通过的这项全新法案。现在，我们有很多证据表明，斯坦顿也曾参与起草这个法案的主要内容。此时，斯坦顿在内阁会议上已经公开表达对约翰逊总统以及其他内阁成员的不满。他与约翰逊总统已经完全决裂了。在 7 月 20 日到 11 月 3 日这段时间里，国会休会。在这段时间里，约翰逊一直想办法撤掉斯坦顿，让谢里丹取代斯坦顿的位置。一年前，谢里丹在镇压新奥尔良的暴乱时，撤掉了所有州政府与市政府的官员，引发了极大的争议。按照他的说法，当时该州的州长 J. 麦迪逊·威尔斯是"一个政治骗子与不诚实的人……他为人老奸巨猾，就像蛇在地面上爬过之后留下来的痕迹"。

在采取具体行动之前，约翰逊告诉格兰特他心中的想法，此时已经是 8 月 1 日了。格兰特在那一天所写的一封信里对约翰逊的做法表示强烈的反对。

"在我们今天早上所进行的会谈里，我感觉自己有必要私底下与你谈论这个问题的严重性。我觉得，要是你真的这样做，那么这将会给整个国家带来巨大的灾难。

　　"首先，在撤换战争部长这个问题上，要是没有国会的同意，你是不能在违背斯坦顿的意愿下将他撤除的。不用多久，国会就要重新开会了，为什么不等到国会开会之后再进行呢？当然，立法机构在规定内阁成员去留的问题上要比总统有更大的权力。现在大家都知道，按照官员任期法，要想撤除战争部长的职位，几乎是不可能的，因为现在很多国民都对斯坦顿充满了信心。一些狡猾的律师可能会对法律有着曲解，但是常识以及忠诚的民众的看法会让我们对法律有正确的认知。

　　"在撤除第五军事地区那位有能力的将领的问题上，我希望你再次考虑这对公众所产生的影响吧。他是一位公认的有能力的将领，而且受到人民的爱戴，经受过内战的考验。现在，我们的那些敌人是那么的惧怕他……

　　"总而言之，让我作为你的一位热爱和平与安静的朋友这样说，整个国家，包括南北之间的和平，在我看来，这并不单纯是国民对政府的忠诚（我是指那些在内战期间支持联邦政府的人），更在于人们对那些被撤职的人所表现出来的信心。"

　　约翰逊总统在 8 月 5 日给斯坦顿写了这样一封信：

　　"先生——公众对官员必须拥有高尚品格的要求，让我接受你辞去战争部长一职。"

　　斯坦顿对此立即回复说：

"我很荣幸地说，公众要求官员具有高尚的品格，正是公众这样的要求，我才会继续留在战争部长这个职位上，在国会下次开会之前，我是绝对不会辞去战争部长一职的。"

第二十八章
临时战争部长

    约翰逊要求斯坦顿辞职的企图没有得逞之后，他决定暂停斯坦顿的职务，让格兰特暂时代替斯坦顿成为战争部长。当时，谁也不知道格兰特在这场争议当中站在哪一边。在当时群情汹涌的时候，这是一场难以继续玩下去的游戏，但到目前为止，格兰特依然没有明显地表明自己的立场。本·韦德是当时国会里最为激进的一名议员，就曾说自己经常想知道格兰特到底是支持国会还是支持约翰逊，还是他另外有支持的一方，却始终无法知道格兰特真正支持的对象。"一旦与他谈论有关政策的问题时，他马上就会与你谈论马匹的问题。"事实上，我们已经看到格兰特此时完全支持国会所通过的法案，无论他认为国会这样做是多么的让人遗憾，这一切都是因为约翰逊一开始走在一条错误的道路所引发的。格兰特认为最重要的一点就是遵守法律。

    因此，在1867年8月12日，约翰逊派人给斯坦顿传消息，说要暂停他作为战争部长的职务，要求他将之前办公室记录交给格兰特将军。格兰特告知了斯坦顿自己全新的职务，最后用非常礼貌的话语进行总结：

"在我告知你接受总统的任命之时，我必须借此机会表达我对你一直以来作为战争部长展现出来的热情、爱国之情、勇敢与能力表达敬意。"

斯坦顿同样非常有礼貌地进行回应，但他在结束这次对话之后，派人在同一天将一封信交给约翰逊。在信中，斯坦顿拒绝承认总统暂停他的职务的合法性，并在信的最后这样说："虽然格兰特将军是临时担任战争部长这个职务，他也告知了我他接受你的任命，虽然我对此表示抗议，但我也只能遵守总统的命令。"

吉迪恩·威尔斯是一位编年史记录者，虽然他在记录的过程中带有强烈的个人偏见。他在"日记"里记录了几天后与格兰特在战争部里的对话。格兰特在谈话的时候明显展现出了他对国会的支持，虽然他给出的理由并不是很让人信服。威尔斯抄写下来的对话是这样的："总的来说，在这次谈话之后，我并没有比之前更加看重格兰特将军。在政治领域，他显得非常无知……显然，他肯定已经得到了激进共和党人的贿赂或者奉承，那些共和党人千方百计想要利用他的名声去实现他们自私与党派的目的。"

格兰特接受总统的任命，取代斯坦顿的位置，这是一个错误的决定。在 1867 年 8 月到 1868 年 1 月期间，格兰特担任临时战争部长，没有比格兰特离开这个职位的方式引发更多的事情了，虽然格兰特在担任临时部长期间改革了许多弊端，减少了政府毫无必要的浪费，废除了一些过时的合同，让整个部门从战时的状态中走了出来。但是，人们并不知道格兰特当时所持的态度，他们也没有任何理由知道格兰特当时的想法。格兰特在给约翰逊总统的信件里就强烈反对撤除谢里丹与斯坦顿职务的行为，这些信件在当时并没有公开。北方人民并不知道格兰特当时真正的立场，还以为他屈服于约翰逊总统的淫威。他们对格兰特都怀着一种抱怨的心态，为斯坦顿做出的牺牲感到愤怒，指责格兰特这种默许的行为。

在格兰特保持沉默的时候，除了内阁成员以及他的私人副官之外，其他人都不知道战争部与白宫之间持续产生的矛盾。格兰特尽可能不去参加内阁会议，避免讨论任何政治问题，在会议讨论一般的议题结束之后就匆匆离开。他想要让自己的生活与工作严格区分开来。作为临时战争部长，他每天早上要以联军总司令的身份签署一些文件，接着走上一段路前往联军总部，他就是在这里收到总部给他的收条，然后发下去加以执行的。

格兰特与约翰逊的公开决裂发生在约翰逊决定解除谢里丹的职务这件事情上。在这件事情上，格兰特看到了约翰逊最丑陋的一面。约翰逊在下令解除谢里丹职务，让托马斯接任这个职务的问题上，他请求格兰特给予一些建议，格兰特是这样回复的：

"我很高兴能利用你征询我的建议的机会发表自己的看法——我以一名拥有强烈爱国之心的人的名义，强烈要求——总统不要坚持这样的任命。整个国家的人民都不希望看到谢里丹将军离开现在的职务。在我们这样的国家，人民的意愿就是这片土地上的法律。我恳求您能聆听一下人民发出来的声音。"

在这封信以及其他类似的信件里，格兰特都没有像平常那样写得那么简单与克制，约翰逊在回信中对格兰特提出的质疑进行了反驳：

"我并不认为让谢里丹将军继续担任第五军区指挥官的决定应该由人民去决定……谢里丹将军在按照国会赋予他的权力基础上所做的行为实在让人反感，他在未经法律允许的情况下做出的其他行为更是让人难以接受……因此，解除谢里丹将军的职位并不是为了打击国会通过的法律。"

在谢里丹被解除职务之后，这些信件被公开了。南方人都在赞美约翰逊，说他挫败了格兰特的阴谋，而格兰特也被北方人指责他对抗约翰逊的立场过于软弱。也许，格兰特能从这件事情中明白一点，那就是他更加适合指挥军队，而不适合处理这些争议事情。

1867 年 12 月 12 日，就在国会长时间休会后继续开会的三周后，约翰逊派人知会国会，宣布斯坦顿已经被停职，在这份声明当中，还包含着斯坦顿本人对国会通过的官员任期法的一些评论。比方说，里面就有这样一段内容：

"内阁里的每位成员都建议我说，国会通过的这项法律是不符合宪法的。他们都毫无保留地这样表示，但斯坦顿对这项法律的谴责是最为详细的，态度也是最为激烈的……我对斯坦顿在这个问题上的精通感到震惊……我要求他准备否决国会通过的这项官员任期法的工作。但是，斯坦顿以身体不适为由表示拒绝……但是他愿意为任何文字方面的工作做出自己的努力。"

试想一下，当国会收到这样一份声明之后，弹劾约翰逊的声音就在国会大厦里回荡。在接下来的冬天里，激进的共和党议员向国会提交了几份弹劾总统的议案，国会对此进行讨论，在第二年2月15日否决了这些议案。

一周之后，重建委员会与国会却来了一个大反转。1868年2月22日，就在约翰逊在白宫门前发表第一次继任演说的两周年的同一天，重建委员会一致投票通过了对总统的弹劾议案，两天后众议院以128票对47票通过了这一议案，投反对票的全部是民主党人。到底是什么导致国会做出反差如此之大的行为呢？

参议院对约翰逊暂停斯坦顿战争部长给出的原因进行了讨论，最后认定这些理由并不充分。这已经是1868年1月13日的事情了，参议院是从1月11日开始对这个问题进行讨论的。在14日早上，格兰特前往战争部的办公室，叫人锁上办公室外面的大门，然后将钥匙交给副官。接着，他立即派人送一封正式的信件给总统，表示自己已经知道了国会的决议，按照法律，他作为战争部长的职务在此刻也终止了，斯坦顿将再次成为战争部长。

约翰逊收信之后表现出一贯的无礼，他派人将消息传到格兰特的办公室，要求"立刻见他"。倘若不是那个年代还没有发明电路，约翰逊肯定会马上按响警报器，因为这样的情况在之后其他的部长与将军身上都出现过。在斯坦顿4个月前被暂停战争部长一职的时候，格兰特与谢尔曼都知道，斯坦顿的自负是让人难以容忍的。格兰特在那个时候曾经得出一个结论，那就是他或者斯坦顿两个人之中必须有一个人辞职。[1]

---

1 "在1866年、1867年以及1868年，格兰特将军曾与我敞开心扉地谈论他与时任战争部长斯坦顿之间的矛盾。格兰特在这方面最严厉的措辞以及他采取的行动带来的后果，都可以从斯坦顿在1868年1月重回战争部担任部长的事情中得到体现。此时，斯坦顿对格兰特做出了更富攻击性的行为，这要比他在1867年8月被暂停战争部长一职之前更加强烈，当时格兰特与谢尔曼都试图让斯坦顿离开战争部。在格兰特以皮博迪理事会成员的身份前往里士满与弗吉尼亚州的时候，他对我说，斯坦顿的行为让人难以容忍。在征询了我的意见之后，他用严正的语气说，他表示要么解除斯坦顿的职务，要么总统就要接受他的辞呈。但在这之后，格兰特与约翰逊之间的矛盾迅速变得尖锐起来。约翰逊在1868年2月想要再次解除斯坦顿战争部长的职务，这导致了国会对约翰逊的弹劾，这件事带来的影响完全掩盖了格兰特与斯坦顿之间的矛盾，无疑让格兰特在斯坦顿离职这件事情上不敢采取任何行动，虽然他在里士满的时候曾表示自己会有所行动。"出自斯科菲尔德所著的《四十六年军队生涯》第412—413页。

第二十九章
诚实的问题——弹劾总统的程序——总统选举

约翰逊对此极为愤怒。在这一天，更为残酷与影响深远的一次争议开始了，这涉及格兰特的忠诚与诚实以及对约翰逊忠诚度之间的问题。这次争议将两个人的一切关系都彻底切断了。约翰逊始终表示，国会通过的官员任期法是违宪的，无论国会对此有怎样的辩解，这项法律都不适用于斯坦顿或者林肯总统执政时期任命的任何官员。约翰逊想让最高法院去解决这个争端，并且表示格兰特曾经同意"及时填补因为暂停斯坦顿职务而留下来的空位，直到国会最终对是否暂停斯坦顿职务有了决定，或者在等待司法程序最终裁决之前，继续担任临时战争部长"。

格兰特否认自己做出过这样的表述。他承认在担任战争部长的职责之后的某个时候，当总统问他对国会如果不同意暂停斯坦顿职务，要求恢复斯坦顿职务这个问题的看法。格兰特当时回答说，斯坦顿会通过向法院发起诉讼，要求恢复自己的职位。"我发现总统急切地想让斯坦顿离开战争部长这个职位，无论最后是否暂停斯坦顿的职位，他都想这样做。我表示自己还没有详细地阅读官员任期法的内容，但是我当时表述了自己的一般性原则，那就是如果我在这个问题上的立场发生了改变，我会告诉他这个事实。之后，当我认真阅读了官员任期法的内容之后，我发现当国会要求恢复斯坦顿战争部长职位的决议通过之后，要是我不辞去临时战争部长的职位，这就是违反法律的行为，虽然总统当时应该命令我留任，但是他没有这样做。有鉴于此以及发生在 11 日的事情，国会已经就总统暂停斯坦顿职务的问题进行了讨论，我在与谢尔曼中将以及手下的一些副官进行商量之后，我表示法律已经让我没有别的选择，只能让斯坦顿重新恢复职位，我打算将自己的立场告诉总统，我前去找总统谈话，只是想告诉他这个决定，让世人也知道我的立场。当我采取了这样的行为，也就实现了我在这个问题上的承诺。"

约翰逊最大的问题就在于他不了解格兰特。对于像格兰特这样一个从不发怒与咆哮的人来说，他不知道格兰特的最终目的是什么，与其他很多顽固的人一样，他过分高估了自己说服别人的能力。当格兰特在宣布自己辞去临时战争部长的职位之后，约翰逊表示自己想再次见一下格兰特。对约翰逊来说，这意味着他需要花费更多的口舌说服格兰特同意站在他这边。对格兰特来说，这意味着与总统已经没有任何关系了，他已经下定决心要与约翰逊决裂了。约翰逊之前在命令格兰特前往墨西哥，格兰特对此表示拒绝的时候已经错判了一次，他应该从那一次的经历中得到教训。

14 日是内阁开会的日子。约翰逊收到了康斯托克拿过来的格兰特的书面文书。约翰逊当着康斯托克的面阅读了这份文书，并在阅读的过程中根本无视文书中的内容。最后，他要求康斯托克传话给格兰特，想在内阁会议上见到他。在这一封日期写着 1868 年 1 月 28 日的争议文书里，格兰特给约翰逊的信件内容是这样写的：

"会上，你们拆开我的信件读到其中的内容，就说明我之前还是内阁的一位成员。在我给总统的一份报告里，我就已经说明我再也不是临时战争部长了。总统在谈话中也已经说明了这点。在这份声明还有之前与总统的谈话内容都表明，在法院做出判决之前，我会继续担任临时战争部长一职，之后我会宣布辞职，让总统处在我接受这一职务之前的状态。在聆听了总统的表态之后，我在这封信里将我们之间的对话公布开来……我绝对没有承认过总统之前那份声明的正确性，虽然总统在声明里淡化了我所持的立场。我说（在我们第一次就这个议题上的谈话）总统应该能够理解我所说的话，也就是，如果我不能恢复职位的话，我承诺过辞职。但我从未做出过这样的承诺。"

这就引发了诚信的问题。第二天早上，政府喉舌媒体《国家信息报》发表了一篇社论，对这次会议进行了报道，表示格兰特承认过自己所持的立场是模糊不清的，并且说格兰特违背了忠诚的原则。格兰特带着谢尔曼一起前往白宫对此表示抗议。在第二天的一次会议上，约翰逊对内阁成员宣读了这篇社论，并且得到了每位内阁成员对这篇报道真实性的肯定。之后，每位内阁成员都发表书面声明，证实约翰逊对此事的说法是准确的。

吉迪恩·威尔斯一直在日记里记录着格兰特负面的内容，他在日记里是这样描述这个场景的：

总统显得很冷静与富于尊严，虽然他流露出失望与愤怒的神色。格兰特将军显得很低调与犹豫，他显然感觉到自己所持的立场是模糊不定的，这只会让他失去公众的信任。我认为，这也是当时所有人对格兰特的印象（当然，这也给我留下了同样的印象），那就是格兰特将军的行为是口是心非的——并没有忠诚于他所信任的人——这一切都让格兰特处在舆论的风暴当中。格兰特的举止是那么的谦和，甚至可以说是可怜的。他在离开白宫的时候失去了尊严，我可以从内阁成员的表情上看到这一点。总统虽然对格兰特的表态感到不安，但并没有将自己的愤怒发泄在身边的人身上，他没有说出任何难听的话，也没有做任何失去礼节的事情。但是，格兰特却认为那篇社论的内容给他带来极大的伤害，他的表现让总统感到无比震惊。

格兰特与约翰逊之间的通信逐渐脱离争议的范畴，是始于1月24日格兰特要求总统给他一份手写的命令，这发生在约翰逊否决了斯坦顿作为战争部长的命令5天前。"我不得不要求总统以手写的方式下达命令，"他在上文已经提到的1月28日的信件里这样提到，"因为很多严重歪曲的内容影响到了我的个人声誉，在过去两周里不断地在媒体间传播，这些内容都是总统那边传出来的，谈论的是总统在私人办公室或内阁会议上的内容。但是，手写的命令则不会引发任何误解。"

对格兰特而言，他在 2 月 3 日回复约翰逊 1 月 31 日的信件是两个人通信的终结。在美国之前或之后的历史当中，还从未发生过军队将领对总统诚信问题这么严重的质疑。

巴多曾说，格兰特一开始在回信里的口气还是比较温和的，表示约翰逊可能的确误解了他的立场。但是，罗林斯与格兰特不一样，他看到了这场争议所产生的政治影响力。他对格兰特说："这样回复是不行的，反驳的力度还不够。"之后，罗林斯帮格兰特撰写了一个直接反驳与否定总统言论的段落。这些反驳总统的言论可能是真实的，回信的内容也是极为明确的，彻底切断了格兰特与约翰逊之间的联系。这让格兰特立即成为共和党人推崇的对象。

格兰特在回信里这样谈论约翰逊的言论：

我觉得这封回信不过是重申自己之前的观点，只不过在内容上更加详细一些，对"很多人眼中的误解"进行了澄清。我在上个月 28 日的信件所陈述的内容是为了修正大家的误解。我在这里再次重申在那封信里所说内容的真实性。任何与这份回信内容相反的情况都是误解。我必须承认，内阁成员在谈到那封信的时候竟然对我有如此大的歪曲理解，这实在让我感到无比震惊。

从我们的谈话以及我在 1867 年 8 月 1 日手写的抗议撤去斯坦顿职务的信件里可以看出，你们必须要知道，我在斯坦顿撤职或者停职这件事情上遇到的最大阻力，就是担心继任者会违背南方各州与联邦政府之间恰当关系的法律，从而让那些履行军职的人员，特别是那些执法人员感到尴尬。正是为了防止出现这种让人失望的局面，我同意成为临时战争部长，这并不是为了实现总统要以违背法律的方式去撤除斯坦顿职务的目的，我这样做也不是要屈服于总统的权力……我在之前的信件里已经清楚地说明了这一点……总统让我担任这个职务显然是违背法律的，但是总统没有就此下达任何命令。而我所选择去做的事情，我相信总统也知道是完全符合法律规定的，并没有违背上级下达的任何命令。

现在，总统先生，当我作为军人的名声以及作为一个人的正直受到如此严重侵犯的时候，请允许我说几句，我认为这件事从一开始到现在就是一件让我陷入违法境地的阴谋，而你却不愿意承担下达命令的责任，你这样做只会摧毁我在国民面前的形象。我在结语的时候可以确认一点，你最近命令我不遵守战争部下达的命令——也就是我的上级以及你的下属——并且没有撤销发布命令的权力，我只能选择不遵守。

格兰特在信件的最后总结说："这只不过是为了维护我的个人荣誉与品格。"

从这一天开始，格兰特就拒绝与约翰逊或内阁其他成员的一切往来。这些内阁成员站在约翰逊一边，证实他在谈话过程中的真实性，联名攻击格兰特的忠诚度。

在国会与整个国家都在关注着约翰逊与格兰特之间的争议

时，约翰逊还在想办法撤除斯坦顿的职位。他拒绝承认斯坦顿是战争部长的事实。他命令格兰特无视斯坦顿下达的命令。他想让谢尔曼取代斯坦顿的位置，但谢尔曼表示坚决反对。约翰逊对斯坦顿的个人反感只不过是他坚持要这样做的一个因素而已。他总是迷恋于要在法庭上推翻国会通过的官员任期法，从而让他在与国会那些敌人的较量中得到战术上的优势。2月21日，他任命洛伦佐·托马斯副官长担任战争部长的职位，并且要求托马斯给斯坦顿一封要求撤除斯坦顿职务的信件。斯坦顿对此表示强烈反对，将托马斯赶了出去。一场更加猛烈的反抗开始了。

史蒂文斯将一份重建委员会里所有共和党人都签名的弹劾安德鲁·约翰逊犯有重罪以及行为不当的议案提交了上去。两天后，众议院以 126 票对 47 票通过了议案，每一名共和党议员都投了赞成票。参议院的投票也几乎立即进行。约翰逊仅以一票之差逃过了弹劾。有趣的是，共和民主两党最早的一个共识就是，就撤除斯坦顿职务一事来看，约翰逊的行为完全是符合法律的。弹劾约翰逊的议案最终没有通过，史蒂文斯指控约翰逊违反法律的行为在几周前也没有通过。

参议院就弹劾议案的第一次投票是在 5 月 16 日开始的，接着是国会休会，直到 5 月 26 日重新开会，进行最后的投票。在休会期间，共和党全国代表大会在芝加哥举行，在 5 月 20 日，格兰特获得一致同意，成为共和党的总统候选人，时任众议院议长的斯凯勒·科尔法克斯为副总统获选人。格兰特在之前只进行过一次投票，那时候是投给布坎南的。"因为我知道弗雷蒙特"。如果他在 1860 年在伊利诺伊州有投票权的话，他肯定会投票给道格拉斯的。但是，格兰特的祖辈都是共和党人，他的父亲也是追随共和党的，正因为如此，他产生了一种党派的偏见，甚至让他希望看到约翰逊被国会弹劾的议案获得通过。因此，格兰特成为共和党总统获选人也是顺理成章的事情。对共和党来说，能够找到格兰特这样一位当时有着崇高声望的人作为候选人也是非常幸运的一件事。在 1867 年秋季国会选举的时候，民众已经展现出了一种支持民主党人的倾向。要是共和党在 1868 年选择格兰特之外的其他候选人，那么即便民主党人在选择候选人方面中规中矩，共和党人也很难有胜利的可能性。

　　格兰特在格里纳接受了共和党对他的总统提名。他接受总统提名的信件因为内容简洁且品味高尚而受人赞扬。他在信件里并没有谈及任何议题，而是保证他绝对不会为了提名他的政党而不顾国家利益。据说，格兰特在经过一番深思之后，在信件里加入了"让我们拥抱和平吧"这句话。这句话瞬间打动了人民，成为格兰特的一句竞选口号。虽然选举的结果绝对不是一面倒的。民主党提名的正副总统候选人分别是西摩与布莱尔，他们在选举中拿下了纽约州、新泽西州与俄勒冈等北方州，宾夕法尼亚州、俄亥俄州以及印第安纳州以让人意想不到的微弱优势被共和党拿下了。格兰特最终拿下了 26 个州，赢得了 214 张总统选举人票，而西摩则拿下来 8 个州，80 张总统选举人票，但是他们在总的得票数上要比这个数据的差距小很多。要不是南方的黑奴也拥有选举权，而且还尚未成为坚定的民主党人，那么西摩肯定会击败格兰特，当选为总统的。

从格兰特成为候任总统到他前往华盛顿参加总统就职典礼这段时间，他一直处于一种半隐居的状态。虽然他还是在华盛顿待了很长一段时间，他所在的共和党也只有少数几个人见到过他，但即便在与这些人见面的时候，他说的话也不多。正如他之前在军队的时候，几乎从来不举行战争会议。因此，他现在也没有就内阁成员或者就职演说征求其他人的意见。在他即将就任的这段时间里，他也没有与国会里的共和党领袖进行通气，就他想要制定的法律进行商量。

史蒂文斯在1868年的夏天就去世了，他在众议院的衣钵传给了喜欢吹牛的布特勒。布特勒因为决心要通过立法来进一步控制饱受战争之苦的南方，从而让整个国会出现了撕裂与各种纷争的局面。为了确保共和党的"投机分子"与"无赖"能够在尚未得到重建的南方州那里得到利益，他提出了一个议案，要求南方各州的地方指挥官撤除所有不愿意宣誓认同联邦政府的文职官员，指派那些亲近共和党的人，并且附带了一个条款，即那些之前被国会撤职过的官员现在可以重新成为官员。这一议案在参众两院全票通过了，没有引发任何争议。在执行这一法案的时候，只有那些投机分子以及之前南方联盟中成为共和党人的"无赖"获益。接着，布特勒领导的国会更进一步，要求恢复黑奴的选举权，实施宪法第十五修正案，要求"给予每一名合法的美国公民选举权，不能因为任何人的肤色、种族或者之前处于被奴役的状态而被剥夺选举权"。

因此，当格兰特成为美国总统——这是他严格意义上的第一份公职——他发现自己面临的南方政治局势会让那些有着一辈子政治经验的人都无法处理，当然格兰特对这样的烂摊子不需要负什么责任。与此同时，国内也出现了各种可能影响国家经济问题，以及一系列的外交问题影响着美国的国际形象。对于那些指责格兰特执政期间表现糟糕以及他错误地选择内阁成员的人，他们应该首先明白一点，那就是即便是今天的政客在格兰特当时的位置上，也无法通过选择优秀的内阁成员去取得更好的结果。

第三十章
当选美国总统

在格兰特成为总统之后，"友好的情感"似乎暂时又回来了。民主党人与共和党人都一致将格兰特视为他们最佳的总统。他们只是对格兰特就任总统一职存在着一点不满意的地方。格兰特拒绝与约翰逊一起从白宫乘坐马车前往国会山参加就职典礼。他永远也无法原谅约翰逊质疑他的忠诚这种行为。

格兰特第一次就职演说的稿子完全是他自己写的，在他发表演说之前，谁也不知道他到底要说些什么。在3月4日之前，谁也不知道格兰特到底在想些什么。格兰特的妹夫 A.R. 科尔宾当时是在华尔街圈子里面混的，正是他将格兰特就职演说的稿子递给了他。格兰特在写完就职演说稿子之后，没有多看一眼，就将稿子递给巴多，要求他将稿子锁在抽屉里，拿好钥匙，在3月4日之前不要让任何人看到。

格兰特的就职演说非常简短——大约只有1200个单词——虽然演说的内容不多，但里面的一些话语却已经成为我们现在经常说的一些话。比如："我毫无畏惧之心地接受现在这个职位。我并没有刻意去追求这个职位，我将会尽全力履行好自己的职责。""所有的法律都要得到忠实的执行，无论执行者是否得到我的赞同。我会在每项政策上给予建议，但是谁也不能违背人民的意愿。每个人都要遵守法律，无论是那些反对法律还是认同法律的人都是如此。我知道，只要法律能够有效严格地执行，那就没有废除不公正法律的必要性。"

虽然格兰特在演说里一些看似自满的段落遭受了一些批评，但整个就职演说还是进行得非常顺利。但是，当他宣布提名内阁成员的时候，共和党的其他大佬却感到难以理解。这些大佬只猜到了两个人选，其他一些获得提名的人在被列入名单之前根本就是默默无闻的。来自伊利诺伊州的艾利胡·E.沃什伯恩被提名为国务卿，我们可以将这视为是格兰特对这位一直以来给予自己帮助的人一种回报，但是格兰特做出这样的提名还是让人感到非常意外。在那个时候，人们认为格兰特的这项提名是为了表达个人对沃什伯恩的感激之情，而沃什伯恩在华盛顿这边混了这么久，也有足够的资格担任这个职务。但不管怎么说，这项提名还是引发了普遍性的批评声音。对于一些人表示担任国务卿一职的人应该要能说一口流利的法语，格兰特对此回应说："他至少能够流利地说一口自己的母语。"不过，沃什伯恩在普法战争期间以及内战期间担任驻法大使的履历，最终还是让他的提名获得了通过。

A.T.斯图瓦特被提名为财政部长。国会迅速通过了这项提名，直到某人提起一项被人们遗忘了很久的法律，这项法律是在19世纪初制定的，该法律规定，财政部长一职不能被那些从事商业的人担任。在华盛顿，谁也没有意识到著名商人或者进口商不能担任这个职务。格兰特对这些技术性的障碍表现得毫不在乎，要求参议员立即废除这项法令。后来，当约翰·谢尔曼成为财政部长的时候，这项法令终于被废除了，但这也要归功于萨姆纳反对这样做的行为没有得逞。相比于国会是否通过总统提名的内阁人选，格兰特所提名的内阁成员反而没有受到很多指责。因为，这些国会议员肯定要比格兰特更懂美国的法律。萨姆纳在后来攻击格兰特的时候表示，格兰特试图废除一项"维持了许久的法律，并且在没有足够强大理由的情况下这样做"。但是，萨姆纳一开始在赞成斯图瓦特的提名时，就没有意识到这项所谓"维持了许久的法律"。乔治·S.鲍特韦尔，这位来自马萨诸塞州的众议员，曾经做过商人，在内战期间担任过国税局专员，最后被提名取代斯图瓦特担任财政部长——这的确是一个不错的提名。

来自马萨诸塞州的E.洛克伍德·霍尔被提名为司法部长，他是一位学识渊博的律师，祖辈也是非常有成就的人，有着高尚的品格，曾经是众议院的议员，也是萨姆纳的朋友，一位对公共职务有着智慧与高尚理想的人。他遭受了一些共和党议员的批评，因为他指责共和党人对法官任命所提出的要求，他认为国会通过的地区法官人选以及南方地区指挥官人选都是有问题的。当格兰特后来在斯坦顿去世后，提名他填补最高法官的空缺时，这些共和党参议员在憎恨他的布特勒的怂恿下，否决了这项提名。格兰特始终站在霍尔一边，坚持联邦最高法院法官的人选。最后，格兰特不得不收回对霍尔的提名，这也是历史上一段有趣的故事。

在斯坦顿退休之后，约翰逊曾让斯科菲尔德将军担任战争部长。格兰特上任之后，要求斯科菲尔德继续在这个职位上干上一段时间，这也算是对斯科菲尔德的一种褒奖。几个星期后，罗林斯取代了斯科菲尔德的位置，成为战争部长，因为格兰特一步都离不开罗林斯的帮助。当然，谁也不会对格兰特的这项任命有任何质疑。阿道夫·E.伯里被提名为海军部长。伯里是费城的一位富有的慈善家，在费城之外，几乎没有人听说过他的名字。他是一位残疾人，在得知自己被提名之前，根本不会想到自己有机会获得提名。得知自己被提名之后，他立即委婉地表示拒绝，最后被来自新泽西州的乔治·M.罗本森，一位有着惊人能力的年轻人所替代。当时很多人都认为罗本森有足够的能力取代伯里成为海军部长。内政部长的提名人选是俄亥俄州州长雅各布·D.科克斯，他在内战期间作为准将有着辉煌的战争记录，特别是在富兰克林与安蒂特姆河等战役中战功显赫，而且他也是一位饱读诗书、阅读广泛的人，是一位兼职作家，还具有共和党保守倾向。当他在竞选俄亥俄州州长的时候，就公开宣布反对给予黑奴选举权。邮政部长的提名人选是来自马里兰州的约翰·A.J.克雷斯维尔，他担任过一段时间的众议员与参议员，与格兰特提名的其他内阁成员一样，在他的州之外没有多少人听说过他的名字。

格兰特担任8年总统，他的两届政府无论在内政还是外交方面都取得了辉煌的成就。事实上，他是各种流言蜚语与批评的靶心。在美国历届总统的名单中，除了约翰逊之外，受到攻击与非议最多的总统就要数格兰特了，而格兰特在很多方面的确存在着无能为力的地方。格兰特从本质上是一名军人，在与人打交道方面经验不足，对政治的了解也是一知半解，对历史、文学或者科学的政府管理也没有很深的了解。威廉·特库姆塞·谢尔曼在他于1868年夏天写的一篇政治观察文章里这样说："我个人的看法是，考虑到这个国家目前所处的状况，格兰特是最适合的总统人选。我们这个国家的政治能处于一种和谐、安静与稳定的状态，我觉得格兰特要比其他政客更有机会做到这一点。"

执政期间，格兰特犯下了许多严重的错误，但这些错误无一例外都是因为他对一些人所持的天真般的信任。虽然这些人很少会严重影响到政府的公共政策。当我们回顾格兰特执政期间所取得的辉煌成就——通过华盛顿条约制定了国际仲裁原则，通过日内瓦法庭就阿拉巴马州的权利问题进行了裁决，同时保持了美国的尊严，在弗吉尼厄斯号事件上实现了美国的利益，很好地处理了古巴事件；重新恢复了美国在国际上的信誉，保持了美国的尊严，制定了对待印第安人持续稳定的宽容政策，确认了文职官员改革的原则，恢复了南方的基本秩序——我们很容易将格兰特的亲信犯下的错误或者爆出的丑闻归咎于格兰特，虽然我们不能否认这些事实的存在，但也不能以偏概全。在那个时候，整个美国都普遍存在着铺张浪费的情况，投机的浪潮此起彼伏，整个国家的道德标准因为之前几年的战争都在不断下降。因此，很多心术不正的人担任了许多公职，这也就不足为奇了。要是没有出现这样的情况，反而是一件奇怪的事情。

格兰特在国务卿这个位置上的第一选择是来自爱荷华州的詹姆斯·F.威尔逊。威尔逊的确是一个不错的选择，虽然外交事务并不是他最擅长的，但是他是一个有能力、勤奋且品格高尚的人。他欣然接受了格兰特的提名，但在格兰特的要求下，沃什伯恩会暂时担任国务卿这个职务一段时间，好让沃什伯恩在前往法国担任大使之前有更高的声望。在格兰特看来，沃什伯恩只是担任名义上的国务卿，他不会发起任何一项政策或者做出任何任命，但是沃什伯恩这两样事情都做了。当威尔逊发现事情的走向之后，拒绝了格兰特的提名。

格兰特找到了汉密尔顿·费什替代威尔逊。在就职后的一两天里，他就派自己的军事助手巴布科克将军前往纽约，告诉费什这件事。当时的费什拥有财富、社会与家族地位。此时，他大约60岁，之前担任过州长，并且在立法机构担任过一段时间的议员，还在联邦众议院担任过众议员，担任过一届的联邦参议员，他与萨姆纳在此期间成为朋友。但是，费什自从1857年离开参议院之后，就没有继续自己的公职生涯了，并且在他之前担任过的职位上也没有太突出的政绩。格兰特来到纽约的时候偶然遇见他，但不是很了解。

费什并不在意国务卿这个职位。他是格兰特的第二选择，也没有被考察很久，但是他占据国务卿这个位置的时间却要比美国历史上历任国务卿都要长，当然西沃德除外，并且最后在任职期间取得了辉煌的成就。约翰·比奇洛曾经引述过西沃德的话，西沃德在获得国务卿任命之后没多久就在奥伯恩与他见面，当时他就说格兰特除了使用野蛮的军事力量之外，对外交政策没有一点看法。接着，西沃德指出，在华盛顿只有3个人能够担任国务卿，他们分别是萨姆纳、查尔斯·弗朗西斯·亚当斯以及他自己。他表示，只有他本人才能在不到一年的时间内对阿拉巴马之间的通信进行详细的分析，事实上他只花了4个月的时间就完成了这项工作。"费什会将所有的事情都交给司法部长去做，他本人不会做任何事情，他没有这个能力。萨姆纳希望能够获得总统提名，成为内阁成员，虽然他本人不会接受这样的提名。格兰特忽视了萨姆纳这样的心思，这是对萨姆纳的一种失礼，也是缺乏智慧的表现。"

1869年3月16日，比奇洛在给亨廷顿的信件里这样写道："这一届内阁成员并不是很强大，但却是值得人们尊重的。内阁最后能够坚持下去还是分崩离析，都取决于格兰特选择每位内阁成员的目的。如果他心底已经有了某些政策，只是需要这些人去加以执行的话，那么这就是一次值得赞扬的选择。如果他想要选择一些负责任的内阁成员的话，那么他就没有选择正确的人。汉密尔顿·费什是我在乡村生活时的邻居——他是一位友善却很有分量的人，在法庭上被视为温和派的法官，但在我的印象里，他的名字没有一次出现在报纸上……提名沃什伯恩是格兰特忠于自己朋友的另一个表现。与前几任国务卿相比，沃什伯恩只有一个优势，那就是他能从他们身上学到很多东西，而无法让他们从他身上学到东西……格兰特这样的提名让他在这个国家渐渐失去了崇高的威望。"

3周后，比奇洛这样写道："他（格兰特）似乎对政治力量的属性完全缺乏了解。他的内阁里只是他的亲信，他完全是出于感恩或者金钱方面的报答而做出这样的选择。他的亲戚朋友都是得到官位的第一选择……之前的任何一名总统都不会在就职之后这样任人唯亲。他秘密地选择一些让他的党内或者其他党派都不熟知的人担任内阁成员，这给整个国会的尊严带来无法愈合的伤害……"

卡尔·舒尔茨在他的回忆录里讲述了他在当时参议院衣帽间里听到的一件逸事。参议院里最优秀的一名律师听说，格兰特总统准备撤去某个地区一位联邦法官，这位可能被撤职的法官有着非常优秀的能力，非常适合这个职位。这位参议员对此表示提出抗议，格兰特承认，就他所知，这位法官的确没有什么不当的行为，他接着说："但是，这个州的州长给我写信说，他根本无法与这名法官进行合作，表示希望能够撤换掉这名法官。我认为州长有权力控制手下的员工。"在当时，类似于这样的批评与讽刺实在是太多了！

第三十一章
个人的平衡

～～◆～～

　　"我喜欢格兰特这个人,"詹姆斯·罗素·罗威尔在1870年前往华盛顿拜访的时候这样写道,"但是格兰特脸上露出的悲怅神色让我震惊,那是一张茫然悲怅的脸,似乎一个人在面对一个问题的时候,根本就不理解这个问题到底是什么意思。"

　　当时,格兰特就任总统已经有一年了——这一年里有很多迫切的问题需要处理,其中一些问题还非常复杂,这些都是毋庸置疑的。但在格兰特本人看来,萨姆纳、费什以及莫特里等人的态度是一个始终存在的因素。如果在格兰特就任总统前几周里,能像一位无私的朋友那样向与他在多个方面有着分歧的人伸出友谊之手的话,那么他与萨姆纳这位参议院领袖之间的分歧也不会演变成影响整个政府执政是否取得成功以及全国人民生活状况的危险争执。虽然格兰特与萨姆纳都有着相同的目标,但是他们在实现这一目标的方法上存在着很大的分歧。但是,他们谁也没有向对方展示过友好的一面,没有想过要维持和谐的关系。

人们可能会认为，费什在他当时所处的位置以及他之前在参议院与萨姆纳之间的友情能够让他成为格兰特与萨姆纳之间的中间人，但是无论费什有着怎样的倾向，他都绝对不是承担这个任务的人。萨姆纳虽然很高兴有费什这个朋友，但却从未以平等的眼光看待费什，始终认为费什在很多事情上是没有能力的。虽然费什一开始将萨姆纳视为自己的导师，渐渐地开始讨厌他做出自以为高人一等的姿态，开始忠诚于自己的荷兰祖先，并且将自己与格兰特联系在一起，从而加剧了格兰特与萨姆纳之间的矛盾。除此之外，费什也开始制定一项合理与富于远见的外交政策。

萨姆纳认为格兰特并没有什么政治智慧，他从来都不认为格兰特在战争期间的表现让他可以担任总统的职位。虽然他没有参加总统提名，最后在看到格兰特必定能够获得共和党总统提名的时候也选择了默认态度。萨姆纳有这样的想法一点也不奇怪。萨姆纳质疑格兰特在选择内阁成员方面所展现出来的智慧，但是格兰特也不是唯一一位让他心存质疑的总统。他从来不认为林肯应该担任总统，也从未理解过林肯。卡尔·舒尔茨曾说："对他来说，林肯始终是一个谜。萨姆纳经常给我讲起林肯说过的一些非常深邃且有智慧的话，但是林肯所说的其他话语则是让他难以理解，让他觉得这似乎与当前要做的重要工作没有任何关系。萨姆纳是一个完全缺乏幽默感的人——我几乎每次都要这样说——因此他经常无法理解林肯在表达观点时所说的一些离奇有趣的逸事。很多时候，我看到萨姆纳在他的办公室里来回踱步，高举双手大声地说：'我祈祷总统延迟这样做的决定是正确的，但是我担心总统这样做肯定是错误的。我相信他对联邦政府的忠诚，但是我始终无法理解他的做法。"

至于格兰特，他根本没有能力去与萨姆纳这样一类人打交道。格兰特与林肯在性格方面非常不同，林肯有时还会前往萨姆纳的家做客，与他喝上一杯。林肯总统对萨姆纳这样的优待，让萨姆纳也曾感到特别自豪。林肯会与萨姆纳聊一些家长里短的话题，增进他们之间的交流。在林肯第二个总统任期间，当萨姆纳对他在路易斯安那州的政策表现出极大敌意的时候，林肯总统在给萨姆纳的一封信里这样写道："亲爱的萨姆纳先生，除非你说一些与我相悖的话，否则我今晚就乘坐马车到你家，带你出席就职晚宴。"在晚宴上，林肯与萨姆纳肩并肩地走在一起，让萨姆纳的虚荣心得到了极大的满足。但是，格兰特不会这样做。

1864 年，萨姆纳认为林肯应该让位给更强有力的总统候选人，正如在 1868 年总统大选的时候，他认为共和党应该提名一个比格兰特更有政治经验的人去应对当时的各种问题。也许，萨姆纳的想法是对的，问题就在于去哪里找这样合适的人。

当格兰特就任总统之后，萨姆纳已经成为参议院无可争辩的大佬。在西沃德进入林肯政府内阁之后，他就担任参议院外交关系委员会主席。随着查斯的退休，没有人能与他在资历或者名声上相媲美。这一切都让他获得了极高的名声，让他想在国家事务中扮演更加重要角色的想法膨胀起来。萨姆纳出身名门望族，接受过良好的教育，从孩提时代起就接受政治方面的教育。他阅读了每一本关于政府管理的书籍，了解每个时代与国家的最好文章，并且在脑海里存储了惊人的知识。他在参议院发表演说或者日常的谈话，经常要花费很多时间去对文章或者言语进行润色。在那个时代，他是为数不多与国内外的学者、作家以及公众人物有书信来往的政治家。他在马萨诸塞州的政坛上已经没有对手了，他被其他地方的人视为英雄以及捍卫自由的斗士，因为他作为宣扬人权永不妥协的斗士的名声在1848年那个动乱的年代就已经很响亮了。

洛奇在他的《早年回忆录》里就给我们描绘了有关萨姆纳的有趣形象。洛奇谈到了萨姆纳渊博的学识、博览群书的能力以及他过目不忘的能力。他说："萨姆纳本人是一位梦想家，喜欢沉思，喜欢阅读书籍，而且还非常愿意学习。在他所处的时代环境下，命运之手让他只能投入到激烈冲突与抗争的事业当中。他在这个过程中扮演着重要的角色，但他的本性始终都没有改变。他依然是一位梦想家与喜欢阅读书籍的人……从最宽泛的意义去看，他的确是一位政治家，虽然他并不是那些专注于制定法律的议员，也不屑于关注立法的细节……他对一般意义上的政治概念根本毫不在意……他是一位仪表堂堂的人，身材魁梧，体型健硕，却有着一张威严的脸。每个见到他的人都会为他的仪表以及个人形象所震撼。在所有这些外在形象背后，是他那罕见的天才、富于磁性的声音以及说话语气的抑扬顿挫，让人们听起来总是觉得很悦耳……再加上他天生就缺乏幽默感，这构成了他性格中非常有趣的特点……他不是一个自负的人，却有着很强的虚荣心……而且这种虚荣心在他的行为中得到很明显的展现……不过他流露出来的虚荣心并不会冒犯别人，因为这种虚荣心实在是太自然太明显了，根本不会让别人感到任何冒犯，但这的确让他容易成为别人利用的对象……在日常生活中，没有谁比他更加注重自身的行为，他的行为是友善、庄重与富于尊严的，他能以最为优雅的方式做出最有礼貌的行为。"

舒尔茨曾说，萨姆纳感觉自己代表着整个国家的尊严。舒尔茨曾用体育方面的语言这样说："萨姆纳用一双鹰眼注视这个国家前进的方向，但却不知道该怎样去追踪国家前进的痕迹。"

与此形成鲜明对比的是，格兰特身材矮小，不注重穿着等外在形象，在公开场合下也是沉默寡言，为人比较低调，没有流露出任何虚荣心，阅读的范围比较狭窄，接受的最高教育不过是在西点军校里学到的文化知识。格兰特对礼仪方面的举止不是很重视，对社交活动中的优雅举止也不是很了解，他的衣服总是散发出烟草的臭味。当他与那些有文化的人在一起交谈的时候，总觉得很不自在，但他的言语却是简单直接的，与人交往的方式也是比较坦诚的。

"他们两个人的心灵品质以及外在形象都存在巨大的差异，"查尔斯·弗朗西斯·亚当斯说，"虽然萨姆纳在知识、道德以及外形上都要比格兰特更加出色，可以称得上是人类的标本，但是格兰特在某些领域却有着一种平衡性的品质，这足以让他成为一个可怕的对手。格兰特有着无比坚定的意志，平时比较沉默寡言。萨姆纳却刚好相反，他也是一个意志坚定的人，却是一个喜欢高谈阔论的人，是一位修辞学者。在行动上，格兰特的自我控制能力堪称完美，在任何危难的关头都能保持沉着冷静，始终保持低调，不会流露出任何一丝自我意识。在紧要关头，他血管里的血液似乎也不会加速流动，脸色依然像往常那样淡定自若。可以说，格兰特本人就是坚毅这种品质人格化的产物。而萨姆纳则是一个很容易在道德层面激动的人，他一时激动说出来的话语，他那深沉却又带有煽动性的谚语以及他双眼发出来的光亮，都无法让别人深信不疑或者赢得别人的尊重。对那些不认同或者稍微认同萨姆纳的听众来说，他们会产生这样的疑问，那就是萨姆纳到底有没有平衡的心灵……但是，萨姆纳对自己给别人留下的这种印象却一无所知，他总是自然而然地认为自己占据着道德与智慧的制高点，从没有想过要与别人站在平等的地位去进行交流。在像格兰特这样的人看来，萨姆纳身上的这些性格特点只能给他们留下顽固、愤怒或者轻蔑的印象。

查尔斯·埃利奥特·诺顿就曾记录下格兰特极少流露出来的幽默感。当别人提出萨姆纳对《圣经》没有忠诚信仰这个问题时，格兰特回答说："嗯，毕竟《圣经》不是他写的。"

莫特里是萨姆纳的私人朋友，也是同属于波士顿地区文化与社交圈子的成员——这个圈子包括朗费罗、罗威尔、艾默生、霍桑、阿加西、安德鲁、达纳、霍尔姆斯，这些成员都在美国历史上取得过辉煌的成就，他们都拥有渊博的学识，有着自己的个人魅力以及对世界丰富的经验，他们熟悉欧洲的著名大学以及那里的图书馆。莫特里在林肯总统与约翰逊总统执政期间到奥地利大使馆工作，因此有一定的外交经验。不过，西沃德在处理一份佚名批评者充满侮辱性语言的信件时显得过分敏感，这让莫特里的外交生涯终止了。萨姆纳与他的其他朋友要求格兰特让莫特里担任驻英国大使，作为对莫特里尊严被伤害的一种补偿。但在这一举动背后，却隐藏着萨姆纳没有表明的另一层想法，那就是通过他在参议院里的地位，让他在无知的总统以及缺乏经验的国务卿执政期间，更好地制定美国的外交政策。

随着美国人民对解决英国留下来的问题不满的呼声越来越高，萨姆纳想在伦敦有一位自己完全信任的朋友。从他的角度来看，莫特里是最佳的人选。

但无论从哪一个角度去看，这都不是最合适的人选。虽然莫特里有一定的个人魅力以及社会名声，但是却缺乏作为美国驻英国大使所应该具备的圆滑与外交手腕。事实上，莫特里这个人天生就不适合从事外交工作，虽然当时也没有更好的人选可以成为美国驻英国大使。因此，没过多久，当格兰特与费什有必要与英国进行谈判的时候，完全将莫特里排除在谈判之外，这也不足为奇了。[1]

为了明白这一切以及格兰特政府对古巴与圣多明戈的态

---

1 E.L.葛德金在1869年4月从伦敦所写的一封信里这样说："从社会角度来看，任命莫特里为驻英国大使的决定是不错的。但在我看来，除了上述这个层面之外，在其他方面都是很糟糕的选择。我并不认为莫特里有成为大使所需的必要的心灵能力，让他能够通过谈判解决英国与美国之间悬而未决的问题。莫特里对很多事情都显得过分热情了。他在公开场合发表的演说实在让人感到失望，内容总是千篇一律，根本没有任何实质的思想……"

度，我们首先要明白这些人物的性格特点。这些冲突从格兰特政府一开始执政就出现了，其影响一直延续到萨姆纳去世多年之后。

第三十二章
与大英帝国的仲裁

　　格兰特执政初期，英国在内战时期支持南方同盟的做法引发民众越来越多的不满，要求解决这个问题的呼声也越来越高。虽然英国政府的行为让整个北方的民众都极为痛恨，但这是一次完全合法的程序，因为英国的战舰在内战时期帮助叛军在阿拉巴马州、佛罗里达州以及谢南多厄河造成了严重的财产与生命损失，英国的战舰帮助叛军的海军军官专门掠夺北方的进出口商船。

　　查尔斯·弗朗西斯·亚当斯当时是驻英国大使，他要求英国就其为南方叛军提供战舰所造成的损失进行赔偿，但英国在1865年年底直截了当地表示拒绝索赔申请。直到1868年，雷弗迪·约翰逊被约翰逊总统任命为驻英国大使，前往伦敦与英国就解决方案进行谈判。这一次，英国的政治家们感觉到欧洲大陆有可能出现全新的混乱，因此他们对这次谈判的态度发生了明显的转变。他们很高兴与美国就这些问题达成共识，从而让之前发生的阿拉巴马州事件不能成为在美国港口发动袭击美国商船的借口。

约翰逊对英国当局态度的转变感到非常高兴，为自己的使者能够获得如此的待遇感到高兴。他心情愉悦地参加了一次晚餐后的演说活动，滔滔不绝地谈论着那些总是对南方联盟事业持同情态度的人，并且在公开场合与莱尔德握手，此人之前吹嘘建造了阿拉巴马号商船，甚至想要努力在全新的职位上讨好别人，其程度甚至让国内的人都对他的忠诚度产生了怀疑。在1月的时候，雷弗迪与英国外交大臣签署了约翰逊－克拉伦登协议。约翰逊与西沃德惊讶地发现，这些条款要是在一年前达成的话，国会几乎不会怎么反对就会加以通过的，现在国会以及人民因为对美国所持的阿谀奉承的外交政策的反感程度日益加深，导致这个协议根本无法在国会里通过。与此同时，美国人民对爱尔兰人民争取地方自治的斗争抱着越来越强烈的同情心，而芬尼亚主义者在加拿大边境对英军发动进攻，这也成为美国当局需要考虑的一个因素。

格兰特政府向国会提交了这份议案，可以说该议案没有得到一位议员的支持。1869 年 4 月 13 日，国会最终的投票结果是 54 票比 1 票否决了这个议案。这场辩论的主要焦点就在于萨姆纳发表的一篇演说，事实上，萨姆纳根本没有必要发表这次演说，或者说不发表这次演说会带来更好的结果。但是，萨姆纳却始终都不是一个谨慎之人，他坚持公开自己的态度。他在演说里公开对英国进行攻击，此时保密的规定已经在国会通过正式投票废除了。但是，萨姆纳的这次演说还是对接下来发生的事件产生了极为恶劣的影响。

在国会否决了约翰逊-克拉伦登协议之后，萨姆纳那篇言辞激烈的演说依然煽动着公众的想象力。圣詹姆斯法庭任命莫特里接替约翰逊的职位，而查尔斯·弗朗西斯·亚当斯则刚刚从英国回到美国，静静地观察着事态的发展。他曾私下写了一篇文章，评论萨姆纳在国会的演说以及国会拒绝通过这一协议的现实影响。他写道："要是我们将对英国的索赔金额提得那么高，这根本让谈判没有任何回旋的余地，除非英国人民彻底失去了他们的精神与品格。"萨姆纳凭借自己"精通的数学"知识，计算出了英国在掠夺阿拉巴马号战舰给美国造成的直接损失大约是 1500 万美元，但是这一"低调"的数字并没有包括"英国切断美国商船贸易所造成的巨额损失"。按照萨姆纳的估计，后一项的损失在 1.1 亿美金左右。他接着说："当然，这只是我们要求总的赔偿金额的一部分。"

　　萨姆纳将内战持续了那么长时间的原因直接归结为英国从中捣鬼。"南方叛军之所以敢反抗联邦政府，从一开始就得到英国方面的支持与怂恿。"萨姆纳大声疾呼，"在英国给予海上支持之后，叛军的军事势力一下子就得到增强了，英国源源不断地给予叛军武器补给……从英国海盗做出的每一份报告里，我们可以知道他们每天烧毁了美国人民多少艘商船。无可争辩的一点是，要是没有英国政府的干预，南方叛军必然很快就会向联邦政府投降的，不会让战争持续数年之久，造成那么严重的生命财产损失。"

　　萨姆纳计算联军打败叛军所花费的费用在 40 亿美元左右。他认为，在英国的干预下，内战持续的时间延长了一倍，他能够轻易地计算出英国需要为一半的战争费用做出赔款，也就是需要赔偿 20 亿美元，这让整个协议的赔偿金额高达 21.25 亿美元。这个数字听上去非常庞大且容易引发战争。但是萨姆纳似乎没有意愿完全收回这么多赔偿，或者为了收回这么多赔偿而冒着与英国发生战争的危险。萨姆纳心底的算盘并不是为了真正索要英国这么多的赔偿款，而是为了在兼并英国殖民地的过程中能够更好地对所有的矛盾进行调整，让英国的势力从北美地区撤出。

兼并加拿大，特别是在当时爱尔兰人反抗英国的情绪感染下以及不断出现的芬尼亚兄弟会抗议英国统治的情况下，这并不是一个荒谬的提议，但是很多人就如何更好地实施这个计划存在分歧。钱德勒在参议院会议上表示继续保持和平是极为重要的："我们不能让敌人的军事基地就设在我们的家门口。兼并英国的殖民地，这符合我们的国家利益。我希望可以进行这样的谈判，那么兼并就会以和平的方式进行。如果和平的方式无法实现，并且英国坚持要与我们开战的话，那么这场战争也必须速战速决。"很多人都认为格兰特政府绝对不会担心面临战争的后果。在这一年的某个时候，格兰特认为谢里丹能够在 30 天之内占领加拿大。除此之外，英国的政治家似乎并不像 50 年前那么看重他们在美洲的殖民地，他们可能以一种可信的方式将这些殖民地交出去。兼并加拿大的真正问题就在于加拿大本身，因为加拿大人当时并不愿意与美国合并，而更想与英国在一起。

与萨姆纳一样，格兰特也是一位扩张主义者。但是，格兰特将向北扩张视为一个军事问题，而不是一个情感问题。他的心思更多地专注于向南面扩张，比方说古巴、圣多明哥以及墨西哥，那里有无穷无尽的自然资源，等待着美国人民去开发。在格兰特眼中，这要比贫瘠寒冷的加拿大土地更加具有吸引力。这就是格兰特与萨姆纳之间出现严重分歧的地方，萨姆纳在自己整个不安分的政治生涯里，始终都在研究着政治走向，他已经习惯性地将北方与人类自由联系在一起，而将南方与奴隶联系在一起。

正是在格兰特与萨姆纳出现这种分歧的情况下，保守且缺乏想象力的费什在违背自身倾向的情况下成为国务卿，找到了能让自己发挥才华的机会。萨姆纳认为自己作为参议院外交关系委员会主席以及参议院议长的身份，应该参与制定美国外交政策。莫特里是他一辈子的朋友，也在不知不觉中受到了萨姆纳的影响，在履行自己的全新使命时，将自己视为萨姆纳的代言人，而不是总统与国务卿费什的代言人。

莫特里在获得任命之后的第一个举措就是准备一份交给费什的备忘录，并在备忘录里规划好费什交代给他的主要内容。事实上，这份备忘录可能就是莫特里按照萨姆纳的口述写下来的，因为备忘录里的内容完全代表了萨姆纳的观点。备忘录里对是否有必要重新启动与英国的谈判提出了质疑，将英国女王在1861年5月就承认南方叛乱合法化发表的宣言问题扩大化，将之视为英国政府犯下的一个大错，表示美国人民因此深受苦难。备忘录里还表示，这些都是英国政府犯下的极端错误，还有捉获美国俘虏以及烧毁美国商船等行为都不是单纯用金钱赔偿能够解决的。

格兰特倾向于让莫特里继续做下去，但是费什已经感觉到肩上背负的全新责任，对此有不同的看法。首先，他已经决定应该抓住任何与英国重开谈判的可能性，并且最终成功地达成双方都能接受的协议。第二，古巴局势的发展也会影响到我们在与英国谈判时的方式。费什亲自对莫特里进行指引，对备忘录进行修改。当这一切完成之后，递交上去的备忘录已经与莫特里一开始提交的备忘录没有什么相似之处了。费什表示，虽然约翰逊-克拉伦登协议没有在国会获得通过，但是美国政府并没有放弃与英国政府"尽早达成双方都能接受的解决争端的方法"，并且表示格兰特总统认为暂停谈判会被英国政府认为"完全是符合双方利益的，也有助于更好地解决这些争端"。费什的这些言论引发了公众"广泛的不满"，"间接的索赔""造成难以估量的伤害"或是"不祥的征兆"，"致命"的宣言，打开了通向永久悲伤的流血之门。

费什始终认为，谈判要是在华盛顿举行的话，要比在伦敦举行能够取得更好的结果。在约翰逊-克拉伦登协议被国会否决一个星期之后，费什在给朋友的一封信里这样写道："无论谈判什么时候重启，华盛顿这边的谈判氛围与环境都要比英国那边的晚宴桌或者公共宴会的形式更好一些。"此时，他还没有机会"领略"到莫特里的外交能力，也没有感受到修改后的莫特里那份备忘录所带来的美好感觉。

1869 年 5 月，莫特里带着那份修改后的备忘录来到了英国。此时，莫特里依然还是接受萨姆纳那一套英国给美国带来了无法估量的伤害的理念。他竟然完全曲解了这次出访的使命。在他与克拉伦登第一次会面时，他着重强调了女王的宣言"是给美国人民带来巨大灾难的基础"。当他将这次会谈的报告提交给上级的时候，莫特里作为外交官的生涯几乎要终结了。

1877 年，约翰·罗素·杨格在爱丁堡向格兰特递交报告称："莫特里必须得到指示。他之前得到了非常明确的指示，费什与我都在最后时刻对备忘录进行了审阅，我甚至还写了一个附件，要求他无论如何都要在处理阿拉巴马号索赔事件上非常谨慎。但是，莫特里并没有遵循这样的指示，反而听从了萨姆纳的建议，直接给之前的会谈带来严重的影响。当我听到这件事之后，我立即给国务院写信汇报，要求费什解除莫特里的职务。我当时真的非常生气，我为当时没有坚持自己的第一选择而感到后悔。费什表示要迟一段时间才能解除莫特里的职位，因为萨姆纳在参议院的地位以及他对整个协议的态度都是很重要的。我们并不想在那个时候打草惊蛇。我们发布了一份措辞严厉的信给莫特里，要求他从即刻起不能参与此类的任何谈判。"

莫特里之后一直在英国定居，无论他在个人与社交层面上多么有魅力或者取得怎样的成就，都无法改变他阻碍了英美两国达成协议的事实。在日内瓦法庭的协调下，华盛顿协议与阿拉巴马号事件的解决方案最终在华盛顿达成了，当然这个过程并没有莫特里的参与。虽然他后来被要求辞职以及他辞去所有官职的要求在那个时代也引起了一阵波澜，但是却对后来的谈判没有多大实质性的影响。

正是在加勒·库欣的协调下，才开始了重启谈判的第一步。库欣作为联合仲裁法庭的律师，曾在 1863 年的协议里解决了哈德逊湾以及普吉特海湾公司的赔偿方案。他认识时任英国政府代理人的约翰·罗斯，罗斯在加拿大享有名声，被人们称为"具有高尚品格的出色外交家"。在罗斯不拘一格的建议下，库欣在华盛顿安排罗斯与费什见面。7 月 8 日，也就是在莫特里与克拉伦登那次不愉快会面的 4 周之后，他们聚到一起。此时的莫特里正在伦敦那边沮丧地谈论着"一条荆棘满布的道路"以及"可怕且深重的误解以及残酷的战争"。费什与罗斯的会谈为重启谈判打开了方便之门。

这些非正式的会谈持续了整个夏天与秋天。萨姆纳当时还没有完全疏远费什，也默认了他们之间的谈判。他甚至就此给出了建议，但没有表明自己的身份。因此，罗斯从伦敦那边写信问道："在你的代表团里，是不是有一位先生是最具有调和精神的呢？……我认为，当你认为谈判在华盛顿举办能够取得更好的结果时所要表达的意思，因为你能直接与参议员的主要领袖进行密谈，知道国会对会谈的支持程度……但是，我想问的是，你的代表是不是也有这样的想法呢？这样的想法又是怎样传递出去的呢？正如你所说的，是通过一个新任命的使者，还是通过桑顿呢？"萨姆纳不仅忽视了这封信里为莫特里辩护的成分，反而认为这是一种匿名的攻击。而作为莫特里的传记作家，奥利弗·温德尔·霍尔姆斯在 1879 年——也就是莫特里去世两年后——在谈到这封没有署名的信件时这样写道："一个缺乏信仰的朋友，一个隐秘的敌人，一位密使，或者说一位不明智的杞人忧天者。"

在将莫特里派到伦敦等早期步骤完成之后，格兰特立即给予费什在与英国外交部的谈判过程中极大的自由空间。但是，我们必须明确一点，那就是如果费什没有格兰特的全力支持，认同他在谈判过程中所持的每一个立场，那么他是不可能让谈判取得成功的。在这次成功的谈判中，我们很难说到底是费什的功劳大还是格兰特的功劳大，但是这次谈判成功或者失败的责任最后必然要落在格兰特身上。

1869 年 12 月，格兰特在就职总统的首次年度国情咨文演说里，就表示对否决约翰逊-克拉伦登协议的赞同。"内战期间，英国对美国人民造成的伤害……是绝对不能单纯通过金钱的赔偿来满足的。即便这个协议就一般的赔偿条款进行了磋商，但是其在赔偿的数额上还是与我们的预期有很大的落差。这样的内容在整个协议里都是没有看到的，也没有关于从中推论出来的结果。但是，美国人民在内战期间所遭受的痛苦显然没有为英国感同身受。"对约翰逊-克拉伦登协议的否决"在其协定的范围就出现了错误，在其规定的内容显得不充分"。格兰特认为应该从实现和平的角度去达成协议。"相比于让双方的条件都无法得到满足的情形，意识到自身权利的理智人民反而更容易满足于一种完全不能弥补的错误当中。"

格兰特表达了适时"开启英美两国的谈判，充分照顾对方的权利、尊严以及荣耀，下定决心不仅要消除过去造成的误解，而且还要为未来再次出现类似的争议或分歧打下一个牢固的解决基础与原则，从而实现两国之间永久的和平与友谊"。在最终的谈判结果里，格兰特的这个愿望得到了完全的满足。

此时爆发的普法战争帮了格兰特一个大忙。因为英国政府要专注于面对欧洲大陆所出现的问题，因此准备在1870年秋天与美国达成一个协议，以解决这次持久的争端。在1870年12月5日进行的第二次国情咨文演说里，格兰特就抓住了这个机会，敦促英国外交部加快谈判的进程。他用遗憾的口吻说："在谈判过程中，英国政府始终都不承认在美国内战期间，英国所采取的一些错误的政策。伦敦的内阁就目前他们所持的立场，并不愿意承认女王陛下治理下的政府犯有任何过错，因此美国人民有抱怨的合理理由。我们所持的信念完全与英国当局所持的想法是相反的。"因此，格兰特要求设立一个专门的委员会"搜集关于这些赔偿的金额以及所有权"。美国政府获得了解决这些争端索要赔偿的权力，通过政府帮助私人进行索赔，对英国施压。格兰特表示，无论任何时候，只要英国政府能够"进行完全友好的政策调整"，美国政府将会"在完全尊重两国尊严与荣誉的前提下，与英国达成真正的协议"。

在1870年12月6日的伦敦报纸上就出现了格兰特的这篇演说。5周之后，也就是1871年1月9日，罗斯从伦敦出发前往华盛顿，与费什共进晚餐。晚餐结束之后，他们两个人达成了一个机密的备忘录，这个备忘录成为这次谈判的基础。从这一天开始直到1871年5月8日签署华盛顿协议为止，在国务卿费什的指引下，整个谈判都在取得稳步的进展。

在谈判过程中，萨姆纳与格兰特在圣多明哥事件上完全决裂了，但是他依然是"参议院第一委员会"的领袖，他认为这个位置是在"总统之下与其他政府部门权力一样大的"。费什当时专注于这次谈判的成功，就安排外交关系委员会的另一位成员帕特森前去萨姆纳家做客。他在1月15日给了萨姆纳一份他与罗斯之间达成的书面备忘录。两天后，萨姆纳在交还这份备忘录的时候，还附上了一张字条，上面表示，约翰·罗斯爵士的提议是得体的，"英美两国之间的所有问题以及争议的原因都应该永久地消除"，以及"所有的分歧都应该得到妥善的解决"，并且这样总结了自己的立场："当前最大的麻烦，或者说持续让我们感到不安的因素，就是来自芬尼亚兄弟会的暴乱，这都是因为英国势力驻扎在加拿大所引起的。因此，英国军队必须从加拿大撤出，这应该成为目前解决方案的一个前提。要想达成一个真正的协议，英国从北美洲全部撤军，包括英国占有的其他地区以及岛屿。"

萨姆纳的这个提议似乎让人感到无比震惊，并且这样的话是出自参议员外交委员会主席之口，因为任何协议都要通过参议院的投票才能通过。萨姆纳这样的表态显然无助于当时英美双方进行的谈判。但是，费什与罗斯在获得格兰特坚定的支持后，没有理会萨姆纳做出的评论，在没有讨论萨姆纳所提到的那些不可能实现的要求的前提下，继续进行谈判。

英国大使提交了一份建议，要求组建一个联合高级委员会，由英美两国的政府派出代表组成，并在华盛顿举行会议，认真讨论解决不同问题的方式，其中就包括解决渔场问题以及英国在北美地区殖民地会影响到英美之间关系的问题。在格兰特的支持下，费什坚持阿拉巴马号事件应该纳入讨论的范围内，并且要通过委员会进行解决。英国方面对此表示同意。

1871 年 2 月 9 日，格兰特提名代表美方的人选：国务卿汉密尔顿·费什、驻英国大使罗伯特·C.申克、最高法院助理法官萨缪尔·尼尔森、来自马萨诸塞州的埃比尼泽·R.霍尔以及来自俄勒冈州的乔治·H.威廉姆斯。要不是因为萨姆纳做出的一些缺乏理性的行为以及莫特里的捣乱，那位来自荷兰共和国的历史学家就可以成为委员会的成员之一，为他的事业增添闪亮的一笔。

英方的代表成员有：格拉斯通政府的内阁成员厄尔·德·格雷与里彭、议会保守党领袖斯塔福德·诺斯科特爵士、英国驻美大使爱德华·桑顿爵士、来自牛津大学的蒙塔古·伯纳德教授以及当时的加拿大总理约翰·A.麦克唐纳爵士。

在 6 周之内，英美两国组建的联合高级委员会就在华盛顿举行密集的会议，就达成协议进行各种谈判。5 月 10 日，当这份协议递交到参议院的时候，萨姆纳已经不是参议院外交事务委员会的主席了。他在 3 月份的时候已经被免职，虽然其遭到免职的原因与美国政府与英国政府的谈判没有直接关系，但在今天看来，协议的签订对英美两国实现友好交往是至关重要的，因此，参议院可能为了实现这个目的，采取了罢免萨姆纳外交事务委员会主席职位这种史无前例的手段。

萨姆纳在失去参议院外交事务委员会主席这个职位之后，相当温和地接受了这个协议。这个协议在 1871 年 5 月 24 日正式通过国会的批准。在解决国际争端问题中，仲裁的方式取得了第一次胜利。英国任命的仲裁人选是首席法官亚历山大·科克布恩，而美方任命的仲裁人选则是查尔斯·弗朗西斯·亚当斯。意大利国王、瑞士联邦总统以及巴西皇帝则担任中立的仲裁者。坦特登爵士是英国方面的代理人，朗德尔·帕尔马爵士则是英方顾问。副国务卿 J.C. 班克罗夫特·戴维斯则是美方的代理人，美方的顾问是威廉·M. 艾瓦特斯、加勒·库欣以及莫里森·R. 怀特。

1871 年 12 月 15 日，仲裁委员会在日内瓦举行会议，并在第二年的 9 月达成了协议。即便在协议最后要达成的关口，萨姆纳发出的"人民对协议普遍的不满"以及"间接的赔偿不合理"等言论还是始终威胁着协议的最终达成，有可能让之前的仲裁努力前功尽弃。要不是查尔斯·弗朗西斯·亚当斯在谈判过程中表现出来的坚定、圆滑以及外交手腕的话，那么仲裁委员会是不可能就这些事情达成一致的。1872 年 9 月 2 日，在仲裁委员会第二十九次会议上，委员会成员以 4 票对 1 票通过了协议，判定英国用黄金偿还美国 1550 万美元，用于赔偿英国政府在佛罗里达州与谢尔南多厄河所造成的损失。只有科克布恩一人对此表示反对。

因此，在解决国际争端时运用仲裁原则的问题上，格兰特是有很大功劳的，因为正是格兰特在这个过程中始终坚持这样的原则，才最终取得了谈判的胜利。要是格兰特在谈判过程中表现出一丁点的犹豫不决，最后都不可能取得这样的结果。格兰特是最早鼓吹要成立世界议会原则的人，之后海牙国际仲裁法庭就是格兰特这种倡导的产物。当格兰特后来来到了伯明翰的仲裁联盟之后，他说："没有比这样的想法更加让我感到高兴的了，那就是在未来的日子里，地球上每个国家都将同意组建某种类型的世界议会，这个议会对一些棘手的国际争端问题拥有审判权，这个机构的决定的权威性就像我们的最高法院对我们国家的权威性一样。我希望这样的梦想最终能够实现。"

第三十三章
圣多明哥的悲剧

在西半球的地图上，海地与圣多明哥这两个地方都是极不起眼的。即便是在拉丁美洲的许多国家里，这两个小国也是无足轻重的。但是，这两个国家在美国的政治上却扮演着与其地位不相符的重要角色。这两个地方是历史上为数不多的黑人自治的地方，没有经历过任何不愉快的事情。格兰特在圣多明哥事件里遭遇了人生中的一场悲剧——这是他第一次遭遇严重的失败。

虽然海地与圣多明哥名义上是统一的，但这座岛的两个部分在长达 25 年的时间里却是相互独立的两个革命中心。海地之前是法国的殖民地，现在占领着岛上三分之一的面积，拥有着岛上五分之四的人口。圣多明哥之前是西班牙的殖民地，虽然其包括的小岛比较分散，却始终没有向海地屈服。在过去几年，这两个地方的两位领袖巴埃斯与卡夫拉尔轮流成为这座岛的总统，有时是通过民众支持再加上半暴力的手段成为总统，有时则是纯粹通过暴力手段成为总统。

在那个时候，巴埃斯被称为格兰特的敌人，是一位雇佣军的首领。但是安德鲁·D.怀特前往圣多明哥与他进行了会谈，将他描述成为一个有能力与作战能力的人，说他是一个黑白混血儿，与在美国生活的那些混血儿完全不同。"他的行为展现出他的独立自主性，他说话的口气非常激昂，他的家人在这座岛上有着显赫的历史，在首都那边拥有许多不动产……他的举止比较优雅，说话水准可以媲美世界上任何国家的政治家……我从未质疑过他向格兰特将军提交的议案是充满爱国之心的。在他的记忆中，他这个国家的历史就是一连串造反与暴乱的历史，摧毁了这个岛上所有的财产以及人口。"

在约翰逊执政期间，巴埃斯曾一度失去了权力。他前往华盛顿求助，希望华盛顿方面能够对此进行干预。1868年，巴埃斯再次成为总统，而卡夫拉尔的势力则驻扎在海地边境上，时刻准备对他发动进攻。巴埃斯派一位密使前往华盛顿，约翰逊在西沃德的煽动之下，在他最后一年的国情咨文里提出了兼并整个岛的计划。

格兰特政府成立之后，巴埃斯就不断向华盛顿方面提出这样的议案。一开始，除了格兰特之外，其他人对他的提议是漠不关心的。格兰特认为圣多明哥不仅有着丰富的自然资源，而且还可以为南部各州的黑人提供一个庇护所。

在国务卿费什以及其他内阁成员还没有完全意识到之前，格兰特的这个兼并计划就已经萌发了。格兰特曾在内阁会议上提出这个问题，然后静静地聆听内阁成员的意见。内阁成员一致认为，美国政府不应该进行干预。直到5月份的一天，格兰特随便地表示，海军想要将沙门湾作为装煤港，他认为应该派巴布科克将军到那里研究情况，毕竟巴布科克将军之前是一位工程师，了解那里的具体情况。

在内战后期，奥维尔·E. 巴布科克是格兰特的随从之一，现在他奉命来到白宫，成为格兰特的私人助理秘书。巴布科克是一位有着个人魅力的年轻人，他有充沛的活力。为人聪明，有足够的军事工程能力。但是他在做事方面的一些草率行为以及他与一些存在着利益关系的人交往，或多或少都让格兰特在之后陷入许多困境。无论格兰特提出的这个兼并计划有多大价值，巴布科克在其中几乎没有起到任何作用，因为格兰特始终会忠诚地对此负全部责任。巴布科克在 1869 年 7 月动身前往圣多明哥。在出发之前，国务院特别给他下达指令，要他对该岛的人口以及自然资源进行详细的了解。于是，他率领着一艘海军战舰出发了。

9 月 4 日，巴布科克与圣多明哥当局达成了一份协议草案，草案规定美国需要支付给圣多明哥共和国 150 万美元，用于消除该岛的债务。在签订草案的过程中，巴布科克所用的是"美国总统尤利西斯·S. 格兰特的副官"这个自我夸耀的头衔，并且额外进行了保证，说格兰特总统"会在私底下利用个人的影响力争取国会议员的同意，从而让圣多明哥共和国能够成为美国的一部分"。

当费什得知巴布科克带回来的协议草案之后，他感到极为震惊。"你认为这件事该怎么处理？"他这样问雅各布·D. 科克斯。"巴布科克回来了，并且带回来了兼并圣多明哥的协议。

但是我可以向你保证，巴布科克根本没有这样做的任何权力，他的权力就跟到那座小岛游玩的普通游客一样。"费什对这件事没有很在意，很快就忘记了。他做梦都想不到格兰特竟然会表扬巴布科克这样离奇的表现。

在下一次内阁会议上，格兰特一开始就说："你们都知道，巴布科克回来了，并且带回来了兼并圣多明哥的协议。我认为这项协议还不是正式的，因为他没有任何外交方面的权力。但是我们可以轻易地解决这些问题。我们可以将协议送回去，让领事人员佩里在上面签字，因为佩里是国务院官员，因此这一切就将合情合法了。"

内阁成员都陷入了死一般的沉默当中，最后科克斯终于打破了沉默，他说："但是，总统先生，我们想要兼并圣多明哥的事件已经解决了吗？"格兰特脸色一下子就变了，深深地抽了一口雪茄烟。费什对此显得很冷漠，双眼始终盯着放在桌子前面的公文包。其他内阁成员都没有说话。"当会议的沉默气氛让人感到痛苦的时候，"科克斯后来写道，"格兰特总统转移到其他话题上，没有正面回答这个问题。在之后的内阁会议上，这个议题再也没有被提起。"

此时的费什处在一个极为尴尬的位置。他所负责的国务院的声誉不仅被巴布科克的大胆行为所损害，而且他的真诚也受到了质疑。因为费什在平常与萨姆纳聊天的时候，都只是将兼并的事情当成一件八卦的事情。费什想要提出辞职，格兰特恳求他继续留任。格兰特想要兼并圣多明哥，但是他需要费什的帮助，而费什也想要与英国成功地进行谈判，结束争端。因此，费什最后在圣多明哥的问题上做出了让步，以便实现更加伟大的目标。巴布科克又被派到了圣多明哥，他与当地政府达成了两个协议，一个是兼并协议，另一个是租借沙门湾的协议。与此同时，巴布科克以格兰特总统的名义向圣多明哥保证，在这些协议获得圣多明哥人民的同意之前，会保证任何外在势力都无法对此进行干预。这一保证履行了数个月，海军在罗伯逊海军部长的指挥下执行这样的命令。

在美国海军在海湾附近对巴埃斯给予保护之后，巴布科克在12月回到了华盛顿，带回了他与巴埃斯之间的协议。当时国会正在休假，格兰特就着手准备说服当时依然还留在华盛顿的萨姆纳。

在1月第一个周六的晚上，格兰特前往萨姆纳的家，发现他正与两位朋友吃晚饭，其中一位是波利·普尔，是当时华盛顿地区的记者，另一位则是参议院秘书约翰·W.福尼上校。这次会面在格兰特政府接下来的执政中扮演着极为重要的角色，也是格兰特与萨姆纳之间产生不可调和矛盾的开端。格兰特始终表示，萨姆纳曾经明确表示会支持这一协议，但萨姆纳则坚决否认自己说过类似的话。而当时的两位见证者之一的福尼后来表示，格兰特在见面后认为萨姆纳会支持自己的想法是非常合理的，但是普尔则表示"格兰特总统与萨姆纳参议员都误解了对方的意思"。

根据普尔的说法，格兰特当时并没有随身带相关的协议或者备忘录。格兰特在谈话的时候特别提到了巴布科克将军在圣多明哥的花费，并且表示这是特务资金的一部分，用来促进西印度群岛之间的交往，并且给萨姆纳这样一种印象，那就是他担心这个议案会因为其花费的问题而遭到国会的反对。普尔在1877年这样写道："就我所知，萨姆纳认为总统应该将巴布科克所花费资金的清单列举出来。我深信，总统当时所说的协议就是指兼并圣多明哥的协议。"（福尼上校与我都是这样的想法）

　　格兰特答应让巴布科克将军带上许多文件前去拜访萨姆纳。根据福尼的回忆，当萨姆纳陪同格兰特总统走到大门口时，萨姆纳说："总统先生，我是一名共和党人，也是本届政府的成员之一，我将会尽自己的所能让你的这届政府取得成功。我将会认真思考这个问题，尽最大的能力去给予你帮助。"萨姆纳在1870年12月21日的参议院演说里是这样说的："我听到有人说我向总统保证，我会在这个议题上支持这一届的政府。这是绝对没有的事！总统可能自己产生了这样的想法，但我从来没有说过这样的话。我也没有想到总统竟然没有理解我那样说所持的保留态度。我再次重复一遍，我所说的话是精确的、深思熟虑的并且是有选择的。'我是本届政府的成员之一，无论你提出什么议案，我都会给予最详细与最真诚的考虑'。当我说这句话的时候，我的立场是正面的。我一直都是持这样的立场，我知道自己的做法是正确的。"

　　这一关系不大的观点分歧却决定了之后发生的事情。在对一句话不同理解的问题上，格兰特没有办法指责萨姆纳违背了自己的忠诚。后来的历史学家也很少提到一个引发这场争议的重要因素，那就是萨姆纳在之后的谈话中表示，格兰特那一天喝醉了。萨姆纳这样的批评显然进了格兰特的耳朵。普尔表示，格兰特"在那一天，没有显现出任何受到酒精影响的症状"。普尔认为，萨姆纳可能是说在圣多明哥议题需要进行考虑之前，总统的脾气一直不稳定，并且"在那一晚前些时候，表达自己的时候使用更加激烈的口气"，因此，萨姆纳就做出了那样的推论。在讨论俄亥俄州前众议员阿什利的问题上，因为阿什利刚刚被罢免了蒙大拿州州长的职位，萨姆纳希望阿什利能够恢复职务。格兰特则对此表示反对，指责阿什利是造成混乱的罪魁祸首，是一个毫无用处的废物。

巴布科克第二天就带上协议的草案去拜访萨姆纳，萨姆纳在看了协议之后直接表示自己对其中的条款感到不满。他认为，美国总统竟然还要想办法游说国会议员通过这样的议案，这实在让他感到气愤，这也进一步加深了他反对这个兼并议案的决心。萨姆纳认为，兼并圣多明哥这个黑人共和国对于那些原本有机会实现自治的黑人来说是一个严重的错误。1月18日，这一协议被递交到参议院外交关系委员会，绝大多数议员都表达反对这个协议。

格兰特很快就得知了外交关系委员会的态度，但这只会让他更加坚定自己的目标。他立即将这些议员召集到白宫，他在总统办公室逐个恳求议员们支持这一议案，但最终还是徒劳无功。这一议案在委员会一直搁置到3月15日这一天，因为国会对此进行了否决的投票。萨姆纳、舒尔茨、帕特森、卡梅伦以及卡瑟利都投了反对票，莫顿与哈伦则投了赞成票。格兰特在这种协议已经无法得到通过的情况下依然坚持。在委员会否决的报告出来两天之后，他亲自前往参议院，要求14名参议员与他见面。在兼并协议依然还在被国会讨论的时候，格兰特继续着自己的游说工作，但这一议案依然搁置了数个星期。在国会投票的前一天，格兰特还发布了一个简短的信息，敦促国会通过这个议案，并且表达了希望参议院不要允许这个协议自动过期的真诚意愿。3 月 31 日，格兰特发布了另一个消息，希望国会能够延长兼并协议的讨论时间，并且不断地游说议员支持这个议案。

"我感到非常不安，"他说，"因为在我看来，签订这个协议将会有助于两个国家未来的发展，对于人类文明的进步以及消除奴隶制都是非常有帮助的。门罗总统所提出的主义一直为各个政治党派所遵守，我现在认为，美洲大陆上任何一块土地都不应该落入欧洲国家的控制范围，这同样是一条非常重要的原则。圣多明哥政府自愿提出这样的兼并协议，因为他们的政府是一个势力非常弱小的政府，总人口还不到 12 万，但他们却占有着世界上最富饶的土地，那里的物产能让 1000 万人过上奢侈的生活……兼并圣多明哥是对门罗主义的严格遵循，这也是保卫我们国家自身安全的一种手段。我们这样做不过是宣示我们在控制从东到西的达连湾海峡的正当权利，这有助于我们的商船队在这个区域自由往来，这能为我们的市场、商店以及制造业开拓全新的市场，这会让奴隶制在古巴以及波多黎各立即土崩瓦解，最终促使巴西废除奴隶制，这将有助于解决我们与古巴之间的不愉快关系，消除彼此之间的冲突。这还为我们以合理的方式消除债务提供了很好的条件，让我们的人民能够以更低的价格获得日常生活必需品。兼并圣多明哥将会让我们的国家在文化、工业以及创新等方面取得更大的进步，让美国成为世界上更加强大的国家。"

不过，在格兰特一味地吹嘘兼并计划的重要性的同时，却也招致了更加猛烈的反对声音。6 月 30 日，兼并计划在国会以相同的票数 28 对 28 被否决，格兰特对这样的结果感到无比愤怒，特别是他对萨姆纳的愤怒之情更是怒不可遏。因为在格兰特看来，萨姆纳当初向他承诺会支持这一议案，现在却又出尔反尔，这充分证明萨姆纳为人的虚伪。在国会讨论的时候，萨姆纳指责这次谈判的方式，并且强烈攻击格兰特的私人特使巴布科克的所作所为。一些好事之人立即向格兰特灌输这样的想法，即那些关于这个协议会带来许多诈骗以及腐败的传闻都是源于萨姆纳口中，因此格兰特的愤怒之情都集中在萨姆纳身上。在协议被国会否决的第二天，在格兰特的指示下，费什要求莫特里立即辞去所有的职务。这一举动显然是格兰特对莫特里的朋友与支持者萨姆纳进行报复的行为。

格兰特从未承认这样做是为了报复，而莫特里在过去几个月里一直与格兰特政府的关系很差，部分原因是他早期在与英国进行谈判时表现不力，另一部分原因则是他在与格兰特总统打交道的时候缺乏足够的圆滑。在格兰特亲自要求莫特里任命尼古拉斯·费什为他的私人秘书时，莫特里竟然表示拒绝。5 月 15 日，也就是国会就圣多明哥兼并议案投票前的 6 个星期，亚当·巴多就表示，格兰特在白宫对他说想要免去莫特里的职务。

在国会否决这一议案之前，白宫方面就一直在讨论该派谁去取代莫特里的职位，这一点可以从萨姆纳后来表达对格兰特政府不满的演说中得到展现。当时，费什忠诚地支持格兰特总统兼并圣多明哥的计划，同时依然与萨姆纳保持着朋友关系。在投票前的两周，费什在一天晚上前往萨姆纳的家进行了3个小时的讨论。在谈话过程中，费什征求萨姆纳的意见："为什么不去伦敦呢？我可以让你担任驻英国大使的职位，如果你想去，这个职位就是你的。"萨姆纳淡淡地回答说："没有比现在的那位驻英国大使更加适合的人选。"萨姆纳后来引述这个例子，表明格兰特政府想以不恰当的方式给他施压。费什表示，这样的建议不过是出于对萨姆纳的同情，因为萨姆纳当时在谈话时表明自己在国内事务中遇到了许多问题。不管这是否要进行阴谋论的解读，但这显然表明一点，那就是在国会投反对票之前，莫特里的任期即将结束了。

接着，司法部长霍尔——这位萨姆纳在格兰特政府中唯一一位亲密的朋友——也被要求辞职。因为马萨诸塞州有两个人在内阁担任职务，霍尔之前就曾将辞呈递给格兰特总统，但是格兰特对此不置可否。格兰特非常欣赏霍尔的幽默性格以及他的友情，虽然他们两个人有着完全不同的性格。1869年12月，格兰特提名霍尔担任最高法院法官。但是，来自南方各州的参议员认为，霍尔之前曾经拒绝认同南方联邦法官的合法性，因此他们都联合起来反对格兰特的提名。"当你得罪了70名议员之后，你还能怎么办呢？"霍尔在面对周六俱乐部那些同情他的朋友时这样幽默地说。

6月的一天下午，在国会对圣多明哥议案进行投票之前的几天，霍尔突然被要求辞职。格兰特坦白地对霍尔说，他之所以不得不这样做，是为了获得南方各州议员的支持，因为他们要求让南方人担任内阁这个职位。格兰特当时心目中还没有适合的人选，但后来选择了来自乔治亚州的阿克曼。第二天，在霍尔的建议下，辞职手续很快就完成了，避免了南方各州施压所带来的各种尴尬情景。

此时的莫特里依然留在伦敦。他的心灵变得敏感起来，精神感到空虚，等待着自己在 12 月彻底遭到解职。有关美国那边的消息持续传到了伦敦。兼并圣多明哥的计划没有获得国会的支持，但是美国的海军战舰却在圣多明哥附近的海峡巡弋。1870 年 12 月 5 日，格兰特在年度国情咨文里再次提到了兼并圣多明哥计划。他要求获得授权再次与圣多明哥方面进行谈判，就如当年兼并得克萨斯州一样。"我深信，兼并圣多明哥将会带来巨大的好处，而要是我们不这样做的话，将会带来巨大的灾难。我相信这个议题在认真研究之后将会得到通过。"莫顿担心国会再次否决这个议案会毁掉本届政府，他立即向国会提出了一个折中方案，要求组建一个调查委员会。

萨姆纳对此火冒三丈。他的愤怒情感也是被一些搬弄是非之人所传的谣言燃起的。他的愤怒与不满持续了整个夏天。当他与朋友们谈到格兰特总统的时候，就像"巴珊公牛"那样吼叫。格兰特同样对萨姆纳怒火中烧。

直到此时，萨姆纳都没有在公开场合直接攻击格兰特总统。要是一位更富智慧的政客或者优秀的律师都会选择不去理会圣多明哥这件事，因为无论格兰特怎么折腾，通过兼并计划或者联合声明的方式来实现兼并都是行不通的。萨姆纳本可以优雅地同意莫顿这一组建调查委员会的提议，那么这件事最终也会不了了之的。但是，萨姆纳那种想要追求正确原则的性格自从挫败了约翰逊-克拉伦登协议之后就一直没有改变过。莫顿敦促萨姆纳在不需要讨论的情况下让这个提议通过，但是萨姆纳断然拒绝，虽然莫顿当时就提醒过他，如果他攻击本届政府的任何提案，那么总统的朋友也将不得不奋起反击，最终必然导致两个人的决裂，但是萨姆纳依然坚持己见。萨姆纳的内心对这届政府充满了敌意，甚至表示自己的生命都受到了来自白宫方面格兰特与巴布科克等人的威胁。莫顿只能表示这完全是萨姆纳的幻觉。

1870 年 12 月 21 日，萨姆纳在一次名为"拿伯的葡萄园"的演说里对格兰特进行了攻击。他一开始就说"这个议案会让国会陷入血腥当中"，并且暗示格兰特正在走向皮尔斯、布坎南以及安德鲁·约翰逊等人的道路。按照莫顿的说法，萨姆纳在谈到格兰特总统的时候，口气非常"激动与苛刻"，莫顿接着说："萨姆纳的行为让他最好的朋友都感到非常遗憾，我是其中的一个。"钱德勒与康克林等议员对萨姆纳进行了猛烈的个人攻击。

莫顿的议案得到了国会参众两院的批准。格兰特总统任命激进的共和党人本杰明·F. 韦德，没有政治立场偏见的大学校长安德鲁·D. 怀特，废奴主义者、萨姆纳的私人朋友萨缪尔·G. 贺维组成调查委员会。委员会成员带着许多新闻记者以及其他观察家一起前往圣多明哥，他们回来之后得出的结论是赞同兼并圣多明哥。他们在向国会的报告里列举了许多关于那个国家拥有物产资源的事实。"国会一看到是总统提出议案就加以否决，"格兰特在 1871 年 4 月 5 日的演说里这样说，"这表明了政府与国会之间存在着诸多分歧，但这样的分歧并不会损害彼此的尊严。但是，当否决的原因是因为总统在兼并计划中存在着腐败或者利益输送等问题的指责时，情况就发生了变化。事实上，在这件事情上，整个国家的荣誉都是需要进行调查的。这个委员会做出的报告也清晰地说明了那些代表美国参加这次谈判的人的动机以及行为都是没有问题的……现在，我的任务已经完成了，我在这个议题上所有的焦虑也将随之消失。我完成了自己的职责，是时候到国会履行他们的职责了。我相信美国人民选举出来的议员能够做出正确的选择。有关这个议案的事实将会在全国各地传播开来。最后国会做出的任何决定都将是正确的，我也不会对此有任何的反驳。"虽然格兰特在多次演说里经常提到兼并圣多明哥的议题，但是国会没有就此做出任何动作。格兰特表达了对国会不作为的遗憾。多年后，格兰特在回忆录里重申了自己的观点。萨姆纳当时的愤怒对最终的结果根本没有起到任何作用。这个议案只是煽动起了一场争执，最终像老天注定一样，让格兰特以及他的政府无法在这个问题上取得成功。

安德鲁·D. 怀特就以开明的心态参加了这次调查，他曾在白宫与格兰特会谈，他的描述可以让我们了解一下格兰特的性格。"格兰特并不像他的政敌所说的那样，他之所以保持沉默就是因为他对所有事情一无所知，从不关注军事以外的其他事情。我发现他是一位性情安静、具有尊严的人，他能够详细地讲述圣多明哥的历史以及他对此的观点，他表达观点的方式是那么的宏大、细致且具有政治家风范……当我离开白官的时候，他跟我说了一段我永远不会忘记的话。他说：'……你显然已经注意到了一些国会议员以及一些报纸对我的指控，说我在兼并圣多明哥这件事上存在着利益关系。作为你的同胞，我恳求你到达那个岛之后，详细认真地审查美国人在那边的利益关系，你可以最为详细地检查那里的地契以及合同。如果你发现任何与我或者我家人联系在一起的证据，你可以向美国民众曝光我。'格兰特总统在说这话的时候显得庄重。"

虽然我们可能批评格兰特努力游说国会通过圣多明哥协议的行为，但是历史已经证明了他这样做的本意。因为他已经意识到了这个岛应该成为美国的一部分。如果我们在当时有机会兼并圣多明哥的时候这样做了，那么我们就能免于多年后出现的各种不愉快的争执以及各种丑闻了。这个时候进行兼并是最适合的，因为这个时候不会遇到任何阻力或多大的成本。

"担任总统的任期里，"格兰特在他的第二次就职演说里这样说，"在我提出任何兼并的提议之前，这样的议题都必须得到人民的支持。但是，我这样说的时候，并不能理解很多人所持的一种观点，即认为扩张领土会让我们的政府变得软弱或者遭受破坏。在电报以及蒸汽船的帮助下，商业、教育以及思想的传播都改变了这一切。我更愿意相信一点，那就是伟大的造物主想让全世界都变成一个国家，说同一种语言，不需要建立任何陆军与海军。"

兼并圣多明哥议案最终无疾而终的结果所引发的后果开始显现出来。莫特里在要求他辞职期限的几个月后依然没有选择辞职。1871 年 12 月，他遭受了被直接解职的耻辱。来自俄亥俄州的罗伯特·C. 申克这样一位与莫特里有着不同性格的人接替他的职位。弗利林海森与莫顿之前都拒绝接受这个职务的任命。莫特里最后以官职身份所做的一个举动，就是写了一篇关于他这次有争议的使命的文章，递交给国务院。他在文章里为自己的操守以及上级提出的批评进行了辩护。他还提到了他之所以被解职，是因为萨姆纳反对圣多明哥协议的传言。费什在回应的时候给出了一些内部证据，表明这样的传言是来自于华盛顿方面"那些对总统有着强烈敌意的人"。

当报纸刊登出这样的内容时，萨姆纳认为这是对他的巨大侮辱，气得五雷轰顶。"莫特里必须要知道——如果他不知道事实的话，那就说明只有他一个人还对这件事毫无了解——很多参议员都公开反对兼并圣多明哥协议。他所提到的那位议员依然赢得总统无限的信任以及友情。任何一个真正的人都会包容彼此之间不同的看法，只会更加专注于公众的利益，而不会过分关注自身的利益。这样的人做事会更加坦诚。这样的人对于信任的人的背叛会更加敏感，会轻蔑与鄙视那些利用言语与友情去掩盖充满敌意的目标的人。"

1 月 9 日，这封信被送到了参议院。到这个时候，萨姆纳虽然与格兰特已经很疏远了，但依然与费什保持着友好的交情。在不到两个星期的时间里，他前往费什的家吃晚饭。当他读到这封信之后，想当然地认为这是在影射自己，他的愤怒之情就爆发出来了。他感觉自己被一位伪装的朋友背叛了。从那时候开始，他就只与费什保持着表面上的交情。1月15日，也就是一周之后，费什不得不通过他与萨姆纳的一位共同的朋友作为中间人，与萨姆纳就约翰·罗斯的使命进行沟通。从那以后，萨姆纳在外交事务上的看法完全被格兰特政府所无视，格兰特已经下定决心要摆脱萨姆纳。

3月4日，新一届国会选举出来了。当参议院着手组织职责范围内的委员会的时候，支持本届政府的人发现，萨姆纳已经从参议院外交事务委员会主席的职位上辞职。萨姆纳在同僚中没有什么真正的朋友。他多年来的行事方式一直非常傲慢。亚当斯就曾说"只有对萨姆纳习惯性地顺从，才能赢得他的善意"。那些之前有着不同性格的人在过去可能会支持他，但现在都不管他了。从那以后，萨姆纳就毫不留情地批评格兰特。他言辞激烈的批评让更多的人也加入到严厉批评格兰特的队伍里面。谁能说后来的历史学家在叙述这段历史的时候没有受到萨姆纳的影响呢？但在多年后，格兰特在马德里对罗威尔这样说："萨姆纳是唯一一个我不能用真实的自我去面对的人，也是唯一一个我想用各种手段去与之和解的人。"

第三十四章
古巴问题——稳健的财政政策—— "黑色星期五"

在格兰特就职总统的前两年里，他将精力专注于治理国家的经济状况。当然，在这段时间里，他还要处理其他四个重要方面的事情。格兰特表示一定要坚定地执行法律，"美国这片领土上的每个人的财产、个人尊严、宗教自由，不因为任何人的偏见而发生改变。"格兰特这样的表态是在向当时依然处于混乱状态的南方各州发出明确无误的信号。他宣称，他会赞同任何有助于印第安人走向文明社会，并且最终成为美国公民的努力。这是美国历史上首位做出这样表态的总统。格兰特还表达了希望国会批准宪法第十五条修正案的意愿，给予获得释放的黑奴全面的选举权。这一愿望在他执政一年之后实现了。

格兰特在就职演说里用几段充满激情的话语阐述了他的外交政策，这段话所表达的立场一直是他8年执政期间所坚守的。"我会在平等的法律前提下与世界上其他国家进行交流，就像人与人进行交往的时候也要在平等的基础之上一样。我会尽全力保护那些守法的公民，无论他们是美国人还是外国人。要是我们不能保护他们的权益，那么美国的国旗就无法立足于世界民族之林。我会尊重世界上所有国家的合法权益，同样也希望世界各国能够尊重美国的权益。如果其他国家在与我们交往的过程中违背了这个基本原则，那么我们也会按照他们的做法与他们交往。"

格兰特这段演说所透露出来的外交精神在与英国以及加拿大在阿拉巴马号赔偿、渔业以及边界争端问题的解决方式上得以展现。同样，这样的精神也展现在美国与古巴以及处理弗吉尼厄斯号事件、与墨西哥以及中南美洲各国的交往上，都始终坚守着门罗主义的外交政策。

我们已经知道，英国与圣多明哥的问题存在着千丝万缕的关系。古巴问题则是这一连串事情中的第三环。

当时，费什在罗斯的帮助下，正在尝试重新开启与英国的谈判。格兰特将目光转向了西印度群岛，那里的古巴以及圣多明哥暂时成为他的外交重心。事实上，美国与安的列斯群岛各国的交往在迅速升温，这是美国在与英国谈判过程中始终展现出来的小心谨慎所不能相比的。但是，费什依然保持着对国际关系的大视野。就他个人而言，他并不是非常赞同格兰特在圣多明哥事件上的立场，因此他认为自己有必要说服格兰特不要过分干预古巴事务。但是，费什觉得只要他能够在格兰特的支持下解决一些更为重要的外交问题，那么他也会支持格兰特在这些方面的政策，不愿意因为这些事情让他们的关系变得紧张起来。在北美，特别是在纽约的金融圈子里还有古巴的那些革命者，他们都向美国政府寻求帮助，并且得到了当时的战争部长罗林斯的支持。

格兰特非常认同罗林斯的观点。1869年6月9日，格兰特就曾根据交战权利对叛乱分子发布公告向萨姆纳征求意见，以求对西班牙进行宣战，就像西班牙在内战期间对美国宣战一样，但是萨姆纳对此表示反对。不过，格兰特始终坚持这个想法，下令起草一份战争宣言的声明。8月19日，他在福尔河边的一座小屋里签署了这份声明，然后让助理国务卿班克罗夫特·戴维斯送到了华盛顿，指示费什在签名以及盖上公章之后发布这份声明。费什当时正想尽一切办法重启与英国的谈判，因此深知英国在美国内战期间也曾认可过南方同盟的事情，认为这必然会给萨姆纳留下口实，最终让他与英国的谈判无疾而终。

在给莫特里的指示当中，费什努力降低英国女王在1861年5月发布的声明所带来的影响，但是这份声明依然是他前进道路上一个严重的障碍。他深知，要是我们敷衍地肯定我们对英国当时做法的不满，同时又认可古巴游击队具有正当的交战权利，那么这就是表里不一的做法。费什后来写道："这些游击队没有什么军队……没有组建法庭，没有占领任何一座城市或者房子，更别说有什么海港了。"在他看来，"英国或者法国同样可以在黑鹰战争[1]中认可双方交战权利"，费什认为这份声明

---

[1] 1767—1838年，美国印第安人苏克和福克斯部族领袖，1832年曾领导反对美国的黑鹰战争。

有必要拖延下去，于是他在签署之后将这份声明放在一个安全的地方，等待着格兰特下一步的指示，但是格兰特始终没有做下一步的指示，最后也就不了了之。

9月6日，罗林斯去世了。"黑色星期五"到来了。格兰特思考着如何解决许多紧迫的问题。在需要处理的纷繁事务当中，费什有很多自主权。在1869年12月9日进行的国情咨文演说里，格兰特否认了美国正在任何地方进行军事部署"意图破坏与在美洲大陆上拥有许多殖民地的西班牙的关系"。但是，公众舆论都强烈认可双方交战权利。当国会重新开会的时候，就面对着要通过决议来满足这个目的的压力。当时，费什在这方面能够起到一种遏制的影响。要不是在他的努力下，格兰特肯定会帮助那些寻求获得交战权利的游击队。费什就曾对向参议院提交这一议案的参议员约翰·舍尔曼说："这一议案要是通过的话，将会严重增加政府职务，增加军费的开支，从而满足陆军与海军的军费开支。"在国会投票日期临近的时候，费什不断向格兰特灌输这样一种印象，那就是有必要发布信息，强调美国暂时不认同古巴游击队的交战权利的行为的必要性。最后，格兰特在7月17日写了一封特殊的信件递交国会，详细地谈论了这件事的影响。费什在他的日记里这样写道："总统一开始也对此显得犹豫不决，最后很不情愿地在那封信上签名。在这封信送去国会之后，他对我说有点担心自己犯下了一个错误……这封信在国会引发了激烈的争论，引发了许多议员的强烈反对，但这也让很多原本支持古巴游击队的议员恢复了理智，表示要尊重国际法，必须考虑本届政府所面临的状况。

这个问题在经过激烈的争辩之后，最终没有获得通过。"

之后，最让人印象深刻的影响就是必须专注解决政府信用问题。"在维护联邦政府持续统一的过程中，我们的政府欠下了许多债务。"格兰特说，"这些债务的本金以及利息偿还的方式以及硬币支付的方式都不能损害债务人阶层或者整个国家的经济发展。为了保护国家的声誉，政府所欠债务的每一分钱都要以黄金进行偿还，除非其他债务之前以合同的方式进行了规定。我们必须明白一点，任何主张拒付国债论的人都没有资格担任公职，将会让我们无法成为一个诚信的政府，无法在世界上立足。要做到这一点，我们必须以法律规定的透明方法去增加税收，严格稽查政府所花的每一分税款，在政府的每个部门进行大规模的行政经费的削减。"

对格兰特以及共和党来说，做出这样的表态需要很大的勇气。因为，当时美国国内有一种强烈的舆论倾向，就是认为应该采用美钞来偿还债务，这就需要印刷许多美钞来满足这个需求。很多党派都表示支持这样的提议，特别是在内战结束后，美国国内钞票流动不断缩减的情况下，这样的呼声更是越来越高。在1868年之后的两年里，流动的美钞面值从7.37亿美元减少为5.97亿美元。约翰逊总统当时虽然有著名的经济学家麦卡洛克担任财政部长，但在1866年5月伦敦金融恐慌危机爆发之后，麦卡洛克就曾表示，政府应该拒绝给那些购买政府债券的人支付利息。当时，商业不景气，财产不断贬值，但是债务所具有的面值却在不断升值，这都是因为现金紧缩造成的。但是，格兰特政府在面对这一问题时没有表现出任何的犹豫不决。

提名格兰特担任总统的共和党人谴责任何形式的拒绝偿付国债的行为，表示这样的行为就是一种国家犯罪，并且宣称整个国家的声誉需要政府"以最为善意的信念对待国内还有国外的每一位债主，在法律的基础上对公共债务进行支付"。1869年3月4日，国会制定的第一条法律就是为了"增强政府信用"的法律。这一法案获得了国会参众两院压倒性通过。格兰特在3月18日签署法令使之生效。这一法律明确规定政府以黄金或者等价物偿还债务的决心，只有那些合同明确规定了"可以用除了金银之外"其他支付方式支付的债务才可以用其他等价物进行偿还。美国的这项法律同时还庄严承诺"为那些早期想要赎回美国政府债券的人提供任何帮助"。

接下来就是历史上著名的"黄金阴谋"，而"黑色星期五"则是这起阴谋的最高潮。这起事件不仅表明了格兰特为人的天真，也表明了当时的社会局势。在格兰特担任总统之后，纽约金融界出现两位投机分子杰伊·古尔德与詹姆斯·菲斯克——大家都将他称为吉姆·菲斯克。古尔德是华尔街最精明最冷酷无情的商人与投机者——在他所处的那个时代，他算得上是一个铁路大亨，他在赚钱方面有着超乎常人的天赋。古尔德身材瘦长，平时沉默寡言，一张精明的脸，像闪米特人种。菲斯克与古尔德是很多商业交易中的伙伴，也是当时一位著名的投机者，此人身材魁梧，面色红润，注重衣着与言行，是一位大胆的冒险者，平时过着奢侈的生活，在金融操控方面毫无道德原则可言，平日工作以及夜间生活都很不检点。

这两个人除了对投机以及金融控制能力有共同点之外，没有任何共同点。但是，这两个人却在 1868 年结成商业伙伴，共同控制了伊利湖铁路公司。他们像玩弄玩具那样摆弄权力。他们通过让坦慕尼协会的核心成员特维德与彼得·斯威尼担任该公司董事会成员，炫耀自己手中的权力。

古尔德与菲斯克还拥有蒸汽船，这在那时候是非常罕见的。他们经常乘坐汽船在纽约与福尔河之间兜风，菲斯克喜欢将一艘汽船称为"上将"号。他经常驾驶着这艘汽船从长岛前往纽约，一路上让乐队演奏着歌曲，在船上挂满了彩旗。古尔德有一个想法，就是在小麦成熟之后，西部的农民就会想办法将小麦送给英语国家的市场用于制造面包，利用这个阶段抬高黄金的价格。在这段时间，粮食就需要运送到海港，这就意味着需要伊利湖铁路公司更多的运力来进行支撑。

在 1869 年初夏，黄金的价格为 1.34 美元 1 盎司，这个价格在过去好几个月里都没有发生什么大的变化。为了操控市场，古尔德需要一个自行决定权，但是他必须考虑美国财政部黄金储备的状况。当时的财政部长鲍特韦尔对于黄金价格的走向也有自己的想法。自从鲍特韦尔就任财政部长以来，就一直在出售黄金，每个月出售的黄金价值为 250 万美元，从而让美钞的购买力更加接近黄金的水准位。

古尔德面临的问题就是要阻止财政部继续出售黄金。为了达到这个目的，他发去电报，与鲍特韦尔的上级进行联系。艾贝尔·拉夫伯恩·科尔宾当时 67 岁，是一位已经退休的投机商人、游说经纪人、编辑、律师，最近刚刚与格兰特的姐姐结婚，现居住在纽约。古尔德想利用他去认识格兰特。1869 年 6 月 5 日，格兰特在前往波士顿参加大赦年活动的路上顺道来到了纽约。他在科尔宾的家里待了几天，古尔德就是在这里与格兰特见面。

古尔德与菲斯克邀请格兰特乘坐他们在福尔河上的汽船前往波士顿。在晚宴的时候，他们两个人将话题转移到了金融方面。在"黑色星期五"的恐慌之后，古尔德在接受调查时这样做证说："有人说询问格兰特对此有什么看法。"让这些阴谋分子感到惊恐的是，格兰特只是淡淡地回答说："有一些人在杜撰一些虚构的事实，认为美国无法继续繁荣下去，认为经济会出现泡沫。"

当时，美国财政部助理部长的职位出现了空缺，而纽约是美国存放黄金最多的地方。最后，助理部长的职位在 7 月 1 日被丹尼尔·布特菲尔德将军接替。古尔德认为，他能够信赖布特菲尔德给予的帮助。在农作物丰收季节到来之前，他都没有试图去操控黄金市场。但在 8 月下旬最后的 10 天里，通过与其他两位财力雄厚的投机者合作，他购买了 1000 万到 1500 万美元的黄金，在这个过程中并没有严重提升黄金的价格。

9 月 2 日，格兰特依然不知道到底发生了什么事，他离开纽约前往萨拉托加，并在科尔宾家里坐了几个小时，在此期间没有会见任何人。在与科尔宾交谈的过程中，格兰特认为古尔德对销售农作物的理论的可行性比较认同。在交谈过程中，格兰特停顿了一下，接着表达了自己的观点，给财政部长鲍特韦尔写了一封信。在他离开科尔宾家之前，这封信主要内容肯定已经泄露了。古尔德随后在格兰特不知情的情况下拜访了科尔宾。

在国会调查委员会上，鲍特韦尔之后做证说："我认为是在 9 月 4 日晚上，我收到了总统从纽约寄过来的信件。我还记得……在那封信上，总统表达了他不希望看到压制黄金价格的做法。他谈论了西部农民销售农作物的重要性……在收到总统的信件之后，我给贾奇·理查德森（当时在华盛顿担任助理财政部长）发去电报说：'在收到我的指示之前，不要给布特菲尔德下达任何命令。'"

就这样，古尔德在财政部长本人完全要改变黄金销售的政策的前一天就知道了格兰特政府的政策。他没有错失利用这样的机会。在离开科尔宾家之后，科尔宾同意携带价值 150 万美元的黄金。正如科尔宾在之后的证词里表示的："古尔德说这是给我妻子的。"就在同一天下午，古尔德的经纪人开始大规模购买黄金。鲍特韦尔在 1869 年 9 月 4 日才收到格兰特总统的信件，此时黄金的价格已经从 32 美元升到了 37 美元。此时，空头已经开始卖空。古尔德的合伙人之一背信弃义，抛弃了他。整个黄金市场就崩溃了。科尔宾让古尔德支付 2.5 万美元。最后，黄金的价格在 1.35 美元 1 盎司的价位持续了一个星期。接着，在古尔德的建议下，菲斯克开始买入。

古尔德将 150 万美元存入布特菲尔德的账户，另外 50 万存入格兰特总统的私人秘书贺拉斯·波尔特的账户里，因为波尔特的作用就是通过科尔宾向他们传话。波尔特当时就拒绝了这样的交易。布特菲尔德也没有在意这样的交易。在这场黄金风暴爆发之后，虽然他否认自己之前知道任何交易的内幕细节，但是这场丑闻实在是影响太大了，他不得不辞职。

9月10日至13日之间，格兰特再次回到了纽约，古尔德在科尔宾家里见到了格兰特。那时，格兰特已经开始怀疑这些投机者的动机，因为按照科尔宾的说法，格兰特已经告诉随从这是古尔德最后一次准许见他。"古尔德总是想从格兰特身上套取一些有用的信息。"让人遗憾的是，格兰特没有早点将古尔德拒之门外。

事实上，格兰特并没有就自己要执行的政策给予明确的答复，因此当他在13日离开纽约，前往宾夕法尼亚州西部的高山小镇上住几天的时候，这些投机者都感到非常不满，希望科尔宾能从格兰特口中得到更多有用的信息。此时，这些投机者已经购买了超过5000万美元的黄金，虽然当时市场非常低迷，但黄金的价格已经冲破了1盎司1.4美元了。他们不敢抛售手中的黄金，担心市场会崩溃。因此，对他们来说，格兰特总统不命令财政部长出售黄金是极为重要的。科尔宾给格兰特写了一封信，建议格兰特保持现在对黄金销售的政策，在格兰特返回白宫之前，菲斯克就派了一名特使将这封信送到了格兰特手中。为了保证这封信能够立即送到，信使还带了一封介绍信给贺拉斯·波尔特。直到信使离开之后，格兰特才发现这封不是很重要的信件竟然还要如此紧急地送达。格兰特开始起了疑心。在他的要求下，格兰特夫人在当天晚上给科尔宾夫人写了一封信，表示总统对科尔宾参与华尔街的投机活动深感不安，并且希望他能够"立即停止这样的活动"。

科尔宾立即给格兰特回信说，自己并没有参与黄金的投机。之后科尔宾就将格兰特的这封回信拿给每天前来拜访的古尔德看。科尔宾表示，为了让他的妹夫能够保持这样的立场，古尔德应该立即给他 10 万美元，并且将他的黄金带走。此时已经购买了许多黄金的古尔德对此表示拒绝，但是同意给予科尔宾 10 万美元，希望他绝对不要将那批价值 150 万美元的黄金拿到市场去出售。科尔宾对此表示拒绝，因为他意识到财政部随时都有可能下令出售黄金。古尔德匆忙赶回华尔街。

　　当时，菲斯克依然认为格兰特会按照科尔宾在信件中提到的建议去做，依然疯狂地大举买入黄金。此时，黄金的市场价格已经飙升到了 1 盎司 162 美元。卖空方都对这样的经济形势感到无比震惊，只能任由华尔街的全新主宰去控制了——很快，泡沫就破裂了。华尔街出现了之前历史上从未出现过的兴奋情绪。在几分钟之内，黄金的价格就降到了 135 美元 1 盎司。财政部发电报表示立即出售黄金，这符合古尔德之前的预期，但菲斯克却没有想到这一点。此时，古尔德已经出售了之前购买的所有黄金，他的经纪公司也有足够的财力去履行合同，但菲斯克就不一样了，他遭受了严重的经济损失。受害者就转向他出气，他只能从办公室的后门逃走，军警则负责控制那些想要冲开办公室大门的破产投资者。在华尔街之前或是之后的历史上，从未出现过这样的情况。这是 1869 年 9 月 24 日，星期五，因此被称为"黑色星期五"。

　　这场经济恐慌的始作俑者却没有得到应有的惩罚。菲斯克与古尔德继续控制着伊利湖铁路公司，虽然他们已经名誉扫地了。布特菲尔德被允许辞职。古尔德还可以继续拥有他之前购买的黄金，并且还在政府债券上进行了投机。格兰特的姐夫科尔宾发财的美梦破灭了，隐居在华盛顿，虽然大家也没有完全抛弃他，但他已经成为格兰特一家不欢迎的人了。他在这场高风险的金融投机里一无所获，只是留下了人们对他的恶语相向。

第三十五章
法定货币的决定

当国会在 1869 年 12 月开会的时候，动荡不安的经济形势依然没有得到解决。格兰特在他第一年的国情咨文演说里要求国会重视不能赎回的现金所带来的弊端。在演说中，格兰特不断重复着这样的话语："这是政府的责任——也是最高的责任——就是为民众确定一种固定且不变的价值媒介。这意味着我们要回到硬币支付上来，其他任何都不能加以替代。我们现在就应该这样做，找到一个满足债务人阶层利益的实用解决方法。"格兰特强烈要求国会通过类似的立法，确保财政系统逐渐回到硬币支付的轨道上来，并且立即阻止票面价值的波动，"因为这会让每一位商人都在不知不觉中成为赌徒，因为未来的一切商品销售都会让双方对票面价值的投机采取观望态度。"

在那时，美国的国债为 24.53 亿美元，从 3 月 1 日以来，这个债务规模已经缩减了 7190.3 万美元。这一部分债务留出来投入到 2000 万美元的偿债基金。这是根据 1862 年制定的法律去做的，也就是所有债务的百分之一每年都要分离出来，用于这个目标。虽然鲍特韦尔没有很强的经济管理能力，但他却有着良好的经济常识，奉行财政节约的政策，认为财政部的首要责任就是努力减少国家债务。他奉行的这一政策有助于减少美国在国内外的负债，还让格兰特的两届政府在 8 年后减少了 10 亿美元的债务。

按照鲍特韦尔的计划，财政部会以百分之六的利息购买 520 债券，然后以百分之四点五的利息卖给再融资计划。他努力想要实现恢复硬币支付。在他的第一份报告里，他就寻求获得授权，每个月将 200 万美钞的自由裁量权收回财政部。但是国会却没有授权他缩紧现金的做法，该做法从约翰逊政府的麦卡洛克开始就一直不受欢迎，因为当时的麦卡洛克已经收回了 4400 万美钞，最终国会在 1868 年 2 月暂停了这种紧缩现金的做法。在整个国家处于经济低迷的时候，从麦卡洛克收回现金的政策所导致的现金紧缩到已经收回法定货币造成的复利利息的做法，无疑是一种非常激进的做法。来自印第安纳州的莫顿就将这样的政策称为"让一个国家不断流血，直到奄奄一息的政策，在本该使用刺激经济政策的时候却使用这种以毒攻毒的做法"。

当格兰特在 1869 年的国情咨文中谈到经济问题的时候，国民尚且没有充分意识到现金问题所带来的严重影响。后来，美国最高法院对赫伯恩与格里斯沃尔德案子的裁决，才最终让民众对此有了一定的了解。法定货币法案是在内战开始的时候核定的，因此很多人认为这一法案是违宪的。1870 年 2 月 7 日，最高法院首席大法官查斯对此给出了意见。他认为，法定货币法案损害了契约义务，并且与宪法所宣扬的精神是不相符的。这会让国家在不符合法定程序的情况下就剥夺民众的合法财产，强迫债务人去接受比他们借出的财物更低的价值，这违背了合同的精神，也违背了支付索赔方面的精神。"我们只能得出这样的结论，"查斯大法官说，"这一法案（这是查斯在担任财政部长的时候制定的）只是承诺以美元为法定货币，用于支付之前的合同所规定的债务。这样的做法是不合理的，国会应该废除这项法律，因为这违背了宪法的精神，因此必须被宪法所废除。"

米勒大法官是最高法院历史上最有能力的一位法学家，他向法院的少数派发表了自己的意愿。在引述最高法官马歇尔的意见之后，他说："在政府的信用消耗殆尽的时候，税收收入甚至不足以支付政府债务利息的时候，国会应该研究全新的方法以国家信誉去举债。对每个有过深入思考且以政府筹措资金的人来说，虽然战争最终取得了胜利，但是这个国家的硬币……却并不充裕，并不足以满足当时军队购买物资的需要……现在看来，政府信誉的崩溃以及政府无法偿还债务的结果是不可避免的了，人们对政府的信念以及能力也将会遭受损害，那些反叛分子有可能借机重新捣乱，整个国家就会出现分裂，人民将会过着更加贫苦的日子。美国政府将会彻底消失，而支持我们这个国家赖以生存的宪法也有可能面临严重的打击。"

最高法院在这个问题上存在着严重的分歧。最后投票的结果是4票对3票：纳尔森、克利福德与菲尔德站在查斯这一边，而斯韦恩与戴维斯则站在米勒这一边。在1869年11月27

日进行投票的时候，格里恩当时是最高法院的法官之一，他表示自己支持这一法案所具有的宪法性，但这个决定在 2 月 7 日公布之前，他就已经宣布辞去最高法院大法官的职位。此时，格里恩已经相当年迈了，他在其他场合的表态与他在法定货币法案的立场存在明显的冲突。当他知道自己这种表里不一的表态之后，却又马上转变了自己的立场。在最高法院投票的那一天，最高法院出现了两个空缺：韦恩此时已经去世了，而格里恩辞职了。格兰特提名 E.R. 霍尔担任最高法院法官，这一提名却被国会在 4 天前否决了。格兰特提名埃德温·M. 斯坦顿填补另一个空缺，却在 12 月 20 日就得到了确认。但是，他在获得国会确认 4 天之后也去世了。

在最高法院进行投票的那一天，格兰特向参议院提名宾夕法尼亚州的威廉·斯特朗以及新泽西州的约瑟夫·P. 布拉德利。之后，另外两个被称为法定货币法案的案件也进入了最高法院的审理阶段。最高法院做出的判决确认法定货币法案符合宪法，推翻了在 1871 年 5 月 1 日达成并且宣布的最高法院的决定。1872 年 1 月 15 日，新上任的最高大法官斯特朗在宣读最高法院的决定时这样说："我们认为国会通过的法案符合宪法，适用于这一法案通过之前或者之后所制定的合同。在认定国会的法案是符合宪法的同时，我们推翻了最高法院在赫伯恩与格里斯沃尔德案件中的判决，因为当时的判决是不符合宪法的，并不能适用于这一法案通过之前或者之后的任何合同。"

格兰特最新任命的这两位最高法官迅速改变了最高法院之前对法定货币法案的态度，这难免让很多人得出这样的结论，那就是斯特朗与布拉德利之所以获得提名，就是出于这样特殊的目的。当查斯大法官表示，最高法院的其他法官已经被收买了，从而扭转了之前他们所持的立场，这让很多人都觉得就是事实。多年来，公众一直有这样的猜疑，而格兰特与司法部长霍尔在做出这样提名背后的动机，一直受到后人的质疑。

但是这样的指控也是毫无根据的。参议员乔治·F.霍尔就曾为自己的哥哥做出辩护，详细地谈论了当时的每个具体的细节。这篇文章刊登在1896年的《波士顿先驱报》上，之后被做成了小册子印刷出版。但是，要还格兰特总统以及他的司法部长一个清白，并不需要这样堆积证据。当时的最高法院的确出现了空缺，而这些空缺必须填补。格兰特作为共和党推举出来的总统，当然会选择共和党人来担任这个职位，因为当时7名大法官中有4位都与民主党有联系。查斯在就任最高大法官两年前还曾是民主党推举的总统候选人。对格兰特来说，没有比像斯特朗以及布拉德利这样有声望的共和党律师或者法官更加适合的人选了，因为这两个人都支持法定货币法案是符合宪法的。直到现在，我们都没有找到任何证据证明斯特朗与布拉德利在获得总统以及司法部长的提名，并且得到内阁成员同意的时候，存在任何人要求他们两个人要持支持立场的条件。格兰特并没有"收买这两位法官"。

第三十六章
更为棘手的问题——南方问题——
黑人问题——强制执行法案

在格兰特任职总统的时候，黑人问题以及南方各州的问题处在最复杂与难以解决的阶段，这的确是他的不幸。在重建过程中出现的许多悲剧性政策失误，虽然他当时在约翰逊政府就职期间不是很同意，但出于政治压力，也只能违心地同意。但是，这样的政策在他的任期里却带来严重的后果。内战结束后，他一直就是南方各州的真诚朋友，支持应该迅速给予南方各州公民平等的权利。在当时的政治环境下，他不得不接受给予黑奴平等选举权的法案，作为对约翰逊执行顽固政策的一种报复，但他并不认为这样的做法与他想要重新联合这个国家的愿望是相悖的。"让我们拥有和平吧！"当他说出这句话的时候，并不是一句空谈。但是，当他成为总统之后，要想实现和平却只能通过武装力量所带来的恐惧情感，通过炫耀武力去镇压内部的叛乱。在格兰特担任 8 年总统期间，南方各州频繁出现暴乱以及流血冲突。在得到国会的授权之后，格兰特不得不采取了一些超过宪法赋予权力的政策。

　　南方各州的许多投机分子以及无赖们通过滥用黑人的选票，控制这些州的政治权力，这段历史实在是太黑暗，让人不忍去回顾。三 K 党以及白人联盟的行为也同样让人痛心疾首。他们的行为让整个国家都为之蒙羞，无论他们以所处的环境多么动荡为借口，都无法为他们的行为正名。之前的黑奴现在突然面对这些突如其来的权利时都感到无比欣喜，但是这些人并不是代表他们种族的最佳人选，相反，他们是北方各州那些狂热的废奴主义者的受害者。这些人愚蠢地认为，之前那些贫苦、目不识丁的黑人在获得选举权之后，立即能够浴火重生。

　　三 K 党以及白人联盟的恶棍所做出的行为也不是当时南方各州状况的典型代表。当代很多人对当时南方各州政治腐败、治安状况极度混乱的描写，其实并没有将南方人民所具有的高尚品质以及教养展现出来。在格兰特执政期间，各种暴行、暴乱以及谋杀案层出不穷，这些基本上都是处在社会最底层的白人干出来的。不过，我们应该为南方人民正名，那些投机分子实施的暴政并不能抹杀南方普通民众所付出的努力，这些人离开家乡，前来帮助饱受战争的南方地区，帮助这个地方恢复往日的繁荣。

　　1866 年 7 月爆发的新奥尔良暴乱，谢里丹将其称为"一场绝对意义上的大屠杀"。这是南方各州在投降之后出现的第一次社会大暴乱，在之后的一段时间里，这样的暴乱变得非常频繁。这些暴乱首先出现在路易斯安那州是很正常的，因为这是南方第一个进行重建的州。很多获得机会参加政府管理的黑人之前都是在奴隶主的农场打工的，这些人都是黑人种族中最无知与最野蛮的，其中很多人都被他们之前的主人所出卖，遭受过逃跑奴隶的惩罚。北方的冒险家也迅速来到了新奥尔良，组织那些获得自由的黑人取得政治上的控制。一方面是腐败与司法系统的堕落，另一方面则是暴力活动层出不穷，这成为当时这个州的常态。在1868年春季选举中，共和党赢得了超过26000张选票，但在当年11月的总统选举中，民主党的西摩与布莱尔却比格兰特多获得了46000张选票。

1868到1872年这4年间，因为投机分子与黑人错误的治理方式，再加上少数白人制造的暴力活动以及威胁恐吓活动不断出现，此时这样的情况已经不仅局限于路易斯安那州，还蔓延到其他拥有很多黑人的州。虽然弗吉尼亚州在斯科菲尔德长时间的军事管制下，躲过了投机分子带来的不良影响，用斯科菲尔德的话来说就是"避免了这个州出现其他南方州那样的腐败治理以及掠夺人民财产的行为"，但是贿赂、偷窃以及铺张浪费等行为在立法机构以及其他政府官员身上还是非常普遍的。法院存在着普遍的腐败，财产不断贬值，拖欠的税款迟迟无法收回，整个州的债务飙升到荒唐的地步。整个州的工业处在瘫痪的状态。

在田纳西州、乔治亚州、北卡罗来纳州以及弗吉尼亚州，保守势力在格兰特执政的前几年渐渐获得优势，但这样的情况并没有在其他州出现。在1873年，南卡罗来纳州四分之三的立法机构成员都被黑人、黑白混血儿、有八分之一黑人血统的混血儿所控制，这些人在几年前还是白人的奴仆，其他一些人还在农场的监工的皮鞭下种植玉米以及棉花。当时该州众议院的装修异常豪华，时钟以及镜子竟然花费了 600 美元，椅子花费了 60 美元，痰盂花费了 14 美元，几乎将内战前的简单摆设都全部换掉了。当时有一间免费的酒店以及酒吧一天 24 小时都开业，就是为了方便立法机构的成员以及他们的朋友能够享乐。在黑人控制立法机构的 8 年时间里，政府打印费竟然超过了 71.5589 美元，这超过了该州之前 78 年打印费的总和。该州的立法机构成员一共支付的税款只有少得可怜的 634 美元。在 98 名黑人成员里，有 67 名成员根本没有纳税。

黑人以及投机分子不断地进入议会，其中一些人是具有品格的，但其他人则不然。像布兰奇·K.布鲁斯、H.R.里维斯、约翰·R.林奇、罗伯特·埃利奥特等黑人议员，与世界上任何国家的议员相比都毫不逊色。

在南方重建各州当中，也出现了黑奴发动的暴乱，有很多关于黑人烧毁谷仓、轧棉机、民居以及强奸白人妇女的消息，当然，这些可能是他们当中一些人在获得自由之后做出来的。但是，我们并没有找到任何关于这类事情普遍存在的证据，但是这足以引发这些州政府做出反应，唤醒白人做出反击。因此，三 K 党的活动日益猖獗，白人联盟在晚上对黑人发动袭击，比如夜晚对黑人抽鞭子、处以私刑还有难以尽述的恶行，其中一些白人这样做是为了报私仇，还有一些人将之视为对政治权利受到打压的发泄。这样的记录是臭名昭著的。后来南方一些州的小说家、剧作家以及电影制片商想要为这些白人的报复行为正名，但这是毫无根据的[1]。

因此，格兰特敦促国会制定前所未有的法律。授权他执行一些不受约束的政策——要是南方各州处在军事管制的时间更长一些，而不是直接进行重建实验的话，那么这样的状况可能

---

1 虽然三K党的一些活动臭名昭著，但我们必须要指出，他们的活动在南方各州并不是普遍存在的。他们的势力比较分散，并且主要打击的目标是黑人聚集区以及黑人人口较多的州。其他一些密集的组织似乎也与三K党存在着联系。有关这方面最真实的记录出现在1871年4月7日国会公布的一份联合调查声明当中，这是由7名参议员与14名众议员——获得授权对"最近爆发骚乱的各州进行调查"。大多数调查人员指出，三K党主要是在田纳西州以及邻近的几个州活动，并且他们的活动在黑人成为议员或黑人获得选举权之前就存在了。

这份报告还指出联邦政府强加给重建各州的政策取得了让人失望的结果。"不准黑人之前的主人参加政治重建的过程，这必然会让黑人受到其他人的影响。很多黑人都通过选举担任了公职，并且忠实地履行着自己的职责，但是很多黑人却没有足够的能力做好这样的工作。很多根本没有资格的白人就利用这些黑人的信任，获取了这些公职。

特别是在南卡罗来纳州，腐败简直无孔不入。该委员会所提供的证词表明，无论是激进的共和党人还是民主党人都存在腐败的问题——黑人与白人都一样。

民党的立法议员R.M.史密斯在被问到他是否会惩罚那些贿赂官员的人时，这样回答："先生，我不会的。因为当每个人都觉得一个人就像一只绵羊那样可以以某个价格出售的时候，那么任何人都有权利去购买他。"

M.C.布特勒将军之后成为联邦参议员，在与西班牙的战争当中，他是一位来自南方的将军。他谈论过土地委员会欺诈的行为。南卡罗来纳州的本地人会以每亩5美元的价格卖给州政府，但是如果他对土地委员会的成员进行贿赂，让他们最后购买了这些土地。"这几乎就是人性最赤裸裸的体现。我并不认为一个真正诚实的人会这样做。如果我有1万亩地要出售，一位参议员走过来对我说，'要是你给我500美元的话，我就跟你买了这些土地。'我肯定会立即拿钱收买他，就像我拿钱去买一头驴一样。"

就不会出现。格兰特采取的政策是非常激进的，在一些人看来这是有害的政策。但在那个时候，这些措施却是收效明显且有必要的——格兰特在解决问题的方法上从来都是非常明确的。

弗吉尼亚州、得克萨斯州、密西西比州已经通过了《宪法》第十四条与第十五条修正案，这些州的参议员与众议员都被批准进入国会，前提是他们要接受联邦宪法，确保这些州在共和党人的控制下。海勒姆·R.雷维尔斯，是一位有着四分之一黑人血统的人，他是第一位进入美国参议院的混血儿，他取代了杰弗逊·戴维斯之前在参议院的位置。此时，南方叛乱各州都开始进入重建的过程，但是乔治亚州在1868年进行过约翰逊政府主导的重建，此时还需要再次进行重建的过程。在该州被接纳入联邦政府之后，该州立法机构的保守派势力就立即驱逐了所有的黑人成员，让那些根本不符合宪法第十四条修正案的白人取代他们的位置。因此，在1869年3月组建的第十一届联邦国会当中，该州的参议员与众议员席位都被暂停了。

乔治亚州的投机分子相对较少，但是该州的州长布洛克是一个激进的人，做任何事情都不会有任何顾虑，最后带来了严重不良的结果。该州的财政状况存在着许多隐患以及混乱的地方。西部与亚特兰大铁路多年来都是该州的骄傲之一，现在却成为政治斗争以及抢劫的牺牲品。这一条铁路的监管者证实，布洛克负责"管理这条铁路的公共以及政治政策"。审计员以年薪3000美元节约了3万美元的支出。正如布洛克所说的"厉行节约的经济模式"。1869年12月6日，格兰特在年度国情咨文里就曾建议推行立法机构的重组。国会迅速制定了相关法律，严格规定立法机构成员的选举标准，为那些准备加入国会的南方各州的参议员以及众议员提供法律依据。乔治亚州必须要批准宪法修正案第十五条。要是布洛克州长对此无能为力的话，那么格兰特总统就可以使用包括武力在内的一切手段强迫该州执行这一法律。特里负责该州的军事管理，将该州的立法机构成员都召集起来。在他的命令下，24名民主党议员遭到罢黜。他们的议员席位被共和党人以及之前那些被罢黜的黑人所取代。在经过这样的改组之后，该州的立法机构迅速批准了宪法第十四条修正案与第十五条修正案，选举出两名联邦参议员。

在国会的辩论当中，很多议员表示应该将乔治亚州的"基本经验"搬到弗吉尼亚州、得克萨斯州以及密西西比州，但是他们同时花费了两年时间对布洛克领导的该州进行重组。莫顿、萨姆纳、威尔逊以及其他激进的共和党人在参议院进行了长时间艰苦的斗争，但没有取得成功。布洛克想要延长重组期间的阴谋没有得逞，乔治亚州在1870年进行选举，修订州宪法的规定的日期确定下来了。因此，这是在重组的早期阶段里，共和党内保守势力第一次取得支配地位。

布洛克虽然在华盛顿方面吃了亏，但是他让自己亲手选择的参议员提出一项决议，那就是该州的立法机构成员在1872年1月之前不准开会，并且规定任何选举议员的行为都必须在1872年12月之后才能进行，所有的州政府官员都必须坚守自己的职位。这项决议在国会两院进行了激烈的争论，最后在格兰特的影响下没有通过。布洛克接着怂恿该州的立法机构通过了一项法律，规定 12 月 22 日进行为期三天的选举，然后给予黑人一次"重复"选举的机会。对此，没有人提出反对。该州过去 3 年一直征收的人头税现在被宣布是非法的，因此没有人会因为无力支付税收而被剥夺选举议员的权利。

当时隶属于民主党的白人集团想办法将黑人以及投机分子赶出该州的首府，将权力重新夺回手中。他们没有表现出"任何愤怒的情感"，也没有进行恐吓，没有制造任何动乱，而是进行了长时间耐心的"劝说工作"。黑人都会因为选举之后几天里有钱花而感到兴奋。很多黑人都投票给民主党人。但是更多的黑人还是没有参加这样的投票。对获得自由的黑人来说，这是一次对他们的智力水平以及自身公民意识的检验。

民主党人获得了该州立法机构三分之二的席位，在新当选的 7 名众议员中，有 5 名是民主党人——这对处在数字上劣势的民主党人是一个不错的开始。之后，乔治亚州实行"地方自治"。在两年之后的 1872 年年末，一位民主党州长正式就职。从这时开始，该州的总统选举人票就一直投给民主党推举出来的总统候选人。一位来自南方的妇女在 1869 年冬天这样写道："黑人几乎处在一种无政府状态。"两年之后，她这样写道："黑人的表现就像天使一样。"这就是民主党人执行"劝说"这一全新手段所带来的良好结果。

北卡罗来纳州一直以来都是一个追随辉格党的州，该州的黑人数量不多，但是腐败横行。该州的立法机构成员收受贿赂的情况是公开且普遍的。几乎所有有问题的企业都能花钱消灾。该州的债务从 1600 万美元飙升到 3200 万美元，足足上升了一倍之多。该州还有三K党的出没，虽然三K党在该州造成的恶劣影响不像其他州那么严重。当时的州长霍顿宣布有两个县处于紧急状态，派柯尔克上校率领一支山地民兵组织前去镇压。柯尔克上校逮捕了100多人，其中不少人都具有良好的名声，并且在军事法的要求下，让这些人每天都处在对死亡的恐惧当中。

这就是后来人们所说的"柯尔克上校的攻击"，这件事激起了华盛顿方面强烈的愤怒，国会也对此进行了激烈的争论。美国地方法庭的法官发布了一张人身保护令的法院命令，要求柯尔克将这些"犯人"带到他跟前。与此同时，格兰特也派一个兵团前往该州，美国的其他将领都呼吁军队要执行法院的命令。最后，格兰特将这件事交给支持联邦法院权威的司法部长阿克曼去处理。最后法庭宣布这些被柯尔克"非法囚禁"的犯人无罪释放。在此期间，该州在8月4日进行选举，共和党在这场选举中遭遇惨败。民主党占据了立法机构的绝大多数席位，并在新当选的7名众议员中占据5个席位。

该州州长霍顿宣布派由黑人组成的军队去守卫州首府，更是产生了严重恶劣的影响。最后，他遭到了弹劾，被判定有罪，撤去州长的职位。

在释放黑奴以及南方各州在选举过程中存在诸多舞弊的情况下，宪法第十五修正案在四分之三的州批准之后，正式生效了。这些批准的州有北卡罗来纳州、南卡罗来纳州、路易斯安那州、阿肯色州、佛罗里达州、弗吉尼亚州、阿拉巴马州、密西西比州、得克萨斯州、乔治亚州以及之前南方联盟控制下的那些重建州。国务卿在 1870 年 3 月 30 日对此进行了确认。

格兰特对完成重建这三个重要的阶段感到非常高兴，因为这为南方各州走出内战提供了基本的法律规定。他在给国会发布的一条特别公告里，用热烈洋溢的话语去表达自己的心情。虽然一般的编辑可能会对格兰特的这段话进行一些删节，但是这段话所传递出来的情感还是没有什么问题的。"像我们国家这样的制度，所有的权力都是源于人民，因此必须通过人民的智慧、爱国之情以及勤奋来维系。因此，我想让那些刚刚获得选举权利的黑人朋友明白，他们必须努力地提升自己，更好地利用这一全新的权利。对那些受到我国法律最大保护的群体，我要说，你们必须对那些刚刚获得这些权利的群体给予最大的保护。我们的宪法制定者们坚信一点，那就是一个共和国要是没有人民的智慧以及所接受的教育，是绝对不能长久的……因此，我呼吁国会采取各种宪法赋予的一切权力，去促进所有国民接受教育的权利，让他们能够更好地履行政治权利，有机会能够获得必要的知识，让他们将政府变成一个带给所有人祝福的机构，而不是一个给多数人带来危险的机构。"

但是，国会在该修正案的第二条规定下通过的第一项法律，就是赋予国会"可以通过适当的立法去执行这一规定"的权力，这并没有为推广教育指明方向。与此相反，国会通过这一项法律旨在解决南方一些州依然存在的紧张局势，但这在很多时候造成了对黑人的威胁恐吓，一些聪明的白人利用对政治的控制，压制黑人的投票，只让他们认为适合的人去治理政府。

国会迅速通过了三项"执行法案"，格兰特在1870年3月31日签署了第一项法律。"这一法案的范围以及目的，"支持该法案的卡尔·舒尔茨说，"就在于任何州在选举或者选举之前的程序里面，都不能用任何直接或者间接的方式阻碍某一部分人去投票，防止任何合法公民因为种族、肤色或是之前的状况而被剥夺投票的权利……任何一个州或者个人都不能因为种族或者肤色的原因剥夺另一个人的选举权，不能剥夺任何人参与自治政府的权利。国家有责任去防止出现这样的犯罪，纠正因为这些犯罪而带来的不良后果。"

瑟曼以及其他民主党参议员谴责这一法案"是一种暴行与压制"。埃德蒙德就曾用激烈的言语表示，这一法案简直就是从1850年制定的逃奴追缉法中完全抄袭过来的，这是对我们现在这个不同时代的一种莫大的讽刺。

该法案的一部分内容要求遏制三K党的蔓延，另一部分的内容则授权总统在必要的时候可以动用美国的部队"帮助执行法院的判决"。在宪法第十四条修正案里其他的一些特殊内容，也赋予总统这样的权力。

国会在尝到了自身所具有的权力之后，接着就更进一步。1871年2月28日，第二项执行法案由格兰特签署成为法律，这部法律被称为"确保美国一些州执行公民选举权利的执行法案"。这项法案让联邦军队对议会选举进行管理，美国法院的法官对选举进行深入监督，确保选举的公平以及计票的公正。这一法律还授权美国的元帅任命一些将领去防止出现干预人民投票的情况。在法律的授权下，这些将领可以招募地方武装团队去帮助执行法律。

当然，这部法律适用于联邦政府的所有州。事实上，这部法律后来对于曝光纽约坦慕尼选举舞弊案件产生了直接的影响。但是，这部法律制定的直接目的就是保护南方各州的黑人能够行使选举权。因为在当时的南方，很多州对解放黑奴宣言以及宪法修正案的内容产生了误解。后来，白人开始意识到通过将人口普查中的黑人数量计算在内，但却不计算他们的选票，这些白人要比在内战之前在联邦众议院获得更高比例的代表权。

第三部执行法案制定的主要目的也是为了在南方建立秩序。第四十二届新国会在 3 月 4 日开会了。根据之前他们制定限制约翰逊总统的法案，已经在先前设立的特别委员会中对南方各州的情况进行了调查。3 月 23 日，格兰特给国会发布的一份特别公告里表示："在联邦的一些州依然存在着人民的生命以及财产无法得到保障的情况，很多政府员工在送邮件或是收税的时候依然会面临危险。这些状况依然在某些地区存在着，现在国会应该想办法去解决。消除这些弊端的权力超过了州政府所拥有的权力。美国行政体系的权力只能在现有的法律框架内运转，但是法律赋予政府的权力并不足以解决这些问题。因此，我强烈要求国会制定相关法律，切实地保护人民的生命、自由、财产以及确保美国每一个角落都执行这些法律。"

国会深感局势的紧迫性，迅速同意了格兰特提出的要求，在 1871 年 4 月 20 通过了第三部执行法案"保证宪法第十四条修正案的条款得到执行"。这一法案赋予总统非常大的权力。其中的部分内容授予格兰特可以暂停法院发布的人身保护令的权力，这样的权力一直持续到本届国会的终止。

1872 年的选举慢慢临近，共和党内的大佬们出现了分裂的信号，但是他们在支持打击三 K 党的法案上却是少有的立场统一。

参议院里的民主党人虽然承认三 K 党做出的种种暴行，但却强烈反对这一法案。瑟曼宣称这一法案是违宪的。但是，共和党多数派领袖莫顿则表示："要想维持重建的成果，要想维系宪法修正案的完整，要想保护黑人民众享有的公平权利，要想让共和党人保护南方各州人民的生命、自由与财产的安全——那么这个法案就必须要在 1872 年获得通过。"

11 年后，美国最高法院裁定这一法案违宪。事实上，最高法院在 1875 年就宣布 1870 年 3 月 31 日通过的第一部执行法案的主要部分是违宪的，表示"宪法第十五条修正案会让美国政府获得过大的权力"。

格兰特只使用了一次三 K 党法案赋予他的权力，他将这次权力用在了南卡罗来纳州。当他给国会做出那份声明的时候，其实就是特别针对该州发生的状况。当时该州的州长斯科特是一位投机分子，就曾请求过联邦军队过来援助，并在没有得到法律的授权下整合武装部队，在该州制造了许多暴力事件。在 5 月 3 日，格兰特发布了一份声明："无论在任何地方与任何时候，如果有必要的话，我都不会犹豫使用法律赋予我的权力，动用联邦军队确保每一名美国公民的安全。"

1871 年 10 月 17 日，格兰特发布一项声明，暂停了 9 个县的法院发布的人身保护令。在这些声明下，很多人遭到逮捕，其中一些人还遭到起诉，最后接受法律的惩罚。

这些措施取得了立竿见影的效果。根据三K党调查委员会的报告，直到1872年2月19日为止，三K党的活动出现了"明显的停顿"。格兰特在1872年12月2日的年度国情咨文演说里表示，他不会质疑通过执行法案所带来的"必要性以及有效性"。1873年3月4日，在他的第二次总统就职演说里，他理直气壮地说："之前与联邦政府作战的州现在都已经在不断地重建，这些州的行政管理与美国任何州的行政管理都相差无几了。"

格兰特坚定地使用国会赋予他的这些权力也是取得这些良好结果的重要原因。要是格兰特稍微软弱一下的话，都有可能助长这样的行为，直到局势最终失控。格兰特对自己不得不使用这样的权力表示遗憾，但是他的本性要求他必须要遵守法律——这也是他履行日常职责的一部分。在格兰特的第二任期里，路易斯安那州、密西西比州以及南卡罗来纳州都出现了种族与政治的冲突，需要联邦军队及时加以干预。这是美国历史上一段不愉快的历史。要是详细叙述的话，至少需要一个章节。

与此形成鲜明对比的是，格兰特政府对之前参与南方联盟叛乱的人逐渐进行赦免。在国会通过了特别法案之后，赦免的范围包括之前3185名参加过反抗联邦政府的人。但是，很多南方人都对此非常敏感，不愿意主动申请赦免。因格兰特在1871年12月4日的年度国情咨文演说里用宽容大度与通俗易懂的话这样说："上一次双方停战到现在已经过去 6 年多了，其中一方是为了维系联邦政府，另一方则是想要摧毁联邦政府。我们现在需要思考一下宪法第十四条修正案里面关于剥夺那些公民的权利是否应该废除。这一修正案并没有剥夺这些人选举的权利，只是剥夺了他们担任公职的权利。当选举的公正性得到保障之后，绝大多数人都应该获得选举权利，从而反映出绝大多数人的意愿。我以为，不能因为那些人之前参与过反对政府的战争就剥夺他们被选举的权利，只要他们有足够的能力以及品格，并能宣誓效忠联邦政府的宪法，那么他们就有足够的资格去担任这样的公职。人们可能会说，之前那些人违背了他们的宣誓，但其他人则没有，这是因为其他人没有这样做的能力。如果他们一样做出这样的宣誓，那么我们同样不会怀疑他们会像那些人一样违背自己的诺言。"但是，格兰特补充道，对于像杰弗逊·戴维斯、雅各布·汤普森以及其他主犯，"在国会看来，那些参与了内战的主犯应该从大赦名单中排除出去。"

众议院通过了格兰特提交的大赦法案，要不是萨姆纳坚持将他补充性的民权法案作为修正案强加进去的话，参议院应该也会通过这一法案。

按照萨姆纳自传作者的说法，萨姆纳提交的这一民权法案禁止在"交通工具、戏院、酒店、学校、公共坟墓、教堂或是在州法院或是联邦法院遴选陪审团成员"的时候有任何形式的歧视。这一法案在南方的白人看来是非常反感的，这些白人不愿意看到黑人与他们获得平等的权益。对北方民众来说，萨姆纳提出的这一法案同样让他们很反感，因为他们不愿意联邦政府过度干预各州的内部事务。

要是萨姆纳这一民权法案通过的话，反而会给黑人带来负面的影响，但这是一根筋的萨姆纳所无法理解的。正是因为萨姆纳的坚持，再加上他与国会里其他支持黑人的议员一起反对，这个大赦法案没有获得通过。最后，在1872年5月，大赦法案在众议院以全票获得通过，但在萨姆纳的民权法案的修正案被单独否决之后，参议院也通过了大赦法案。因为萨姆纳的阻挠，通过的这个大赦法案在赦免的人数上还不够彻底，最终还有300至350名叛乱分子无法得到应有的政治权利。

萨姆纳是两位投了反对票的参议员中的一个，他就曾说自己之所以反对，是因为"黑人无法充分获得他们应得的权利，而法律却认可这种对黑人的歧视。先生们，现在并不是大赦的时候。在我们对之前那些叛乱分子采取宽容态度之前，必须公正地对待黑人"。

格兰特在1872年5月22日签署了这份法案，除了第三十六届与第三十七届国会里来自南方各州的参议员与众议员、司法部门、军事部门以及海军等方面的军官之外，其他人都获得了平等的政治权利。但是那些没有获得赦免的人后来也得到了赦免，其中很多人为重建一个统一的联邦国家付出无私的努力。

第三十七章
党内不满的原因

　　"格兰特总统坐在那里，看着整个国家的治理还在人民可以忍受的范围之内。"萨缪尔·鲍尔斯在 1871 年 11 月的《斯普林菲尔德共和报》上这样写道。鲍尔斯是一位具有罕见天才的记者，在政治观点上具有独特的风格以及鲜明的人格特点，他经常提倡要打破政治上的陈规陋习。他所持的观点经常与同时代的人不同，即便是他最亲密的朋友所持的观点与他的观点也是有一定出入的。在格兰特政府执政的开始阶段，他的这种倾向就展现出来了。在格兰特任命的内阁成员名单公布之后，他在给亨利·L.达维斯的信中这样写道："我喜欢这个内阁——你应该也喜欢格兰特总统任命的这个内阁，因为这简直就是一场革命，这打破了历届总统任命内阁成员的一种旧例，让政府改革变得更加容易与更具有可能性。"在一个月前，他就曾这样写道："我的观点是，格兰特政府的内阁以及内阁组成人员将会是一个炸弹，对那些国会议员以及政治圈子的人来说是一个重磅炸弹。"因此，当最终的内阁成员名单出炉之后，鲍尔斯显得不是很惊讶。

事实上，这位来自斯普林菲尔德的观察家的观点发生了一些微妙的变化。这样的变化在他这样的职业中是很常见的，那就是他们有时候能够预测一些政治走向，但他们这样的预测对于格兰特政府却没有什么影响，虽然他们的报道在当时会对格兰特政府的声誉产生一定的影响。虽然鲍尔斯并不是一个书呆子气很重的人，他的绝大部分人生经验都是从与社会打交道的过程中慢慢获取的，他就像蜜蜂吮吸着花粉那样汲取各种信息。他具有所有媒体人都应该具有的那种微妙的感知能力，再加上像他这样一个经历过道德冲突以及内战洗礼的人，报道的激情更是非常强烈的。因此，鲍尔斯其实与亚当斯、葛德金、柯蒂斯、舒尔茨以及萨姆纳等人有很多相似之处，后面提到这些人在学术上也给予他一定的尊重，虽然并不是非常看重他。他对那些"从事文学创作的人"非常感兴趣。他的一个朋友就是撒迦利亚·钱德勒，当罗威尔担任驻西班牙大使的职位，干预正常的任命程序时，钱德勒对此发出了许多不满的声音。像他这样的人都会对格兰特在内战期间展现出来的英雄品质进行神化。格兰特安静沉稳以及含蓄的行为对他们具有强烈的吸引力——特别是格兰特对军人都想追求的名声表现出一种全然的冷漠，这更让他们赞赏有加。

"我并不是一位崇拜战争英雄的人，"莫特里在阿波马托克斯战役结束几周之后给阿盖尔公爵夫人的信件里这样写道，"但在当前的阶段，我们需要一位战争英雄，我们必须感激这样一位战争英雄来到我们身边——这样的一个人在视野上如此开阔，如此具有耐心，反击的时候那么凌厉，但他却那么的缺乏个人的野心，那么的谦逊，那么的反感名声。在过去两年里，全世界人民都在渐渐关注这个人，但他却始终不愿意获得公众太多的关注。他将所有的功劳都归结为谢尔曼与谢里丹这两位将军身上。只要我们这个国家拥有像格兰特这样的人，那么我们的共和国就是安全的……在我的想象里存在着某种非常宏大的东西，那就是格兰特从来没有踏足过里士满一步，也许他永远都不会这样做。"这是莫特里对格兰特罕见的表扬，这与莫特里的好友萨姆纳在6年后对格兰特进行的猛烈的攻击形成了鲜明的对比。

从霍尔姆斯到莫特里等人，在波士顿这些名人交流的内容当中，我们都可以对格兰特的品格了解一二："他是我见过最简朴与最冷静的人之一……在我见过的所有名人当中，他似乎是最没有虚荣心的一个……有人问他是否享受被众人吹捧的感觉时，他说'这是非常痛苦的一件事'，格兰特的这个回答就充分展现出他的独特品格……我有时能从女性身上看到这样的品质，但很难从一个男人身上看到这样的品质——他似乎在追求一个伟大目标的过程中完全忘掉了自我，因而能对一般人产生影响的事件对他来说根本不会带来任何影响。"

这是格兰特取得军事上的辉煌成功、他的名声尚且没有被政治的"污泥"所污染之前，他留给学界那些人的印象。要是格兰特拥有某种让这帮文化人感兴趣的文化品位，或者更愿意与这帮人交往的话，即便当他的表现让这帮文化人的希望完全破碎，让他们对格兰特在政治上的纯洁性理想完全消失之后，那么这些文人依然会保持对他的喜欢以及支持。当一些不愉快的政治事件出现之后，这些文人也会更愿意将原因归结于那个时代。如果是这样的话，那么这段历史将会减少许多个人争论以及对格兰特的动机以及真诚的不公平攻击。事实上，那个时代的确是惩罚别人的成熟时机，但是萨姆纳、葛德金、鲍尔斯以及舒尔茨也不该对格兰特做出那么严重的"惩罚"，这主要是因为格兰特缺乏一定的社交能力，无法理解他们所要表达的观点。

即便在格兰特宣誓就任总统之后，他无视很多人想要给予建议或者表示要帮助他撰写就职演说稿子抑或就内阁成员给予建议的要求，这让很多人都感到不满。在政治领域，格兰特就像一个孩子那样天真。在这个国家经历内战之前，格兰特根本就没有展现出要担任任何公职的愿望，而这样的愿望几乎是每个人与生俱来的念头。

在约翰逊政府期间，格兰特在政治上遭遇了许多不愉快的事情，这些事情更表明了他不愿意与那些在政治方面训练有素的人交往。在阿波马托克斯战役之前，除了知道华盛顿方面的官僚主义会对他的军事计划进行干预之外，他对华盛顿的运转方式一无所知。他从未见过开会期间的立法机构，除了当他在斯普林菲尔德训练军团之外，除非是占领某个州的首府，他从未去过其他州州首府。

他对文学的了解程度也仅限于西点军校教科书的内容。他有时会阅读小说，但这主要是为了了解故事情节，从来都不会在意作者的写作风格。他的藏书也仅限于客厅或者其他角落里摆放的几本书而已。他对历史不感兴趣，当然他在后来的工作中不得不对历史有深入的学习与了解。

他甚至对自己所从事职业的相关书籍都不感兴趣。当他凯旋的时候，费城与华盛顿都奖励了他几间房子，波士顿甚至还想要送给他一个图书馆以表达他们对格兰特的感激之情。萨缪尔·霍普想要了解格兰特到底阅读过什么军事方面的书籍，好让他进行推广。但让他感到无比惊讶的是，格兰特根本没有阅读过什么军事书籍。他在战场上的灵活指挥完全是凭借他的直觉，他在各种不可预测的紧急关头善于运用军事作战原则的天才以及他后来在公职上处理事务的能力都是源于他的直觉。"他的治理能力，"鲍特韦尔说，"没有任何的艺术或者神奇可言，我们可以从这个国家里每一位诚实的公民身上看到。"

格兰特想要交往或者培养交情的人都不是那些具有精致品位的人。他更愿意与"慷慨大方"的乔治·威廉·查尔德斯交往，而不愿意与评论家与改革家乔治·威廉·柯蒂斯交往。相比于查尔斯·萨姆纳、卡尔·舒尔茨、莱曼·特兰伯尔等人，格兰特更愿意听从撒迦利亚·钱德勒、约翰·A.洛根以及罗斯科·康克林等人的意见。格兰特将亚当·巴多、约翰·罗斯洛普·莫特里视为具有相同成就的历史学家，但他个人更加偏向于巴多。巴多后来就说，格兰特曾经表示让他取代莫特里在伦敦的职位，但是巴多非常具有克制力，最终没有同意。

即便是当时的国务卿费什——这位格兰特政府的顶梁柱，深得格兰特的信任，被格兰特视为继承人的人——他们两个人多年之后也没有什么交往。后来，他们都住在纽约，房子的位置距离很近，但是他们却从来没有见过面。

在党内出现的不满情绪可以察觉前的一年，格兰特并没有在白宫。萨姆纳与格兰特政府在圣多明哥事件上决裂了，这是党内出现分裂的第一个信号，这个信号后来极为明显，因为格兰特将这次失败牢记在心，之后在执政的时候展现出许多更适合在军事方面绝地反击的顽固方法，而没有采用更加需要策略与妥协的柔和谈判方式去解决国会的冲突。格兰特亲自到国会去游说议员，他对那些不情愿赞同他的议员进行施压，似乎忘记了他所处的高位本应该具有的尊严，让他在那些原本他应该努力维持良好形象的议员心中一落千丈。萨姆纳在担任外交关系委员会主席时所做的证词冒犯了一些文化人与学术界，虽然他们并不认同萨姆纳在很多问题上固执的看法，但却认为萨姆纳代表着一种制度，认为萨姆纳是当时华盛顿里面唯一一个能够与英国、法国、德国的伟大政治家相媲美的人。

格兰特羞辱萨姆纳的做法已经很糟糕了，但是让萨姆纳在参议院的衣钵传给西蒙·卡梅伦的做法，在那些深谙参议院传统——即按照资格排位来决定地位的议员来说，这简直是一种公开的蔑视。之后，格兰特做出迅速撤回莫特里的决定，这被很多不了解当时局势的人视为格兰特有意刁难莫特里这位具有丰富学识与名声的外交家。当格兰特提名俄亥俄州缺乏名气的众议员罗伯特·申克取代莫特里的时候，必然会遭受国会议员的强烈反对，他们说申克到了伦敦在推广暗扑克这种游戏方面可能会有一些名声。

1870年6月15日，格兰特要求贾奇·霍尔辞去司法部长一职，接着提名当时没有名气的阿克曼取而代之，这引发了当时很多人的质疑。当时，很多人并不知道霍尔其实是做出了牺牲，因为格兰特要想国会通过圣多明哥协议，南方各州参议员的选票是至关重要的，为了争取他们的支持，格兰特只能让一个南方人担任司法部长。但是，当时很多人只知道，他们非常尊重的独立派与改革派内阁成员被迫辞职。

另一件事就是俄亥俄州的雅各布·D.科克斯事件。在许多议员看来，科克斯作为内政部长的记录非常不错，这不仅在于他善于管理本部门的事务，更在于他反对在专利局、人口普查局以及印第安人办公室设立"赞助猎人"的要求，从而保护他的职员免于陷入任何政治评论，让他能够坚定地进行政府改革。在霍尔辞职4个月之后，科克斯同样辞职了，取代他的人是俄亥俄州的哥伦布·德拉诺，一位没有什么名气的政客，他之前的许多行为都存在是否符合正当性的质疑。科克斯记录着霍尔辞职以及他辞职时发生的事情。他与卡梅伦以及钱德勒等人发生矛盾，后者经常要求内政部的职员应该将他们的一部分薪水捐献给党内基金。格兰特曾说，在霍尔辞职的时候，"他最喜欢的人就是科克斯州长了。"但是，钱德勒、卡梅伦以及其他人都是他在国会里必须争取的人，在他们与科克斯之间，格兰特别无选择，科克斯必须辞职。

科克斯在1870年10月3日所写的辞职信非常坦率与简要："当国会在夏天休会的时候，我收到可靠的消息，说一场有组织的计划将会在国会冬天重新开会之前就完成，要求我们改变内政部的政策。对国会参众两院的许多议员来说，将印第安人事务从正常的政治赞助中分离出去，这让他们感到很不满。为了能够让总统可以顺利地达成目标，我希望自己的辞职能让总统不会因为内政部的事情而遭受任何尴尬。我想要对内政部进行改革的想法或多或少与那些政界有权势的人产生了冲突。我的责任感让我不得不在工作的安排上反对他们的要求。"

霍尔在表达自己辞职的原因时并没有流露出满意的感觉。但是，科克斯却将霍尔当时所说的一段话记录下来了："昨天早上，我还坐在办公室的椅子上准备处理日常事务。"霍尔说这些话的同一天，科克斯惊讶地从报纸上看到霍尔辞去司法部长职位的消息。"当时有人送来一封信，说是总统送过来的，我当时也没有多想。当我打开信封一看，惊讶地看到总统要求我辞职的内容。他没有给出任何解释或者说明原因。总统的要求是那么简要与直接。我的第一想法就是总统肯定是对我犯下的一些严重错误感到不满。即便是晴天霹雳这个词都无法形容我当时的心情。我坐在椅子上思考了一会儿，总统这封信到底意味着什么呢？——为什么事先没有任何警告，在我们的日常谈话里也没有任何提及呢？我当时的第一反应就是询问总统为什么要做出这样的决定，但是自尊并不允许我这样做。我对自己说，我必须让这件事顺其自然，甚至不应该因此而感到苦恼。我拿起笔，写了一封辞职信，却发现自己必须找寻一些辞职的常规理由。但我最后停下了笔，将那张纸撕掉，对自己说：'既然总统没有给出我为什么要辞职的原因，要是我擅自发明一些原因，这就是不诚实的做法。'于是，我将辞职声明写得很简单，没有多加掩饰。"

虽然这件事让霍尔感到很不愉快，但这并未影响他与格兰特之间的私人交情，也没有动摇他对格兰特的支持。18 个月后，科克斯加入了特兰伯尔、舒尔茨与萨姆纳等人当中，参与了自由的共和党运动。

格兰特提名阿克曼与德拉诺分别取代霍尔与科克斯的位置，更进一步降低了批评家们对格兰特的评价，虽然他们一开始就对格兰特提名的内阁成员评价不高。当时的海军部长罗伯森是一位具有很强能力的人，但他在报纸上却获得了生活铺张浪费以及任人唯亲的坏名声。战争部长 W.W. 贝尔纳普则在为接下来爆发的丑闻打下基础，最终让他在面临弹劾的时候不得不选择辞职。格兰特政府任命的官员都没有什么名气，特别是在那些擅长撰写历史而不是创造历史的人看来更是如此，虽然一般民众还是通过选举表达了他们对格兰特的信任。

当时的白宫有很多军事助手，这些人所担任的职务通常来说都应该是文职人员担任的——贺拉斯·波尔特将军在战时有着辉煌战功，后来在担任公职的时候也取得了不俗的名声。格兰特的妹夫斐德列克·邓特将军一直在格兰特身边，但却没有什么大的作为。巴布科克虽然讨人喜欢，有一定的能力，但不能完全被信赖。格兰特喜欢这些人，相信他们的为人。在某些情况下，他的这种盲目自信是毫无根据的。

远在格兰特在战争初期获得一定声望之后，许多亲戚就过来找他帮忙。在他成为总统之后，他的姐妹、叔伯、姨婶、表亲都过来攀亲。他的父亲很早就参与了这场游戏。格兰特在之前的信件里这样写道："父亲还给里德写了一封信。"在 1861

年 10 月，格兰特在开罗给姐姐写信说："父亲就在这里，应该能够获得一个职位。我不希望求别人给予他一个职位。我没有什么适合他的职位，我不希望给任何人带来麻烦。当然，我的影响力能够帮他找到一个职位，但是我必须要为他所在职位的表现直接负责。我不知道什么时候才能对那些愿意给予帮助的人这样说。"这就是格兰特在战争时期体现出来的军事本能。但在他成为总统之后，手中有很多可以分配的职位，当时也没有明确的文职政策规定干预总统的这种支配权力。因此，格兰特很难反对亲人或者朋友提出的这种请求。

格兰特让父亲在肯塔基州卡文顿县担任邮政局长，让他一直在这里做。他让妹夫担任驻丹麦大使。对于他以及妻子的其他亲戚，他都好心地给予他们一些有利可图的职位，虽然获得职位的人数总数并不多，但足以引起很多人说他是大搞裙带关系。1872 年 5 月 31 日，萨姆纳在国会发表了一篇反对格兰特的激烈演说，将很多内容都集中在展现"格兰特总统是如何利用职权便利，帮助家人担任公职，这在美国历史上是从未出现过的，甚至连世界上最腐败的政府都不会出现这样的情况……人们甚至可以说获益的人高达 42 人，几乎每一位与总统有血缘关系或姻亲关系的人都获得了提拔。一些支持总统的人在经过检查之后，否认了这个名单的真实性，将获益的人数缩小为 13 人。因此，格兰特总统至少有 13 名亲戚在这个国家获得了职位，这并不是因为这些人的能力，而是因为他们与总统之间的关系。这种赤裸裸的裙带关系在我国的历史上是极为罕见的"。

事实上，格兰特在安排自己的父亲、妹夫以及其他亲人的时候都是非常用心的，不让他们担任十分重要的职位。

　　内战之后，格兰特坦然接受了人们出于对他的感激之情而给予他的许多东西，包括在费城与华盛顿的房子，一些具有价值的书籍，其中绝大多数书籍都是格兰特从来没有看过的，很多书籍依然存放在白宫的地下室里，在他任期结束的时候都没有翻看过。在格兰特看来，他不认为从那些因他获利的人那里得到礼物是一种不正当的行为。他在处理任何事情上都是非常直接的，因此他从未对那些最了解他的人产生过怀疑，也不觉得自己给予别人利益以及别人送给他的礼物之间存在联系。格兰特的这种想法为他的政治对手提供了难得的"攻击武器"。

　　格兰特在选择朋友上并不挑剔，在这方面不会在意别人的看法。当罗林斯去世之后，他失去了唯一一个能对他的判断产生重要影响的人。在格兰特心中，谁也无法替代罗林斯的地位。格兰特成为总统没多久，罗林斯就去世了，之后格兰特结交朋友的范围就变得越来越广。

　　"格兰特所需要的，"查尔斯·埃利奥特·诺顿在写给柯蒂斯的信件里说道，"是一位独立、富于怜悯心、具有智慧以及值得信赖的顾问……要是别人以巧妙的方式向他提出意见，格兰特很容易听从所谓的糟糕想法。与此同时，他在战争期间展现出来的宽容在和平年代的政治生涯里却变成了一种恶习。"诺顿显然抓住了很多人没有观察到格兰特的一面，但他对此也没有什么解决的办法。但对局外人来说，为格兰特找寻适合的顾问提供意见，这似乎并不是太难的事。诺顿心目中认为合适的人选是柯蒂斯或者是他与格兰特都认可的人。但是，格兰特有自己的性格特点，这是很难改变的。从长远来说，格兰特的性格是不会改变的。

第三十八章
改革——关税问题；行政部门改革、
印第安人问题

　　这个阶段是改革家们的春天。他们都在利用这个时期尝试
各种各样的改革，无论这些改革在现实层面上是否可行。很多
改革者都认为对保护性关税进行改革是非常必要的，而进行税
制改革也是很多人共同的呼声——自从民主党人控制国会之
后，有关自由贸易的呼声就一直不断。但是，这样的议题并没
有单纯局限于党派之间，因为也有很多共和党人强烈要求对内
战爆发前制定的莫里尔关税法进行改革。这些改革的呼声在中
西部的共和党人中间特别强烈，因为这些人认为莫里尔关税法
从一开始制定的时候，本意就是为了让新英格兰地区以及宾
夕法尼亚州的制造商获得利益。诸如艾莉森与加菲尔德等刚刚
在国会中崭露头角的政治新星来说，他们都在强烈要求降低关
税。加菲尔德是一位崇尚自由贸易主义的人，是科布登俱乐部
的荣誉成员，但他提出的改革方向却是非常务实的。他曾在国
会演说里这样表示："无论这样的改革会对我个人或者政治前途

产生什么影响，为了所有美国人的利益以及我所代表的选区的民众在工业方面的利益，我都会尽自己最大的能力……如果我能阻止这样的事情出现，那么我绝对不会就我所在选区的民众深切关注的商品关税提出那么大的减免议案，因为其他方面的商品都在相当程度上得到了关税的减免，但是我所在选区的选民的商业利益却受到了严重的影响。"

1870 年制定的关税法案引发了强烈的争议，在经过一番艰苦的斗争之后，支持贸易保护主义的人重新占据上风，他们要求减免关税，计算免税以及应课关税的商品名单，将减免关税的程度平均降低百分之五。这些改革者所获得的主要利益就是将生铁的关税从每吨 9 美元降低到了 7 美元。有关生铁关税的问题，国会进行过非常激烈的辩论。贺拉斯·格里历就曾对加菲尔德说，如果他有权力的话，他会让生铁每吨的关税高达100 美元，让其他商品的关税都按照同等的程度提高。格里历这样的说法遭受了普遍的指责。此时，很多支持贸易保护的人都被其他人指责是为"某些利益群体"服务的人。不过，这些改革者所持的态度则助长了科布登俱乐部带来的不良影响，挥霍了许多英国金币。

格兰特虽然没有治理经济方面的头脑，但他在 1870 年 12 月进行的年度国情咨文演说里对关税问题进行了一番谈论，表明他的政府已经开始关注关税问题。这是国会在行将休假之前进行的一次简短的会面，因此在接下来至少一年时间里，都不会有相关方面的立法。"在我看来，任何宣扬要进行税制改革的人都没有对如何进行税制改革进行明确的定义。"格兰特用讽刺的笔调这样写道，"但这些人似乎认为，在没有任何花费或者努力的前提下，就能够满足每个人的要求。"格兰特个人的观点是："随着每个地区的邮政局长取消当地的印花税票、酒类税费以及各种烟草税费，那么通过对关税进行恰当的调整，就能对这些商品施加关税。我们还可以对一些奢侈品施加高昂的关税。这样的话，经过几年和平的时间，再加上我们在减少债务方面的努力，那么我们的税收就会不断增加，从而让政府能够完成其使命……如果这就是那些改革家所谈及的税制改革，那么我支持这样的改革。如果他们所说的税制改革只是将税收用来支持政府的运作，用于支付政府债务的本金与利息，通过直接增加人民的税收负担，那么我是反对这样的税制改革的。我相信人民在这方面会与我站在一起。如果这意味着我们以必要的手段去抵消政府的开支，拒绝偿还政府债务以及抚恤金，那么我依然会反对这一类的税制改革。"

一年之后，在新一届国会重新开会的时候，格兰特就开始解决这个问题，要求减少政府的浪费，"通过这样的方式，为绝大多数人民提供最大程度的帮助"，同时，他推荐对很多不在美国国内生产的商品进行免税，因为这些商品在进口之后，通过国内的制造商进行加工，最后满足人民的普遍消费，这能让我们获得差价。"要是我们在减税力度上更进一步，就会让这些商品影响到国内的制造工业，降低美国工人阶层的收入水平。"

新一届国会通过了这两个关税法，格兰特在1872年5月1日签署。这两个关税法将茶叶与咖啡放入免税名单，从而让"美国人在餐桌上的花费变得更低"，这赢得了共和党内部的贸易保护主义者们的赞赏。第二个关税法在 1872 年 5 月 3 日在国会获得通过，当然这个法案是妥协的产物。该法案规定降低许多商品的关税，其中就包括盐、含沥青的煤、锡、皮革、用于工业生产的棉花、羊毛、铁与钢，同时还要降低印花税。该法案并没有提及不受欢迎的个人收入税的问题。这一法案与其他所有关税法案都是妥协的产物，这是一场互助的游戏。萨缪尔·鲍尔斯曾给他亲密的朋友亨利·L.达维斯——时任众议院筹款委员会主席——写了一封安慰性质的信件，他在信件里这样说："你在关税问题上已经取得了辉煌的胜利……这项法案肯定不是政治家能力的体现，你肯定是知道的……相比于将所有的纺织厂、毛纺厂、牧羊的农民以及图钉厂的利益都打包起来，然后进行妥协，肯定还能找出更加高明的解决方法。"

那个时代就是国会与政府不断对抗的时代。萨姆纳、舒尔茨与葛德金等人对格兰特进行了恶意的攻击，他们的攻击很容易让我们忘记格兰特为他们的目标所付出的努力。这些人总是忙于指责格兰特或者整个政府所犯的各种错误。现在，当我们回过头去看那段历史，似乎觉得那个时代充斥着纷争，往往会忽视那个时代所取得的成绩，也往往会忽视格兰特在执政期间所取得的成就。

现在，谁还记得格兰特是美国历任总统中第一位强调要对联邦政府的委任制度进行改革，从而让人事任命不是按照候选人的关系而是个人能力的总统呢？除此之外，格兰特在建立廉洁的行政体系方面付出的努力远远超过之前 40 年历任总统所付出的努力。林肯与杰克逊总统以来的历任总统一样，都将政党分肥制视为政府运转方面的一种常态。从普通的政府职员到内阁成员，政治方面的考量几乎决定政府内部大大小小的职位。在内战期间，分肥制在军事方面表现得非常明显。布特勒与麦克伦南德并不是仅有的因此而获得勋章的政客。林肯最后与查斯的决裂只不过是因为他们在人事任免方面出现了矛盾而已，但相比于之后整个分肥制来说，这是一件小事。当萨姆纳在 1864 年向国会提出一个议案，要求建立政府考绩制度的时候，他的很多同僚都没有当成一回事，只是觉得这是萨姆纳心血来潮的一种表现。但在格兰特政府执政没多久，格兰特就开始解决这个别人忽视的问题。

"历届总统从来没有就这一项可怕的制度发表过反对的声音。"乔治·威廉·柯蒂斯，这位公认的行政体系改革家在 1869 年对一帮支持者这样说，"直到现在，格兰特总统的演说所透露出来的精神是值得我们去支持本届政府的。'为了确保高效地执行法律，必须毫不犹豫地改变官员的任命制度。有时，在单纯的党派观点占据上风的时候，通常会造成不良的政治后果。我们必须毫不犹豫地支持高效的官员对抗这种完全源于政治利益而产生的可怕制度。'最后，感谢上帝，我们终于有了一位之前远离华盛顿污染的总统，他不会惧怕这些可怕的政治对手，正如他当年在战场上不会惧怕任何敌人。他所说出来充满力量与简单的话语让我们有足够乐观的理由，因为他的表态正如他在率军前往维克斯堡过程中的演说一样，充满了一往无前的勇气与力量。"

但是，柯蒂斯这种洋溢着情感的赞美词并没有持续多久，虽然格兰特在他的第二次年度国情咨文演说里指责政党分肥制是"长期以来的一个严重弊端"，表示要立即加以解决。格兰特表示，他不仅想让考绩制度取代政党分肥制，而且还要对官员的任期进行规定。"没有比人事任命方面的糟糕表现，更让整个政府以及行政部门感到尴尬的了。但是，即便政府在这方面做出许多努力，敦促参议员与众议员们通过对此的改革，但是这样的努力证明是吃力不讨好的。现有的体制并不能确保最优秀的人获得任命，因此很多时候根本不能胜任公职的人却占据了这个公职职位。要是对政府的行政体制进行改革与净化，这必然会得到所有美国人民的支持。"这是格兰特政府传递出来的一个全新的信号。一周之后，格兰特签署了国会通过的第一部《公务员改革法案》，该法案规定设立一个委员会，为遴选政府公职部门的候选人进行评定。之后，格兰特提名柯蒂斯担任这个委员会的主席。

当国会在 1871 年 12 月开会没多久，格兰特就在一份特别声明里敦促国会批准给这个委员会拨款。"如果这个委员会无法得到国会的支持，那么法案规定的内容将无法得到忠实的执行。若是我之后的继任者没有对此进行更进一步的修订，那么这样的法案是没有约束力的。我希望国会能够给予授权，让我完成该委员会提出的公务员改革方案。"

当时的国会与政党分肥制存在着紧密的联系，很快就完全停止了对这个委员会的拨款。很多不了解事实真相的改革者纷纷指责格兰特没有更进一步，但在那个阶段，格兰特即便是耗尽作为总统所具有的一切影响力，也很难让考绩系统取代政党分肥制。在当时的国会，几乎没有几个参议员或是众议员支持格兰特。其中反对声音最强烈的参议员是莫顿、钱德勒、康克林、卡朋特以及卡梅伦，他们都对格兰特的声明持一种轻蔑的态度。而绝大多数人对此根本不在乎。这是当时一些具有远大理想的知识分子才会讨论的话题，但是这群人的数量以及他们所产生的影响在当时都不足以影响政局。格兰特沿着这些人所提出的道路前进到这个程度，这已经相当了不起了，但他还是因此遭受了许多攻击，因为这些人认为他没有尽全力去完成他的使命。要是格兰特在国会每次开会的时候都要求进行公务员改革，并且让这种"改革"的呼声成为政府的唯一声音，那么格兰特显然会赢得这些知识分子以及历史学家们的好评，而格兰特任内所犯下的其他错误将被一笔带过。但在那个时代进行这种全新的公务员改革的时机根本就不成熟，而格兰特手头上也有许多更加迫切的工作要去做——比如维持美国在世界上的声誉，保护海外美国人的生命与财产安全，严格执行国内的各种法律，建立稳健的政府信誉，等等。在公众呼声以及舆论不是那么强烈的时候，这些改革可以缓一缓，但是这些改革对于整个政府的长久却是最基本的，因此必须要立即着手进行改革。在这些改革面前，其他问题都必须放在次要的位置。

在接下来几年的时间里，国会一直都没有拨款，因此这个委员会一直都在没有财力保障的情况下运转。格兰特认为单方面继续这样的斗争是没有用的。他在1874年12月的年度国情咨文演说里，坦率地对国会表示，如果国会在休会期间依然对公务员改革缺乏足够的支持，"那么我将会视为国会不认同这样的改革，除了坚持要求对某些公职候选人进行审查之外，放弃其他所有计划。竞争性的审查制度也将会遭到废除。"格兰特在放弃这个改革机会的同时，也没有放弃最后一搏的机会，但在很多追求改革的人看来，格兰特就是半途而废了。格兰特说："那些原本应该支持这项改革的人最后在改革的本意明显出现偏离的情况下，却选择挑一些小毛病。"总的来说，格兰特认为这样的规定是有好处的，能够在一定程度上提高公务员服务的水平。"委员会的那些成员在没有薪水的情况下依然兢兢业业地工作，努力为政府公务员改革出谋划策，这表现了他们对工作的热情与追求。无论对他们还是我本人来说，要是完全放弃这项改革，这是一种绝对意义上的屈辱。但是，我重复一点，要是我们无法得到普遍的支持与帮助的话，这样的改革是不可能取得成功的。"

在任何政治环境下，格兰特这种表态都是符合常识的。柯蒂斯之后才认识到这点，他这样说："总统本人单独为这项改革付出了那么多努力，他肯定会觉得这对整个政府来说是非常关键的改革，因此必须要冒一切风险去取得最终的成功。他肯定拥有着像路德那样坚定的信念以及不可战胜的意志。'我站在这里，只是我，没有别人。'格兰特将军在内战结束后，受到民众的广泛爱戴，被人民选举为总统。当时他刚从军队将领的职务中走出来，就要直接接触让他感到陌生的政治与政客。他看到了进行改革的理由以及必要性……国会看在格兰特总统缺乏政治经验的面子上，在一定程度上对他的改革抱着容忍的态度，拨款给他进行这种改革试验。但是，格兰特在这个过程中遭受的压力是巨大的。格兰特曾经说："我习惯了压力。"的确，他的确是习惯了军事作战方面的压力，但是他却无法适应政治层面上的压力。他被许多未知以及无法预估的政治暗流所驱赶与压制。他陷入了诡辩、指责以及轻信的旋涡当中。在内战期间，他不惜耗费整个夏天都要取得最终战斗的胜利，但在政治这个对他来说完全陌生及新奇的领域，他感到绝对意义上的陌生及困惑……格兰特最后的确是投降了，但他却是一位勇敢的投降者，他错误地判断了他的对手的本性以及所具有的力量，过分乐观地高估了自己的忍受能力。"

格兰特并没有"改革先驱者"的称号，历史必须要还给他这样的头衔。格兰特在推销商品方面没有什么天赋，也缺乏政客所需要的阴谋与欺骗。在一些评论家眼中，即便是格兰特取得的一些成就，也是误打误撞取得的。在这件事以及其他很多事情上，格兰特都是自身诚实品质的"受害者"。

格兰特对印第安人的好感可以追溯到他在大西部服役的时候。当时他还是一个年轻的军官，目睹了印第安人遭受白人不公平的待遇。乔治·W.柴尔德斯就说，格兰特"在那个时候就下定决心，如果他有朝一日获得任何影响力或者权力的话，他一定会努力改善印第安人的生存环境"。格兰特说到做到。他的第一次就职演说虽然非常简短，但在"必须要以恰当的方式去对待这片大陆上的原住居民，这应该是我们必须履行的一个责任"这句话里面则包含着太多的内容。"我会支持任何有助于印第安人走向文明，并且最终成为美国公民"的努力。他设立了印第安人事务委员会，任命来自费城的威廉·威尔士担任主席。

后来，海耶斯总统任命威尔士为驻英国大使，成为基督教公谊会的主要成员之一。格兰特总统在 1869 年 12 月的年度国情咨文演说里指出："众所周知，在宾夕法尼亚州早期的移民当中，印第安人与白人能够和平相处，但是该地区或者其他地区的白人总是与印第安人产生纷争。"格兰特采取了全新的措施，让该机构允许印第安人相信任何教派，并且派一些传教士到印第安人中间进行传教的工作，基督教公谊会也通过其自身的机构去执行政府的措施，表达了政府的支持。在格兰特第二年的国情咨文演说中，他指出："我深信，我们现在执行的政策在未来几年时间里，将会让所有的印第安人住在房子里，让他们拥有校舍与教堂，让他们能够与白人和平相处，有着个人的业余爱好，他们能够去拜访那些守法的白人公民，而不需要担心会遭受任何惩罚。"这是我们的政府第一次以人道主义的方式对待印第安人——这项政策给我们的国家带来巨大的好处，起到了保卫国家安全的作用。但是，格兰特却因此遭受非议，因为在此之后，印第安人的事务几乎成了内政部要处理的主要工作，这在之前是从来没有过的。

几年之后，格兰特说："在我的公职生涯里，我最反感的人就是那些自以为正直的人，这些人认为别人做任何事情的动机都是邪恶的，认为所有的公职人员都是腐败的。这些人认为除非他们自己去做这些事情，否则任何事情都是存在腐败的。这些都是目光狭窄的人，他们似乎总是眯着双眼，只能透过一个小孔去看这个世界。"费什在他的日记里就曾讲述在圣多明哥事件争议当中，格兰特曾经这样说："奇怪的是，很多人看不惯别人与他们持不同的意见，每当他们看到不同的意见，就会站起来加以反对……在这个国家，要是没有一种责任感，谁都不愿意担任公职人员。在我看来，我不知道别人为什么要去竞争我现在所处的位置或是内阁成员的位置。要是我没有这样的责任感，我现在就可以立即辞职。"格兰特的这些言论有助于我们更好地理解他为什么会在政府官员遭到最猛烈攻击的时候，依然忠诚地支持他们。

第三十九章
格里利事件

　　在内战之后重建时期的所有公众人物当中，卡尔·舒尔茨占据着特殊的地位。多年来，他一直都没有代表一股建设性的势力，但他却是一位给当时社会带来影响的人。作为一位永不妥协的批评家，他始终在搅动着当时的政治局势。这让他虽然不是很受欢迎，却获得了广泛的声誉。他出生在普鲁士，是一位革命主义者，于1848年逃难到美国。他对美国政治制度的理解是很少美国人能够相比的。但在相对自由的政治氛围里，他却始终扮演着一位革命者以及坚定反对者的角色。终其一生，他都没有完全实现"美国化"或者本土化，他缺乏一种"回归本能"。在离开自己的祖国之后，他先后在瑞士、法国、英国住过，最后在1848年来到美国。他先后辗转于宾夕法尼亚州、威斯康星州、密歇根州与密苏里州，最后才在纽约定居。他从未长时间地支持某一个政治团体，也从未忠于某个政治团体。

　　在内战爆发初期，他出任驻西班牙大使，之后他成为民兵准将。他经常严厉指责在军事领域或者行政领域的上级。在内战最艰难的那段岁月里，他对林肯总统发出的警告招致长久以来备受煎熬的林肯的反驳，这也成为一段有趣的历史故事。[1]

　　内战结束没多久，卡尔·舒尔茨就成了密苏里州一份报纸的编辑，他支持在重建过程中采取激进的手段。1865年，他作为约翰逊总统的信使前往南方考察，回来之后他提交了一份报告。激进的共和党人利用这份报告在国会里反对约翰逊推行的政策。卡尔·舒尔茨在1869年当选为共和党参议员，但他在参议院的位置还没有坐热，就与格兰特产生了分裂，与萨姆纳等人一道反对格兰特提出的兼并圣多明哥协议。他几乎对所有

---

1 "我刚刚读了你在26日寄给我的信件。你在信件里声称我们在上一次选举里失败了，整个联邦政府现在都处于失败的状态，因为目前联军在当下的战争中节节失利。当我说自己并不需要为此承担太多的责任时，我并没有为自己开脱责任。我当然知道如果这场战争失败了，那么整个联邦政府就会瓦解，我肯定也会背上首要的责任，不管我是否应该承担这样的责任。要是我能够在战争过程中做得更好却没有这样做的话，那么我肯定要遭受指责。我认为我还可以做得更好，因此你现在就开始指责我了。我认为自己无法做得更好了，因此我要指责你在信件里那样指责我。我理解你现在愿意接受来自那些'非共和党人'的帮助，前提是他们'心系联邦政府'。我对此表示同意。但是，我并没有这样的党派之分。不过，谁能成为评判人们是否具有'心系联邦政府'之心的裁判呢？如果我放弃了自己的判断，转而采纳你的判断，那么我也必须要采纳别人的意见。到那时，我不得不拒绝所有给我提出意见的人。最后，我就无法得到任何人的支持，无论是共和党还是其他党派的人——甚至连你都不会支持我。我亲爱的先生，可以肯定的是，现在也有一些'心系联邦政府'的人认为你现在做得很差，就像你现在认为我做得很差一样。"这段文字源于林肯总统在1862年11月24日给卡尔·舒尔茨的回信。

的议案都进行投票，除了最后一部执行法案，因为他认为这部法案是违宪的。多年之后，当最高法院裁定第三部执行法案违宪的时候，他感到深深的满足。他所写的文章语言流畅，逻辑清晰，是英文写作方面的大师。当他对某个议题做好了充分的准备之后，他的演说能力也是超乎常人的。他所具有的才学在其他国家可能会对政府产生更加重大的影响，但他的才智在美国的政治体系下却没有得到多大的发挥，因为他几乎在任何议题上都与政府站在对立面，让他每次都几乎处在少数派。

舒尔茨是推动1872年自由共和党运动的领袖。正是在他的煽动之下，才发出了要举办一部分共和党人的全国代表大会，在辛辛那提提名格里利为总统候选人。密苏里州人民当时的不满情绪与该州的状况有着密切的关系，同理，伊利诺伊州、纽约州、马萨诸塞州以及其他州的反对者也有着各自的理由。不过，正是在密苏里州，这一运动最早找到了机会，对格兰特政府进行有组织的反对。在一个符合当地人利益的问题上——重新给予同情南方的人民选举权——共和党反对派提名B.格拉茨·布朗州长，他之前就是在民主党人的帮助下才成功当选州长的，因此将整个州都变成了民主党人控制的州。弗兰克·P.布莱尔已经被选举成为联邦参议员。

重新给予选举权的这个问题其实根本就不是整个国家范围内的事情，格兰特之前已经敦促国会通过大赦法案，国会也准备批准这项法案，但是舒尔茨那时候却在吹嘘要进行关税改革，并且让关税改革成为他这个全新政党的政纲条款之一。格里利在《纽约先锋报》上的文章将密苏里州的自由人士视为脱党者。舒尔茨察觉到在新一届总统大选日期临近之际，其他州也出现了对这一届政府不满的信号。于是，他于 1872 年 1 月 24 日在杰弗逊市举办了他这个全新政党的大会。这个政党的名称就是"自由共和党"，他们发出公告，号召所有反对政府并且支持改革的人在 5 月的第一个星期三到辛辛那提开会。

很多前来开会的人都有着不同的理由，当然他们都怀有一个共同的理由，那就是对格兰特以及他代表的政府感到不满。纽约发生了一次派系争执。两位联邦参议员在针锋相对。鲁本·F. 芬顿是一位操控政治的狡猾政客，在 1865 年到 1869 年间，他是该州的州长。但是，康克林则在华盛顿方面逐渐取得了优势。格里利一直都想要获得公职，是芬顿心目中在 1870 年竞选州长的理想人选，却在提名大会上遭遇挫折。在 1871 年举行的大会上，双方为了争取支配地位进行了激烈的争斗，最后康克林取得了上风，将格里利以及芬顿的亲信全部打压下去了，取得了整个大会组织的完全控制。

格里利一直对联邦政府的治理方式感到不满。此时，他与芬顿都将失败归结为康克林利用联邦政府以及格兰特的支持。因此，他们充分利用了正在西部慢慢形成的一股反对政府的思潮。对格里利这位一直吹嘘要对美国进行高度保护的人来说，对密苏里州的自由共和党人宣称的"对关税进行真正意义上的改革"的做法，其实并不是那么容易。但是他将这个问题先搁置下来，在《先驱报》上宣布"我们将要前往辛辛那提"的口号。在恰当的时机，他认可了东部的共和党人前往密苏里州参加大会的要求，但在他自己所在的纽约州，只有少数商人参加这次大会。

参加辛辛那提大会的人并不包括通过正常渠道选举出来的代表，而是曾为共和党后代的人都可以参加。在美国历史上，从来没有以这样奇怪的方式去成立一个政党的。直到此时，自由共和党运动所展现出来的强烈改革热情，其实都是媒体撰稿人的文章所带来的产物。

首先，舒尔茨就是一位编辑与小册子作者，与他并肩作战的还有来自《斯普林菲尔德共和党报》的萨缪尔·鲍尔斯、《辛辛那提商业报》的穆拉特·霍尔斯特德、《芝加哥先锋报》的约瑟夫·梅迪尔与贺拉斯·怀特、《费城时报》的亚历山大·K. 麦克卢尔、《国家报》的 E.L. 葛德金、《纽约晚报》的威廉·库伦·布莱恩特。他们在某些议题上有着一致的看法，在其他的议题上，他们的意见存在着严重的分歧。这场运动从一开始就是这些撰稿人、理论家、反对者以及教条主义者所发起的。在这些人当中，绝大多数人都对如何运转政府进行过深入的思考，但很少有人真正参与过政府治理方面的工作。可以说，这些人从一开始就是一些具有崇高理想的人，但在他们成立的政党组织成型之后，往往会引来一些让人失望且缺乏威望的政客。

在该政党内部，也有一些具有实战政治经验以及崇高原则的人，比如来自伊利诺伊州的约翰·M. 帕尔马与莱曼·特兰伯尔，来自俄亥俄州的斯坦利·马修斯、乔治·霍德利与雅各布·D. 科克斯，密歇根州的战时州长奥斯丁·布莱尔等人。最后，还有像戴维·A. 威尔斯、西奥多·迪尔顿、爱德华·阿特金森、弗兰克·W.博德以及威廉·F.巴特利特将军等人。其中一些人是出于追随这种时尚的原因选择加入，但这些人之前都没有在政府部门工作的经验。萨姆纳、大卫·戴维斯与查尔斯·弗朗西斯·亚当斯则是后来才加入的。这股运动之所以能够成型，就在于《芝加哥先驱报》《斯普林菲尔德共和党报》《辛辛那提商业报》《国家报》《纽约晚报》《纽约先锋报》以及《路易斯维尔信使报》的编辑们同心合力。其中《路易斯维尔信使报》是一份民主党人控制的报纸，经常发表批评亨利·沃特森的文章。其中一些报纸在开始阶段并不像其他报纸那么坚定地支持这场运动，但他们在反对格兰特这个议题上却有着共同的立场，虽然他们中绝大多数人都对这次大会取得的成果表示失望。

他们从一开始就应该意识到失败的结果，因为他们不仅缺乏专业政客所具有的智慧，更在于他们过分专注于道德的议题。也许，他们最大的一个缺陷就是无法找到一位个性鲜明的人去代表他们所倡导的改革。奇怪的是，这些资深的报纸编辑很早就想到了要与当权的政党进行竞争，并且要取得成功，但是他们的领导人物却是非常局限的——查尔斯·弗朗西斯·亚当斯、莱曼·特兰伯尔、大卫·戴维斯与贺拉斯·格里利——这些人无论是在政治还是个人影响力方面都缺乏忠实的支持者，除了戴维斯之外，其他人都缺乏现实的政治常识。

贺拉斯·怀特说："那些想要获得公职的互助会成员几乎都是戴维斯的支持者。他作为总统候选人的形象让那些一开始支持该运动的人极为反感。戴维斯作为最高法院的大法官，在未事先声明的情况下进入政治领域，这虽然不是史无前例的，却是非常有碍观瞻的。除此之外，戴维斯的支持者都不是那些最早要推动改革的人……戴维斯获得提名的机会在很早的时候就被编辑互助会的讨论否决掉了。他们在穆拉特·霍尔斯特德的家里举行晚宴，他们决定，即便戴维斯最后获得提名，他们也不会支持他，并且将他们的立场公之于众。在那天晚宴上，他们并没有对格里利是否能够获得提名的问题进行过认真的讨论……亚当斯与特兰伯尔是两个被我们认为有可能获得提名的人选，而亚当斯获得提名概率要更高一些。但是，我们必须明白，在有些时候，个人的独特性以及天才的瞬间迸发，要比祖辈的荣耀或者世人认可的政治才能，或者这两者的结合都更加重要。"

有自知之明的亚当斯至少知道，要是他成为总统候选人的话，最后必然会遭遇失败。"如果我成为候选人之一，并且你们都认为我是一个诚实的人，那么你们就会友善地将我从候选人的名单中划去。"在自由共和党大会开会的两周前，当他乘坐轮船前往欧洲，参加日内瓦法庭仲裁的路上，给戴维斯·A.威尔斯的信件里这样写道，"一路走到现在，我从未感觉片刻的自在。我认为像我这样完全远离政治派系斗争的人是可能成为总统候选人的。对我个人而言，不幸的是，我认为个人的独立要比牺牲个人独立去获得公职更为重要……要是在辛辛那提开会的人真的认为他们需要像我这样一个特立独行的人，他们就必须拿出证据说服我，否则他们的一切努力都将会浪费掉。"

亚当斯的这封信表明，若是他作为总统候选人，是无法赢得竞选的，但他在信件里展现出了作为一名忠诚于自由共和党人所展现出来的理想主义以及脱离现实的品格。盲目乐观的鲍尔斯将这封永远都不该公开的信件公开了，单纯地认为这有助于帮助格里利获得提名，并且赢得总统大选。

后来，格里利不仅赢得了总统候选人的提名，而且他在大会演说过程中绝口不提认同关税改革的话题。这是除了格兰特的个性之外，让这帮人前来这里开会最重要的一个原因。格里利是美国历史上最不肯妥协的贸易保护主义者。在公务员改革方面，他要比格兰特显得更不友善，并且公开发表反对考绩制度的轻蔑言论。格里利这样的言论让这场运动的其他领导者在残酷的事实中清醒了。其中很多学者都是忠实支持大学改革的人，但他们却发现这个党现在所推崇的理念与他们内心原本所珍视的理念背道而驰。他们惊讶地发现，之前那位彬彬有礼，经常为《先锋报》撰写一些诸如"在所有的教授里，愿上帝从大学毕业生中帮我挑选吧"的人，会做出这样的表态。

这次大会的临时主席斯坦利·马修斯立即选择重新支持格兰特。在给一位朋友的信件里，他这样写道："我对整件事的发展感到非常懊悔，包括我参与其中的过程都感到非常懊悔。我得出了一个结论，我作为政客或者帮助总统候选人竞选的人，我都是非常失败的。"威廉·科伦·布莱恩特在写给特兰伯尔的信件里这样写道："每个了解格里利的人都将会知道他执政之后会带来什么后果。要是他赢得大选成为总统，必然会导致整个国家陷入可耻的腐败旋涡当中……他所展现出来的错误判断力必然会导致权力的滥用以及各种奢侈浪费。让人感到惊讶的是，别人对此展现出来的顾虑或者担心，却丝毫没有对他产生任何影响。"特兰伯尔在回信里也找不到支持格里利的理由，只是表示："他是一个诚实却容易相信别人的人，要是身边有恰当的人加以帮助，可能会对当下的政治有所改善。"

贺拉斯·怀特这样写道："参与大会的那些明智人士都感到非常震惊，在所有可能发生的事情当中，出现了最不应该发生的事情。"卡尔·舒尔茨也对这样的结果感到懊悔，在写给格里利的信里希望他退出竞选，并且说明了他竞选所带来的各种不良因素："现在，如果竞选的发展让你的希望落空的话，你还在被事态的真实发展状况所蒙骗的话，那就不是我的过错了。"但是，舒尔茨表示还是会以"一种谨慎的方式"支持格里利。舒尔茨为自己"击败格兰特以及解散该党组织"的努力感到满意，他愿意随时为此付出努力。虽然他在格里利竞选过程中感到一些困惑，但他还是希望这样的热情能够击败格兰特。舒尔茨这种机会主义者的观点是葛德金所不能接受的，他之前为自己与舒尔茨一起支持格里利竞选总统感到高兴。"舒尔茨是美国政坛上唯一能够鼓励葛德金怀着希望去做某事的人。"帕克·古德温用更加严厉的话语评论说，"那个人就是一个喜欢吹牛，也是最渺小的那种吹牛者。这完全源于他那种软弱而缺乏力量的虚荣心。他在政治上取得的成功，是那些最离经叛道以及那些最腐败的人都能够取得的……格兰特与他的政府是很糟糕，但若是格里利执政的话，他的政府将会更加糟糕。"当这个国家只能在这两者之间做出选择的时候，这个国家当然是处于一种可悲的状态。

来自纽约的自由商人在斯坦威大厅举行了一场盛大的集

会，邀请那些支持宽松贸易政策的人参加，并且提名威廉·S.格罗斯贝克为总统候选人。这场大会受到了卡尔·舒尔茨的支持，他当时是辛辛那提自由共和党大会的永久主席，支持的人还有 J.D. 科克斯、W.C. 布莱恩特、D.A. 威尔斯、奥斯瓦德·奥滕多弗、雅各布·布林克霍夫——这些都是反对派之中的反对者。当民主党在巴尔的摩表示支持辛辛那提大会的提名人之后，他们会在恰当的时机支持格里利。

辛辛那提大会发表了一篇《给美国人民的信》的文章，阐述了这次大会达成的原则。这篇文章纯粹是谴责格兰特的文章。"现任美国总统公开利用权力与机会提拔那些亲信，以实现个人目的。他继续让那些深陷腐败的无能之辈担任高级职位，这对国家利益造成了难以估量的影响。他还将政府的公职当成腐败的一种便利工具，不断利用个人的影响力去干涉政府的内部运转，影响政府以及公众的根本利益。他在获得昂贵的礼物之后，就将重要的职务送给这些人，从而加速了整个政府与政治的腐败。他本人就是一个最明显的例子。他的所作所为已经充分表明，他根本就不配担任总统，是很多错误人事任命的罪魁祸首。"格兰特所在政党的人则被指责是"阻挡了必要的调查以及不可或缺的改革计划"，只是"一味地煽动内战之后的激情与不满的情绪……而没有将南方人民潜在的爱国热情激发出来"。这样做只是"为了让那些谄媚者能够获得行政权力与影响力，这些人不配成为共和党人"。

在这篇言辞激烈的声明之后，会议在阐明施政纲领方面的口气却显得非常温顺。他们要求"立即废除所有强加给南方叛军的不平等对待""在给予所有人平等选举权的情况下实行地区自治""文职政府要高于军事权力""捍卫人身保护令""对公务员制度进行彻底的改革"。为了实现这个目标，"就必须要求在职总统都不能竞选连任"，维持政府信誉，迅速恢复硬币支付，停止"给予铁路公司以及其他公司大批土地"。

这次大会阐述的施政纲领显然要比之前单纯谈论的关税实现了一个跨越："在贸易保护制度与自由贸易之间，我们必须要认识到的确存在着某些不可调和的矛盾，我们会让地区的议会对这样的问题进行讨论，让国会就此做出决定，避免出现行政干预与命令的情况。"

这是一份让人印象深刻的声明。要是其中最重要的一些内容不是抄袭共和党在6月5日到6日在费城举办的共和党全国代表大会上的纲领，那么这将是一份非常有影响力的纲领。格兰特在这次共和党全国代表大会上再次被提名为总统候选人，并且获得一致通过。共和党支持对公务员制度进行改革，但是"要通过法律的形式去废除赞助体制所带来的弊端，对公职人员的遴选要坚持公开公正的方式，并且要对公职的任期做一个明确的规定"。他们反对"停止给予公司或垄断企业土地支持"的政策，并且表示"除了从烟草与酒类所获得的税收，其他的进口商品的关税都要进一步提升。我们要对其中的细节进行调整，确保美国工人能够获得合理的薪水，推动工业发展，让整个国家实现经济的发展"。

共和党选择彻底支持格兰特，他们唯一的分歧就是在副总统人选的提名上。科尔法克斯要是没有在亨利·威尔逊获得提名前表示自己要退出提名竞选，之后却又改变心意的话，那么他肯定会继续成为副总统候选人。科尔法克斯在约翰逊总统执政期间是众议院议长，之后在格兰特政府里面担任副总统。他在政坛上有着不错的声誉，但他最近却招来了华盛顿一份报纸的质疑，这份报纸是专门监督公职人员举止的。他们的这些报道让威尔逊获得了副总统的提名，这个提名具有特殊意义，因为威尔逊之前的同事萨姆纳在几天前，也就是5月31日，在一篇演说中将格兰特描绘成一位军事篡位者，指责他玷污了总统这个职位，说格兰特滥用职权的程度要让古代的罗马君主都为之汗颜。民主党人在7月19日选择支持格里利，从而将之前那张不完整的拼图结合起来了。民主党之所以做出这样的选择，就是因为他们无法找出其他比格里利在政治理念上与格兰特如此相对立的候选人。萨姆纳与自由共和党、民主党之间的唯一共同立场，就是他们都反对格兰特——这就是萨姆纳的态度。因为在过去30年里，他一直都在毫不留情地批评历届总统，无论这位总统是在他所在的政党还是其他政党。

从格里利获得提名的那一天开始，他就没有赢得总统大选的机会。不过，在某段时间里，他在攻击格兰特的竞选活动中表现得非常激烈，甚至让那些最有经验的政治观察家都认为格里利可能会有一些机会。萨姆纳在5月31日发表了一篇强烈反对格兰特的演说。

"我们所珍视的宪法与法律不仅受到了漠视，"萨姆纳慷慨激昂地说，"而且总统这个职位也被某些人视为玩物与特权。有关这些方面的证据是非常详细的。从一开始，这就表明了格兰特总统完全辜负了民众对他的信任，只是贪图个人享受。他出入乘坐豪华的轿车，骑着名贵的马匹，到海边别墅休假的时间要比他正常办公的时间还要多。相比于公众的利益，他更加看重个人以及亲信的利益……他总是欣然接受别人送给他的礼物，让整个国家都在为他服务。现在，很多人都将为他服务看得比为国家或者政党服务更为重要。他肆意地滥用宪法与法律赋予他的权力，不断推行个人计划，让自己的亲信朋友从中获益，打压他的政治对手，努力争取第二个总统任期。他的这些阴谋诡计都在他的第一个总统任期内暴露出来了，他身上展现出来的军事式的作风以及军人精神，让人感觉到专制政治或者人本主义，反对我们的共和制度。现在，很多人都认为奉承总统才是最高的法则。

"……我强烈反对格兰特竞选连任，他根本就不适合担任总统。他本来只是一名军人，之前从未担任过文职工作，从未履行过公职职务，对共和制度的本质根本没有一个明确的认识。"

因此，在那个时期，"专制政治"就成为那些反对为人低调的格兰特的人发出的最大呼声。格兰特在入主白宫的第一天晚上，就将白宫的守卫调走，并在他就职典礼那一天下令将华盛顿地区的驻军调走。"就在昨晚，我想起了一件事，"马修·H.卡朋特在回应萨姆纳这篇激烈的长篇演说时说，"那就是在内战后期，我从未听到格兰特将军说过一句自夸的话。我听到他用洋溢着情感的词语去赞美自己的部下。我听到他赞美谢尔曼将军取得的辉煌胜利，我听到他表扬洛根、麦克皮尔森以及其他联军将领。我从未听他谈论过一场战斗。'在当时，我认为我会听到他不断地进行自我夸耀，说我指挥了某场战役，或者我通过神奇的指挥扭转了战局'，但是，我从未听他在聊天过程中对自己有任何的夸耀。在与他生活以及交往了多天之后，你简直会认为他之前根本就没有参加过任何战争。"

每一个在战场上了解格兰特的人都会认同马修的这番言论。诚然，格兰特所结交的朋友并不都是好人。夏天的时候，他的确没有在华盛顿度过，而是选择到海边度假，但这也是之后每一任总统的惯例。他从小在父亲的农场就喜欢骑马，他不加分辨地收取别人送来的礼物，这也是事实。他的一些亲人担任着一些官职，这也是事实。但是如果别人真的要指责他的话，那么这样的指责应该是针对格兰特的个人判断力，而不是他有意为之。历史也将会对这些轻描淡写，一笔带过。

格兰特对于别人的人身攻击非常敏感，但他对自己所取得的成功却没有丝毫的怀疑，即便是最有经验的政治观察家都会有看走眼的时候。乔治·W.柴尔德斯就曾说，竞选期间，威尔逊在全美各地巡讲之后，怀着沮丧的心情来到了格兰特在费城的家。"我前去见格兰特将军，我对他讲出了威尔逊参议员的特别感受。格兰特将军什么都没有说，只是默默地打开了美国地图。他将地图放在一张桌子上，然后拿起一支铅笔，说：'我们将会赢下这个州、这个州以及那个州'，直到他最后几乎将美国地图上的每个州都画了一遍。此时，我才意识到，格兰特将军有可能赢下所有州的选票。"他在8月份给沃什伯恩的一封信里这样说，即便格里利一直竞选到11月，他都不可能赢下北方的任何一个州。

格兰特的预言是正确的。格里利只赢下了几个州，其中有马里兰州、乔治亚州、密苏里州与肯塔基州。格兰特赢得了349张总统选举人票中的286张，他的总得票数为359.7132万张，这要比他在1868年第一次当选总统时多出了48.4299万张。

　　这对格里利是一个非常残酷的事实。他之前的人生都在忙于谴责历届美国总统以及总统候选人，现在轮到自己的时候，他终于感觉自己的灵魂被逼到了绝路。他曾经引用《圣经》上的名言警句"那些依靠刀剑生存下来的人最终也会因为刀剑而灭亡"。这句话放在格里利身上是极为恰当的。"如果说我是历届竞选总统候选人中最失败的人，"他在给塔潘上校的信里这样写道，"那么竞选过程中遭受到的极猛烈攻击，让我几乎分不清自己到底是在竞选美国总统还是在竞选感化院院长。在最黑暗的那段日子里，我的妻子离我而去，因为她这么久以来一直在忍受着深深的痛苦。我在埋葬她的时候，眼泪都哭干了。是的，我已经没有什么价值了。我再也不愿意面对自己了。这几个星期以来，我都没有怎么睡过。每当我想要闭上眼睛的时候，它就会不由自主地睁开。"在总统选举团成员集合起来之前，他就心碎地死去了。

　　但是，格兰特在取得个人成功的过程中也有自己的苦恼，因为他所经历的诽谤以及谩骂是历届总统都没有遭遇过的。这些谩骂与诽谤对他的影响是显而易见的。几个月后，当他在发表第二次总统就职演说时这样说：

　　"我从未想过要追求什么职位或是官职，原本也是一个没有任何影响力的人，也从不认识任何什么有影响力的人物，但是在我们的国家存亡的关键时刻，我下定决心要履行一个公民的使命。我一直都在遵循着自己的良心去完成工作，从未想过要对任何派系或是个人心存报复的念头。

"内战之后那段时期以及我从 1868 年担任总统到去年的总统竞选，我遭受的谩骂与诽谤的程度在世界的政治历史上都是罕见的。因此，我感觉自己在今天要感谢你们对我的信任，让我心怀感激地接受我对那些人报复。"

第四十章
信贷公司行贿事件——强索工资法案——桑伯恩合同欺诈案

当我们回顾格兰特担任总统初期的表现时，可以看到当时的人们更多的只是批评他做事的方式，而不是所做的事情本身。1872年的总统大选已经清楚表明，当时美国的保守势力依然选择相信格兰特。虽然格里利成功地吸引了很多听众前来聆听他的演说——在某段时间，他所吸引的民众甚至让经验丰富的共和党竞选人员感到吃惊——但是，最终的结果表明，这些民众只是出于好奇才前去聆听那位写了多年文章的人。在格里利的演说之后，民众经过"第二次清醒的思考"之后，反过来投票给格兰特。格里利本人却陷入当时"浪潮"的幻觉当中，让他的那些支持者都感觉到竞选成功的希望。虽然格兰特在做事的方法上备受质疑，但他之所以能够赢得大选，是因为人民觉得格兰特依然具备成为总统的基本品质。格兰特成功地维系了整个国家的经济信誉，无论在北方还是南方地区都展现出严格执行法律的铁腕手段，他的这种能力让很多具有深厚政治势力的人都选择继续相信他。当然，格兰特所犯的一些错误的确应该遭受指责。其中一点就是他结交了许多无能的朋友，并且在无视这些人的工作经验或是能力的情况下，让这些人担任重要的职位，而他的这些朋友则经常利用他的信任做一些实现他们个人利益的事情。另一点就是干预国会事务的程度要超过之前的历届总统。在这两种错误当中，第一种错误只是针对他个人的，且持续的时间比较短暂；第二种错误要是出现在那些更加狡猾的总统身上，可能就会变成充满危险的障碍。历任总统都有想要扩权的倾向，但若是总统的权力超过了立法机构所具有的权力的话，这将会动摇整个国家的基础。事实上，没有比一个与总统配合的国会更加能够拓展民众的自由了。当格兰特成为总统的时候，这样的倾向并不像其他总统那么明显，因为格兰特没有那么多的政治手腕与技巧。格兰特本来就不是一个喜欢煽动政治的人，他从没有想过要利用民众的支持来玩弄权力。他总是按照某个爱国的明确目标去做事，虽然他对政府这台机器运转的过程还有一种陌生的感觉，但他的出发点是好的。他经常会忽视法律方面的技术问题，直接解决根本问题，不会太在意那些标注着"不能跨越"的信号。

当格兰特心怀感激地接受民众对他第一任总统任期表现的评价之后，一大堆全新的问题迫切需要他去解决。当时的国会议员任期即将到期，却爆出了两件丑闻——信贷公司行贿事件与"强索工资法案"。其中一件丑闻爆发是因为要拓展公平权，虽然双方都在指责当时在国会拥有控制权的共和党人，虽然民主党也应该为此负一定的责任。这两件丑闻都代表了当时民众要求改革的呼声，其产生的影响并不仅限于华盛顿内部。"我的公职生涯是短暂且无足轻重的，"乔治·F.霍尔在那个时候这样说，"仅仅持续了一任参议员的任期，但在短暂的任期内，我看到了美国联邦高等法院的5名法官相继因为害怕遭受腐败或是行为不当等弹劾而辞职。一些对此进行讽刺的人说，当美国人想要与东方人在艺术生活方面进行竞争的时候，美国制度唯一超过东方那些国家的东西就是无处不在的腐败。我看到过美国的很多大城市都因为腐败而成为世界人民的笑柄……当世界上最长的铁路将美国的东西部连接起来的时候，我看到了我们这个国家取得的胜利与荣耀变成了耻辱与苦涩……我听到了那些在政坛打拼了几十年的人说出了最无耻的话。事实上，在我们的共和国里，获得权力的最佳方式就是贿赂那些能给他们带来帮助的官员。"

这个阶段发生的许多腐败丑闻的确是美国历史上最难堪的一页，但要是将这些腐败丑闻归结为格兰特或是格兰特政府的责任，则是荒谬的。那段时期正好在内战结束之后，当时的道德准则以及标准都经过了战争的一番洗礼，依然还没有完全得到修复。这当然是无法与和平年代相比。格兰特刚好赶在这个时候执政，这是美国人民的运气。要是其他人处在格兰特的位置，都无法比格兰特做得更好。要是此时选举了一位软弱的总统，那几乎什么事情都办不了。

虽然霍尔的评论有一定的道理，但是放眼世界，在经历过同等战争之后，美国出现的腐败率要远比其他国家更低一些。政客们所攻击的丑闻相比于在相对和平时代出现的更为严重丑闻相比，其实根本不算什么。这些丑闻在美国建国初期就曾出现过，并在那之后一直进行对比。霍尔在评论中说出了许多经典的话语，表达了他的崇高理想，但他其实也是夸张渲染文章的受害者。与萨姆纳一样，即便是为了一项高尚的事业努力，他也是一位顽固的党派分子。在那些最了解他的人看来，若是霍尔不赞同的事情就必然会具有巨大的危害，而"他所赞成的事情，即便是丑小鸭也会变成天鹅"。

在竞选过程中，《纽约太阳报》的一篇文章曝光了联邦太平洋铁路公司建设过程中出现的行贿丑闻。这篇报道说，来自马萨诸塞州的众议员奥克斯·埃姆斯——一位具有远见的商人——应该对此负责。文章还披露，埃姆斯将信贷公司的股份分给一些有影响力的众议员与参议员。这间信贷公司是一间宾夕法尼亚州的公司，之前是没有经销权的，后来被联邦太平洋铁路公司的高层收购，确保他们能够获得建造铁路的合同。埃姆斯与他的同僚所采取的商业方法是具有独创性的，之后在私人建造业领域普遍流行开来。

按照当时的章程，直接用现金来认购这些股票是不可行的，这不像后来的那样。如果埃姆斯不利用自己的信誉，那么整个企业都可能破产了。"建设横跨美洲大陆的铁路"计划可能也要延迟数年。但是，在信贷公司的帮助下，股东们所具有的权利与联邦太平洋铁路公司的股东是一样的。这条铁路在 1869 年开始建造。法律规定，股东购买股票都应该完全用现金来支付。事实上，很多都是用 30 美分的钱购买到了 1 美元的股票。按照埃姆斯的观点，他们与信贷公司的安排是明智且必要的，能够带来双赢，否则建设铁路的计划将会无法执行。当铁路原本应该在1865年至1866年间开始的时候，他并不敢要求国会修改章程，唯恐在重建时期的国会会让这项计划无限期地延迟下去。

埃姆斯从1863年就一直担任众议员，他利用这个优势一直关注着铁路公司的利益。伊利诺伊州的沃什伯恩——这位监督财政部的人——就曾断断续续地要求对铁路公司的事务进行调查。埃姆斯并不想让这件事走立法程序，但他机灵地想到一点，那就是他与国会那些大佬的交情应该是一项可以利用的"资产"。1867年秋天，在他的建议下，信贷公司的343份股票交给他作为托管人。他在给一位同事的信件里写道："我会将这些股票送给那些能够给予我们最大帮助的人。我置身其中，能够更好地判断他们所持的立场。"于是，他与国会里那些重要的参议员与众议员进行接触，从7月的第一天开始卖给他们等价的股票。他们就160股的问题达成了合同。没过多久，股票的红利就到期了，这些股票的价值已经是原来的2倍多。一些议员同意立即购买，其余的股票则由埃姆斯代为保管。

在竞选将要结束的时候，这个丑闻就被曝光了。根据埃姆斯这个夏天在宾夕法尼亚州法院的一场诉讼里披露的名单，参议员与众议员的名单都被公布出来了。其中一些是国会里重量级的人物，包括科尔法克斯、康克林、加菲尔德、布莱恩与威尔逊。在总统选举结束几个星期之后，国会就要求就此成立两个调查组，一个调查组由来自佛蒙特州的卢克·波兰负责，专门负责对那些牵涉其中的国会议员的调查。另一个调查小组则由来自印第安纳州的威尔逊与乔治·F.霍尔负责，专门调查联邦太平洋铁路公司与信贷公司之间的业务是否存在违法问题。最后的调查结果表明，埃姆斯所说名单上的绝大多数议员都没有牵涉其中。诸如布莱恩、康克林以及鲍特韦尔等人都是一开始就拒绝接受股票的。其他议员在知道这其中可能涉及可疑的利益输送之后，也将股票退了回去。只有那些在竞选期间以及之后一直对此进行否认的人存在问题，虽然他们可能不会因为腐败而遭受起诉，但他们必须要为此负责。科尔法克斯因为之前在调查过程中存在撒谎以及可疑交易，不得不辞去公职。新罕布什尔州的帕特森被参议院委员会建议离职，但在参议院准备对此采取行动之前，他的任期就满了。

　　埃姆斯与詹姆斯·布鲁克斯——这位纽约的民主党人以及铁路公司的行政主管牵涉其中，因此这两个人也被迫辞职。在这起诉讼审判之前，布鲁克斯就去世了。国会要求对埃姆斯进行审判，但埃姆斯在一个月之后也因为心碎而去世了。直到这场丑闻曝光之后，他都从未认为这样的交易是违法的，只是认为自己这样做是为了紧跟时代，他还认为自己应该得到赞扬，而不是斥责。他在向委员会做解释时表示他从未想过要以任何方式去贿赂国会议员。"这些议员都是铁路公司以及我个人的好朋友。如果你想要去贿赂一个你想要去贿赂的人，你也会去贿赂那些反对你的人，而不是贿赂你的朋友……我从未做过任何承诺，也没有贿赂过一位议员。我也绝对没有胆量这样做。"在国会对此事投票之前，他做出了这番最后陈述，这次陈述在历史上也具有一定的地位。"我冒着个人名声、财富以及所有的一切遭受损失的风险，只是为了能够让政府得到难以估量的好处，以避免我国的资本主义出现萎缩的状态……我结交了很多朋友，其中一些是担任公职的。我愿意与他们分享一些有投资价值的商业机会……无论是在经营好还是不佳的时候，我都始终做真实的报告，从未否认任何我做过的事情，也没有隐瞒任何事情，始终持一种毫无保留的态度。谁能说只有我一个人做出这样的牺牲，从而希望能够平息公众的愤怒或者为别人赎罪呢？"

这些丑闻的曝光以及牵涉其中的人物都名声扫地，但这却是公众良心的开端，让人们意识到不应该指责那些本意良好、但用错方法的人。不过，这些事情对格兰特政府并没有产生任何负面影响，因为这些交易都是发生在他执政之前的。

国会原本在处理信贷公司事件方面表现得非常好，却在"强索工资法案"的立法过程中引发了公众强烈的不满，因为这一法案为国会的参议员与众议员以及政府的高级官员增加薪水。根据该法案，总统的薪水将从每年的 2.5 万美元升至 5 万美元，而参议员与众议员的年薪则从 5000 美元升至 7500 美元。副总统、内阁成员以及最高法院大法官的薪水也相应提升。其实，这样的举措不应该遭受那么严重的批评，因为这种增加薪水的举措是必要的，绝对不应该拖延得太久。但是，真正让公众们感到愤怒的是，这一法案规定加薪的起始日期从目前这一届的国会议员开始，因此目前的所有议员都能够在已经获得的薪水之外额外获得 5000 美元的收入——正是这种赤裸裸的利益输送让人们感到无比愤怒。很多人认为这是一场劫掠国库的阴谋，那些对这个法案投赞成票的人都会遭受公众的鄙视。

民主党与共和党都支持这一法案，当然这两个党都必须对此负责，但是因为当时的国会是共和党控制的，因此民众就将指责的矛头指向了共和党。包含上述那一条让民众反感的条款的拨款法案是在国会休会前执行下来的，因此格兰特在强迫新一届国会对此进行特别讨论之前，不得不签署这项法令。之后，格兰特总统敦促国会授权总统一部分行政权力，可以否决法案里的部分内容——格兰特多次做出这样的要求，但都没有收获什么结果。

民众强烈反对国会通过的"强索工资法案"，很多参议员与众议员都将多得的薪水返还财政部。新一届国会在 1873 年 12 月集合之后通过的第一个法案，就是将给予参议员与众议员加薪的条款废除了，只是保留给总统以及最高法院大法官加薪的条款。这个议题在下一次的国会选举里产生了很大的影响，也是造成共和党在那次国会选举失利的主要原因。这个法案给国会带来的影响超过了 30 年，直到罗斯福总统执政时期，议员们才敢于提出加薪的要求。但在那个时候，所有人都知道这个要求是非常合理的，而不是议员们为了自身利益而找的借口，因为议员们必须有足够的薪水去支付差旅费、雇佣员工、购买文具等方面的费用，所以，那时候的议员根本不会惧怕民众对此加以反对。

当布特勒从西特波因特被遣散回老家之后，他在多年之后的自传里，对格兰特的战争表现进行了无情的讽刺，谁也不知道这期间到底发生了什么。这可能是因为他并不喜欢萨姆纳，而萨姆纳又非常反感布特勒的做事方式，或者是因为布特勒天生就喜欢逐一打败对手。但不管怎样，我们都可以猜测到，布特勒做事粗暴的风格也许相比于萨姆纳那种精英阶层谨慎的做事方法，更能得到格兰特的欣赏。格兰特始终都会与那些让他感觉轻松自在的人在一起。萨姆纳在马萨诸塞州给予布特勒的一些帮助，引发了公众广泛的不满。格兰特选派西蒙斯——这位"信仰基督教的年轻士兵"，卫理公会教派的领袖以及布特勒的亲信——到波士顿港口征税，这引发了该州人民的不满，引发了诸如萨姆纳、皮尔斯、惠蒂尔、霍尔姆斯等人的激烈反对，他们都强烈反对布特勒想要成为该州州长的野心。6名来自新英格兰地区的参议员反对西蒙斯的任命，只有一人对此投了赞成票。霍尔兄弟想要说服格兰特收回这样的提名，但格兰特却显得非常顽固，毫不动摇。

"布特勒曾说他能够依靠你。"贾奇·霍尔与格兰特坐在一起的时候这样说。罗德则用非常直接的语言阐述了当时的情景："格兰特咬着牙，接着用手抚摸着下巴，面不改色地看着霍尔的双眼，但没有说一句话。长时间的沉默让双方都感到非常煎熬，最后霍尔离开了。"乔治·F.霍尔在他的自传里讲述了他与格兰特在拉斐特广场散步的时候，谈论起了西蒙斯这个话题。格兰特淡然地表示，要是撤回对西蒙斯的提名，这对年轻的西蒙斯是非常不公平的。在走到萨姆纳所住的那座房子的角落之前，他们之间的谈话还是非常友善的。到达那个角落之后，格兰特整个人的表现都变了，他握紧拳头，狠狠地说："我绝对不会撤回提名的，那个一直与我作对的人给我带来的痛苦是任何人都无法相比的。"此时是 1873 年冬天，萨姆纳在几个星期之后就突然去世了。

桑伯恩合同丑闻因为牵涉到布特勒的关系，对整个政府产生了不良的影响。威廉·A. 理查德森之前是鲍特韦尔手下的助理财政部长，在鲍特韦尔当选为参议员之后继任为财政部长。理查德森也是来自洛维尔，与布特勒是同乡。理查德森之前除了在华盛顿的一些行政部门担任过职务之外，没有任何行政管理经验。当有人询问起理查德森在马萨诸塞州的工作记录时，乔治·F. 霍尔这样说："他的名声几乎局限在华盛顿。" 1872年，国会废除了一项危险的法律，允许帮助征税的人获取所征税款的一部分。但是，这个条款却偷偷地混入这个法案当中，授权财政部长"可以聘请不超过 3 个人去帮助政府发现偷税漏税以及征收任何联邦政府本应得到的税款"。在这个条款的要求下，一开始担任助理财政部长，后来成为部长的理查德森与布特勒在波士顿的一位朋友约翰·D. 桑伯恩签订合同，当时的桑伯恩已经是财政部的特别专员了，专门负责从蒸馏酒厂、铁路公司、遗产受赠人以及其他人那里征收税款。桑伯恩后来要求对这一合同进行多次修改，让财政部官员允许他向数千人征收税款以及向美国所有铁路公司征收税款，并且有选择地对一些拖欠税款的人进行征收。

按照这一合同，桑伯恩征收了 42.7 万美元的税款，其中桑伯恩能够获得 21.35 万美元的收入。在后来的听证会上，桑伯恩表示自己花费了 15.6 万美元用于雇用人手帮助他完成这项工作，当然他所雇用的人都是与他关系亲密的人，而这些人都支持布特勒在政治上有更大的作为。1874年，国会调查委员会发现绝大多数征收来的税款都是没有得到法律授权的，因此这按照正常情况应该由国家税务局来征收。但是，很多交易都是具有欺骗性的，因此税务局专员在整个过程中都被晾在一边。调查委员会的成员一致同意，向国会提交一份报告，表明委员会对理查德森失去了信任，要求他立即辞职。

当格兰特收到这个消息之后，他立即派人去找调查委员会的成员，要求他收回这个决定，表示理查德森可以辞职，但应该在其他部门继续任职。因为谁都找不到理查德森从这项安排中获利的证据，因此委员会最多也只能指责他有监察失职的行为，最终还是赞同了格兰特提出的建议。理查德森后来成为索赔法庭的一名法官，而来自肯塔基州的本杰明·H.布里斯托律师因为之前在美国司法部的良好表现，被提名为财政部长。

第四十一章

否决《通货膨胀法案》——《恢复硬币支付法案》

　　最高法官就法定货币做出否决裁定两年之后，美国似乎进入了历史上空前的繁荣阶段。商业得到了井喷式发展，贯通东西部的铁路能将西部的粮食送到急切盼望粮食的欧洲人手中。一些人则瞄准了宾夕法尼亚州以及边境地区一些州的煤矿与铁矿地区。从 1869 年到 1872 年这 4 年里，美国的铁路里程增加了 2.4 万英里——这要比 1865 年到 1868 年这 3 年的平均增长里程多出 3 倍。这意味着市场对钢铁有着极大的需求，让北美五大湖的航线变得极为繁忙。工厂与作坊每天都在满负荷地运转，很多移民不断涌向美国。很多铁路公司都在发行公司债券，向投资者许诺能够获得高昂的利息。这些债券受到牧师、学校老师以及其他低收入者的欢迎，他们都希望能够以较小的投资获得较大的收益。

　　在铁路公司发行的债券里，最著名的要数北美太平洋铁路公司通过杰伊·库克债券公司发行的债券，该公司在内战期间成功地帮助政府发行债券，因此在公众的心目中，这间公司在债券市场的声望就好比摩根公司在很多年里都成为美国银行系统的代表一样。在这段时间，除了正当经营的生意之外，也出现了灰色地带的产业。

每个人都在忙着，每个人手里都有了一些钱，整个国家似乎蒸蒸日上。范德比特以及其他人多年来一直以最震撼人心的方式做着规模最庞大的事情，他们都在大规模地拓展业务，相信未来的发展会无限美好。他们看不到未来的任何困难，为什么一般的美国民众要产生不祥的预感呢？在1873年夏末时期，也就是格兰特连任总统几个月之后，市场上现金突然变少了，虽然这个时候一般都是将西部的粮食运到东部，继而运到欧洲，但现金紧缺的程度却超过了往年。当然，除了现金紧缺之外，还有其他征兆也表明之前的经济发展存在着泡沫。最后，在1873年12月18日，杰伊·库克债券公司宣布破产，这个消息让整个国家感到无比震惊。

维持经济表面繁荣的支柱突然被抽走了，所有的繁华一夜之间倒塌了。美国各地的许多银行相继宣布倒闭。证券交易所连续8天没有开市，人们疯狂地囤积美钞与国家债券。在经济恐慌的历史上，票据交易所第一次要给客户发放证书。政府采取了各种办法想要让民众将金钱放到市面上流动。格兰特在连任总统之后，再也没有遇到"好时机"。

在经济恐慌最严重的时候，纽约那帮惊慌的金融家纷纷前往华盛顿，希望政府能够施以援手。就在杰伊·库克债券公司倒闭3天之后，格兰特就与财政部长理查德森来到了纽约，在第五大街酒店被纽约很多商界领袖团团围住。印第安纳州的莫顿就说："在星期六那天，我碰巧就在纽约，看到了一大群银行家、经纪商、资本家、商人、制造商以及铁路公司的高管都挤在第五大街酒店的会厅、走廊以及会客室里，他们急切地恳求格兰特总统动用手中的一切权力，增加市场的现金流。他们表示，除非政府能够施以援手，否则任何举措都无法将这个国家从破产与崩溃中拯救回来。

格兰特当时有两项援救措施可以使用。在麦克洛克被国会要求辞职之前，他按照法律将 4 亿美元中的 4400 万美元收回国库，只留下 3.56 亿美元在市面上流通。鲍特韦尔担任财政部长期间，多次将这些钱以小额面值的纸币发行出去，以解决政府的开支，在政府的开支问题得到解决之后，又重新将这些钱收回国库。因此，在当前的经济危机下，格兰特有权力要求财政部立即重新发行这些纸币。华尔街那些最重要的大佬都纷纷恳求他这样做。

但是，格兰特拒绝为了缓解市场现金不足而发行这些货币，避免造成货币通胀。在格兰特看来，发行这些货币只能取得暂时的效果，但这样的举措可能根本是无效的，甚至存在着违背法律的风险。虽然在当时的情况下，这种可能违背法律的行为基本上会被人们所忽视。事实上，财政部的确还有多余的纸币，格兰特要求财政部长利用这些纸币去购买债券，从而让储蓄银行获得了 1300 万美元现金。但是，这些钱并没有直接流入华尔街。这在道德层面上具有深远的影响。

国会在 1873 年 12 月重新开会的时候，发现整个国家都陷入了经济惊恐的状态当中，各界都盼望着华盛顿方面能够采取必要的措施缓解危机。许多参议员与众议员从休会回来之后，都带上了自己的提案。多年来，一直要求增发纸币的声音现在终于变得势不可当了。

格兰特在给国会的特别信件里敦促国会议员将注意力放在税收的下降"是因为目前广泛存在的经济恐慌上"，因此国会有责任"提出明智与深思熟虑的议案"，"我个人的观点是，无论个人在这场危机中遭受了多大的损失，我们都已经在硬币支付方面迈出了长足的一步。除非我们能够维持这样的支付方式，除非我们除了黄金之外的其他支付方式能够购买进口商品、支付国外的利息以及其他支付义务，从而让我们能够积累到可观的宝贵金属……为了增加我国的出口，就需要足够的现金去让整个国家的工业运转起来。要是没有这点的话，整个国家以及个人都会面临破产的命运。但是，过高的通货膨胀也会导致价格的上涨，让国内的技术与劳动制造出来的商品无法在国际市场上有竞争力，这反过来也会延续目前的局面。因此，我们要对流通的货币媒介保持一种灵活性，让货币在市场上有足够的流动性，将整个国家的正常商业运转带动起来，让所有的行业都能重整旗鼓，这才是我们想要看到的结果。其中一种严格规定的媒介就是硬币，这是全世界各地都通用的交换媒介。一旦我们达到了这个结果，就能让我们的货币获得某种弹性。要是单纯出于贸易与商业的动机，那么这就会带来负面影响，让硬币大规模地流到国外。要是硬币太少的话，就会造成相反的结果。维系住我们已有的东西，让我们的纸币向这个标准看齐，这才是国会最应该去考虑的问题。"

约翰·谢尔曼是当时参议院经济事务委员会主席，他在12月初的时候就对此进行了正确的指引，因此委员会里绝大多数成员提出了一个要求恢复硬币支付的法案。来自密歇根州的费里提出了一个会导致通胀的议案。莫顿与洛根则是让货币通胀的积极推动者。瑟曼将这三项举措称为"纸币的三位一体"。他们要求发行大约1亿美元的纸币，莫顿的计划则是希望将麦卡洛克收回国库的所有纸币全部发行出去。后者的计划会让发行的纸币价格在4亿美元左右，但市面上所需实质发行的纸币价格则为1800万美元。自从通胀的恐慌爆发以来，在没有法律授权下的理查德森整天在忙着如何解决不断下降的税收数字，想办法如何满足现有政府的开支。麦卡洛克之前将4400万美元纸币收回国库，在1873年9月爆发的经济恐慌里，市面上纸币的价格在3.56亿美元。理查德森在恰当的时候表示，到了1874年1月中旬的时候，现有的支付费用为2600万美元。

对于理查德森所采取的措施的合法性，存在着截然不同的看法。但是，国会当前最需要解决的问题为是否授权财政部发行1800万美元或是更多的纸币，同时默认理查德森已经采取的措施。这不是一个发行多少纸币的问题，而是一个原则的问题。谢尔曼说："如果在当下的经济恐慌时期，我们可能向那些要求多发行纸币的人做出一点让步，那么我们之后就再也不能回头了。以后国会在遏制纸币发行的问题上就没有任何权力了。如果你现在要求发行4000万纸币，那么之后再要求国会发行4000万纸币就将会变得很容易……无论在任何经济形势下，难道不是总有人会负债的吗？难道不是总有一些原本充满希望的人在踏上了信贷之路之后不能回头的吗？难道不是总有人在这样的情况下要求增发纸币吗？"

这场大范围的讨论持续了 4 个月。谢尔曼的委员会提出一个议案，要求最高发行纸币的价格不能超过 3.82 亿美元，这也是理查德森之前所采取的措施。最后，这个议案将这个数值调到了 4 亿美元，从而将理查德森之前的做法合法化，并且继续授权增发 1800 万纸币。1874 年 4 月 4 日，这个议案以压倒性的优势在参众两院获得通过，等待着格兰特总统的签署。

接着，就是格兰特总统生涯中的一件最富戏剧性与最值得赞扬的事情了。当国会通过了《通货膨胀法案》之后，整个国家都在盼望着这会马上变成一项法律。人们也有这样期望的理由。在那之前，无论在公开场合还是私人场合，格兰特都始终表示要维持经济稳定发展，无论在他的私人文件还是公开文件当中，没有一个段落的内容与适度地增发货币不吻合的地方。格兰特非常圆滑地赞同了鲍特韦尔与理查德森所采取的非常规手段，虽然他事先没有对他们的做法表示同意。莫顿与洛根都是格兰特坚定的政治支持者。在格兰特遭受最猛烈攻击的时候，他们依然站在格兰特身边。但在这件事情上，格兰特才充分意识到自己所处的位置要肩负的责任。

此时，若是格兰特对此没有表示异议，直接签署这份法案，或者让这份法案在不需要签署的情况下直接生效会显得更加容易一些。无论在哪种情况下，人们也不会对格兰特有任何的批评，所有的错都将会落在国会。

但是，格兰特从未想过要逃避责任。他一开始也想过要赞同这份法案，并且还写一封信讲述自己赞同的原因。但是，当他认真阅读了国会通过的法案内容，他感觉自己无法发自内心地赞同这份法案。他立即将自己所写的那封信撕掉，重新写了一封信。在 4 月 22 日，他否决了国会通过的这项法案，让整个国家都无比震惊。

　　"唯一让我违背自身意愿去做一件权宜的事，发生在扩张或是《通货膨胀法案》上。但在我的一生当中，我从未感觉需要那么迫切地否决一个法案。在我看来，否决这项法案会摧毁在西部的共和党，西部与南部的政治势力将会联合起来，重新控制这个国家。他们可能会赞同一些更加糟糕的经济计划，其中一些计划可能是意味着拒绝支付国债。莫顿、洛根以及其他一些我所尊敬的朋友，在阐述这些观点时都是很有道理的。我最后决定自己要尝试一番，努力去拯救我们的党。与此同时，我还要避免让这个法案对我们国家的经济信誉产生严重的影响。于是，我决定写一封信，阐述自己这样做的原因以及别人给予我的一些建议，从而表明国会通过的这个法案是不能给整个国民经济带来通胀的后果，也不能影响整个国家的信用。我写这封信旨在希望能够缓解东部人民的不满情绪，让持有美国国债的外国人能够安心。我经过一番深思熟虑之后写了这封信，找寻了各种理由去表明，这个法案是没有什么害处的，也不会取得支持这个法案的人想要的结果。当我完成了这封我感觉会对共和党以及整个国家都有好处的信之后，我再次阅读一遍，然后对自己说：'这个法案真的有这么好吗？你并不是这样认为的。你知道这并不是你内心的真实想法。'于是，我将这封信扔掉了，下定决心去做自己认为正确的事情。否决这项法案！我无法漠视自己内心的真实想法。当我产生这种想法的时候——这让我感到焦躁不安，在晚上根本无法入睡——10天之后，作为总统的我必须选择签署法案或者否决法案。在第九天的时候，我狠下决心，否决这项法案，让暴风雨到来吧！"

格兰特签署否决了这项法案，这一般都是他在表达重要立场的时候才会这样做的。格兰特在那封信件里表明了自己坚定的立场。他表达了坚决反对任何会造成纸币膨胀的手段，称这"背离了经济发展、国家利益、国家对债主的义务、国会承诺以及党派承诺（对于共和党与民主党都一样），也违背了我每年在国会发表的国情咨文以及就职演说里做出的庄严承诺"。这是美国的经济政策历史上的一个转折点。如果说格兰特在8年执政时期没有做出其他值得赞扬的政绩的话，那么他在否决这个法案上的表现则可以让他跻身伟大的政治家行列。格兰特的这一举措稳固了美国在世界经济领域的地位。

但是，格兰特还需要解决一些问题，因为虽然通货膨胀给国民经济带来了沉重的打击，但国会还需要进行额外的立法，确保以纸币为基础的交换媒介能够成为与世界各国交往的渠道。1874年，美国人民已经准备进行国会的政党轮替了。这是一段非常糟糕的时期，国会的糟糕表现、信贷公司的丑闻、"强索工资法案"还有诸如桑伯恩合同丑闻，这些问题累积起来最终超过了民众的忍受极限，他们在国会中期选举中让民主党控制了众议院。第四十四届国会的三分之二共和党多数派与民主党少数派发生了大逆转，这是1861年以来第一次出现的情况。从此，参议院与众议院由两个不同党派所控制。当国会的多数议员认同恢复硬币支付方式的时候，相关的任何立法都能够通过，但在民主党人看来，寻求稳定发展的经济方式则不在他们的信条之内。

当国会在1874年12月进行当年最后一次短会的时候，格兰特在给国会的信件里勇敢地将恢复硬币支付的问题提出来，用非常恳切与充满力量的口气要求国会处理这个问题。格兰特阐述了国家利益的问题，认为当前的支付方式无法与国际公认的支付方式处于等价的地位，要求任何外债，无论是借贷方还是放贷方所签订的合同，都应该以硬币进行支付。根据双方所同意的规定，在偿还债务的时候，应该以黄金或者黄金的等价物来偿还。"政府要是不能对借贷人展现出良好的信用，这必然是国家的耻辱。"在格兰特看来，要做到这点，第一步就要鼓励美国商业"建立起一个币值相对稳定的货币，能在世界各地的文明世界里流通。如果这样的情况出现在某个国家里，那么这必然能在其他市场里复制。这样一种货币的基本价值就在于其所包含的劳动价值，正是这样一种劳动价值才让纸币拥有其价值。在世界各地，黄金与白银都被公认为交换媒介。因此，我们在这方面不能有任何的延误……我深信，除非我们就此采取相关的政策，否则我们是不可能长久地确保我国商业的恢复以及工业的发展——只有当国会通过相关法律——重新回归到以硬币为支付基础上来……我相信国会在这次开会的过程中会通过这样的法案，重新恢复人民的信心，恢复工业的发展，让我们重新走在持续多年的繁荣道路上，并且保持整个国家与人民的信用"。

在格兰特看来，他所提出的措施对于重新恢复硬币支付是极为必要的。"法律条文上关于法定货币的内容授权政府可以发行纸币的权力应该被废除，在某个法律固定的生效期限之后，之前相关的合同就会失效……法律条文应该规定，财政部长有权在必要的情况下，动用国库黄金，当然这是在硬币支付恢复之后才能存在的。要想做到这点，我们应该增加税收收入，确保国库能够不断地积累黄金，确保能够永久性地赎回……在这些黄金赎回之后，自由银行就能得到安全方面的授权，按照现有的法律对所有的债券持有者给予完全的保护。事实上，我将自由银行制度视为整个过程中最重要的一步。这将会给我们的货币带来适当的弹性。"格兰特最后在信件里表示："我希望你们能够认真思考这个问题，深信一个满足各方利益的法案是可以达成的。如果本届国会能够完成这个目标，那么当代人与后代人都将会感激你们，让他们不需要受到失信与耻辱的束缚。"

国会迅速响应格兰特的号召。参议院经济事务委员会主席约翰·谢尔曼在第一次党团会议上，就让原本存在不同意见的多数人达成一致，形成一个议案，他被任命为该委员会的主席。双方都做出了让步，这个议案渐渐形成了。这个议案的关键部分规定，从1879年1月1日起，政府应该以硬币的方式赎回美钞，并且尽可能完成赎回硬币的过程，授权财政部长利用多余的税收收入，出售国债以积累黄金。这个议案还提出了建立自由银行制度，让国家银行尽可能收回美钞，直到市面上流通的美钞价格降低到 3 亿美元，之后，辅助性的银币将会取代辅助性的纸币。

1875 年 1 月 14 日，国会参众两院迅速通过了这个议案，格兰特签署议案，使之成为法律。在一封给国会的祝贺信里，格兰特要求国会更进一步，让该法律在增加税收的前提下变得更加有效，还建议进行其他方面有益的立法。后来，当谢尔曼在海耶斯政府担任财政部长的时候，终于完成了这样的立法，从而完成了有关经济方面的立法，这是所有正直的美国人都应该感到自豪的。

第四十二章
稳固的南部正在慢慢形成

　　回顾这几年发生在南方的各种事情，我们必然会产生一种深深的忧郁感。我们会看到在黑人获得选举权的一些州出现了糟糕的政府管治情况，我们不断看到奢侈浪费、不诚实的勾当以及无知的行为让骄傲却又被征服的南方人民感到极度压抑。在人类历史上，很少会出现这种因为给予了另一个种族选举权与政治权利而出现的严重问题。北方人被很多关于黑人的传说所迷惑，未能真实地理解南方那些拥有封建权力的奴隶主突然之间要成为他们之前奴隶的下属之后的那种心灵状态。即便在黑人获得解放之后，在之前那些南方人看来，黑人依然是一个无可救药的"劣等种族"。当北方的联邦政府在内战结束后迅速给予所有男性黑人选举权之后，这让北方与南方都付出了沉重的代价。在甩开这个让所有人觉得可恶的负担之后，南方人民似乎在按照一种自然法则，让其他问题都等到各州自治的时候才爆发。在"稳固的南部"渐渐形成的时候，这个阶段给我们带来的严重伤害是怎么高估都不过分的，当然我们在这个过程中也发现盎格鲁－撒克逊民族的优良品质，但是当时的人们无法对此进行过分的研究，因为黑人问题所带来的影响掩盖了这一切。现在的人们可能会认为这是一种毫无根据的担心，认为这样的话题是无关紧要的。在重建时期，担心黑人控制某些州的疑问一直存在于很多人的内心。南方在渐渐重建的过程中必须要承受这样的代价，但是北方在这个过程中一直在找寻着借口，也必须要为此付出代价，因为北方在这方面也要遭受指责。

格兰特在这个过程中所扮演的角色是他不愿意看到的，也不是他主观想要去面对的。他一开始就不赞同给予黑人选举权，最后在别人的愚蠢似乎无法改变的时候，他不得不默认这个事实。但是，当腐败与渎职行为最终导致南部一些州出现流血冲突的时候，他作为军人的本能让他立即要求执行法律的规定。他动用联邦军队去镇压一些叛乱，引发了当时很多人的批评，这样的批评一直持续到他整个总统任期结束。这些人认为，正是格兰特动用联邦军队镇压这些暴力，才导致这些暴力活动的出现，而绝非解决这些暴力活动出现的根本原因。反对格兰特的人指责他正在扮演恺撒的角色，想要通过军事控制的方式继续担任总统。事实上，驻守在南方各州的联邦军队还不够维持一个镇的治安。在4年的内战里，联邦政府动用了超过200万的军队才将南方的叛军镇压下去，现在竟然有人指责格兰特调派4000名联邦军人到南方各州平息暴动就是一种犯罪，这简直是对历史的一种漠视。可以说，这几千名士兵是联邦军队在南方各州驻军的最高数值，这些军队都驻守在德拉华州与墨西哥湾的各个军事堡垒里。在格兰特看来，要是新英格兰地区以及中部一些州的人能够往这个方向迁居，而不是朝着爱荷华州与堪萨斯州迁居的话，这对于南方的稳定是有好处的。若是从历史以及格兰特自身经历的角度去看的话，我们会发现格兰特在这个让他思考良久的问题上有着成熟的观点：

"回顾重建时期的所有政策，在我看来最为明智的一项措施就是在某些州执行的军事管制。理性的南方人现在都认可一点，那就是在军事管制下，这些州的政府会更加清廉、公正与公平。这让南方人民能够团结起来，修复战争带来的各种物质损失……军事管制对所有人来说都是公平的，无论对想要获得自由的黑人来说，还是对想要寻求保护的白人来说，还是对想要联邦统一的北方人来说，都是公平的。当南方越来越多的州表示愿意按照我们的条件——而不是他们的条件——重新加入联邦，我必须要承认军事管制在那段时期所产生的积极影响。这样的举措让给予所有公民选举权的措施变得不那么迫切。我认为当时的国会在有关选举权的问题上犯下一些错误。在当时的情况下，在那么短的时间内让黑人承担公民的责任，并且期望他们能够与白人邻居一样很好地履行这样的职责，这对他们来说是不公平的，对整个北方来说也是不公平的。

"在给予南方黑人选举权之后，我们就会让之前那些奴隶主在总统选举团里拥有 40 张选票。他们会像之前那样继续拥有这样的选票，但却剥夺了黑人这样的选票。这是重建时期所犯下的最严重错误……现在，我清楚地认识到，要是北方当时能够在给予黑人选举权、重建或是州政府管理等方面延迟 10 年，让南方处于临时军事管制状态，这对整个北方都是有好处的……这会让南方各州的政府避免出现诸多的丑闻，节约许多金钱，让北方的商人、农民以及劳工在南方重新组建一个新社会。但是，我们已经制定那样的政策，也只能尽最大的努力去加以执行了。一旦给予黑人选举权之后，政府就再也不能收回了，因此政府现在所能做的，就是保护那些获得这种权利的黑人能够很好地履行他们的职责。"

　　1873 年的选举就展现出了选民愿意支持民主党的倾向，部分原因是对经济危机的恐慌情绪，部分原因是其他因素。当 1874 年中期选举临近的时候，民主党在北方赢得选票的倾向变得越来越强烈。在北方出现支持民主党倾向的时候，南方几个州出现了反对黑人的暴乱，格兰特在当年 12 月的国情咨文演说里就对此进行了阐述。[1]

1　"我对南方一些地区在上次选举过程中出现的暴力与恐吓的行为感到遗憾，这些人因为别人持不同的政见而剥夺别人自由投票的权利，这是违法的。一群戴着面具与手持武器的人到处恐吓准备要投票的选民，白人联盟以及其他社团都在渐渐形成，这些组织有很多数量的武器与弹药，他们甚至还进行一些军事训练，举行恐吓性的游行。他们犯下了许多谋杀案，准备在这些地区传播恐慌情绪，以达到他们的政治目的。我认为，宪法的第十五条修正案是用来保护民众免于类似的恐吓行为。1870年5月1日国会通过的法案要求执行这些法律。我们目标就是要确保所有公民都能获得选举的权力，保护他们享有使用这项权利的自由。我们的宪法规定'必须要忠实地执行这些法律'，根据我们在前面已经提到的各种暴行以及广泛传播的恐慌情绪，我们必须让一些官员对那些违法犯罪之人进行起诉，联邦军队也会在某些地区驻守，帮助这些官员执法。如果有必要的话，甚至帮助这些官员履行职责。很多人对联邦政府这种干预表示不满，但是如果我们提到的宪法修正案以及法律不能让我们在这种情况下实行干预，那么这些法律就没有任何意义、实质性的效力以及作用，那么我们给予黑人的选举权就是一个笑话，简直可以算得上是一种犯罪。"（理查德森的《信件与文件》第297页）

在阿拉巴马州，"具有智慧与财产的人"决心夺回他们的州。在北方各州流传着许多报道，说"暴动、谋杀、刺杀以及折磨"等行为在李将军投降之后变得更加普遍。新闻撰稿人的这些报道是不足为信的，但格兰特在获得执行法案授权之后，派遣679名士兵到阿拉巴马州确保选举的公平性。在军队的保护下，黑人都勇敢地给共和党投票，但最终该州选举结果表明，民主党人出任州长，立法机构也被民主党人控制。众议院特别委员会对这次选举进行调查，共和党议员在报告里表示，这场选举充满"欺骗、暴力、恐吓与谋杀"。民主党人承认在选举日当天，某些地方的确出现了暴动，并且指出这些暴动都是黑人发动的，他们认为黑人才是发起暴动的元凶。

阿肯色州在1872年爆发了布鲁克斯支持者与巴克斯特支持者之间的武装冲突——这两个人是争取州长职位的候选人。格兰特认同这两人当中更加保守的巴克斯特作为该州的合法州长。巴克斯特作为州长之下的议会通过了一个法案，要求举行宪法大会。该州人民支持这一举措。该州的宪法于1874年10月15日由宪法大会通过。就在同一天，民主党人A.H.加兰德——之后成为美国司法部长——当选候任州长，立法机构也被民主党人控制，同时产生了4名民主党众议员。格兰特此时从一个全新的角度看待阿肯色州的问题。1875年2月8日，格兰特给国会的一封特别信件里表达了他的想法，那就是在1872年当选为合法州长的人选应该是布鲁克斯，而不是巴克斯特，表示布鲁克斯从那时起就被剥夺了合法的职位。"1874年，该州的宪法是在暴力、恐吓以及错误的程序下通过的，因此应该被推翻。该州应该制定一部新宪法，成立一个新的州政府。"格兰特表示，当时该州所走的法律程序完全忽视了该州少数派的权利。"……我诚恳地要求国会在这件事上采取明确的措施，解除该州的行政权力，让该州的立法机构去对这个问题进行决定。"

格兰特认为，在非法的巴克斯特政府通过的任何法律都应该被废除，布鲁克斯应该在之前的州宪法规定下，担任州长直到 1877 年 1 月。

国会成立了一个调查委员会，由卢克·P. 波兰担任主席，他在一份给国会的报告里指出，"按照调查委员会的判断，联邦政府不应该对现在的阿肯色州政府采取任何干预的措施"。这个报告在共和党控制的众议院以 150 票对 81 票通过了。波兰支持国会这样的表态，表示从一部宪法过渡到另一部宪法应该是一种和平的转变，正如发生在他的故乡佛蒙特州一样。在加兰德的治理下，马萨诸塞州在各方面的事务都进展得非常顺利，整个过程都是相对和平的。

1875 年 2 月，国会通过了《民权法案》，法案的内容并不像萨姆纳当年所要求的那样——确保黑人在旅馆、公共交通、戏院或是其他娱乐设施以及作为陪审团成员等方面与白人的平等权利。这个法案在内容上引发很多人的反感，最终取得的结果也很糟糕。8 年之后，也就是 1883 年，最高法院宣布这个法案的主要内容违宪，必须废除。

密西西比州的情况则与阿肯色州以及阿拉巴马州的情况不同。该州的立法机构被黑人以及投机分子控制，对所有支持公立学校的投资计划都课以重税，这引起了"三K党"的愤怒，最终引发了对黑人以及前来这些公立学校支教的北方女性的指控。奥德尔贝特·阿姆斯之前在詹姆斯的军队里有过英勇的表现，后来当选为该州州长。他始终是黑人权利的捍卫者。维克斯堡有一半人口是黑人，白人因为不堪过高税收的压迫，要求当时的治安官——共和党人克罗斯比辞职。阿姆斯告诉治安官可以继续留任，克罗斯比也呼吁黑人支持他留任。这引起的暴乱造成29名黑人与两名白人死亡。谢里丹当时的驻军在新奥尔良，派兵前往维克斯堡维持治安。克罗斯比最后留任，该州重新恢复了和平的状态。

1875年，"具有智慧与财产的人"组织起来参与选举，最后控制了立法机构。该州的黑人选民要比白人选民多出1.5万人。问题就在于说服黑人给民主党投票或是说服他们不要去投票。他们原本的想法是"和平地说服"，但不幸的是，密西西比州边境地区的人们有喜欢持枪的习惯，每个人要么携带单刃长猎刀要么是枪支。黑人的集会经常被武装的白人团伙所破坏。少数白人与很多黑人在这样的冲突里身亡。当黑人对白人做出报复的行为之后，反而会招致更多的杀害。阿姆斯给格兰特发去电报，要求他宣布在该州实行军事管制，但格兰特对此表示拒绝。格兰特在朗布兰奇给司法部长皮尔庞特的电报里说："南方每年在秋季都会爆发这样的事情。绝大多数人此时都准备谴责联邦政府的干预行为。我衷心希望在不需要发布这些公告的情况下恢复和平与秩序。但是如果我不得不发布这样的公告，我将会命令指挥官千万不要轻举妄动。法律必须得到执行，美国的大街小巷都必须实现和平。"

　　阿姆斯是一个好斗之人,他组织起该州的民兵,其中绝大多数是黑人,并且用斯普林菲尔德生产的后膛枪作为武器。而白人也组成了他们的军事组织。要不是司法部的一位中间人就此事进行斡旋,一场流血冲突是在所难免的。阿姆斯之后解除了民兵组织,民主党人组织的团伙也解散了。虽然避免了一场可怕的内斗,但是威胁恐吓的手段还是证明相当有效的。

　　所谓的"密西西比计划"是指恐吓黑人不去投票的有组织计划。很多白人在公共道路上发射加农炮,按照二等兵约翰·艾伦的说法,就是"让黑人知道这场选举若是没有他们的参与将是一场公平的选举"。一些骑马的民兵将绳索系在马鞍上,然后骑马前往黑人将要去投票的地方。"投票站什么时候才会开门呢?"一人问道。"大约15分钟吧!"另一人回答。"如果是这样的话,那么这些黑人距离被绞死还有不到15分钟。"那人回答说。黑人们都没有说话,在接下来不到15分钟的时间内,黑人们都纷纷离开投票站。民主党人最后以多出31000多张票赢得了这次选举,在立法机构里获得了93席的多数席位,担任了该州大多数的政府职位,并且在该州6名联邦众议员里占据了4名。

　　格兰特在1876年7月26日这样写道:"当下密西西比州政府的官员都是通过选举欺诈以及暴力手段来获得的,他们获得权力的方式堪比野蛮人,这绝对不是文明世界的基督徒所应该做的。"阿姆斯遭到了新一届立法机构的弹劾,但立法机构后来撤销了弹劾,阿姆斯表示愿意辞职。罗杰·A.普莱尔这样写道:"阿姆斯像一位勇敢且具有尊严的绅士那样忍受着一切。"

在南方各州所处的情形当中,路易斯安那州所面对的情形是最糟糕的。该州的政府内部存在着共和党派系以及民主党人对投机分子规定的分歧与争论。亨利·C. 沃莫斯是共和党派系的领导人,他展现出明显的保守派倾向。与他相对的是美国元帅 S.B. 帕卡德以及曾经在伊利诺伊州担任律师的威廉·彼得·凯洛格,凯洛格在内战期间曾担任伊利诺伊州军团的上校,林肯总统在 1865 年派他到新奥尔良担任海关征税员。沃莫斯在 1872 年加入了保守派的民主党,支持提出融合状态政策的约翰·麦克内里担任该州州长。凯洛格则是共和党方面提名的州长候选人。后来,双方都宣称他们赢得了州长以及立法机构选举的胜利。按照路易斯安那州的法律,选举监票所是由州长、中将、州务卿以及另外两名特别任命的人,这些人有权力判断投票过程中是否存在着暴力、恐吓、贿赂或是腐败方面的影响。沃莫斯有对选举监票所进行监督的权力,要求对监票所进行重新改组。改组之后的监票所宣布麦克内里赢得了州长选举的胜利,并且宣布民主党在立法机构的选举里占据多数席位。与此同时,共和党人也组建了他们的选举监票所,宣布凯洛格当选州长,共和党人在立法机构里占据多数席位。当天晚上,美国巡回法院法官发布一项命令,要求美国军队将领派兵控制该州的议会。帕卡德不仅是该州的治安官,也是该州委员会的主席。在得到司法部长的授权之后,他调派联邦军队控制了州议会。在他的保护下,凯洛格宣布就任州长。

1873 年 2 月 25 日,格兰特在一份特别的声明里表示,承认凯洛格担任路易斯安那州州长的合法性。他表示，如果国会对此没有什么异议，他会立即认可凯洛格政府的合法性并且给予支持。

在格兰特政府宣布承认凯洛格当选为州长的消息传出去之后，在距离新奥尔良 350 英里的红河边上的科尔法克斯地区，爆发了一场屠杀。在两个月之内，白人骑着马冲入该郡，要求黑人立即放下武器，并且要求郡政府里面的人投降，当时有六七十名黑人躲在郡政府大楼里避难，这些人都遭到了枪击。当黑人们纷纷逃出大楼的时候，一些被白人射杀，一些则成为俘虏。那些被俘虏的黑人后来也遭到残忍的杀害。总而言之，在科尔法克斯地区遭到杀害的黑人多达 59 人，只有两名白人被杀。"这种行为是无法进行任何辩解与解释的。"时任众议院特别委员会主席的乔治·F.霍尔在调查报告里指出，"这是一场有预谋、残忍且冷血无情的屠杀，这场屠杀堪比阿拉巴马州的格兰克屠杀与圣巴托洛缪大屠杀，在我国的历史上将会留下永远的污点。"——也许霍尔在报告中的描述显得有点夸张，但是这场血腥的屠杀实在是太黑暗了，让北方人民在情感上出现了明显的转变。从那时起，他们开始反对那些利用黑人选举权实现政治利益的人。大约一年之后，在红河边上的考沙塔地区，又出现了一场屠杀，同样让人震惊。白人联盟对黑人发动这场攻击，造成双方都有死伤。刚刚从北方调过来的 6 名共和党官员向白人联盟投降，白人联盟要求他们立即辞职。虽然白人联盟占领了什里夫波特，他们还是对另一群黑人发动了攻击，残忍地杀害了这些黑人。

此时，格兰特已经将联邦军队从该州调回来了，只是还有少数联邦军队依然驻守在新奥尔良。1874年12月14日，保守派的白人在新奥尔良市发动暴乱，在大街上设置路障，经常与黑人进行对抗，并且控制了该州议会大楼，宣布他们的领袖重新组建政府。格兰特立即调派联邦军队，在联邦军队的保护下，凯洛格政府再次宣布具有合法性。支持保守派势力的武装力量很快被镇压。

在1874年的州立法会议员选举中，保守派势力赢得了多数的29个席位。凯洛格的选举监票所在经过数周的思考之后，以涉嫌威胁恐吓选民以及欺诈等罪名推翻了保守派所宣布的选举结果，直到最后出现了53名保守派议员与53名激进派议员的局面。当立法机构在1875年1月开会的时候，就出现了非常混乱的局面。保守派议员控制了局面，选举出众议长，并且让该派的5个人来填补空缺。共和党表示要退出，从而让议会无法达到法定的开会人数。

德·特罗布里恩将军收到了凯洛格的命令，要求他率兵将议会里的所有议员全部赶走，并且要求这些议员不能担任选举监票所的法定成员。当士兵们拿着枪冲进州议会，所有的议员都不得不离开议会大楼。保守派的众议长以及他的党派最后退出了，共和党人重新占领了议会，并且按照他们的想法组建议会。

格兰特派谢里丹将军前往新奥尔良，此时谢里丹负责指挥这个地区的军队。谢里丹在给贝尔纳普发去的电报里说："我认为，路易斯安那州、密西西比州以及阿肯色州都出现了恐怖统治的情况，要是我们不能对武装的白人联盟的首领进行逮捕以及公正的审判，那么这些问题将无法彻底根除。如果国会通过一项法案，宣布所有的匪徒都将要接受特别军事法庭的审判……或是总统发布一项命令，宣布参加暴动的人都为匪徒，那么我们就不需要采取更进一步的手段了，我就能完成这项任务。"

时任战争部长的贝尔纳普给谢里丹回复的电报里说："格兰特总统与我们每个人都对你充满信任，完全赞同你所采取的措施……请你确信一点，总统以及内阁成员都完全相信你的指挥，相信你采取的任何行动都将是公平公正的。"

北方一些反对派报纸以及参议院里一些反对政府的参议员对谢里丹、德·特罗布里安，特别是格兰特的做法表达强烈的不满。舒尔茨愤慨地说："如果国会支持在路易斯安那州采取这样的手段，那么联邦政府干预马萨诸塞州以及俄亥俄州也就不远了……先生，你要在将军的位置上坐多久，才能决定一场充满竞争的选举到底谁胜谁负，决定哪一方在参议院里占据多数呢？士兵还要过多久就能直接走到联邦众议院，拿枪直接指着众议长说：'把这些小玩意儿拿走！'"这些愤怒的人在库珀学院以及法尼尔厅举行了这些会议。

查尔斯·福斯特、威廉·沃尔特·菲尔普斯以及克拉克森·N.波特等人组成众议院调查委员会，前往新奥尔良调查凯洛格的选举监票所所采取的行为。调查委员会的成员在这个动荡时期聚集在该州议会大楼，在一份联合报告里指出"该州的选举监票所做出的决定是极为武断、不公平且非法的"。报告上这样的内容就能打碎该州出现保守派占据多数派地位的幻想。委员会的成员们表示："从 1872 年以来，白人们都一致认为，凯洛格政府是非法僭越的政府。"另一个调查委员会则由乔治·F.威廉、威廉·A.维勒以及威廉·P.弗莱尔等人组成，他们在报告里表示，选举期间出现的恐吓行为让 1874 年的选举无法变成一场"公平公正且自由的选举"，而德·特罗布里恩将军的干预行为"防止了一场流血冲突"。在他们的建议下，"维勒妥协"被双方所接受，也就是让保守派占据众议院的多数派，让共和党人占据参议院的多数派。而该州的立法机构也要通过协议，不要影响凯洛格政府的执政。

在某段时间里，南卡罗来纳州的情况仿佛就像阴云里露出了一抹曙光。丹尼尔·H.张伯伦是马萨诸塞州的一名军人、律师，耶鲁大学的毕业生，他怀有远大的志向，在 1868 年到 1872 年间担任该州司法部长，有足够的勇气反对任何错误的政策。他在 1874 年当选为该州州长，取代毫无作为的莫斯，莫斯的前任则是臭名昭著的斯科特。张伯伦否决了多个掠夺法案，对司法系统进行改革，改变之前低效的政府作风。"我最高的理想，"他说，"就是让共和党在南卡罗来纳州处于支配地位，取得良好的政绩，维持该州的稳定，让本届政府成为南方各州政府中最让人骄傲的政府。"在他两年的州长任期里，他几乎实现了自己的诺言。当然，他也不是万能的。

第四十三章
威士忌酒集团案——贝尔纳普部长受贿案——格兰特始终如一的忠诚——首席大法官的问题

　　"格兰特就像好心的杰克·泰勒那么诚实。"谢尔曼在维克斯堡给家里人的回信里谈到那些蜂拥前来联盟训练营就密西西比棉花进行讨价还价的商人时这样说。在历史上，针对格兰特在内战期间的攻击也始于一些毫无道德准则的合同商利用格兰特的诚实品质，禁止他们在他的管辖区内进行商船往来。但是，格兰特在搬到白宫之后注定要成为媒体攻击的靶子，因为被揭发的相关人物都是他所信任的人。我国的内战与历史上其他的战争一样，都留下了腐败滋长的空间，但是我国在扫除这些腐败成因的问题以及曝光腐败问题的速度还是其他国家所不能相比的。在格兰特担任总统期间，很多可疑的交易都被曝光，若是这样的事情发生在其他国家，根本不会引起任何评论或是压根儿就不会被曝光。在那个时代，作恶者被迅速绳之以法，这可以说是让人感到稍微心安的。虽然在那个时代，改革所带来的胜利并不能完全驱散历史的阴云，因为历史与政治一样，都始终过分注重强调表面上的错误，而忽视了内在的根本原因。

格兰特从未想过可以轻而易举获得改革者的名声。他从未有过要改变其他人做事方式的想法，他是一个有血有肉的人，始终都无法将自己的私人生活与公事分开。担任总统期间，他与那些他喜欢的人交朋友。虽然我们对他在选择一些朋友的眼光感到遗憾，但我们却不能指责他对这些朋友的信任。一位跟随了格兰特8年之久的随从说："格兰特是我见到的唯一一个能够让你相信他承诺的人。即便是最小的事情，只要他对此许下了承诺，都必然会办到。如果他对你许下了某个承诺，那么你可以转眼忘掉这个承诺，之后即便你周游世界回来之后，也会发现这个承诺已经变成事实了。"格兰特这种坚定不移的品质有助于他的成功，但他对别人孩童般的信任却是一件非常危险的事情，让他的心灵饱受痛苦。过往的经验并没有让他从中获益。他依然对朋友们保持着坚定的信任。在他的一生中，他始终同情那些他认为遭受不公对待的人，虽然这些人可能本身犯了错误，但他的本能反应还是保护这些人免于他人的攻击。在寻求正义的激烈追逐游戏里，他的心与狐狸站在一边，而不是与猎犬站在一边。

在格兰特信任的所有好人与坏人当中，巴布科克——他的助手与私人秘书——是他最为关心的，因为巴布科克在"挖坑"方面有特别的天赋，当然其中一些错误的确是无心之失。巴布科克一开始在圣多明哥事件里被指责存在着利益输送，却始终无法找到与此相关的任何证据，证明他的确与此存在利益输送，只能证明他在行为的正当性方面存在疑问。事实上，当他在这件事情上被证明没有责任之后，格兰特对他就更加信任了。因为在格兰特心中，巴布科克正是因为支持他想要完成的事业而遭到这样的指责。

当亚历山大·夏帕德成为华盛顿州州长的时候，巴布科克被指控在拿下合同方面存在着幕后操作，但这样的指控显然只是对他言行失检表现的一种不满。夏帕德是一个在做事方法上毫不留情的人。毋庸置疑，他的一些朋友的确在房地产生意上赚到一些钱，一些人通过获得政府合同赚到一大笔钱。但是，他雷厉风行的作风让原本落后的华盛顿从一座破烂的小城镇变成一座拥有宽阔大道、美观建筑的首都，并且还按照 25 年前的法国设计师朗方的设计对华盛顿进行改造。在当时，整个国家都存在着反对"老板"夏帕德的声音，州议会要求改变政府治理的方式。为此，州议会特别成立了一个地区委员会，就是防止作为州长的夏帕德插手市政工程出现"利益集团"。当格兰特提名夏帕德担任这个委员会的专员时，引发许多人的不满。夏帕德在其他方面的表现乏善可陈，之后他在墨西哥生活了 20 年。回到华盛顿州之后，他成为文职政府方面的偶像。他的雕像现在就矗立在他当年修建的大道旁边。

巴布科克后来成为"威士忌酒集团案"丑闻的中心人物，这让格兰特处在一个非常尴尬的位置。威士忌酒集团案丑闻是当时一个让人不愉快的章节。1874 年 6 月，布里斯托取代理查德森担任财政部长。布里斯托之前担任联邦检察官的时候就积累了指控官员方面的经验。当他来到财政部担任负责改革方面的工作之后，他的名声才渐渐越出了肯塔基州。他在全新的职位上发现了许多问题，这证明了他的能力，增添了他的名声。

多年来，酿酒厂与蒸馏厂的商人一直在中西部的圣路易斯、芝加哥与密尔沃基等地的威士忌酒生产上存在着偷税漏税的行为。这些商人与违法的征税官员达成共识，将原本应该收缴到国库的税款放掉了。这种行为最猖狂的时候发生在约翰逊总统执政期间。据说，在格兰特就任总统的3年多时间里，从圣路易斯运送出去的威士忌酒中，没有交税的酒是交税的酒的数量的3倍多。联邦政府在长达6年的时间里，应收而没收的税款高达300万美元。人们长久以来一直怀疑，这些酒厂老板一直存在着这样的行为。在1874年夏天，在格兰特的认同下，财政部采取了一些措施制止这些行为的存在，但没有取得成功。财政部在征税方面的工作可以说是千疮百孔，几乎内部的每一个员工都参与了这种非法的勾当。因此，每当政府想要对此进行调查的时候，这些利益集团就会迅速知道其中的内幕。直到《圣路易斯民主党报》的编辑G.W.费什巴克给布里斯托一份秘密情报，布里斯托派一些非官方身份的人前去调查，才让财政部在"内鬼"没有听到风声的情况下搜集证据。费什巴克是在1875年2月给布里斯托这份秘密报告的，5月10日，在掌握了充分的证据之后，他将这桩丑闻曝光。布里斯托命令在美国各地同时进行突击行动。在圣路易斯、芝加哥、密尔沃基等地，16名酒厂老板以及这16个酒厂被控制，参与欺诈的文件包裹几乎在这些城市的每个镇都能看到。这桩丑闻立即引发了公众极大的关注，之后报纸又开始曝光一些内幕消息。格兰特始终关注这场调查，也要求继续深挖。

没过多久，调查委员会就发现巴布科克与威士忌丑闻[1]的主要人物存在着关联。根据一些已有的线索，他们发现巴布科克不仅从中获得一部分的利益，还利用部分的钱用于帮助格兰特在1872年竞选总统的过程中筹措资金，并且准备以相同的方式帮助格兰特竞选第三任总统。前任参议员——格兰特最大的政敌约翰·B.亨德森帮助政府检察官戴尔在准备这个案子的起诉工作。麦克唐纳，这位负责圣路易斯地区征税的官员被法院定罪，关在监狱里，他表示亨德森曾经要求自己认罪，转而成为政府的证人（向他许诺如果这样做的话，就可以免于对他的刑事处罚）。麦克唐纳表示，因为他的忠诚，他拒绝就格兰特以及巴布科克等人做证，并且自愿前往监狱服刑，从而避免格兰特以及整个联邦政府陷入更大的丑闻当中。圣路易斯地区的一位银行家巴尔纳德在给格兰特的一封信里表达了对亨德森以及戴尔的谴责，并且要求"为了政府以及你过去光辉的人生履历，应该受到额外条款的保护……免于受到媒体、党派或者自我膨胀的影响"。这封信里提到了很多所谓的证人名字，并且谈到了税收官员。最后，巴尔纳德表示，要是格兰特不能放弃这些官员的话，那么巴布科克就要遭殃。7月29日，格兰特在朗布兰奇收到了这封信，他立即向财政部长提到了这封信，并且亲自写了一封信：

---

1 根据麦克唐纳的后来所著的书《威之忌酒丑闻的秘密》透露，当年政府的调查存在着诸多的错误与漏洞，而政府所作出的一部分正确论述也仅仅是因为巧合而已。因此，完全相信调查委员会的结论并不是正确的行为。麦克唐纳本来想要亲自撰写这本书，但他是一个文盲。

"……我将这封信转交给财政部，就是希望能够更好地调查这个案件。如果这有助于我们找到所有牵涉其中的人，那么调查委员会就应该这样做。如果可以的话，不要让任何一个有罪之人逃脱法律的惩罚。在对那些被指控涉嫌欺诈的人起诉方面，特别要警惕一点，那就是不要暗示这些人有任何高层人物的保护。在执行公告政策上面，任何个人的因素都可以忽略不计。"

在格兰特的墨水还没干之前，这一丑闻就大爆发了。那些牵涉其中的人都在悄悄地撇清关系，为终于将白宫牵涉进来而感到高兴，希望这层关系能够帮助他们免于牢狱之灾。布里斯托是一个诚实且勇敢的人，身边有许多谄媚者一直在煽动他的政治野心。媒体也开始谈论他作为竞选总统的候选人。格兰特的身边有很多随从，这些人都不断地跟格兰特谈论着他最好竞选第三个总统任期，告诉他布里斯托那帮朋友的阴谋诡计。此时，整个政府内部弥漫着猜疑的气息。8月，调查者发现巴布科克写给一位被指控官员的信件，署名是"Sylph"，上面写着"我已经成功了，他们不会去的。我会给你写信的"。这些内容被调查人员解读为巴布科克不断为那些酒厂老板通报有关财政部方面的动向。媒体对巴布科克的这些信件进行大肆炒作，最后才证实这些信件与所谓的欺诈案件没有任何关系，虽然这可能暗示着巴布科克在其他方面存在着不纯的动机。没过多久，格兰特就带着巴布科克前往西部的几座城市，其中就包括圣路易斯以及其他城市。在他动身之前，布鲁福德·威尔逊，时任财政部的法务官写信给亨德森，提醒他不要忽视"整个阴谋的每一个细节"的重要性，并且建议将所有的被告都置于严格的监视当中，监控的时间至少要在"10天或是两个星期左右"。威尔逊之后表示："我写这封信的本意是巴布科克将军应该受到监视。如果他牵涉这桩丑闻，并且我有足够执法权力的话，我就会直接逮捕他。如果他没有牵涉其中的话，我就会彻底证明他的清白。"

调查人员调查巴布科克的方式引起了格兰特的愤怒，因为格兰特当时认为这些阴谋的根本目的是对他进行诽谤。12月的时候，两名主犯根据检察官已掌握的证据被定罪。巴布科克在圣路易斯被起诉，"罪名是涉嫌阴谋欺诈国家税款"。在巴布科克的要求下，一个特别的军事法庭就此案进行审理。很多批评政府的人都表示，在特别军事法庭对巴布科克进行审理，旨在让他避免进入民事诉讼当中。亨德森在审判过程中曾经这样大声疾呼："我们的总统有什么权力干预财政部长正常履行职责呢？他没有这样的权力！难道在我们这样一个国家里，一个身居高职的人就能让他手下的人成为他使唤的奴隶吗？"还有很多人也发出了类似的呼声。当格兰特听到了这样的言论，立即下令解除亨德森的职务。这件事发生在巴布科克被起诉的第二天，引发了媒体的强烈反弹。虽然亨德森后来被詹姆斯·O.布罗德海德——这位圣路易斯法庭的民主党人所取代，至少他与亨德森一样都是好人。首先，内阁成员就此事进行了讨论，每一名内阁成员，包括布里托夫都投票赞成撤除亨德森的职位，认为他的行为"不符合公职人员的专业表现"。

格兰特遭受了猛烈的抨击，因为他批准司法部长将一封信送给所有地区检察官，不准给予任何犯人豁免权，财政部之前就强烈表示，必须追究所有涉案人员。格兰特在信件里写道："一些人建议，应该让一些犯罪之人免于处罚……我已经下定决心，在我的权力范围之内，一定要确保对这些人进行公正的审判——必须要保持公正公平——只有这样，才不会有人说这是出于恶意而做出的判决，也会有人因为徇私舞弊而免于任何惩罚。任何嫌犯除非在被证明有罪或是自认有罪的情况下，否则他们就绝对不能遭受惩罚。"[1]

这封信的副本落到了巴布科克的手中，他立即将这封信交给媒体。"他们试图毁掉我。"他这样向司法部长解释，"我有权利获得公平的审判。"皮尔庞特在众议院委员会做证时说："我听说格兰特总统就这个案子谈论了 5 至 6 次。他说：'如果巴

---

1 在所有被指控的人以及最后的审判结果，圣路易斯地区只有3个人在监狱里服刑。其中一人是麦克唐纳，他被判3年监禁，在服刑两年之后获得赦免。前任财政部的主计长卡尔夫·C.史尼芬在格兰特8年的总统生涯里一直担任格兰特的秘书，他就这些记录进行认真的研究。他说："很多原本应该遭受法律惩罚的人都获得了赦免，获得赦免的人数让人感到震惊。1875年的10月到11月之间，芝加哥地区有47人被起诉，这些人在正式开庭审理之前就提前获得了赦免。直到1876年8月4日，只有3个人获得较轻的刑罚。酒厂的代表律师宣称他们的当事人获得了华盛顿方面给予的民事豁免权。在圣路易斯地区，在14名酒厂老板当中，有13名老板在一天之内就承认有罪，但是他们都没有接受过任何民事惩罚，而原先被指控为该丑闻的组织者则完全逃过了惩罚。法庭事先表示，任何承认有罪的人在所有的案件审理完结之前都不会被宣判有罪，除了那些因此逃债的人，但即便是这些逃债的人后来也没有接受任何惩罚。根据司法部长后来给出的一份声明，这份声明刊登在1876年2月29日的《纽约先锋报》上，在那时进行了253次起诉，有40名酒厂老板、6名酒厂员工以及另外21人承认有罪。他们进行了17次审判，宣判13人有罪，3人无罪，另一人存在争议。

布科克被证明有罪的话，那么没有人比我更加希望他有罪。因为对我来说，他的这种行为是最严重的背叛行为。'"

当巴布科克的审判在 2 月开庭的时候，格兰特请求成为证人。在他的要求下，他在白宫面对美国最高法院大法官、皮尔庞特、布里斯托以及巴布科克的律师宣誓做证。格兰特在宣誓做证时表示，他从不知道巴布科克与他谈论过任何有关威士忌酒案件，也没有从他的言行当中对此有任何了解。格兰特表示，巴布科克始终在公共利益上展现出忠诚与正直的品质，在担任我的私人助手期间，他的表现"让我非常满意"。"我始终相信他的正直以及工作能力"，"无论是直接还是间接的方式，我从巴布科克的言行举止上都没有看到他以不正当的方式去筹措资金用于政治目的"。格兰特发誓，巴布科克从未与他谈论有关威士忌酒案件的事情，也从未想过要找他以任何方式给予帮助。格兰特详细地谈论了自己与这起调查案件的关系，表示如果巴布科克被认定存在着行为不检的罪名，那么他肯定会知道的。在美国的历史上，从未有一位总统亲自在一起案件里提供证词，他坚定地保护自己的秘书。他广为人知的诚实品质，对这个案件的审理产生了深远的影响，甚至让那些最尖锐的批评者都瞬间安静下来。事实上，巴布科克最终被裁定无罪，并不是因为格兰特的证词，而是因为法庭始终无法找到确凿的证据来定罪。

《纽约先锋报》就此事发表了言辞激烈的评论，指责格兰特彻底误解了他所拥有权力的本质以及限制性，宣称"格兰特更加适合去统治封建国家，而不是统治美国这么自由的共和国"。在最后的审判结果出来之后，该报在评论中的口气转而变得温和，祝贺这样的审判结果，"这次审判经过了最为严格的审查，谁也不会认为法庭存在着偏袒巴布科克将军的嫌疑，也不会认为审判是低效的，或是认为审判官存在着预设立场的情况……这场丑闻在进入白宫之前，就被迎头痛击，被打了回去。"

2月24日，巴布科克被宣判无罪。当他回到华盛顿之后，他像往常那样回到自己的办公室。格兰特来到他的办公室，他们关门私下谈论了很长时间。当格兰特走出办公室的时候，他显得一脸沉静。没过多久，巴布科克就锁上办公室大门，走开了。之后，他再也没有回到白宫担任格兰特的私人秘书了，他在距离白宫几个街区远的地方担任公共建筑与广场办公室的主任。有人说，巴布科克过段时间就会恢复原先的职位，但这并不是事实。他与格兰特之间的亲密关系在这件事情之后再也无法修复了。[1]

格兰特也不会原谅那些想让白宫牵涉进这桩丑闻的人。在他看来，布里斯托就是这样一个人。他并不喜欢布里斯托处理这个案件的方式。在调查的过程中，他们之间出现了严重的分

---

1 E.洛克伍德·霍尔是一个头脑冷静的人，善于观察身边的人。他非常了解格兰特，认为他是一个极为诚实的人。有人曾经这样问霍尔："你真的确定在所有这些可疑的交易当中，格兰特真的没有收过一分钱吗？"霍尔故意用不合时宜的方式对此进行回答："我更宁愿相信圣保罗拿了那30块银子。"

歧。[1] 很多反对布里斯托的政敌都向格兰特讲述许多虚构的事实，而格兰特同时也面对着很多支持布里斯托的批评者。布里斯托不止一次提出辞职，但格兰特都对他进行挽留，虽然他曾经动过让布里斯托辞职的念头。在巴布科克被宣布无罪之后，布里斯托在接受民主党控制的众议院调查委员会征询时，被问到他是否想过利用这些事情达到政治目的的时候，他拒绝做证，表示按照程序，内阁成员有这方面的特权。格兰特就此迅速做出表态："我允许你就这个问题做证，不需要因为财政部长一职而背负任何责任。你不仅可以回答与此相关的任何问题，我的内阁成员或是前一任的内阁成员都可以就这一话题做证。"格兰特对此事感到愤怒，因为财政部想要指控洛根，但却没有什么证据。在格兰特看来，财政部这样做是为了打击那些支持

---

1 对那段历史有最深入了解的人都会认同一点，那就是格兰特从来没有做过任何要保护那些认罪之人，或是做过任何干预司法公正的事情。他的做法以及行为现在已经是每个人都能清楚看到的了。与此同时，无论该案的主犯在什么时候通过错误的方式去进行辩解，都不会让政府去干预指控的过程，或是激起所有关于财政部长的猜疑。一天之后，财政部长有权力撤销对这两者的指控。在这些情况下，格兰特始终都倾向于正确的司法程序。但是，当别人的这些解释反复出现的时候，阴谋论的观念就让他觉得有必要阻止这些事情得逞，因此他干预了司法审判，这让财政部长感到很沮丧。事实上，在很多情况下，当财政部长决定要辞职的时候，格兰特都坚持他留任。过了一段时间之后，当财政部长因为此事辞职的时候，整个形势让格兰特能够很好地处理。考虑到许多反对财政部长的势力所具有的影响，以及他们经常能够接触到总统的便利条件，在那个时候，格兰特的双眼无法看到事实的真相，对这件事产生了最深的成见，这也就不足为奇了。

他竞选第三次总统的朋友。在辛辛那提大会举办后的第四天，布里斯托来到白宫，与格兰特在通往行政办公室的阶梯上会面，他从口袋里掏出一封信，递给了格兰特，之后一言不发，坐上马车离开了。这是布里斯托的辞职信。几天之后，格兰特要求邮政部长杰威尔辞职。杰威尔当时是布里斯托的坚定支持者，并且与格兰特在很多方面都存在着分歧。第二天，助理邮政部长詹姆斯·N.泰纳被叫到白宫。格兰特说："泰纳先生，我决定要求你辞去现有的职务。"接着停顿了一下。泰纳的脸一下子红到了脖子上，接着温顺地表示同意。"即刻任命你为邮政局长。"格兰特接着说。

1874年，民主党控制了众议院，立即开始为下一届的总统选举搜集各种政治材料。当新一届国会开会之后，众议院就开始成立一个调查委员会，专门用于调查各种政府丑闻，搜寻各种共和党执政下的政府犯下的各种错误进行调查，这都是媒体乐见的。相对来说，众议院在本职的立法工作上没有耗费很多时间。在经过数周毫无结果的调查之后，调查委员会的一名成员在审阅战争部的开支上，发现了贝尔纳普案件。贝尔纳普一直擅长社交活动，他家里的女性都过着奢侈的生活。贝尔纳普并没有什么积蓄，他的薪水也相对较低。他的妻子却通过介绍职位的方式赚到了许多钱，并且这样的情况持续了好多年。当求职的人得到满足之后，就会给予贝尔纳普妻子一大笔钱作为报酬。贝尔纳普在接替罗林斯成为战争部长之后，去过加勒·P.马尔斯在纽约的家，对马尔斯暗示说，他可以为马尔斯提供一个职位，前提是马尔斯给自己妻子一笔酬劳。马尔斯申请了印第安纳州西尔堡的一个肥差，后来被告知直接去找当时的在职者埃文斯，此时的埃文斯正在华盛顿打点关系，希望能够保住这个职位。最后，贝尔纳普与埃文斯都认同一点，那就是马尔斯不应该申请这个职位。作为他退出这个职位竞争的赔偿，他可以从埃文斯那里每年拿到 12000 美元的回报，每个季度支付一次。这样的支付始于 1870 年，另一半的报酬则支付给了贝尔纳普的妻子。但是，我们没有找到什么确凿的证据证明贝尔纳普知道这样的交易。贝尔纳普在辩护的时候说，他一直以为妻子的这些钱都是从投资中获得的，因为他与妻子在结婚前，妻子就对投资方面有一定的见解。在贝尔纳普的妻子去世之后，给他送钱的情况依然持续，虽然此时他获得的薪水要比之前少一半，因为埃文斯将这份薪水一分为二，另一半给了马尔斯。总而言之，贝尔纳普一共获得了两万美元。战争部开销调查委员会主席海斯特·克莱默在 1976 年 3 月 2 日的报告里指出，在他们调查刚开展的时候，调查委员会就发现了贝尔纳普存在着行为不当的确凿证据，并且建议以犯罪以及行为失检等罪名对他进行弹劾。众议院迅速一致通过了弹劾议案。

克莱默的这份报告是在当天下午 3 点钟提交上去的，但在第二天上午 10 点钟，贝尔纳普就预测到自己将要面对的结果，宣布辞职，格兰特立即"非常遗憾"地接受了他的辞呈。参议员就弹劾的流程一直搁置到了 8 月份，但是，最后却因为没有通过三分之二的票数而无法定罪。绝大多数议员之所以反对定罪，并不是因为他们不相信贝尔纳普有罪，而是因为他已经辞去了职务，从而对参议院在这个案件上是否还具有司法权存在疑问。贝尔纳普辞职后在华盛顿的一间房子住下来了，虽然他之后过着贫穷与耻辱的生活，但他直到去世之前还是很受欢迎。在当时的华盛顿，人们流传着贝尔纳普做出了巨大的牺牲，就是为了保住他去世的妻子的名声。

考克斯之所以辞去内政部长，是因为他认为格兰特总统并没有支持他在反对政党分肥制方面的努力。格兰特说，考克斯所面临的问题都是他自找的，因为考克斯将自己看得太重要了，他所设定的目标是无法实现的。哥伦布·德拉诺取代考克斯担任内政部长。德拉诺是一位来自俄亥俄州的律师，有着良好的名声，但缺乏足够的行政经验，无法很好应对内政部里面其他官员想要利用职权谋取金钱的行为。在他的任内，爆发了印第安丑闻以及土地丑闻，这让公众感到非常震惊。接二连三的丑闻也让他没有足够的能力去解决政府内部的积弊，最后他也选择辞职。来自密歇根州的钱德勒在竞选参议员失败之后，被格兰特委任为内政部长。钱德勒上任之后，与那些职业的改革家相处得并不融洽，这让那帮改革家感到惊恐。一些人认为这意味着腐败集团已经取得了胜利。一贯做事雷厉风行的钱德勒则痛斥这些所谓的"改革"，并且用一种轻蔑的眼光看待那些支持"改革"的人。钱德勒从骨子里是一位坚定的人，也是一位坚定的共和党人，有着当年开拓西部先驱者的精神，之前在商业经营方面也取得了成功。他认可政党分肥制以及各种政治活动方面的赞助与支持行为，而这些行为正是舒尔茨与葛德金等人所特别厌恶的。不过，钱德勒在任期间，他的整个部门都展现出了高效的工作作风，这是他之后的继任者所无法比拟的。他将那些银行家赶出内政部，消除了丑闻产生的根本原因，将多年来存在的政府官员违规的行为加以纠正。他为务实性的改革提供了一个很好的榜样。

格兰特是少数几位有幸承担选择最高法院大法官职位的总统。当查斯大法官在 1873 年去世的时候，他获得了一个提名最高大法官的机会。格兰特像挑选幕僚长那样去挑选最高大法官。据说，格兰特在挑选大法官人选方面与之前的总统并没有很大的区别，都很看重大法官人选的威望。不过，出于个人以及党派原因，格兰特在选择的过程中并没有首先考虑大法官人选在法庭或是法学界方面的威望。塔夫脱与哈里森这两位总统为美国所做的最大贡献，就是他们始终按照最高法院的最高标准去提名大法官人选。对每位总统而言，没有比降低最高法院在人民心目中的威望更加糟糕的行为了。一些总统可能有意识地提名一两位律师担任最高法官，但这样的行为很可能被国会指责是不专业的行为，从而让被提名的人无法得到国会的批准。

格兰特是法律方面的门外汉，对法律没有什么专业的见解，因此他在选择大法官人选方面存在一些错误也是情有可原的。尽管如此，格兰特所提名的人选都具有相当高的素质与威望。斯坦顿、霍尔、布拉德利、斯特朗以及亨特等人都具有专业的法律知识与素养，在这些人当中，除了斯坦顿之外，其他人都具有良好的脾性。斯坦顿之所以获得提名，是因为在斯坦顿临死之前，参议院要求格兰特进行这样的提名。虽然从各个方面去看霍尔都是最为理想的人选，但却被参议院在一气之下给拒绝了。在每次提名人选的时候，由律师组成的参议院都不是很看重最高法院的传统。为什么格兰特要特别看重这些呢？

格兰特的第一选择是他在政治领域内最亲密的朋友康克林，康克林完全有能力胜任最高大法官的职位，必然能够成为这个时代最著名的法官。他不仅是一位律师，他的尊严与气度让他在该州成为领袖，也成为参议院的重要成员。康克林在行为方式上展现出贵族气派，为人有点自大，这让他不是很受欢迎。康克林喜欢阅读书籍，记忆力非常好。当他发表演说的时候，人们自然会投去信服的目光。他的演说在内容上都是深思熟虑的，并且经过事先的排练。他是一位务实的政客，认可政党分肥制，在践行这种制度方面也是一位老手。

康克林多次对改革者以及他们所宣扬的改革表达反对，这让一些独立媒体对他充满了敌意。当媒体知道格兰特将要提名康克林担任最高法院大法官的消息之后，一场猛烈的批评风暴就席卷而来。康克林最后表示拒绝格兰特的提名，因为他更加喜欢参与政治斗争当中。他认为自己现在依然还年轻，不愿意就这样去最高法院那里养老。格兰特因为手头上没有适合的人选，只能提名他的司法部长乔治·H. 威廉担任最高法院大法官。威廉来自俄勒冈州，在担任律师期间并没有什么名气，却获得了"四轮马车"的绰号，因为他的家人经常乘坐豪华马车去进行社交活动，最后却要让政府来报销。纽约律师协会反对格兰特的这一提名，因为他们认为威廉"缺乏最高大法官所应该具有的智力、经验以及名声，这些都是维持最高法院尊严与威望必不可少的条件"。参议院也以一种漫不经心的态度对待格兰特的提名。最后，在威廉的要求下，格兰特撤销了对他的提名。

接着，格兰特提名加勒·库欣，这位学识渊博的律师，他在律师公会以及外交方面都有一定的名声，曾经担任美国在日内瓦仲裁方面的首席顾问。虽然库欣非常具有智慧、深厚的学识以及灵活性，但他的政治与职业生涯却存在污点。在内战爆发的开始阶段，他就被列入同情南方的北方人名单之中，因此，他的职业真诚度受到严重的质疑。格兰特在提名库欣的时候并不知道这一点。在那些追求"政治正确"的人看来，库欣是绝对没有资格担任这个职位的。正如霍伊与汉姆林所写的："因为他这个人缺乏原则。"正因为如此，如果格兰特执意要提名库欣的话，也会遭到参议院的反对。不过，格兰特的支持者拿出了一封信作为反驳的证据，这是库欣在 1961 年 3 月所写的一封信，收信人是他"亲爱的朋友"杰弗逊·戴维斯，希望戴维斯任命其他人到南方同盟担任行政方面的工作。参议院里的共和党议员在经过党团会议之后，没有认可这样的证据，要求格兰特撤销提名，最后格兰特也只能无奈地撤消了这个提名。在美国最高法院的历史上，库欣是唯一一位因为个人专业的真诚度受到质疑而无法获得确认的提名人。其实，如果被提名人有这些方面的问题被提出来，那么他几乎就没有可能获得国会通过，因为即便是共和党控制了参议员多数席位，这都是一个绕不过去的污点。在很多人看来，当被提名者本身就存在着这样的污点，那么这样的事实就让他绝对无法穿上最高大法官那身法官袍。格兰特再次想要提名康克林，但没有成功。接着，他提名了莫里斯·R.韦特，一位在俄亥俄州不是很出名的律师，他在国家层面上所获得的唯一名声来自他在日内瓦仲裁会议上的顾问工作。韦特是一个谦虚的人，与俄亥俄州律师公会相处得很好。因此，格兰特的这个提名并没有遭到多少反对，最后获得参议院通过。韦特在最高法院担任了14年大法官，他的表现足以代表最高法院的权威，也充分证明格兰特的选择是正确的。

第四十四章
1876年总统的各种争议

　　随着选举新一任总统的时间越来越临近，各党派也开始紧锣密鼓地物色各自的候选人。格兰特虽然在过去7年多一直受到民主党与独立媒体的攻击，但他在人民心目中依然拥有崇高的地位，因此很多共和党人都支持他第三次竞选总统。事实上，格兰特在总统任期内所犯的错误被人为夸大了，但公众并没有因此受到愚弄，当然公众也希望政坛能够出现全新的面孔。选民并不是太倾向于支持民主党所控制的众议院，因此民主党也会承受民众不满所带来的政治后果。民主党控制下的众议院专心收集各种政府官员丑闻的倾向，喜欢小题大做的行为，不断展现该党日益壮大的势力的行为，等等，都让选民感到不满。正如民主党的"看门人"菲兹林所吹嘘的那样"自己要比格兰特更有势力"。类似这样的言论让选民们厌恶，无法真正地迎合选民的要求，因为此时美国工业的发展并不好，那个时代的人民过得并不舒心。

　　诸如康克林、卡梅伦以及洛根等坚定的共和党人认为，虽然共和党失去了一定的优势，但继续提名格兰特第三次竞选总统，能够帮助共和党挽回劣势。但是，此时的格兰特已经厌倦了政治上各种尔虞我诈，想要退休。早在 1875 年，宾夕法尼亚州的共和党人准备提名格兰特再次成为总统候选人，这次大会的主席也对此表示同意。不过，此时的格兰特已经下定决心不继续竞选总统了，他召开了一次内阁会议，告诉每位内阁成员他的想法，并且在一封私人信件里这样表示："任何人单凭自己的能力就能当选为总统或是再次提名自己成为总统候选人的想法，是荒谬可笑的。因为任何人都可能毁掉他担任这个职位的机会，但是谁也不能强迫选民做出什么选择或者谁将获得提名。要是我再次获得总统候选人的提名，我将拒绝接受。我不会再次接受总统的提名，除非是在某些极端必要的情况下，让我不得不这样做——但这种极端必要的情况不大可能出现。"

一些批评者表示，格兰特拒绝再次获得提名也是有附带条件的，只是这些附带条件并没有生效而已。[1] 因此，在 1876 年，共和党举行全国代表大会的时候，已经没有人谈论格兰特要竞选总统的事情了。

---

1 当时格兰特面临的压力非常大。当国会在12月开会的时候，民主党控制的众议院提出一个议案，并且获得了88名共和党议员中77名议员的支持。这个议案是这样规定的：按照众议院的观点，华盛顿总统以及历届美国总统所留下的惯例，总统在连任一次之后就要退出总统竞选，这已经变成了一种惯例，也是我们这个共和制政府的一种传统。任何偏离这种传统的行为都是不明智且缺乏爱国之心的，必然会对我们的政治体制造成严重的后果。

布莱恩是当时非常热门的总统人选，他与当时的格兰特政府没有任何关联，因此非常受欢迎，但有人表示，他在担任众议长的时候，存在着一些可疑的交易行为。虽然他与他的朋友都对此极力反驳，但这样的质疑还是有可能断送他的总统前程。康克林与莫顿都有各自的支持者，他们都希望能够得到格兰特的支持，但是格兰特却刻意与这次党代会保持一定的距离。格兰特暗自认为，要是在提名人选竞争比较激烈的情况下，费什有可能是各方妥协之后最终提名的人选。如果费什能够获得这样的机会，他将专门写一封信。[1]布里斯托当时深受改革者的支持，但这些改革者却无法忍受任何支持格兰特的人，因此他们同样反对布莱恩。海耶斯是一位来自俄亥俄州的候选

---

1 "在辛辛那提的共和党代表大会举办之前，我不会参与这样的讨论，因为很多候选人都是我的朋友，除了布里斯托之外，他们的工作都让我感到非常满意，因此我都会衷心地支持他们每个人。我不支持布里斯托的原因，我将会在以后某个正式的场合上谈论，而不想在现在这种情况下解释。布莱恩会成为一位非常优秀的总统……我没有看到有人提名布莱恩、莫顿或是康克林。布里斯托从来都不是一位认真的候选人，甚至根本不存在获得提名的机会。在我看来，要说黑马的话，我认为是费什。巴亚特·泰勒在柏林的时候对我说，这个时代最伟大的3位政治家是加福尔、哥特查科夫以及俾斯麦。我对他说，我认为有4位最伟大的政治家，第四位就是费什。我认为费什与其他3位政治家有着一样的地位。费什在担任8年内阁成员的工作表现，让我对他留下了这样的印象。他每一年的工作都给我留下极为深刻的印象。于是，我写了一封信，准备在恰当的时候公布——在布莱恩、莫顿与康克林等人没有获得提名的情况下——然后再表达我对费什的支持，这对整个共和党来说都是一件好事。"但是，最后的结果证明根本没有公开这封信的时机。直到整个大会结束之后，费什才知道有这封信的存在。

人——他为人比较低调，在内战里也立下了一定的战功。在1874年，他领导该州人民与通胀做斗争，击败了民主党的州长候选人艾伦，从而将民主党在经济方面的"异端邪说"消灭了。当然，共和党还有其他可以选择的人选。

要不是因为当时发生了一连串事情，布莱恩几乎肯定会成为共和党的总统候选人。在共和党大会召开之前，康克林的最大敌人以及一连串戏剧性内幕的曝光，成为美国历史上一段有趣的故事。要不是当时共和党选民普遍担心康克林会在总统竞选期间成为一名备受攻击的候选人的观念作祟，那么即便他的政敌或者他的政治运转的机器都不能阻止他获得提名。最后，反对布莱恩的政治势力转而支持海耶斯。在所有竞争总统提名的人选当中，没有人比海耶斯更能让各方接受的了。几天之后，民主党人提名蒂尔顿为总统候选人，蒂尔顿在1874年当选为纽约州州长。因此，当时的人们都认为这将是一场较为公平的竞选。"在这两位候选人当中，人们没有什么可以选择的。"

罗威尔这样写道。很多自由派共和党人也静观事态发展。[1]

但是，这场竞选渐渐也变成了一场恶意的攻击。民主党人一直在谈论共和党这 8 年来的各种严重失职与丑闻。他们大声疾呼"改革是必要的"以及"将那些混蛋赶下台"。他们在民主党大会上就表示要废除《恢复硬币支付法案》，但蒂尔顿却被视为支持发展稳定经济的人。共和党人无法谈论通胀的问题，转而开始谈论"挥舞血腥的衬衫"，并且指责"那些叛乱的准将"通过恐吓与威胁的手段，正在制定阴谋想要让北方大城市里的贫民窟与"稳定的南方"联系起来，从而控制整个国家。蒂尔顿在内战期间在个人税收方面犯了错，他也是第一位要因此接受"质询"的总统候选人。撒迦利亚·钱德勒是共和党竞选委员会的主席，威廉·E. 钱德勒则是之前两次总统竞选委员会

---

1 亨利·沃特森就曾对他的私人朋友——民主党总统候选人蒂尔顿做过一番非常生动的描写："对那些熟悉蒂尔顿的人来说，他是一位亲切的单身汉，住在格拉梅利公园里一座精致的老房子里。虽然他已经60岁了，但看上去依然精力充沛。他是一位真诚且具有才华的学者，一位训练有素与真诚的教条主义者，也是一位具有公共精神以及爱国心的公民。他具有广泛的名气，受人尊敬，他在律师公会里赢得了名声与财富，始终对公共事务保持着高度的兴趣。他是一位梦想家，有着经商方面的天赋，是一位哲学者以及组织者。在他的人生当中，一直以稳健的步伐在不断前进……他的家庭生活是秩序与礼仪的典范。他的家庭物品摆设并不像主教那样严谨，他对自己信任的人是非常慷慨的。他喜欢阅读书籍，不是很喜欢音乐与艺术，但他喜欢骑马、遛狗以及室外活动。他的品位是比较简单的，每当他有空闲时间就去做自己喜欢做的事情。他不会经常喝酒，虽然偶尔会喝上几口……无论是喝威士忌酒还是喝白开水，他都一样满脸愉悦，与人们东拉西扯地聊天……他的判断力可以说是绝对正确的。"

的秘书长，此时他是新罕布什尔州委员会的成员，正在给前者大力支持。这两位有头脑以及勇敢的竞选经理，在政治上不讲任何情感，只追求最后的胜利。当时共和党内不同的派系都坚定地支持共和党的信念。艾布拉姆·S.休伊特则是民主党竞选委员会的主席，但蒂尔顿本人就是一位灵活的政治能手，知道如何去进行竞选。

就竞选当晚的情况来看，除了两个明显的例外，民主党人似乎获得了总统竞选的胜利。美国的每一份报纸都做出了这样的宣布，他们的依据是蒂尔顿已经拿下了纽约州、新泽西州、康涅狄格州与印第安纳州，并且还想当然地认为蒂尔顿能够拿下南部的每一个州，这将会让他稳妥地当选总统。就在此时，国家经历了一段连小说都不敢编造的神奇历史。

威廉·E.钱德勒已经回家投票了，在第二天才回到第五大街酒店，发现这个地方已经没有人在工作了。竞选委员会的其他员工都早早上床睡觉了，因为他们相信海耶斯已经输掉了竞选。此时，钱德勒遇到了《纽约时报》的新闻编辑约翰·C.里德。里德给钱德勒带来了这样一个信息：根据最近的投票结果，共和党还是有可能赢得总统选举的。经过快速计算的方式，他们发现决定谁最终取得胜利，要取决于佛罗里达州、路易斯安那州、南卡罗来纳州、俄勒冈州以及加利福尼亚州等地的票数。他立即给这些州的党部发去急件，急件上是这样写的："如果我们能够拿下南卡罗来纳州、佛罗里达州以及路易斯安那州的话，海耶斯就能成为总统。你们能够守住这些州吗？请立即回答。"

接下来爆发的争议让美国政府的组织形式接受了严峻的考验。撒迦利亚·钱德勒在当天早些时候支持威廉·钱德勒的行为，并且宣布"如果这封信件的内容是正确的，那么他完全相信海耶斯州长已经百分之百当选为美国总统了"。这封信件送到了媒体，记录下了一段历史："海耶斯赢得了185张选举人票，成功当选为下一任美国总统。"[1]

接下来几天都充满了许多让人兴奋的消息，各种支持以及反对的声音。海耶斯必须要赢下每一个存在争议的州才能成为下一任总统。当时，大家都知道俄勒冈州与加利福尼亚州都是

---

[1] "在选举日当天下午，我从康科德前往波士顿，接着再乘坐夜间火车前往纽约，在将近天亮的时候才到达第五大街酒店。维拉斯在前台跟我说，蒂尔顿已经赢得大选。我说不相信，接着就前往第一号的选举委员会房间，发现里面一个人也没有。我在大厅遇到了《纽约时报》新闻编辑约翰·C.里德，他也是刚刚过来。他跟我说，如果我们拿下南卡罗来纳州、佛罗里达州或一两个西部州的话，那么我们就能赢下这场选举。我们立即来到选举委员会办公室，我认真检查了遗留在案桌上的多份报告，接着就前往钱德勒参议员的办公室，好不容易将他从美梦中叫醒，跟他说我们依然有获胜的希望，问他是否知道在昨天晚上他给那几个州发去电报的人。此时的参议员非常疲惫，没有给我多少有用的信息，让我按照自己认为较好的想法去做。于是，我回到了委员会办公室，写了几份电报，然后签下钱德勒的名字，一些电报则是签署我的名字。里德将这些急件带到市中心，然后以电报发送出去。接着，我吃了一顿早餐，回到委员会办公室。此时，很多人纷纷过来了，没过多久，钱德勒也过来了。我们讨论了当前的形势，他发出去了那份著名的电报'海耶斯赢得了185张选举人票，成功当选为下一任美国总统'。在这一天里，我们的精神都很高涨。下午的时候，我们还在开会商量该怎么采取下一步的对策。在很多定下来的措施当中，有一条就是我必须要去一趟南方。"这是威廉·E.钱德勒的一份声明，在当时并没有公开。

安全的，南卡罗来纳州在计票之后也归属于共和党。因为当时该州州长张伯伦也是竞选连任的候选人，因此他的州应该不会支持民主党。张伯伦依然记得"汉堡大屠杀"，担心在选举期间会出现暴乱，请求联邦政府调派军队。格兰特表示同意，这些士兵此时就驻守在州政府附近。[1]

根据计票结果，蒂尔顿在路易斯安那州获得了多数票，海耶斯在佛罗里达州获得了多数票，但在当时的紧要关头，"计票结果"也不是一个无法确定的问题。共和党与民主党的大佬们都纷纷前往南方各州，而其他守在竞选总部的人则焦急地等待着最后的结果。

格兰特此时的责任就是要维持和平，他并不想看到因为大选而爆发全新的暴力活动。在给谢尔曼的命令里，他写道："命令驻守路易斯安那州的奥格尔将军、佛罗里达州的鲁格将军都要提高警惕，随时防止可能出现的暴乱行为，维持当地的和平与秩序，确保法律委员会的成员在履行职责的时候不要遭受任何干扰。要是双方在计票方面存在任何可疑的欺诈行为，应该立即上报，并且立即否决最后的结果。每一个竞选总统的人都

---

1 除了在南卡罗来纳州，其他州在选举期间都没有增加士兵的部署。只是在弗吉尼亚州的彼得斯堡地区，因为担心选举前会出现暴乱，因此调派了24名士兵以及1名军官。在投票的地方没有驻扎着任何军队。在佛罗里达州以及路易斯安那州，上面已经提到的州也只有很少的士兵驻守，避免可能出现的暴动。当然，地方的民防团也能起到维持和平，防止选民遭受恐吓的威胁。在我看来，这种部署兵力的方式是合理的，也是符合法律以及之前的惯例。唯一的疏忽就是与宪法规定总统要"忠实地执行法律"的要求不相符。理查德森所著的《信件与报纸》第419—420页。

绝对不能通过欺诈选票的方式来赢得大选的胜利。每个党都能够接受选举失利的事实，但这个国家不能接受任何非法或者错误的计票行为。"

计票结果显示，海耶斯在佛罗里达州多得了48票，以极为微弱的优势拿下了该州的选举人票，后来该州的选举委员会以选举过程中存在欺诈以及违法乱纪等理由，将海耶斯所赢的票数增加到925票。除非民主党坚决不承认这样的结果，否则共和党人是绝对不会拱手将该州的胜利让给民主党的。事实上，民主党选民在该州的选民人数上占6300至8957人的优势，但是选举委员会却有最终的发言权，这一委员会也曾在1874年制造过类似的麻烦，其行为遭到国会参众两院的批评。

选举委员会主席J.麦迪森·威尔斯是该州前任州长。10年前，谢里丹就曾将此人称为政治上的骗子以及不诚实的人。选举委员会另外3个人跟他也是一个德行，其中两个人还是黑人。这些人都是共和党人，唯一的一名民主党人在两年前就宣布辞职了，留下的空位到现在依然没有填补。在这种情况下，该州出现这样的结果也是可以预期的。整个国家都将目光集中在新奥尔良的选举结果上。"临时的政治家"很快就来到了这里，格兰特邀请了诸如谢尔曼、加菲尔德、卡森、斯坦利·马修斯、卢·华莱士等重量级的共和党大佬，而休伊特也邀请了众多的民主党人，其中就包括帕尔玛、特兰伯尔、兰德尔、柯蒂斯、朱利安以及沃特森。这个"临时政治家"委员会参加了选举委员会举办的多次会议。在12月6日，该委员会宣布海耶斯获得了多数票数，胜出的票数在4626到4712张。该委员会是在否决了 13250 张投给民主党人的选票以及 2042 张投给共和党人的选票之后做出这个宣布的。该委员会的最终会议是秘密进行的，当时有些人说休伊特、威尔斯以及他的同伴都为了金钱而出卖民主党。但是，谁也无法找到相关的证据。"临时政治家"委员会中的一些共和党人在投票计算结果出来之后，联名给格兰特发去一份声明，告知格兰特在密西西比州到阿肯色州边境地带出现暴行的教区名字，表示"这些地区存在着暴力与恐吓的行为，很多人都使用谋杀、伤害等手段威胁选民"。该委员会的民主党成员也给休伊特发去了一封信，他们在信中说："事实上，在任何地区都没有出现暴力或者流血冲突的事件，也没有出现威胁恐吓等情况。在路易斯安那州的每一个教区，都找不到任何有说服力的理由，证明很多共和党选民不去投票是因为这些暴力情况的出现，相反，他们这样做只是出于政党的利益。"该委员会当中的民主党人帕尔玛、特兰伯尔与朱利安等人之前都是共和党人。约翰·舍尔曼就曾评论说："对于那些刚刚脱离了共和党的人来说，那些之前就脱离了共和党的人所做的行为要更加不公平以及让人不满。"

在选举监票所的计票结果出来之前，谢尔曼给海耶斯写了一封信，谈到了遭到威胁恐吓的选举。"那里的情况根本就像地狱那么糟糕，没有文明的基督教世界的影子……你本应该在路易斯安那州的公平选举里获得多数选票的，任何一个诚实的人都不会对此有任何疑问。"

12 月 6 日，也就是国会重新开会的两天之后，各州的选举人开始进行投票，海耶斯获得了 185 张有效的选举人票，蒂尔顿则获得了 184 张有效的选举人票。民主党对此表示抗议，他们认为佛罗里达州的 4 张选举人票以及路易斯安那州的 8 张选举人票都应该归于蒂尔顿。他们还宣称，俄勒冈州有 1 张选举人票也应该属于蒂尔顿，因为该州的共和党选举人瓦特斯作为副邮政局长，按照宪法没有成为选举人的权利。如果这一抗议得到批准，那么即便海耶斯赢得了另外两个南部州，蒂尔顿仍将以 185 张选举人票当选为下一届美国总统。

要是国会参众两院都是共和党占多数的话，这个争议也将会就此结束，海耶斯也将会按照正常的程序当选为下一任总统，虽然少数人还会就此事发表反对的声音。但是，共和党在参议院只比民主党人多出 17 个席位，但民主党人在众议院却比共和党多出了 74 个席位。因此，按照宪法与法律的要求，共和党无法让参众两院一致通过确认海耶斯当选为总统的协议。很多共和党人，包括海耶斯本人都表示，按照宪法规定，"参议院议长应该在参众两院议员开会的时候，打开所有的证书以及选票，重新进行计算。"这意味着当一个州具有两个证书的时候，参议院议长就必须决定哪一个证书是有效的，然后计算选票，宣布最后的结果。不过，这只是仪式性的职责，众议院对此没有干预的权力。

但是，国会在 1865 年通过的联合协议规定"除非经过参众两院批准，任何遭到质疑的票数都不能进行计算"，这一规定立即招致参议院的一致反对，遭到了废除，因此这一规定在参议院里是没有任何效力的。要是众议院坚持这一规定，拒绝接受佛罗里达州与路易斯安那州的投票结果，那么蒂尔顿就会比海耶斯获得更多的选举人票。参议院无法通过否决其他南方各州的投票结果作为报复，因为若是这样的话，也就根本不存在什么总统大选了。民主党人可以按照宪法规定的程序，宣布蒂尔顿当选为下一任美国总统。

因此，民主共和两党似乎找不到任何共识。全美的共和党人几乎都认为不管选举监票所有什么技术性的规定，海耶斯当选总统都是实至名归，因为如果是在一场公平的选举当中，海耶斯显然会拿下南方那些存在争议的州的选票。民主党人则激烈反驳说，共和党事先已经在佛罗里达州与路易斯安那州选好了选举人，并且大肆宣扬选举过程中出现的暴力活动。民主党人认为选举的过程与当时的环境没有任何关系，蒂尔顿在所获得总票数上要比海耶斯多出 30 万张。

一些狂热的党派信徒都在谈论一些不可思议的事情，当时全美流行很多看似难以想象的故事。有人说，格兰特想要独揽大权，成为一名独裁者。还有人说南方的来复枪俱乐部成员准备向华盛顿进军，帮助蒂尔顿担任总统，而蒂尔顿的支持者——内战期间支持民主党的老兵——也准备向北方进军。当时，这些疯狂的故事无论看上去多么不可能，都有一些上当受骗者。此时的华盛顿需要一个强有力的人。格兰特是一位冷静沉着的人，他运用个人的影响力将各个斗争的派系都处于一种和平的转台，确保以和平的方式解决这场争议。

来自爱荷华州的麦克雷，之后成为海耶斯执政时期的内阁成员，就在众议院提出了一个议案，希望成立一个委员会，该委员会与之前的其他委员会比较类似，其成员由参议院任命，直接向参议院汇报工作，从而解决有关"选票的合法性以及合理性的问题"。为了达到这个目的，应该对选票重新进行计算，而该委员会最终宣布的结果是谁都无法去质疑的，其最终的决定应该被视为最后的结果。

格兰特事先就知道这个议案，他将休伊特叫到白官，确保他对这个妥协方案的赞同。这个议案在没有辩论的情况下得到了参众两院的通过。艾德蒙斯是代表参议院方面的主席，来自俄亥俄州的亨利·B.佩恩则是代表众议院方面的主席。

该委员会一致同意提交一个成立选举委员会的议案，该委员会由5名参议员、5名众议员以及4名最高大法官组成，这几名最高大法官还要选择另一位大法官，从而让整个委员会的成员人数达到15人。这个议案规定"除非得到参众两院的认同，任何选举人票或者来自各州的投票结果都应该被拒绝采纳"。在那些不只进行了一次计票的州，"所有这些计票工作选票都应该上交，作为判断与决定的证据，从而判断这些选举人票是否符合法律规定"。该选举委员会的决定只有在国会参众两院分别投票反对之后才算无效。

埃德蒙德、康克林与瑟曼就这个议案提出的建议得到了广泛的重视。莫顿、布莱恩与谢尔曼则对此表示反对。他们说这是违宪的，但他们反对的真正理由却是担心这会对海耶斯不利。在民主党人的支持下，这个议案在参众两院获得了通过。有26名民主党参议员与21名共和党参议员在参议院投了赞成票，只有16名共和党参议员与1名民主党参议员投了反对票。在众议院的投票过程中，159名民主党众议员与32名共和党众议员投了赞成票，18名民主党众议员与68名共和党众议员投了反对票。因此，两党都认为，该委员会最终的裁定可能更加有利于蒂尔顿。

1月29日，格兰特签署了这个法案。与此同时，他发表了热情洋溢的讲话，表达了对国会的赞赏。"以一种有趣且关键的方式去执行宪法，确保宪法的规定能够以有序的方式得到履行，这是国会履行最高职责的表现……最终，这两名候选人当中肯定会有一人当选。看到这两位候选人在这个过程中遭受如此对待，实在是让人痛心。整个国家都对发生这样的事情感到不满。两党以及各派系都要保持和平，以克制忍耐的方式去对待最终结果。要是这样的争议持续下去，就会让我国的工业出现停顿状态，工人失业，市场崩溃，企业无法继续生产，因为所有人都在对谁将会成为总统存在着重重疑虑。我们应该确保每个人都应该接受选举的结果，而不应该对失利候选人的支持者做出任何抵触的情绪。当然，当选为总统的人也绝对不能以欺骗的方式来获得这个职位。"

在这段紧张时期，当历史正处于创造阶段，他个人与国家的命运都处于紧要关头的时候，蒂尔顿则隐居在格拉梅西公园的家里，有时则会对亲信悄悄说一些毫无用处的计划。当其他人都在努力为解决这个问题而苦苦挣扎的时候，他"将超过一个月的时间用于准备从华盛顿建国以来到当代选举人计票方式的历史研究上，表示只有国会而不是参议院议长，才有权力对选举人票进行计算"。这样的工作应该是那些精通法律的人去做的。显然，蒂尔顿在面对这个机会的时候根本就没有做好充分的准备。要是当选为总统，他的政府也很可能像布坎南政府那样软弱无能。

国会的民主党人注定要感到无比失望。这个议案里规定的4名最高大法官分别是克利福德、斯特朗、米勒与菲尔德，他们分别代表着美国4个不同地方的利益，在政治见解上也存在着分歧。他们同意选择大卫·戴维斯为第五名法官，戴维斯之前是一位共和党人，但他一直对归属的党派摇摆不定。但在最后一刻，就在这个议案被送到国会之前，伊利诺伊州那边传来一个消息，就是该州的立法机构在过去几个星期一直就洛根在参议院的第二个任期问题而陷入僵局，因此民主党与独立派人士选举了戴维斯。因此，戴维斯就这样失去了成为第五名大法官的机会。最后，4名最高大法官提名布拉德利，他是一位拥有正直名声的法官，具有非常出色的专业素养。

参议院方面选择了埃德蒙德、莫顿、弗利林海森、瑟曼以及巴亚德等参议员，众议院则选择佩恩、亨顿、阿伯特、霍尔以及加菲尔德等众议员。当联合委员会在2月1日开会的时候，在谈到佛罗里达州的问题之前，一切都进展得非常顺利。该州拥有3个证书，一些议员反对选举委员会的决定，于是这个问题就留给最高法院大法官去裁定。除非这个问题首先得到解决，否则其他问题都无法解决。委员会可以重新对选票进行计算吗？经过几周的争论以及秘密会议，委员会认为这是不可行的。在5名大法官当中，布拉德利的观点是至关重要的。后来，布拉德利这样写道，最终的裁定结果"表明我得出了一个诚实的结论。在对整件事进行了充分详细的考虑之后，我觉得这是解决这个问题的唯一满意结论"。他说："在我看来，国会参众两院以及最高法官都应该认可各州选举委员会的决定，将之视为该州选举的最终结果，并且作为任命总统最真实的依据。有人要求对一些州的合法性提出疑问，但是这样做只是为了确定他是否真实反映了选举监票所提供的数字。这不能视为对选举监票所的行为的一种上诉。"

该委员会的决定上报给了联合委员会。参议院默认这一结论，认可这一决定。众议院反对这一决定。根据之前设置这一委员会的法令，除非参众两院同时否决这个决定，否则这个决定就是有效的，因此这个决定最终有效。同样的结果也出现在路易斯安那州、俄勒冈州以及南卡罗来纳州。随着计票过程不断深入，民主党对此表达了强烈的愤怒。他们认为属于该党的选票被窃取了，于是他们盲目找寻这种愤怒的发泄口，他们找到了布拉德利法官作为发泄口，不断对他进行猛烈的攻击。在一段时间之内，他成了美国人最反感的人。人们认为他抓住这样的机会制造了一场欺诈的选举结果，而没有选择逃避这样的责任。但是，这样的指责对布拉德利法官是极为不公的。共和党在争议州始终以1票胜出的消息不断传出，这让布拉德利的名字成为一个笑柄以及人们指责的对象。

但是，布拉德利只是该委员会的成员之一，若是人们要指责布拉德利，同样有足够的理由去指责斯特朗、米勒以及其他成员。布拉德利并不是委员会的仲裁员，他只是这个委员会普通的一员，与其他成员承担着一样的责任——在某段时间里，他还以恐惧的心态去面对这样一种责任。除此之外，若是戴维斯处在布拉德利的位置，他可能也会这样做。[1]

60 名民主党议员，其中绝大多数是来自北部州以及西部州，想要以阻碍议事通过的方式来将计票的结果拖延到 3 月 4 日，因为到那时，这一届国会就会任期届满，留下总统的问题悬而未决。但是，委员会在佛罗里达州的选举做出决定之后，就意味着最后的结果。42 名来自南方各州的民主党议员"庄严承诺，他们会始终反对任何想要阻止对总统选举计票的行为"。众议院议长兰德尔以其坚定的爱国之心，一直让众议院议员坚持工作到 3 月 2 日凌晨 4 点钟，终于完成了最终的计票工作。根据最终的计票结果，海耶斯当选下一任美国总统。

3 月 4 日是周六，为了避免出现更多复杂的问题，海耶斯在最高大法官韦特旁边宣誓就任总统，格兰特与费什在旁作为见证人。周一，他正式宣布就任总统，似乎这场总统选举过程中没有出现任何争议。格兰特与他一起乘坐马车前往国会山。

毋庸置疑，国民几乎都认为蒂尔顿应该当选总统，这个问题将会成为人们争议的话题。北方人民已经厌倦了有关南方各州在选举期间出现威胁恐吓的话题，开始对黑人的问题失去兴趣。现在，我们发现，若是没有获得选举权的黑人帮忙，海耶

---

1 "在海耶斯宣誓就任总统的第二天，我的亲戚斯坦利·马修斯对我说：'你们当时想要找戴维斯法官，我们也想。我要跟你说些我知道的事情，若是戴维斯法官在那个位置上，也会做出与布拉德利一样的行为。我们之所以更倾向于找戴维斯，是因为他更有分量。'戴维斯法官后来在参议院里的表现证明这是完全正确的。"出自亨利·沃特森《海耶斯-蒂尔顿的总统之争》。

斯不可能当选为总统。发生在路易斯安那州一些地区的暴力活动与选举欺诈问题在公众的意识里是相当模糊的，而选举监票所废除 13000 张投给民主党人的选票则是所有人都知道的。事实上，若是这场选举是在公平的环境下进行，相比于最终的选举结果，会有更多南方州投票支持海耶斯。我们不应该忘记一点，那就是南方各州因为黑人获得选举权反而扩大了他们的代表权，因此他们在总统选举人票中有 35 票，这要比在北方一些共和党占多数的州所拥有的选举人票还要多。在当时以及几年之后，依然有人在表示"这是偷来的总统"。时至今天，还是有很多人认为海耶斯是一位通过欺诈手段成为总统的人，但若是按照严格意义上的法律规定，海耶斯的确是以合法方式当选总统的。如果说存在所谓的"偷窃"，这也不是发生在华盛顿。如果民主党人一开始提出要设立的选举委员会能够承担起应负的责任，通过其达成的一些决定，让国会对存在争议的民主党选举人票进行重新计票，那么现在也不会有人还在谈论什么欺诈问题了。不过，倘若说委员会里的少数派是正确的，而多数派是错误的话，这也是不公平的。事实上，几乎所有成员都是按照各自的党派路线去投票的。如果说存在"偷窃"，这种情况肯定只能出现在佛罗里达州与路易斯安那州。在众多的证词当中，我们始终无法清楚到底谁才是第一个犯下"偷窃"罪行的人。

在总统选举人票的结果完全计算出来之前，海耶斯在俄亥俄州的朋友们也许在没有告知海耶斯的情况下，向南方的民主党人做出承诺，在海耶斯获得总统提名之后，他不会继续在南方实施军事干预方面的举动，但是这样的承诺对最终的大选并没有任何影响。在海耶斯给在南卡罗来纳州组建反对政府的张伯伦与韦德·汉普顿发去这种信息之前，他还根本没有成为总统，因此他在那个阶段宣布要承诺从该州首府撤出军队，让汉普顿政府处于控制状态，这实在是无稽之谈。

在路易斯安那州，帕卡德与尼克尔斯正在激烈地竞争着州长职位，帕卡德表示该州更多的人选择了蒂尔顿，该州的联邦军队也撤出去了。而尼克尔斯则代表着白人的利益，控制着该州政府的管理权。在格兰特离开白宫之前，他收到了帕卡德发来的请求，但他在回信里表示，北方民众的想法是不能再用军事干预的方式影响南方各州的管理。[1]

当时的南方各州已经形成全新的秩序，不存在需要军事干预的情形了。

格兰特在这场充满争议的总统大选中的态度，是保卫这个国家的和平、帮助达成一个双方都满意的协议的强大因素。对他来说，设立总统选举委员会以及确保双方都能达成一定的妥

---

1 格兰特在给帕卡德的回信中是这样说的："为了就你之前寄来的信件进行回复，总统指示我必须要坦诚地表明他的立场。他认为全国民众都不再支持用军事干预的方式去影响路易斯安那州政府的治理。他必须要在施政过程中体现这点。无论在过去还是未来，联邦军队都要保护民众的生命财产安全，在州政府出现无法管制的情况下，联邦军队就要镇压那些发动叛乱的暴徒。但在总统还剩下不多的任期内，联邦军队不会在该州实行军事干预，或者在该州的某些地区实行干预。总统认为这并不符合他的施政目标。"总统秘书：C.C.史尼芬.

协，这才是最重要的。[1]

　　后来，格兰特说："没有比设立总统选举委员会更加明智的做法了，没有比那些声称海耶斯是通过欺诈手段成为总统的人更加缺乏爱国之心了。这些人的行为是懦夫与无赖的行为。海耶斯与之前的历任总统一样，都是通过正常合法的方式当选总统……我绝对不相信会存在任何猫儿腻，但我收到了很多人给予的警告，让我做好各种情况的准备……我已经为任何可能出现的偶然事件做好了准备。任何出现的暴乱都必然会被立即彻底地镇压……如果最终当选的是蒂尔顿，我也会立即将权力交给他，让他能够平稳地获得权力。如果我之前的所作所为对

---

1 乔治·W.柴尔德斯在他的回忆录里表示，格兰特要求他前往华盛顿，对他说："我已经与总统选举委员会成员进行过交流，而一个党派的领袖对此表示反对，这是我不愿意看到的结果。他们说，如果总统选举委员会成立之后，那么蒂尔顿就有成为总统的极大希望。如果共和党真的通过选票欺诈的手段赢得了总统大选，我更加支持蒂尔顿成为总统。如果我是海耶斯，除非这场争议能够在参议院之外通过其他方式得以解决，否则我也不会认为自己当选了。这件事受到了国会参众两院的共和党领袖以及全国人民的反对。"……我会提名众议院的一位重要民主党人，格兰特总统对此表示认同，于是就这样做了。我要求此人前往白宫，让格兰特陷入两难的处境。民主党人立即对这种做法表示同意，正是通过格兰特总统，整件事才能继续开展下去。格兰特叫来康克林，认真地对他说："这件事是非常重要的，人们对此感同身受。我认为应该设立总统选举委员会。"康克林回答说："总统先生，莫顿参议员（公认的参议院领袖）对这个建议表示反对，并且反对你所提出的解决方案。但是如果你想要推动设立选举委员会这件事的话，我也能够做到。"格兰特总统说："我希望这能做到。"康克林执行了这件事，并且完成了。与我交谈的重要民主党人在众议院采取了这样的举措，而康克林则在参议院里采取了这样的行动。

蒂尔顿有任何不公的话，我绝对不会为海耶斯说任何一句话。我想要看到的结果是以法律的形式宣布某人成为总统，让联邦政府能够平稳地运转，缓和双方支持者的情绪，让这个国家拥有和平……就我个人而言，我感觉自己在当选为总统的那一天开始就有这样的承诺。当我们的国家实现了和平与秩序，每个人都遵纪守法，就能展现出这个国家所具有的尊严与力量，这才是对这个国家最大的祝福。我们要感谢那些提出要设立总统选举委员会的民主党人与共和党人所具有的智慧与远见。"

第四十五章
回顾格兰特执政时期

　　在失去军衔与离开总统之位之后，格兰特发现自己从阿波马托克斯战役以来，再一次成为一个默默无闻的人。随着他离开总统之位，之前所有关于他的攻击都瞬间消失了。公众再次对格兰特产生好感，这种情况在总统离职之后通常都会出现的。再也没有人谈论他会像恺撒那样实行独裁，没有人说他任人唯亲或者做事腐败了，有关那些指责格兰特当年像恺撒独断专行的人肯定会感觉到自己的愚蠢，因为现在成为普通平民的格兰特回归私人生活，并享受其中。之前盲目攻击格兰特任人唯亲的人现在都销声匿迹了。之前很多想过来找他要一份职位的人现在也不见踪影了。在过去 16 年的时间里，格兰特要第一次面对这样的现实，这让他有点难以应付。

　　诚然，他拥有人民送给他的房子，但这些房子并不是以捐赠的形式给他的，因此他不能在这些房子里面居住。他在圣路易斯附近的格拉瓦有一座农场。他之前曾在这里向别人借过钱，但却从未归还过。他已经花光了总统任期内的薪水，认为自己能从投资中获得一些回报。要是他将过去 16 年的时间用于经商的话，那么他现在的经济处境会好许多。那些在过去 8 年里一直猛烈攻击格兰特的人现在才感觉他们骂错了人。格兰特依然是整个国家的偶像。很多人直到此时才终于了解格兰特在执政时期的积极表现，从表面肤浅的攻击中走了出来。他们意识到，在总统大选争议期间，他们是多么依赖格兰特。美国人民开始意识到，在格兰特执政期间，美国在世界上的地位很高，在美国历史上，从未有过像格兰特执政时期的美国更加能够赢得世界人民的广泛尊重。可以说，从格兰特政府执政开始，美国在世界上的地位处于最高峰。

在历届的总统当中，没有哪一位总统比格兰特拥有更加坚定或者持续的外交政策。当然，费什理应在这个过程中得到许多赞美之词，而格兰特也总是慷慨地对费什进行这方面的赞扬。不过，若不是格兰特始终给予支持，费什本人也绝对不可能取得如此辉煌的外交成功，让格兰特政府在执政期间取得那么令人瞩目的成就。费什是一位具有远见、意志坚定与通情达理的人，但要是没有格兰特的大力支持，他的任何努力都将付诸东流。正是白宫方面给予持续坚定的支持，才让费什有可能始终如一地执行他的外交政策。几乎在每项外交政策上，格兰特都应该得到与费什一样高的赞美。

其中一个典型的例子就是弗吉尼厄斯号事件，该事件发生在格兰特第二个总统任期的初期。要是这件事不处理好的话，就容易与西班牙爆发战争。但是，该事件最后却以美国通过坚定与谨慎的外交手段避免了战争，同时赢得了该事件的胜利，维护了国家尊严。弗吉尼厄斯号是一艘美国建造的汽船，在过去几年里一直用于运载远征士兵前往古巴，帮助那里的武装分子。1873 年 10 月 31 日，该船从牙买加的金斯顿港口出发前往一个古巴港口，船上挂着美国国旗，但运载的是战争物资。这艘船被西班牙军舰俘获，带到圣地亚哥。船上一共有 155 名乘客，其中绝大多数都是准备前往古巴加入武装部队的，其中也有一些是美国人。在 11 月上旬的时候，就有 53 名乘客与船员被军事法庭宣布犯下死罪，遭到枪决，其中有 8 人是美国公民。"如果最后证明有美国公民在这起事件中遭到误杀，那么美国政府要求巨额赔偿。"费什在向美国驻西班牙大使西克尔斯发去的电报中这样说。西班牙总统卡斯特拉尔也立即对此事表示深深的遗憾。当时美国国民对这件事义愤填膺，媒体都在鼓吹必须迅速进行报复，大规模的集会上都能听到充满火药味的演说。费什则对此事表现得极为谨慎。密苏里州东部的人民也准备对西班牙发动进攻。与西班牙的战争似乎不可避免。

不过，费什在格兰特的支持下，依然采取谨慎的外交应对手段。他没有被外界的舆论所影响，及时向西班牙政府阐明美国的立场，也没有使用含糊的外交辞令来模糊我们的立场。"除非西班牙政府自愿就此事提供巨额的赔偿，"费什在 11 月 14 日给西克尔斯发去的电报中这样表示，"你将要求西班牙政府归还被他们扣押的弗吉尼厄斯号汽船，释放所有尚未遭到杀害的美国公民。停泊在圣地亚哥港口的商船也应该立即升上美国国旗。参与这次事件的西班牙官员也要为此负责。从你收到这份电报的 12 天之内，若是西班牙政府拒绝给予合理的补偿，你就结束在西班牙的工作，立即离开马德里归国。"

马德里人反对美国的情绪与美国国内民众反对西班牙的情绪一样高涨。西克尔斯有时在处理这起事件上都显得歇斯底里。但格兰特与费什依然保持着冷静的态度。费什在华盛顿与西班牙驻美大使保罗进行密切的磋商，他们两个人达成了双方都满意的协议。弗吉尼厄斯号汽船以及船上幸免于难的人要立即送回美国。西班牙有机会证明当该船被俘获的时候，并没有挂着美国国旗。如果他们在 12 月 25 日前不能证明这一点，那么该船就要升起美国国旗。要追究参与此次事件的相关官员的犯罪事实。

12 月 18 日，弗吉尼厄斯号商船挂着美国国旗驶向美国海军驻古巴的巴伊亚翁达州基地，但该船之后在前往纽约的过程中遭遇风暴沉没了。两天之后，船上两名幸存者表示投降，安全抵达纽约。调查人员在事后调查表明，该船在被扣押的时候，并没有以恰当的方式悬挂美国国旗，因此被西班牙军队扣押。在格兰特与费什的处理下，整个事件都在维持美国国家尊严的前提下得到了解决。在谈判阶段，格兰特要求海军处于战备状态，同时"相信国会以及美国民众会认可我的举动"。

在第二次总统就职演说里，格兰特表示："我会这样总结本届政府的政策：完全彻底地执行每一项法律，忠实地收缴法律规定的每一项税收，在每一项财政支出方面都采取节约的原则，迅速偿还每一项国债，降低民众的税负程度，降低税收与关税，从而让绝大多数民众能够从中受益。在与其他国家进行商业贸易的时候，始终坚持诚实公正的原则。要想实现这个目标，必须尽可能避免与其他国家出现战争的情况，但绝对不会因为避免战争而损失我们的利益。我们必须要改革对待印第安人的政策，同时改革政府整个文官制度。最后，我们必须要确保每个公民都有投票选举的自由，每个有权利的公民都能在每次选举里表达自己的声音，不需要担心被骚扰或者遭受恐吓。任何人都不能因为政治观点、种族或者肤色而被剥夺选举权利。"

在第二次总统就职演说当中，格兰特就阐述了他这一届政府的目标："未来，我希望能够恢复国内不同地区人民的友好情感，恢复我们的纸币的价值，使之与世界通用的货币黄金能够挂钩——甚至使我们的货币具有与黄金一样的价值。我们必须在大陆上建造廉价的交通运输设施。只有做到这点，我们生产的商品才能找到市场，让从事生产的人能够获得丰硕的回报。我们必须保持与邻国以及远方国家的友好关系，重振我们的商业，与大西洋对岸的大陆积极进行商业往来。我们要鼓励工业生产，大力支持出口国内生产的商品，同时进口我们所没有的原材料——这是确保我们能够维持硬币支付标准的重要方式。我们必须提高劳工的生活水平，同时以人道主义精神帮助土著居民接受教育以及文明的积极影响。"

历届的总统都没有格兰特这样始终忠实地执行这些政策。我们看到了格兰特是如何坚定地维持美国在国外的利益，他是美国历史上第一位提倡成立国际事务争端仲裁的总统，他在与美洲其他国家打交道的时候始终坚持门罗主义。他在与墨西哥、西班牙、法国与英国打交道的时候，始终保持着坚定的立场。在涉及国家尊严的问题上，绝对不会因为其他国家的国力是弱小还是强大而采取区别对待。他要求驱逐俄罗斯驻美国大使卡塔卡兹，因为他用言语辱骂美国官员，并且影响了美国与其他国家之间的关系。格兰特在向国会发表演说时表示："要是允许卡塔卡兹继续留在这里代表他的国家，那么我们是无法对俄国怀有一种公平的看法的。"格兰特与英国解决了边界争端问题，与美洲其他国家解决了相关的利益问题，与西班牙、英国就引渡问题达成了共识，确保西班牙将逃到古巴的特维德引渡回美国。格兰特想要在时机成熟的时候兼并圣多明哥。在面临严重的国际问题时，格兰特始终坚持与各国和平相处的原则，但他从未想过自己帮助美国远离战争所展现出来的价值。

国会阻碍了格兰特想要坚定改革文官制度的决心，但他所提出的改革直到今天依然在进行当中。他要求政府严格执行法律，在政府开支方面坚持节约原则，降低税费，削减国家债务。后来，他不能确保美国一些州出现公正自由的选举，这也不是他的过错。他在这方面有过尝试的努力，但他当时面临的困难是任何政府都无法克服的。

他抓住一切机会敦促建造美国商船队。他说："我们现在每年还需要支付两三千万美元给外国的商船用来运输商品，这实在是美国的耻辱。我们应该凭借美国制造的商船、美国拥有的商船以及美国人操控的商船来运输美国商品。"

"造船业的兴起，特别是钢铁汽船的兴起，"格兰特继续回到这个主题，"对于我国的经济繁荣是极为重要的……要是能够支持我们常说的私人企业不断发展，我愿意看到政府改变之前的一些职能。我并不建议立即对美国的造船业实行补贴的政策，但我建议直接对那些通过大西洋航线进行快递业务的公司进行补贴，并且将这样的补贴政策覆盖到那些在南美、中北美以及墨西哥等地进行这种业务的公司。当然，我们也要对那些通过太平洋港口进行这种业务的公司采取补贴政策。"

格兰特是第一位强调要对出生于美国之外的选民给予关注的总统。在他看来，这些人对美国的制度缺乏根本的理解。"在一段试用期过后，要是这些人在免费学校的教育下，依然不能用英文进行书写的话，那么我建议剥夺他们的选举权。我支持这样的政策。来到美国的外国人要想成为美国公民，他们就需要掌握英语，了解这里的政策制度，才能更好地获得认同感。如果他们对我们的语言不感兴趣，不愿意深入了解我们的政治制度以及法律的话，我就不会赞同给予他们选举的权利。"

格兰特建议对关税进行重新调整，"从而增加国家税收，同时减少征收关税的商品种类。对于那些在国内无法大规模生产的商品，就应该实行免税进口的政策。对于那些国内能够部分生产但却无法完全生产的商品，我们也应该采取免税的进口政策。"

格兰特成为总统之后，用他自己的话来说，"整个国家都陷入了内战之后财政紧缩的局面，各种税收给人民带来沉重的负担，限制了生产的发展。"当时的美国还面临着国外干预而引发战争的可能。后来签订的《华盛顿协议》不仅扭转了这种局面，而且还建立了仲裁原则。在他担任总统的前 7 年里，减税金额达到了 3 亿美元，国家债务降低了 4.35 亿美元。通过调换债券等方式，国债每年的利息从 1.3 亿美元降到了 1 亿美元，从原先的 1.3 亿美元的贸易逆差转变为 1.2 亿美元的贸易顺差。格兰特还提出了要求恢复硬币支付法案以及防止通胀法案，这对当时扰乱美国经济的各种不良因素是致命的一击。

对于像格兰特这样一位之前从未有过任何政治经验的人来说，治理国家以及实施外交政策对他来说都是陌生的。但是，格兰特在担任总统期间取得的成就却是让人惊讶的，当然这与他在内战期间的表现还是有一定的差距。格兰特的大部分发言以及信件都是他亲手写的，他也总是密切关注着内阁成员所提出的各种重要问题。

综合上面的各种因素，我们也就不难看出格兰特在 1876 年最后一次国情咨文演说里所表达出来的个人的哀婉之情了：

"我在之前没有任何政治经验的情况下成为总统，这是我的福气，也是我的不幸。从我 17 岁开始，除了自己参选总统之外，就从未就总统选举投过票。虽然其中有一次我是一位有资格的选民。

"在这种情况下，人们有理由认为我会在判断上出现一些差错。即便他们没有这样的想法，政府的内部也会出现意见不合的情况，这是因为每个人都已经宣誓要履行各自的职责。此时，许多作者与喜欢辩论的人必然会利用这些事情煽风点火。其实，我们不能将政府内部存在不同的意见，就认为政府在某些方面存在着错误。我们都知道，谁都可能犯错，这点我必须要承认。但在我看来，这样的错误只是出现在选择一些助手去帮助政府执行各种职责的时候——但几乎在每个这样的情形下，被选择的人都与任命他的人没有什么关系，而是基于人民直接选举的议员的推荐。在面对那么多需要处理的紧要事务的时候，政府不可能在每件事情上都做得对。历史已经证明，从华盛顿到现在，历届政府都不能免于这样的过错。但我会将评价留给历史，只是说明一点，我所做的每一个决定都是源于我的良心认为这样做是正确的、符合宪法与法律的，符合美国人民的利益。如果要说过错的话，我想说这只是判断上的过错，而不是本意上的过错。"

在内战的创伤以及林肯在南方各州执行的军事管制措施之后，格兰特政府在重建方面的成就可以说仅次于华盛顿，前者最伟大的功绩就是让联邦政府在宪法规定的范围内运转。格兰特完全可以"留给历史去评说"。要是我们排除当时南方出现的各种困难问题以及他所犯的一些个人错误（如果这称得上是过错的话），就会发现格兰特执政时期的施政都是严格按照法律进行的，因此我们很难对他的政府采取的政策进行过多的批评，后来的事实也证明了这一点。

第四十六章
周游世界——第三次谋求总统职位

在一些人吹捧他几个星期之后，格兰特就出发前往国外旅行了。他在5月中旬从费城出发。他的女儿内莉曾在白宫嫁给了阿尔杰农·萨托里斯，之后随丈夫前往英国居住。格兰特的这次旅行除了要看望一下女儿之外，还有其他计划。

一大群人聚集在费城的港口送别他。格兰特与妻子以及他最小的儿子杰西一起出行。让他感到惊讶的是，当他抵达英国利物浦的码头时，发现更多人在那里欢迎他的到来。大约有1万多英国人在利物浦的通关处迎接他。无论是在利物浦还是曼彻斯特，他都获得了城市自由勋章。他前往伦敦的旅程就像军队凯旋一样隆重。他在伦敦也同样得到了与在利物浦以及曼彻斯特一样的礼遇。英国的商人以及工人对他的尊重程度超过了他的想象。对他们来说，格兰特是这个世界上还活着的最伟大的将军，代表着民主的奇迹。

没过多久，很多达官贵人就纷纷前来拜访他。当菲尔莫尔与范布伦之前到英国拜访的时候，他们得到的礼遇就与普通的美国民众差不多，没有什么人专门欢迎他们。但是，格兰特在美国驻伦敦大使馆的外交努力下，得到了美国前总统的待遇——虽然格兰特对此并不是特别在意，但皮尔庞特认为，格兰特作为美国前总统，绝对不能忽视接待方面的规格。无论美国国内的人对此有怎样的看法，但熟悉宫廷礼仪的英国人会将招呼不周视为一种无礼的举动。

撇开格兰特在拜访英国的过程中出现了一些不愉快事情不说，整个旅程还是让他感到非常高兴的。格兰特在伦敦所获得的招待在他游览世界各国的时候也反复出现。他参观了欧洲各国的首都以及每一座重要城市。他与德国的俾斯麦与毛奇进行交流，与法国的甘贝塔与麦克马洪进行讨论，与俄国的哥特查科夫进行探讨，与西班牙的卡斯特拉尔聊天，与欧洲其他国家的国王或女王进行交流，还与梵蒂冈的教皇会面。几乎在每个国家的首都，他都受邀观看阅兵仪式，但格兰特一概拒绝这样的要求。他说："事实上，我更想做一名农民，而不是一名军人。我对军事方面的事情不感兴趣。我对于自己加入军队的事情感到遗憾，在退伍的时候感到非常高兴。"参观画廊或者博物馆等地方，让格兰特觉得了无生趣，因为那些绘画、雕塑以及教堂的建筑，都让他觉得没啥意思。但是，格兰特对阿尔卑斯山脉的雄伟、金字塔的壮观感到无比震撼。他特别喜欢在大街上闲逛，与各国的普通百姓进行交流。美国驻西班牙大使詹姆斯·罗素·罗威尔在马德里招待了格兰特，他后来对格兰特的这番描述适用于格兰特在其他地方旅行时的形象：

"因为格兰特只会说英语，不会说其他语言，因此他像一块冰那样无法与别人自由地交流。我认为他对这么漫长的旅行感到厌倦了。他最喜欢做的事情就是远离陪伴在身边的那些达官贵人，与自己的妻子、孩子到大街上闲逛，感受普通人的生活。他来到这里已经两天了，我认为他已经比我更加了解马德里这座城市了。他在观察事情的时候非常专注，为人诚实与通情达理——很容易受到他喜欢的人的影响。他是一位完全缺乏自我意识的人，不做作，有时对一些事情会表现出近乎无知的困惑。我经常会想，当他参加其他士兵的葬礼时，是否也是始终保持这样的沉着冷静。"

格兰特从欧洲出发前往埃及，参观了那里的金字塔；之后前往亚洲，来到了圣城；之后前往印度、泰国、中国与日本。他对东方这些国家怀着浓厚的兴趣。日本这个国家让他感到惊讶。中国这个国家深深吸引着他。格兰特在到访中国的时候曾与李鸿章进行过交流，他认为李鸿章是当时世界上在治国才能与外交手腕方面最伟大的 4 个人之一。

当格兰特在国外旅行的时候，发现很多新奇的景象吸引他的注意，人们给予他的关注也让他感到高兴。此时，海耶斯已经宣布自己不会竞选连任，事实上，即便海耶斯试图竞选连任，也根本不可能获得党内提名，因为民众普遍认为他得到这个总统职位就是有污点的。海耶斯在总统任职期间，疏远了绝大多数一开始帮助他成为总统的人。在格兰特执政期间，那些具有影响力的政客发现他们在海耶斯政府内无法发挥什么影响。康克林、卡梅伦、洛根以及其他坚定的共和党人都失去了往日的权力与影响力，而谢尔曼、艾瓦特斯、霍尔以及舒尔茨则成为海耶斯的新宠。南方的民主党人在提名南方各州官员名单的时候，他们都是自己开会去讨论的。海耶斯的政府并不懂得如何去妥协。海耶斯对联邦政府这台"机器"运转的方式根本就不了解，也没有认清党派责任以及过去那种老式的做事方式。布莱恩当时努力争取成为总统候选人，与海耶斯以及坚定的共和党人没有什么共同之处。坚定的共和党人立即本能地将目光投向了格兰特。

格兰特在欧洲旅行的各种消息不断传回美国国内，格兰特所受到的礼遇让美国人感到自豪。无论这些人有什么样的政见，但是他们在格兰特身上看到了旧世界向新世界致敬的意思。显然，当格兰特回到美国之后，将会延续他受欢迎的程度。那些支持格兰特的人要做的就是阻止格兰特过早地回国，从而让格兰特的受欢迎程度能够延续到共和党召开党代会的时候。当坚定的共和党人开始给他发信息，要求他不要匆忙回国，并且暗示当前的政治走向的时候，格兰特在国外旅行的时间还没有一年。格兰特也是人，他对那些赞美他的话语也感到高兴。"我收到美国国内寄来的每一封信件，比如波尔特给我的信件，都要求我继续在国外旅行。"1878年3月，格兰特在罗马给巴多的信件里这样写道，"他们希望我东山再起，这是我之前没有想过的。也许，我应该在今年初秋或是明年早春的时候回到美国。"但是，格兰特在那年秋天并没有回国。直到1879年9月，格兰特所乘坐的船才来到金门，发现码头上聚集着许多欢迎他的人，人数要比当初他在费城以及利物浦等地还要多。格兰特在美国西海岸到处转悠，拜访了过去在温哥华洪堡特住过的地方。他在这里所度过的岁月若是用文字描述出来的话，也许会让格兰特不愿意去回忆。接着，格兰特乘坐火车往东边进发，在中期选举的第二天来到格利纳。他在这里受到了之前的老邻居的欢迎，并在这里住了一个星期。之后，他再次向东边进发，他在沿途所到的城市受到了成千上万民众的欢迎。最后，他到达费城，完成了这次环游世界的旅程。

在格兰特看来，美国人民似乎都在衷心欢迎他。但从一个政客的角度去看的话，他回来的时间还是太早了——这要比坚定的共和党人预期的时间早了 6 个月。除此之外，格兰特以及"保守势力"似乎都没有意识到民众有一种反对格兰特第三次竞选总统的强烈情感。民众对格兰特的爱戴并不能转化成为他们支持格兰特的选票。对于事情的发展，格兰特显得无动于衷，既没有做一些有助于事态发展的事情，也没有做一些不利于事态发展的事情。他只是静静地等待结果。

接着，格兰特前往墨西哥与古巴，继续他的世界旅程——他也成为美国历史上去过世界最多地方的人。

那些想要帮助格兰特第三次竞选总统的人都是非常勇敢且具有资源的领袖。在美国的政治历史上，还从未有过一个竞选团队能够在智力、自律、执行力度以及组织能力方面与之相比。我们经常能看到"保守势力"在报纸上为格兰特制造声势，在竞选的场合不断呐喊。但是，他们中绝大多数人都是这种扭曲的幻想或者蛊惑人心的煽动的产物。他们自认为掌握的资源其实根本与他们想象的权力不相配。但是，这些"保守势力"的组成成员对于名声并没有任何伪善的想法，他们所犯的错误至少是合理的错误，他们也不是一些虚伪的人。纽约的康克林、宾夕法尼亚州的唐·卡梅伦以及伊利诺伊州的洛根，他们都是各自所在州的负责人，组成了"三头政治"局面，当然，这个名词是从古罗马的历史上得来的。他们在其他州也有盟友，将他们的势力扩展到美国的每个角落。

2月的时候，格兰特还在古巴旅行。沃什伯恩在写给格兰特的信件里就提到了他再次争取共和党总统候选人提名的可能性。格兰特在回信里的口气表明他当时也对此有所期望，虽然他没有表现出很大程度的关心。"我所希望的是，联邦政府能够控制在那些拯救过它的人手中，直到所有因为内战而引起的问题都得到解决。我宁愿让我提到的很多人成为总统，也不认为自己应该继续担任总统……当然，我也不能拒绝别人给我的机会，从而让敌人感到高兴。我并不是竞选什么职位的候选人。如果在芝加哥举行的共和党大会提名一位能够赢得大选的候选人，这也会让我感到高兴的。如果提名的人选是别人而不是我，这会让我感到更加高兴……我希望看到布莱恩当选，但我担心共和党不会提名他成为候选人。"

在3月25日，当格兰特在加尔维斯顿的时候，沃什伯恩在信中建议他在1880年之后，绝对不要同意成为总统候选人，格兰特在回信中表示："我认为任何来自我的声明都会遭到误解，只会被我的敌人抓住把柄。这样的声明应该在提名程序结束之后再做。如果我获得了党内提名，我就会接受这样的提名。事实上，无论我是否能够获得提名，这都根本不是我所关心的事情。我认为还有很多人比我更胜任总统这个职位。我已经非常感谢国民对我的信任了。如果他们认为我赢得总统大选的概率要比其他候选人还大的话，那么我也绝对不会拒绝这样的提名。"

从格兰特的这些回信里，我们可以看出格兰特显然愿意接受共和党的提名。从墨西哥回国之后，他沿着密西西比河从新奥尔良来到了开罗，接着借道维克斯堡与孟菲斯，沿着将近20年前的军事路线前进——最后来到了格利纳。他就在这里等待着共和党代表大会的召开。他似乎对大会最终的提名人选不感兴趣，但还是默许了家人与朋友们的要求。

与此同时，"保守势力"一直在非常勤奋地为格兰特拉票。他们在做事方式上并不吹毛求疵。在2月举行的纽约州与宾夕法尼亚州的代表大会上，他们都迅速达成共识，要求在这些州进行单位投票制。在伊利诺伊州代表大会上，选举格兰特成为该州的提名人选，忽视了其他地区反对的声音。类似的情况也出现在其他州。

当共和党代表大会在6月举行的时候，已经有300名代表支持格兰特了，其中纽约、伊利诺伊州、宾夕法尼亚州以及几乎所有的南方州以及边境州的绝大多数代表都表示支持格兰特。布莱恩所拥有的票数要少于格兰特，但他所获得的票数都分散在北方各州。谢尔曼除了在他所在的俄亥俄州获得了比较稳固的领先之外，在其他州只有一些零星的支持，其中包括一些在南方州的黑人代表。埃德蒙德、温顿与沃什伯恩都有各自的支持者，虽然这些人都没有真正参加这次竞选。

随着6月不断临近，按照当时的情形来看，格兰特必然要经过一番苦战才有机会获得提名。格兰特的一些密友担心格兰特需要以这样的方式赢得提名，就恳求他放弃寻求提名。但在那个时候，格兰特已经走得太远了，若是此时选择放弃必然会让他的朋友感到尴尬。格兰特的家人也想要重新回到华盛顿，因此格兰特只能勉为其难地同意了他们的要求。约翰·罗素·杨格来到格利纳，苦口婆心地劝导格兰特给他曾经的内阁成员，现任共和党代表大会主席卡梅伦写一封信，在任何时候都可以撤去他的名字。但是这封信并没有保存下来，也从来没有用过。

在两党党代会的历史上，还从未出现过像这次党代会这样的情形。党内各个派系的人都在煽动支持者的情绪，会上出现了各种戏剧化的场面，个人与党派倾轧的悲剧从未如此的赤裸裸。这次大会摧毁了一些人的野心，开创了一些人全新的事业，这在政治领域内形成了一个奇妙的组合。"三人统治"尝试强硬执行单元投票制，这一政策本来能让格兰特在纽约州、宾夕法尼亚州以及伊利诺伊州取得非常巨大的领先，但却失败了。他们在推出其他武断的计划方面也失败了，从而引发了党内激烈的争论。

康克林所代表的势力在这次大会上极尽炫耀，对反对势力展现出极度的鄙视，这让布莱恩的朋友以及其他的候选人感到不满。他们试图通过联合支持其他候选人来反对康克林所支持的格兰特。他们质疑康克林一派人的忠诚度，嘲笑他们在政治层面上表里不一。几乎每一个参加这次代表大会的人都会清楚地记得康克林在提名格兰特的时候所说的话。这段话充分展现了康克林盛气凌人的个性：

"当有人问他来自什么地方的时候，

我们的唯一回答就是

他来自阿波马托克斯，

那里有一棵著名的苹果树。"

康克林在大会上的发言在用词方面是极尽吹捧的，给人留下的印象也只是一时的。但是，他在发言中使用的句子却是让人印象深刻的："格兰特对这个国家的贡献证明了他的伟大。""他是凭借自己的能力来赢得这样的名声，而不是凭借某些书面上的文字或者夸夸其谈，而是凭借完成了一件又一件伟大的事情来成就的。""正是因为格兰特的贡献，我们的纸币所具有的价值才能与黄金相媲美。""当他拒绝理会来自加州的丹尼斯·科尔尼的时候，他其实表达的意思是，缺乏法制以及秩序的情况会对整座城市带来极大的混乱，因此这样的人必然会面对许多敌人。" [1]

---

1 "从康克林在大会上的第一次发言到最后一次发言，他都在演说的过程中讥讽他的对手。在一场政治大会上，从来没有出现过像康克林如此自大与傲慢的人。如果说这次大会之前还存在着就某些方面进行妥协的余地的话，那么康克林短短半个小时内的演说就将这种可能性完全摧毁了。康克林提出的第一项建议就是通过一个决案，要求代表们支持获得提名的人，无论最终获得提名的人是谁。当他这样做的时候，很明显就是希望让布莱恩那帮人在格兰特获得提名之后能够给予支持，因此他事先采取这样的方式去堵住他们的后路。大会通过了这一决案，但是有关这一决案的讨论却让康克林成为这次大会最不受欢迎的人，这让格兰特在后来竞争提名的时候失去了最后的支持。康克林接下来的一项重要手段就是要求所有代表都

在持续两天长达 36 次的投票当中，"保守势力"始终坚持阵线，他们始终保持严格自律的方式是之前从未出现过的。其他代表可能会在这方面出现动摇，但他们却始终都没有。在第一次投票的时候，他们让格兰特获得了 304 张选票。在接下来的两天里，他们投给格兰特的选票从未低于 302 张，甚至在第三十五轮投票的时候，当格兰特与加菲尔德两个人进行竞争的时候，格兰特依然获得了 313 张选票。在最后一次投票的时候，当其他候选人都开始溃败的时候，他们依然显得非常坚定。格兰特依然获得了 306 张选票，这让他们创造了历史。

加菲尔德在一开始参加大会的时候是支持谢尔曼的，因此

实行单元投票制，从而确保获得大多数票数的人能够在各自的州获得稳固的领先优势。当康克林提出这项要求的时候，同样让很多人非常反感。若要将康克林在这次大会上的傲慢表现充分描述出来的话，大约需要一个章节才能写完。在他提名格兰特的演说里，他偏离了原先的主题，直接对布莱恩那帮人以及大会上其他反对格兰特的势力进行攻击。这篇演说的内容事先就被媒体披露了。康克林在一开始演说的时候这样说：'当有人问他来自什么地方的时候，我们唯一的回答是就是他来自阿波马托克斯。'这句话本身具有一定的尊严与戏剧性的力量。但在他后来使用的'修改版本'里，我们却没有看到这样的句子。当投票开始的时候，康克林作为纽约州的大会主席宣布投票结果。在这样做的时候，他用傲慢的态度面对着反对格兰特的势力。他最喜欢使用的话语是：'主席先生，纽约州有两名代表支持谢尔曼，17 名代表支持布莱恩，51 名代表支持格兰特。'他稍微改变句式继续重复了一次，直到西弗吉尼亚州代表大会主席都能模仿他说话的方式与口气，这让大会上的代表哄堂大笑起来。在这之后，康克林就没有继续像之前那样重复说话了，而是表示那些没有参加代表大会的人'其实是犯下了另一种背叛的罪过'。" 出自《总统提名与竞选》一书，第80—84页。

他在大会上是反对康克林的。开始，他在每轮投票的时候几乎都只获得一张选票，之后则被布莱恩那帮人所提名，但后来很多人说这是事先就已经安排好的，但相关的证据并不明朗。为了平息"保守势力"的不平，曾在格兰特政府时期担任纽约港口收税员的亚瑟被提名为副总统候选人，他在海耶斯执政期间遭到解雇。当纽约的代表被要求选择一个人作为副总统候选人的时候，康克林本应该对此要求不加理会。但是，亚瑟当时是总代表，他低声对康克林表示自己希望能够获得这个职位——这对后来的历史产生了深远的影响。

在整个提名过程中，格兰特始终都在格利纳处理自己的事情。提名他的康克林始终嘲笑布莱恩，他说："布莱恩那个家伙没有任何地位，也没有任何政治影响力。没有人愿意支持他，也没有委员会支持他，他的家没有电报线路连接这些参加大会的重要人物的家。他没有任何电子方面的设备，他本人也没有做出任何努力，但格兰特的名字却是家喻户晓的。"

事实也的确如此。在整场大会上，当公告牌出现之后，格兰特在罗利的办公室待了两三天。当康克林在演说中谈到了阿波马托克斯那句话受到了大会代表长达半个小时的欢呼之后，格兰特在回家后，用叹气的口吻对儿子说："我担心自己会再次获得提名。"在整个投票过程中，格兰特没有做出任何回应。当他得知最后的投票结果，他只是弹了一下雪茄的烟灰，说："加菲尔德是一个好人，我为他感到高兴。先生们，晚安。"接着，他一言不发地回家了。但是，格兰特其实也受到了这次大会的影响。他一想到卡梅伦当时在写给他的信件里提到的"保守势力"让他参与其中这么深，就感到非常痛苦。"我的朋友们并没有诚实地对待我。"他说，"我不能承受失败的结果。如果他们不能百分之百确保我能够获得提名，就不该让我去参加提名。"他认为一些人并没有公平地对待他，他也永远不会原谅这些人——其中就包括沃什伯恩，因为沃什伯恩利用他的名字将洛根在伊利诺伊州的选票分散了。

第四十七章
结语

　　当格兰特离开白宫的时候，他就应该彻底与政治说再见了。政治游戏并不是他擅长玩的。如果他能够早点认清这个事实，那么他退休后的生活会过得更开心点。但是，他身边的朋友让他觉得自己有义务去继续参加总统竞选，后来却遭遇挫折。在海耶斯执政的大部分时间里，格兰特都在国外观察着国内的局势。他并不赞同海耶斯在路易斯安那州与南卡罗来纳州所采取的政策，认为这等于承认联邦政府放弃了对当地政府的控制，同时让张伯伦以及帕卡德等人能够从中获得实实在在的利益。

　　海耶斯不仅扭转了格兰特在南方各州的政策，而且他还疏远了康克林，解除了康内尔与亚瑟在纽约海关的职位。在他执政期间，党派的区分逐渐变得模糊起来。

　　在加菲尔德获得党内提名之后，格兰特前往科罗拉多州，他并没有发去祝贺的信件。很多人认为格兰特会对此事感到气愤，一些人甚至认为格兰特会转而支持汉考克——格兰特之前在军队的好友。但在 9 月的时候，当加菲尔德的选情看上去不乐观的时候，格兰特公开宣布他对加菲尔德的支持，康克林以及其他坚定的共和党人也加入了支持加菲尔德的阵营当中。格兰特与康克林为加菲尔德发表竞选演说，因为格兰特在国外旅行的时候已经掌握了发表公共演说的能力。在大选之后，他认为自己在此期间做出了一定的贡献，但加菲尔德却从没有征询过他的意见。当布莱恩获得进入内阁的提名之后，格兰特感到非常不满。在 3 月 4 日之后，布莱恩前往华盛顿，希望能够得到加菲尔德的支持。没过多久，罗伯森就获得了在纽约的任命，普拉特与康克林在参议院以抗议的方式辞职，接着就要为再次选举进行努力了。

　　之前在芝加哥举行的纽约代表大会上，罗伯森就是反对格兰特的成员之一，他对格兰特失去党内总统提名起到了重要作用。格兰特非常同情康克林的遭遇，他也对加菲尔德的做法感到不满，因为加菲尔德在没有征询他的意见的情况下，就让纽约之前遭到解雇的收税员梅里特恢复原职，同时将之前担任这一职位的人派到国外工作。[1]

这年春天，格兰特在墨西哥。他在 5 月的一封信里这样写道："我对加菲尔德政府的表现非常不满，他的表现再也无法让我选择信任他了。我再也不会支持那些在党代会上缺乏足够魄力的人作为总统候选人……加菲尔德已经表明他并不是一个拥有脊梁的人，我希望他的提名被国会所反对。"格兰特这封对加菲尔德表达不满的信件在被媒体公布之后，广为人知。当加菲尔德遭到枪杀去世之后，格兰特与康克林在一段时间内成为公众指责的对象。在 9 月的时候，当格兰特为加菲尔德扶棺的时候——正如他之前为萨姆纳、莫特里以及格里利等人扶棺一样——这样的攻击依然没有完全消失。

亚瑟担任总统之初，与格兰特的关系比较融洽，经常会就一些事情询问格兰特的意见。在格兰特的建议下，弗里林海森

---

1 1881年5月14日，参议员康克林与普拉特在给州长康内尔的辞职信件里这样表示："几周前，总统向参议院提交人事提名，要求对几位已经担任公职的人进行撤换。在这些职位当中，有现在由梅里特担任纽约港收税员的职位，一个职位是美国驻伦敦总领事，现在由巴多担任，另一个则是美国驻丹麦的代办，现在由克雷默担任，还有一个则是美国驻瑞士使领馆的职务，现在由前任国务卿费什的儿子担任……在这些职位当中，只有克雷默本人是纽约人。总统建议解除这些人的职位，并不是因为这些人犯下什么错误，也不是因为他提名的人选在提供公共服务方面有什么更好的表现，而是为了让纽约港收税员的职位可以让威廉·罗伯森担任，作为对罗伯森"帮助他成功赢得党内提名"的回报。总统的这一连串人事提名立即遭到巴多的强烈反对。亚瑟、康克林、普拉特、邮政部长詹姆斯以及州长康内尔等人都联名反对。他们已经将反对的信件递交给了总统，但总统对此置若罔闻。

被任命为国务卿，纽约州州长摩根则被任命为财政部长。摩根拒绝了这个任命。格兰特一开始建议约翰·雅各布·阿斯特担任财政部长，之后又建议他担任驻英国大使，但这两个建议都没有被采纳。没过多久，亚瑟就开始疏远格兰特的那帮朋友，也许这是因为他认为这些人都仰仗着格兰特的政治势力。他希望成为一个独立的总统，而要想做到这点，就有必要建立属于自己的政治势力。亚瑟这样的表现完全出乎格兰特的意料，也完全无法理解。在格兰特的一生里，他始终忠诚于自己的朋友，甚至连自己的名声受到影响的时候，依然要保护自己的朋友。

在受邀重新回到白宫的时候，格兰特对身边的随从或者亲人不断恳求他在总统面前说些好话，让他们担任一官半职的要求感到厌烦。但是，天生随和的格兰特最终屈服于他们的要求，直到亚瑟最后明显表达出对格兰特这种做法的不满，有时甚至会刻意地躲避他。格兰特希望自己的朋友比尔担任海军部长，但亚瑟却任命威廉·E.钱德勒担任这个职位，钱德勒是布莱恩的朋友，也是击败格兰特获得第三次总统提名的关键人物之一。在这之后，格兰特与亚瑟之间的矛盾开始渐渐显现。1883年2月，格兰特在一封信里这样写道："亚瑟似乎更加惧怕他的政敌，正是因为这种恐惧心理，他会受到自身判断、个人情感或者朋友关系之间的影响。"一年之后，也就是在共和党全国代表大会召开前夕，他写道："亚瑟要是参加这次大会提名的话，他的支持人数可能会排在第二。要是他没有那些被他任命的官员的支持，他可能不会获得一张提名的选票。"

格兰特之所以感到不满，并不是因为亚瑟没有按照他的建议那样去任免官员，而是因为亚瑟没有去改正他认为错误的事情——在他担任总统期间，他拒绝让菲兹·约翰·波尔特接受第二次审判。从那以后，在经过对证据更加详细的研究之后，他相信波尔特之前在接受军事法庭审判时的一切指控都是不能成立的。这一判决最后被以斯科菲尔德为首的委员会否决，格兰特努力让这个议案通过国会，授权总统重新恢复波尔特之前的军衔，但亚瑟却否决了这个议案，理由是国会已经侵犯了总统在人事任命方面所具有的特权。格兰特立即公开谴责亚瑟否决议案背后的动机。在 1884 年的共和党大会上，主要是在布莱恩与亚瑟之间竞争，格兰特更加倾向于支持布莱恩，但因为他此时已经身患重病，无法将票投给他。在大选前一年，他这样写道："共和党要想得到拯救，必须要执行果断鲜明的政策。现在，共和党根本就没有推出任何鲜明的政策，只是不断向那些失去权势的人兜售职位，从而让他们继续支持共和党，避免就任何重要的问题公开表明立场。"就格兰特的政治信念来说，他始终都是一位坚定的共和党人。

格兰特从国外旅行回来之后，马上就开始思考自己的生计问题。他不得不想办法去赚钱，但他从来都不擅长赚钱。当他从科罗拉多州回到东部之后，他这样写道："有一件事是非常确定的，我必须要做一些事情来增加收入，或者继续在格利纳生活，或者继续在农场里生活。我找不到继续在城市里生活的门路。"

格兰特始终对墨西哥这个国家充满了兴趣。在他争取第三次总统提名的努力失败之后，他的朋友罗密欧多年来都是墨西哥驻华盛顿大使，决定与他合伙成立一间公司，格兰特担任公司主席，该公司成立的目的就是建立一条通向南面危地马拉边境的铁路。这个企业并没有取得成功。但在 1882 年，在弗利林海森的建议下，亚瑟委任格兰特为谈判代表，与墨西哥就商业协议进行谈判。格兰特之所以接受这个任命，完全是因为他希望美国与墨西哥这两个国家能够建立更加紧密的商业与政治联系。

这个协议最终达成了。格兰特希望参议院能够迅速通过这个协议。他知道，要是参议院拖延的话，就会给外国势力找到影响墨西哥当局的机会。但亚瑟政府接下来没有就此做任何事情。这个协议最终没有通过，之后也没有人提起。

格兰特的公职生涯就此结束，相比于他当年环游世界回来之后所受到的欢迎，这实在是一个心酸的结束。在接下来的 3 年里，格兰特在民众心中的地位下降了。他在勉强同意参加第三次总统提名的过程中犯下了致命的错误，他不该干涉人事任免方面的事情，他那随和的性情经常被身边的朋友所利用，这一切都让他的名声遭受损害。他来到华尔街，那里的人都认识他。他认为自己能够在这里赚到钱，事实上赚到钱的只是华尔街那帮老油条。市场不相信偶像崇拜，股票市场也不会因为参与的人之前多么有名气而变得顺从。格兰特踏上了其他名人之前所走过的道路。但他之前的人生已经充满了太多的冲突，将要面临一场更加迅速的转变。在接下来几个月里，他经历了悲剧、欢喜与不幸，最终让他在人民的心目中恢复了应有的地位。

　　当格兰特在国外旅行的时候，他委托儿子打理自己的财产。他认为儿子有经商头脑，就希望他能够用这笔钱进行投资。格兰特的儿子与百万富翁兼参议员的女儿结婚，之后就定居纽约。1879 年，小格兰特认识了年轻的费迪南德·沃德，此人当时在华尔街做得风生水起。小格兰特通过对沃德的一些业务进行投资，为格兰特赚到了一些钱，这让格兰特有足够的资本完成环游世界的旅行。1880 年秋天，沃德提议成立一间私人银行，以格兰特 & 沃德的名义在华尔街从事银行业务，具体业务由沃德去操作，小格兰特则是该企业的合伙人，而格兰特以及詹姆斯·F. 费什——沃德的岳父，时任布鲁克林梅林银行的主席——担任隐形合伙人。这间新成立的企业受到很多人的追捧，沃德成了华尔街非常耀眼的明星。他的公司具有极高的信用，整个市场看上去都非常繁荣，公司的投资者都获得了非常丰厚的回报。该公司的业务范围包括股票、债券以及铁路合同，一开始的时候，公司的实收资本是来自查菲出资的 40 万美元，其他的一些资本则是来自格兰特家族——当时弗雷德与杰西都已经嫁给了有钱人，定居纽约。在接下来 3 年时间里，该企业的营收已经达到了 1500 万美元，费什的账户上已经存了将近 100 万美元。格兰特只知道他们赚到了这些钱，他与儿子都没有在意具体的经营细节。他们只是看到不断有钱进入他们的账户，因此他们对沃德是深信不疑的。不过，当沃德与他们谈论铁路合同以及给予次级合同商的紧急贷款的高额利息问题时，他讲到了格兰特的影响力对于公司赢得政府合同是非常有帮助的——格兰特之前已经表明，他绝对不会参与公司这种形式的商业竞争。他认为这是一种不正当的竞争方式。

"我之前担任过美国总统。"他后来做证的时候这样说，"我认为，对我而言，让我的名字与政府合同联系在一起是不合适的。我知道除非他们是以不诚实的手段赢得合同，否则是很难获得非常丰厚的利润。有些人每年都能获得许多政府合同，无论他们是否以不诚实的方式获得的，但我都认为自己绝对不能从事这样的活动。"

此时的格兰特丝毫没有意识到厄运正在慢慢降临在他身上，他还盲目地认为自己的余生都将过着富足的生活。他最亲密的一些朋友都是富人，现在他感觉自己也能与这些富人平起平坐了。他在第六十六大街靠近第五大街有一座豪宅，那里住着他的家人，摆放着他多年来获得的勋章。他打算就这样安逸地度过余生。除了他在格兰特＆沃德公司获得丰厚的分红之外，他还能从纽约金融家那里得到一笔1.5万美元的收入。他现在没有任何公务，也没有任何政治野心，再也不恋栈权力了。他感觉自己的未来是光明的，对这样的生活感到满足。

在1883年12月圣诞节的前一天，他在自家门前一条布满冰块的道路上滑倒了，摔断了腿，之后在床上一直躺了几个星期。在接下来的几个月里，他一直拄着拐杖跛行。之后，他在华盛顿与门罗堡的时候身体状况似乎好了一点，但却始终无法恢复到之前的健康水平。当他在第二年4月回家之后，他的双脚依然没有痊愈，但他依然过着无忧的生活。他经常坐车前往市中心处理一些事情，不需要为经济方面的事情担心。

1884 年 5 月 4 日是周六，这天晚上，沃德前来看望他，跟他说梅林银行现在陷入了困境，说西特·张伯伦在这天下午取出了一大笔钱，这影响到银行的储备金。除非能够立即筹措到 40 万美元，否则银行在周一上午的时候就要关门了，这必然会影响到银行现有的 66 万美元存款。沃德表示自己筹措了 25 万美元，但这还不够，他要求格兰特筹措剩下的钱。这对格兰特来说是前所未闻的。他不知道该找谁去借这笔钱，但沃德建议他去找范德比特。于是，格兰特当天晚上就去找范德比特，跟他说了这件事，从范德比特那里借了 15 万美元——范德比特表示，他之所以愿意借这笔钱，并不是因为格兰特 & 沃德银行出现了困境，而是因为他个人愿意这样做。第二天，范德比特就将这笔钱给了格兰特，格兰特认为这笔钱会自然地进入银行的系统里面。在星期二早上，当格兰特跛着脚回到银行办公室的时候，儿子的一句话让他感到无比惊讶："格兰特 & 沃德公司倒闭了，沃德跑路了。"格兰特一言不发地转过身，缓缓地回到自己的私人办公室。这天下午，出纳员发现他依然坐在办公室，就走到他的桌子前，发现格兰特的双手在抽搐地握着椅子，耷拉着头。

　　当天晚上，他知道自己所有的钱都被卷走了。公司已经没有一分钱存款了。沃德之前谈论的债券根本是一文不值的。格兰特一家都陷入贫穷当中。他们之前积累的所有财富都已经投到了这间公司里。商人们的催款账单不断地传过来，要不是某位陌生人（来自纽约的查尔斯·伍德）迅速给予慷慨的帮助，格兰特甚至没有钱吃饭。当然，这位陌生人要求格兰特接受这笔贷款，"作为对格兰特从 1865 年 4 月以来所做贡献的回报"。当时格兰特的内心是骄傲的，但他沉默的性格让他不愿意去接受别人的帮助。

为了避免那些贪婪之人继续利用格兰特，范德比特要求格兰特将个人财产作为借款的抵押。因此，格兰特将农场抵押了出去，还包括妻子在费城与芝加哥的房产以及他所有的个人财物——其中就包括他在战争期间所获得的勋章、宝剑以及军服。幸好，格兰特的债主是范德比特，否则他就要将这些财物首先抵押给格兰特＆沃德公司。之后，范德比特想要将这些财产转给格兰特夫人，但她表示拒绝，只是接受了格兰特当年的一些勋章，之后又将这些勋章送给了政府。费什与沃德因为犯有欺诈罪，分别被判处 7 年和 10 年有期徒刑。

格兰特失去了生活的经济基础，还要承担各种义务，经商的失败，别人不公正的指责，再加上身体的孱弱和年岁渐增，他不得不重新面对这个世界。他再也无法为自己对人性的简单信念辩护了。他说："一直以来，我都选择相信别人，在别人背叛我之前，我都选择相信他们。但我看不到以后继续相信别人的可能性了。"可见，这些事情让格兰特的心灵遭受了极大的痛楚。要是没有这些事情，历史也将不会记录下格兰特最后人生阶段所做的努力，让我们对之前种种发生在他身上的事情有足够的认知。面对逆境，格兰特的表现值得所有人的尊敬。

在他身无分文之前，《世纪杂志》开始邀请他就内战的战役写一些系列文章，要求他写关于夏洛伊以及荒原战役的故事。但是，当时的格兰特对此不是很感兴趣，因为写作从来都不是他所擅长的事情。现在，这些人继续向他提出这样的建议，他已经别无选择了。为该杂志撰稿可以让他赚到一些钱。他写了一篇关于夏洛伊战役的文章，惊讶地发现自己能够让整个故事充满趣味，就像他之前在军队的时候下达指挥命令与写军事报告一样。格兰特具有某种异乎常人的叙述能力，因为在他的一生里，他都是一位让人愉悦的谈话者，有时在面对一些特定朋友的时候甚至会口若悬河说个不停。格兰特只是在公开场合或者那些他不是很熟悉的人面前才会保持沉默。

在写了夏洛伊战役的文章之后，他接着写了维克斯堡战役、查特诺加战役以及荒原战役等文章。在此基础上，格兰特萌发了要创作回忆录的念头。他开始专注于这项全新的工作，杂志方面也一再要求他继续写下去。因此，整个夏天，格兰特都待在朗布兰奇，每天在巴多以及他最年长的儿子的帮助下写作，后者负责帮他证实一些记录以及将一些内容组合起来。但是，格兰特的身体每况愈下。10月，当他回到城市的时候，他意识到自己的咽喉开始疼痛起来。医生经过检查，告诉他是咽喉癌。很快，格兰特在吃东西的时候就要忍受巨大的痛苦。他表示，如果他不能康复的话，就不想继续活下去了。在某段时间里，他甚至不想继续写作或者走路了。"他经常几个小时坐在椅子上，紧握着双手，看着面前的那堵墙，一言不发，沉思着自己的未来。他的脸上没有露出一丝对痛苦或者疾病的恐惧，只是显得非常庄重。这就好像一个人正在注视着自己敞开的坟墓。但是，他一点都没有因此而感到沮丧。"巴多这样写道，"但是，这样的场景是我见过的最震撼心灵的画面了。"

格兰特并没有沉浸在疾病之中。他勇敢地再次回到写作这项全新的工作当中。他想要为自己、家人以及那些他所亏欠的人完成这本书。得到第一笔稿费之后，他立即将这笔钱还给在 5 月份借钱给他的那位陌生人。但是，他始终觉得自己无法还清所有的债务。在 1 月的时候，医生最终的诊断是他无法康复，格兰特对这个结果感到非常痛苦。他并不是因为自己要死而感到痛苦，而是因为他觉得自己无法活到能够洗清自己名声的那一天。

在这年冬天，参议院通过了一个法案，要求恢复格兰特的军衔，将他列入退伍军人的名单当中。但是，亚瑟总统表示他会像对待菲兹·约翰·波尔特的情况一样，否决这个议案。亚瑟对这件事情非常敏感，参议院要通过这个议案让他感到不安。

很快，世人就知道格兰特即将死去，各地的人们都开始同情格兰特的遭遇。参议院那份要求恢复格兰特军衔的议案在经过修改之后，满足了亚瑟的要求，但却因为政党分歧原因在众议院被搁置了。民主党人想要通过早前的那一份议案，从而让亚瑟感到难堪，因为他们这样做是希望亚瑟能够改变之前的做法或者直接否决这个议案。国会差点就达成了这个目标，格兰特也将这样的事实看成是某种报复的手段，但他此时已经对此漠不关心了。2 月 16 日，这一议案在参议院被否决，这一天也恰好是多纳尔森战役大捷纪念日。格兰特觉得，每一天都可能是他的最后一天。国民对格兰特的同情感被唤醒了，形成了强大的舆论攻势。3 月 4 日，这一届国会即将任满结束前的几个小时，这个议案在按照亚瑟的要求修改之后，在参众两院一致通过了。克利夫兰总统签署了这个法案，这也是他任期内签署的第二个法案。

此时，格兰特的人生只剩下与死神最后的博弈了。死神似乎不止一次降临到格兰特身上，医生也不止一次认为格兰特将要死去。在接下来的几个月里，格兰特并没有躺在床上，而是弯腰坐在椅子上，忍受着极度的身体痛苦。即便那些之前长期与格兰特存在不和的人现在也开始同情他的遭遇。在庆祝里士满被联军攻占纪念日当天，格兰特写了这样一段话："我为我的朋友以及所有称不上朋友的人给予的祝福以及怜悯而感动，我也祝愿大家一切安好。"

没有必要继续写下去了。格兰特所说的简单文字就像把刀子一样深入人们的心灵。他专注于完成自己的回忆录，当他不能说话的时候，就用笔在纸上写。他人生最后几个星期所写的文字是流畅且客观的。这些文字读起来非常简洁，人们很难意识到格兰特在写每一段话时经历了多大的痛苦。在6月的时候，他们将格兰特送到了麦格雷格山。7月23日，他在这里去世了。在他去世前3周，也就是7月2日，他给道格拉斯医生的一封信，适合作为本书的结尾：

"在我去世之前，不要将这封信给别人看，你的医生同事除外。尤其不要让我的家人看到这封信……有时，我感觉自己恢复了力气，但我知道这已经是回天乏术了。我知道，在冬天来临之前，你要继续维持我的生命，这并不是一件容易的事。当然，一些偶然的状况随时都可能出现，并将我带走……因此，我要对你以及你的同事们说一句，尽可能让我走得舒适一些。如果上天要让我走的话，我绝对会毫无怨言地接受上天的召唤。其实，我宁愿现在就走，也不愿意忍受每一天的痛苦，况且我也没有了任何康复的可能性。正如我所说的，我要感谢你们延长我的生命，让我能够继续手头上的工作。我还要感谢你们让我亲眼看到了和谐的景象，几年前还与我针锋相对的人现在都过来祝福我。当我知道全国人民、世界各地信仰不同宗教的人以及当年兵戎相见的南方老兵们都给予我祝福的时候，这实在让我极为感动。他们的祝福带给我极大的快乐，即便这不能让我康复，还是让我心存感激。我要感谢你以及你的同事，正是你们让我躲过死亡的重重阴影，让我见证了这些美好的事情。"